Abenteurer als Helden der Literatur

D1731537

Horst Albert Glaser /
Sabine Kleine-Roßbach (Hrsg.)

Abenteurer als Helden der Literatur

oder: Wie wurden oder machten sich
Schwindler, Spione, Kolonialisten
oder Militärs zu großen Gestalten
der europäischen Literatur ?

Verlag J. B. Metzler
Stuttgart · Weimar

Die Deutsche Bibliothek - CIP-Einheitsaufnahme

Abenteurer als Helden der Literatur:
oder: Wie wurden oder machten sich Schwindler, Spione, Kolonialisten
oder Militärs zu großen Gestalten der europäischen Literatur? /
Horst Albert Glaser/Sabine Kleine-Roßbach (Hrsg.)
- Stuttgart ; Weimar : Metzler, 2002
(M-&-P-Schriftenreihe für Wissenschaft und Forschung)
ISBN 978-3-476-45301-3
ISBN 978-3-476-02877-8 (eBook)
DOI 10.1007/978-3-476-02877-8

M & P Schriftenreihe für Wissenschaft und Forschung

© 2002 Springer-Verlag GmbH Deutschland
Ursprünglich erschienen bei J.B.Metzlersche Verlagsbuchhandlung
und Carl Ernst Poeschel Verlag GmbH in Stuttgart 2002
www.metzlerverlag.de
Info@metzlerverlag.de

Inhalt

Zum Geleit

Gleichförmig flossen Euphrat und Tigris dahin, gleichförmig verlief das Leben der Sumerer, der Assyrer, der Babylonier, regelmäßig stiegen die Flüsse einmal im Jahr über die Ufer, in jahrhundertewährender Stetigkeit fuhren die Bauern ihre Ernten ein, nichts änderte sich, auch nicht unter dem Ansturm der Eroberer – außer der Sprache: Die heroischen Gründungsmythen Mesopotamiens aber blieben gleich, die halbgöttlichen Gründungshelden verharrten in ihren schriftgewordenen Rollen. In Keilschrift gemeißelt, auf Tontafeln verewigt – Enuma Elish, die Geschichte des Gilgamesch. Von mesopotamischen Löwenjagden wissen wir, auch von kriegerischen Auseinandersetzungen – aber <Abenteurer> waren jene mesopotamischen Zivilisationsstifter nicht, allenfalls fromme Nachfolger im Dienste einer <imitatio heroica>. Die wahren Helden waren die Götter: Ihnen nachzufolgen war das mythisch kompakte Gebot, nicht freie Willensentscheidung.

Und in Europa? Zur gleichen Zeit? Tausende von Jahren vor unserer Zeitrechnung? Wir wissen es nicht. Abenteuerlich, davon dürfen wir ausgehen, war das Leben im Kampf mit den fast mannshohen menschenfresserischen Wölfen, den Raubtieren, den Gefahren der Wildnis, der Unbill des Wetters, der Feindseligkeit fremder Stämme – wir Europäer sind alle Nachfahren jener wenigen tausend Menschen, deren ungesicherter Alltag, aus unserer Perspektive gesehen, ein ewiges, fruchtbares Abenteurer gewesen sein muß.

Der Schritt vom klassischen Heldentum sakraler Herkunft zur individualistischen Abenteuerei, vom heroischen Mythos zur <adventure story> ist der Gegenstand Ihres Kongresses, an dem teilzuhaben mir leider verwehrt ist. Gerne hätte ich mich mit Ihnen unterhalten über die <differentia spezifica> zwischen politischem <heros> der französischen Revolution und dem freiberuflichen Abenteurer, den doch gleiche, heiße Unaussprechlichkeiten im Herzen auf Entdeckungsfahrten in den Pazifik, die Karibik geführt haben, während in Paris die Bastille gestürmt wurde.

Wie kommt es, so fragte im 19. Jahrhundert Kropotkin, daß aus einfachen, biederen Ehemännern, aus Kommerzienräten und Notaren auf einmal revolutionäre Helden werden? Woher stammt der zündende Funke in ihren Seelen, der sie aus dem geregelten Alltag aufbrechen läßt in eine ungesicherte Zukunft voller Gefahren, voller Aventuren, ohne feste Ziele? Und wie kommt es, daß die Sozialtheoretiker des 19. Jahrhunderts im Proletariat über Nacht einen heroischen Charakter entdecken, ihm herkuleische Kräfte zuschreiben, ins Abenteuer der Weltrevolution gar schicken wollten – ohne selbst das Risiko der umstürzlerischen Tat jenseits des Schreibtischs, jenseits der Leselampe im British Museum zu suchen? Gab es Schreibtisch-Helden vor Schreibtisch-Tätern?

Was treibt die Philosophen, mit Hegel das hohe Lied der Neuen Zeit zu singen, wie es das Motto Ihrer Konferenz zeigt, „ein Loch in die Ordnung der Dinge hineinzustoßen, die Welt zu verändern, zu verbessern oder ihr zum Trotz wenigstens einen Himmel auf Erden herauszuschneiden"?

Wenn es das Abenteuer der Weltveränderung um seiner selbst willen gegeben hat, so waren wir am Ende des 20. Jahrhunderts auch an der Grenze aller Abenteuer angekommen, da die große, finale Weltveränderung, der nukleare Krieg, nichts anderes dargestellt hätte, als eine absurde Konsequenz jener Tapferkeit, die mit dem Gewehr, wieder mit Hegel gesprochen, abstrakt geworden war.

Und heute, wo liegen noch die Abenteuer? Schwerlich ist ein Grußwort geeignet, die Antwort auf derlei Fragen zu geben. Die Literatur wird sie weiter suchen – in der Politik, so steht zu hoffen, liegt sie jedenfalls nicht mehr.

2

Vielleicht bedarf es einer gewissen Altersweisheit, die Odo Marquard zweifellos bewegt hatte, als er dem letzten großen Abenteurer/Philosophen der Geschichte, Karl Marx, über die Vergangenheit zurief: „Es kommt nicht darauf an, die Welt zu verändern, sondern sie zu verschonen"?

Heroisch wird inzwischen das tapfere Bewahren, das schwierige Erinnern – im alles mit sich reißenden Sturm der Moderne. Die Abenteuer der Gegenwart finden inzwischen im Kopf statt. Später dann – das Weltall?

Der Konferenz wünsche ich von Herzen gutes Gelingen.

Dr. Michael Naumann
Staatsminister beim Bundeskanzler
Beauftragter der Bundesregierung für Angelegenheiten
der Kultur und der Medien

Einleitung

Die Referate, die dieser Band versammelt, gehen zurück auf das internationale Colloqium *Abenteurer als Helden der Literatur vom 16. bis 20. Jahrhundert*, zu dem die Herausgeber vom 16. – 19. Februar 2000 ins Wissenschaftszentrum Bonn eingeladen hatten; die Veranstaltung wurde unterstützt von der Universität Essen, der Deutschen Forschungsgemeinschaft und der Europäischen Kommission.

*

Vielleicht war es für die Bonner Konferenz nicht das schlechteste Vorzeichen, daß sie (recht betrachtet) einen Wunsch Herders erfüllte. In seiner Rezension von Sulzers noch druckfrischer *Allgemeiner Theorie der Schönen Künste* nämlich beklagte Herder das Fehlen einer „philosophische[n] Geschichte des Abentheuers", die er sich „wahrlich [wünsche]".[1] Das war freilich schon 1774, die Teilnehmer der Konferenz wären mit ihrem Bemühen also mehr als zweihundert Jahre zu spät gekommen. Aber es scheint ohnehin unsicher, ob die Tagung Herders Beifall gefunden hätte. Denn schließlich war er sicher, daß nun da „Frankreich [...] aus dem eigentlichen Geschmacke des Abentheuers herausgekommen" sei, allein zu prüfen bleibe, „wo und aus welchen Gründen noch Reste in Europa seyn könnten"[2]. Gerade als Herder dessen Ende bilanzierte, sieht aber die historische Forschung den Abenteurer (als gesellschaftlichen Typus) allererst entstehen. Suzanne Roth identifizierte zuerst den ‹aventurier› als Erscheinung des überlebten ‹ancien régime› („ces personnages ... du soir de l'ancien régime ...“[3]). Wohl entwarf Roth eine Genealogie des Typus seit dem 15. Jahrhundert, erklärte sie auch nicht die Revolution zu seinem kategorischen Ende; jedoch allein dem Abenteurer des späten 18. Jahrhunderts galten ihre Faszination und ihr wissenschaftliches Interesse („la singularité attrayante de ces hommes d'ombre et de scintillement“[4]). Man ist Roth hierin gefolgt. Als Rainer Gruenter für die Zeitschrift *Euphorion* am „Entwurf einer Theorie des Abenteurers“ arbeitete, da sammelte auch er Beiträge über den „Abenteurer im 18. Jahrhundert“.[5] Im Gruenterschen Themenheft begründete dann Volker Kapp den Abenteurer der französischen Aufklärung als „ein Produkt der sich auflösenden aristokratischen Zivilisation“[6], und auch Edward Reichel diagnostizierte den Abenteurer als eigene Erscheinungsform des ‹ancien régime›: die spätaristokratische „Epoche des Übergangs, des historischen Paradigmenwechsels in den Strukturen des Staates, der Wirtschaft und der gesamten Kultur“[7] sei Bedingung seiner Karriere gewesen. Neu belebte die Diskussion zuletzt die Monographie von Alexandre Stroev. Zum ersten Mal war hier der Abenteurer konsequent als Grenzgänger der aristokratischen Gesellschaft (als Verkörperung eines Unbewußten der Aufklärung) aufgefaßt, und konnte Stroev zeigen, daß sich aus diesem einzelnen Kriterium wesentliche Merkmale des abenteuerlichen Phänotypus ableiten lassen:[8] die Nichtbeachtung der sozialen Hierarchien; ein Leben auf immerwährenden Reisen – und mit ihm der beständige Wechsel der Existenz oder Rolle, der Berufe, Projekte und Affairen. So umfangreich aber über den Abenteurer des 18. Jahrhunderts gearbeitet wurde: nach der Revolution scheint er (soweit es die Notiznahme der Forschung betrifft) beinahe inexistent. Und dies, obwohl die Arbeiten von Stroev und Kapp doch Spuren bis ins bürgerliche Zeitalter hinein legten: Wenn Stroev im Abenteurer des ‹ancien régime› das Unbewußte der Aufklärung verkörpert sah,[9] dann schreibt sich doch die Geschichte der Aufklärung ungebrochen bis ins 20. Jahrhundert fort. Und wenn Kapp den Abenteurer mentalitätsgeschichtlich zwischen den Fronten eines alten aristokratischen Selbstbewußtseins und der bereits raumgreifenden bürgerlichen

6

Ökonomie des Nutzens verortet, so drängt die Frage nach seiner späteren bürgerlichen Karriere (der Abenteurer (formulierte Kapp) setzt „als Aristokrat dem erstarkenden Zweckrationalismus ein selbstzerstörerisches Ethos der verspielten Zweckfreiheit entgegen" und wirft sich umgekehrt „als Bourgeois ... in die Pose des sich über bürgerliche Ökonomie erhebenden Edelmannes"[10]). Einen Hinweis über die Wende zum 19. Jahrhundert hinaus hat Claus Süßenberger gegeben mit der Bemerkung: im Untergang der aristokratischen Gesellschaft löse den höfischen Abenteurer (wie er vor allem am französischen Königshof sich sammelte) der „merchant adventurer" (nach englischem Vorbild) ab.[11] Wer die von Herder angeregte „philosophische Geschichte des Abenteuers" schreiben wollte, der müßte den hier gelegten Spuren nachgehen. Für den Weg, der dabei zu beschreiten wäre, will ich – bevor sich die historische Galerie der Abenteurergestalten öffnet – ein paar Richtungsschilder aufstellen.

Mag sein, daß sich zur Beschriftung dieser Schilder am besten die früheren, zeitgenössischen Definitionen des ‹Abenteurers› eignen. Denn schließlich sind ja (etwa seit der Mitte des 18. Jahrhunderts) eine ganze Reihe von Bestimmungen seines Typus, seines Begriffs gegeben worden. Wobei bemerkenswerterweise der Abenteurer zur Zeit seiner größten realhistorischen Prominenz (im ‹ancien régime›) theoretisch keine Rolle spielt. Als der Abenteurer dann in der historischen Philosophie auftaucht, da ist es die Stunde des bürgerlichen Zeitalters. Ob Zufall oder nicht: es dürfte sich lohnen, hier genauer zuzusehen.

Immerhin: der Abenteurer hat es in der *Encyclopédie*, der großen Bestandsaufnahme des aufgeklärten Wissens, doch zu einem kurzen Eintrag gebracht. ‹Aventurier›, vermerkt diese, sei ein Begriff aus dem Bereich des Kommerzes; er bezeichne einen Menschen ohne Charakter und ohne festen Wohnsitz, der sich nach Laune in gleich welche Händel und Affairen hineinmische und dem man (hierauf liegt die Betonung) unter keinen Umständen trauen dürfe („AVENTURIER, sub. m. *dans le Commerce*, se dit d´un homme sans caractere & sans domicile, qui se mêle hardiment d´affaires, & dont on ne sauroit trop se défier"[12]). Die Definition ist freilich aus dem *Dictionnaire universel de Commerce* von 1750 abgeschrieben[13] und wird vermehrt nur um einige weitere Notizen zum englisch-amerikanischen Wortgebrauch. Man darf allerdings annehmen, daß das reine Negativ des Begriffs vom Abenteurer herrschend war. Schließlich bemerkt auch Casanova gelegentlich in seinen Memoiren: er habe es sich nicht leisten können, als ‹aventurier› zu gelten.[14] Gleichwohl hat Casanova bei anderer Gelegenheit eine vollständige Theorie des Abenteurers seiner Zeit formuliert (ohne freilich den verpönten Terminus des ‹aventurier› zu verwenden). Im *Soliloque d'un penseur* (1786) beschrieb er ausführlich den Pariser Phänotypus und ordnete ihn in zwei Klassen: in den (positiven) Typus des Betrügers (‹imposteur›) und in seine (rein negative) Abart, den ‹charlatan›. Überhaupt dürfte die Distanzierung der eigenen Person vom ‹charlatan› (der dem ‹aventurier› im zeitgenössischen Synonym entspricht) das dringende Anliegen von Casanovas Schrift gewesen sein: unmittelbar nach der Halsbandaffaire geschrieben, geht sie von der Klassifikation in eine Schmährede auf Cagliostro über.[15] Casanovas abenteuernder Betrüger (‹imposteur›) ist demgegenüber der wahre Aufklärer. Wie der Philosoph, wie der Misanthrop kennt er seine Mitmenschen genau und weiß, daß ihre Vertrauensseligkeit sie irren Hoffnungen und falschen Reizen, blendenden Verlockungen und vorgetäuschten Mystizismen nachlaufen läßt. Aber während der Weise über soviel Dummheit nur lacht und der Misanthrop sich von solcher Gesellschaft entfernt, ist der ‹imposteur› der einzige, der es unternimmt, die Menschen über den wahren Lauf der Welt aufzuklären (und zuvor auch ein wenig auszunutzen). Mit der Ent-Täuschung durch seine Person nämlich nimmt er ihnen das blinde Vertrauen in andere („La crédulité est donc un défaut ... qu'il faut adroitement etacher de sa racine"); indem er ihnen die Augen öffnet, setzt er ihren Geist in Freiheit („en lui desillant les yeux il lui met l'esprit en liberté").[16] Damit das gelingt, darf sich freilich das Opfer des Betrugs nicht schämen müssen, dem Gaukelspiel eines Unwürdigen aufgesessen zu sein. Denn hieraus ginge ihm nur die eigene Dummheit auf und gewönne er keineswegs ein aufgeklärtes Selbst-Vertrauen. Genau darin weicht vom ‹imposteur› der ‹charlatan› ab. Ihn sieht Casanova vor anderen in Cagliostro verkörpert: der keine Sprache außer der Muttersprache beherrscht und vollkommen ungebildet ist; der, weil er nichts weiß, alles verspricht; dessen Noblesse unter dem Kostüm schon endet und der als der geheimnisvolle Unbekannte nur auftreten kann, weil niemand, der ihn einmal kennenlernte, von ihm noch etwas wissen will.[17] Den ‹imposteur›, sein positives Gegenbild, hat Casanova mit dem Schauspieler, die Affairen, in die er seine Mitmenschen verstrickt, mit theatralischen oder karnevalesken Komödien verglichen:[18] die Leichtigkeit ihrer Inszenierung (meinte er) lasse die Belehrten und Betrogenen dennoch lachen.

Erblickte Casanova im Abenteurer (das heißt im Betrüger) den Komödianten, der mit den Menschen reale Stücke aufführt, so hat nur wenige Jahre später Adolph Freiherr Knigge (in seinen Ausführungen *Über den Umgang mit Menschen* (1788/90)) gegenüber dem Abenteurer einen ganz anderen Ton angeschlagen: Wenn der Abenteurer schauspielere (meinte er), so doch um das Vertrauen der Menschen zu seinem Vorteil auszunutzen: „Unter den Abenteurern unserer Zeit spielen mystische Betrüger noch immer eine Rolle [...] die Begierde, [...] über die Grenzen d[]er Eingeschränktheit hinaus Blicke zu thun, hat von jeher den abenteuerlichsten Aberglauben, die seltsamsten Verirrungen begünstigt [...] diese Stimmung [beuten] mit Vorliebe Betrüger aus, die [...] nach Zeit und Gelegenheit darauf ausgehen, die Augen der Schwachen zu blenden und im Trüben zu fischen"[19]. Seine Motive und Mittel aber: „Habsucht, Neid, Haß, Zorn, Schadenfreude, Verstellung, Falschheit und Vertrauen auf blindes Glück"[20] lassen Knigge im Abenteurer die eigentliche Verkörperung eines ganz anderen Typus erkennen: des Glücksspielers, besser noch: des Falschspielers. Beider Erfolg beruht auf ihrer scheinbaren Glaubwürdigkeit – und ihrem tatsächlichen Betrug. – Für Knigges Deklassierung des Abenteurers gibt es einen tieferen Grund, den man zwischen den Zeilen deutlich merken kann: Knigge warnt vorm Abenteurer wie vor allem, was „von ernsthaften bürgerlichen Geschäften ab=, zum Müßiggange oder zu zweckloser Geschäftigkeit leite[t]"[21]. Es habe zumal auch jeder „[d]er Lust hat, etwas Großes und Nützliches zu thun, ... dazu im bürgerlichen Leben sehr viel Gelegenheit"[22]: Der Horror vorm Abenteurer offenbart sich als derjenige vorm Anti-Bürgerlichen.

Diese Wendung der bürgerlichen Gesellschaft gegen den Abenteurer ist (so meine ich) grundsätzlicher Natur. Als es in England zur Mitte des 18. Jahrhunderts zuerst um die Begründung eines eigenen bürgerlichen

Selbstverständnisses geht, da erscheint neben Richardsons Romanen (*Clarissa* (1747)) die Zeitschrift *The Adventurer* (1752 – 54). Es ist der (übrigens einzige) Versuch, eine moralische Wochenschrift über den Abenteurer zu machen; nach zweieinhalb Jahren und 140 Nummern wurde sie eingestellt. – Nicht unerwartet gilt gleich der erste Beitrag des *Adventurer* (am 7. Nov. 1752) der Begriffsbestimmung. Als das Wesensmerkmal des Abenteurers, und zwar sein einziges, wird darin äußerster Mut (‹courage›) aufgefaßt: Er treibe ihn an, Gefährliches zu unternehmen, während er doch sicher und unbehelligt leben könne; er lasse ihn sein Leben riskieren und ins Unbekannte aufbrechen, wo andere friedlich zu Hause bleiben.[23] Wie der Typus also gesellschaftlich zu beurteilen ist, wird sich am inneren Motiv solchen Tuns entscheiden. Im *Adventurer* kann man die diesbezüglichen Möglichkeiten nachlesen: der Abenteurer kann ein Verbrecher sein (wenn er rein egoistisch handelt) – ein Idiot (wenn er alles für nichts verspielt) – oder ein Held: nämlich dann, wenn er das eigene Leben für das Wohl anderer riskiert.[24]

Noch bemühen sich die Autoren des *Adventurer*, den Abenteurer für die bürgerliche Moral zu vereinnahmen (was wohl im ehrgeizig-sportlich-tüchtig-praktischen ‹merchant adventurer› auch für gelungen gelten darf); bei Knigge gibt es (wie wir gesehen haben) einen solchen Versuch nicht mehr. Als die bürgerliche Gesellschaft im 19. Jahrhundert Raum greift, wird sie vielmehr gerade die abenteuerliche Behandlung des Lebens auszuschließen trachten. Mit welchem Argument dies geschieht, das kann man beispielsweise Hegels Einwänden gegen die romantische „Abenteuerlichkeit" entnehmen.[25] Denn die Abenteuerlichkeit des Subjekts erklärt sich aus seinem Verhältnis zur Welt: indem es alle äußere Realität als von der eigenen Innerlichkeit abgetrennt setzt, erscheint ihm die Welt als „eine endlos fortfließende, sich ändernde, verwirrende Zufälligkeit"[26]. Nichts vertrüge sich schlechter mit der „feste[n], sichere[n] Ordnung der bürgerlichen Gesellschaft und des Staats". Seither bedeutet ein Individuum, das die zufällige Auffassung der Welt gegen die „bestehende[] Ordnung" verkörpert, die anti-bürgerliche Verunsicherung.[27] Der Abenteurer ist zum Fremden der Gesellschaft geworden.

Sein Phänotypus hat sich damals entscheidend gewandelt. Das Abenteurer-Sein wird nun außerhalb der Grenzen der bürgerlichen Gesellschaft (das heißt jedenfalls: außerhalb Europas) stattfinden müssen. Jenseits der bekannten werden sich nun die Abenteurer aufmachen, neue Welten zu entdecken: die Pole des Globus, die großen Wüsten, das schwarze Afrika. Ihr Nutzen für den europäischen Imperialismus ist offensichtlich, wie man an den Konquistadoren sehen kann, die nun (nachträglich) zu Abenteurern aufrücken mögen. Definitorisch spielt der Abenteurer im ganzen 19. Jahrhundert keine nennenswerte Rolle mehr. Zu Beginn des 20. hat dann Georg Simmel (in seinen Essais zur *Philosophischen Kultur* (1911)) noch einmal eine Theorie des Abenteurers entworfen. Abenteuerlich (meinte Simmel) sei das Erlebnis, das „aus dem Zusammenhange des Lebens herausfällt"[28] – und doch auf geheimnisvolle und tief bedeutsame Weise mit ihm verknüpft erscheine. Wenn sich so im Abenteuer momenthaft das Glück verkörpern mag, dann macht der Abenteurer dessen Zufälligkeit zu seinem Lebensprinzip: er glaubt, stets auf sein Glück rechnen zu können, und geht jedes Risiko ein. Damit bestehe aber (schloß Simmel) das Abenteuer gar nicht im Inhalt des Erlebnisses als vielmehr in einem „Gefühl der Abenteuerlichkeit", das uns (genau betrachtet) „alle zu Abenteurern werden [läßt]"[29]. Womit am Ende dem Abenteurer ein Plätzchen innerhalb (aber nicht außerhalb) der bürgerlichen Gesellschaft angewiesen wäre.

Simmels Zugang (will mir scheinen) verhält sich zum abenteuerlichen Leben wie die großen Völkerausstellungen des ausgehenden 19. Jahrhunderts zur exotischen Fremde: Das beunruhigend-Andere, sehnsuchtsvoll-Verunsichernde, das innerhalb des Bekannten erscheint, wird damit zu einem kultivierten Reiz herabgestimmt. Vielleicht, daß gerade hiergegen: gegen das sparsame Vergnügen unter der bürgerlich-ökonomischen Regel, der Mythos des Abenteurers sich formt. Auf diese Möglichkeit hat (in seiner *Kritik der Abenteuer-Ideologie*) Michael Nerlich hingewiesen: die utopische Apotheose des rastlosen, wagemutigen Abenteurers (meinte er) hänge unmittelbar (reziprok) mit der Starre der bürgerlich-kapitalistischen Gesellschaftsordnung zusammen.[30] Die Vermutung hält Stich und läßt sich weiter ausführen. Denn verkörpert nicht zuletzt der mythische Abenteurer die eingelöste (anti-bürgerliche) Überschreitung? Alle geographischen, sozialen, moralischen Grenzen läßt er hinter sich: er lebt nicht ein, sondern Hunderte von Leben an ebensovielen Orten. Er mag nicht darauf warten, daß die beharrliche Leistung eines Tages mit einigem Erfolg belohnt werde und setzt, um zu gewinnen, auf die Chance des Augenblicks. Seine Karrieren sind keine des Verdiensts, sondern werden mit Glück und Wagemut, mit Neugier und List gemacht. Selbst wenn er auf dem Gipfel von Ruhm und Reichtum steht, ist nicht Sparen, sondern die Verausgabung der Mittel sein Lebensprinzip. Insofern hat es System, wenn Casanova das Fazit seines Lebens in dem Satz formuliert: er habe alles ausgegeben und besitze nichts mehr, aber dies tröste und rechtfertige ihn („Je n'ai rien; j'ai tout jeté, et cela me console et me justifie"[31]). Man darf wohl annehmen, daß solche abenteuerliche Ökonomie dem eingefleischten Bürger wie eine Verheißung von Freiheit und Glück vorkommen mußte. Vielleicht daß von hier aus der Bourgeois den Abenteurer zum Mythos weiterträumte: zur „anderen" Existenz, in der die Kalkulation des Nutzens durchs bedenkenlose Lustprinzip ersetzt wurde, die aus dem regelengen Leben in die niegesehene große Weite der Welt hinausführt – die deshalb die Sehnsucht und die Hoffnung bedeutet.

Sabine Kleine-Roßbach (Saarbrücken)

---

[1] *Herders sämmtliche Werke.* Hg. von Bernhard Suphan. Bd. 5. Berlin 1891. S. 377 – 400. Hier: S. 384.

[2] *Herders sämmtliche Werke.* Bd. 5. S. 384.

[3] *Suzanne Roth:* Les aventuriers au XVIIIe siècle. Paris 1980. S. 9.

[4] *Roth:* Les aventuriers au XVIIIe siècle. S. 20.

[5] *Rainer Gruenter:* Vorwort zum Themenheft „Der Abenteurer im 18. Jahrhundert". *Euphorion* 79 (1985) 229 – 231. Hier: S. 230.

[6] *Volker Kapp:* Der Abenteurer als Demonstrationsobjekt und Skandalon der französischen Aufklärung. Zum Funktionswandel der Bekenntnisse von erlebten Abenteuern. In: *Euphorion* 79 (1985) 232 – 250. Hier: S. 236.

[7] *Edward Reichel:* Zwischen Boudoir und Schlachtfeld – Maurice Comte de Saxe, Maréchal de France. Der Abenteurer als Phänotyp des 18. Jahrhunderts. In: *Wolfgang Adam (Hg.):* Das achtzehnte Jahrhundert. Facetten einer Epoche. Festschrift für Rainer Gruenter. Heidelberg 1988. S. 137 – 155. Hier: S. 155.

[8] *Alexandre Stroev:* Les aventuriers des Lumières. Paris 1997. Hier: S. 12.

[9] *Stroev:* Les aventuriers des Lumières. S. 3.

[10] *Kapp:* Der Abenteurer als Demonstrationsobjekt und Skandalon. S. 235f.

[11] *Claus Süßenberger:* Abenteurer, Glücksritter und Maitressen. Virtuosen der Lebenskunst an europäischen Höfen. Frankfurt a.M., NY 1996. S. 41f.

[12] Art. ‹Aventurier› in: *Encyclopédie ou Dictionnaire raisonné des sciences, des arts et des métiers.* Nouvelle impression en facsimilé de la première édition de 1751 – 1780. Stuttgart, Bad Cannstatt 1966.

[13] „*Aventurier* signifie un homme peu ou point connu, qui n'a peut-être ni feu ni lieu, qui se mêle hardiment d'affaires, et qui communément n'est qu'un affronteur. Tous les bons Négociants doivent bien se garder de telles personnes", vgl. *Roth:* Les aventuriers au XVIIIe siècle. S. 13.

[14] *Giacomo Casanova:* Histoire de ma vie. Wiesbaden, Paris 1960 – 1962. Bd. 5, S. 51.

[15] *Giacomo Casanova:* Soliloque d'un penseur. Prague 1786. Reprint Paris 1998. S. 21 – 43.

[16] *Casanova:* Soliloque d'un penseur. S. 14.

[17] *Casanova:* Soliloque d'un penseur. S. 39f.

[18] *Casanova:* Soliloque d'un penseur. S. 17.

[19] *Adolph Freiherr Knigge:* Ueber den Umgang mit Menschen. Vollständig und neu hg. von Jean Dufresne. Berlin 1878. S. 325.

[20] *Knigge:* Ueber den Umgang mit Menschen. S. 323.

[21] *Knigge:* Ueber den Umgang mit Menschen. S. 328.

[22] *Knigge:* Ueber den Umgang mit Menschen. S. 327.

[23] *The Adventurer* 1 (1752) 1 – 3.

[24] *The Adventurer* 1 (1752) 4 – 6.

[25] *Georg Wilhelm Friedrich Hegel:* Vorlesungen über die Ästhetik I. In: *ders.:* Werke. Hg. von Eva Moldenhauer, Karl Markus Michel. Bd. 13. Frankfurt a.M. 1970. S. 211 – 220.

[26] *Hegel:* Vorlesungen über die Ästhetik I. S. 211.

[27] *Hegel:* Vorlesungen über die Ästhetik I. S. 219.

[28] *Georg Simmel:* Das Abenteuer. In: *ders.:* Philosophische Kultur. Über das Abenteuer, die Geschlechter und die Krise der Moderne. Gesammelte Essais. Mit einem Vorwort von Jürgen Habermas. Berlin 1983. S. 25 – 38. Hier: S. 25.

[29] *Simmel:* Das Abenteuer. S. 36f.

[30] *Michael Nerlich:* Kritik der Abenteuer-Ideologie. Beitrag zur Erforschung der bürgerlichen Bewußtseinsbildung 1100 – 1750. Berlin 1977. S. 518 – 526.

[31] *Casanova:* Histoire de ma vie. Bd. 1, S. XVIII.

Bernhard Kytzler (Durban, Südafrika)
Ein Helden- und ein Hundeleben
Christopher Columbus

War es wirklich ein Heldenleben? Oder eher ein Hundeleben? Wie will man sich
vergewissern? Eine erfundene Parallele, aus dem Hier und Heute, mag uns helfen.
Zur Einstimmung also vorerst ein Gegenbild: eine ins zeitgenössische fin de siècle
umgezeichnete Phantombiographie des großen Genuesers.

In der Mitte des 20. Jahrhunderts, sagen wir im Herbst 1951 (oder, wenn es so
sein soll, in der Mitte des fünfzehnten Jahrhunderts, im Herbst des Jahres 1451)
wurde innerhalb der (freilich erst noch zu gründenden) EU, in eine provinzielle
Handwerkerfamilie hinein, ein Sohn geboren. Das Unterklassenkind verließ als
junger Mann den Mittelmeerhafen, der seine Heimat war, und ging in ein
Nachbarland, wiederum in der EU. Dort gelang ihm ein gewisser sozialer Aufstieg:
Er heiratete in eine hochstehende Familie ein. Aber inzwischen hatte er, fast
vollständig als Autodidakt, auch eine gewisse Bildungshöhe erreicht und sich
unterschiedliche Wissensschätze eröffnet. Dabei formte sich in ihm ein
Missionsbewußtsein: Er fühlte sich zu einer großen wissenschaftlichen Tat, zu
einem Durchbruch von epochaler Tragweite berufen.

Wir alle wissen leider allzu genau, wie das mit solchen Ideen halt geht: Es gilt
vorerst einmal, die Finanzlücken zu schließen. Man muß höheren Orts Anträge auf
freizügige Förderung stellen und auch durchsetzen, muß sich Gönnern gegenüber
glaubhaft machen, muß Entscheidungsträger für sich gewinnen und für das Projekt

begeistern usw.usf. Der unbekannte junge Mann mit seiner phantastisch anmutenden Idee erlebte, kaum erstaunlich, daß man ihm allenthalben die kalte Schulter wies. Nach einigen Jahren vergeblicher Versuche ging er in einen weiteren Nachbarstaat, in das nun also dritte EU-Land. Er setzte da seine Förderungsanträge fort, bestürmte hohe und höchste Stellen – weiterhin lange Zeit vergeblich.

Das ging so, bis er bereits die Vierzig überschritt. Als aber Anfang 1992 einerseits die beiden Teile des Landes, in dem er sich nun aufhielt, endlich vereinigt waren und als andererseits das 'Reich des Bösen', um es so auszudrücken, zusammengebrochen war, als nun eine gewisse Euphorie aufkam und der Rüstungsdruck finanziell fortzufallen schien, da erhielt unser Phantomforscher unverhofft seine Chance: Sein Experiment wurde tatsächlich offiziell finanziert. Es war auch, siehe da, entgegen der gelahrten Meinung verschiedener internationaler Expertenkreise, in gewisser begrenzter Weise, durchaus erfolgreich. Daraufhin vervielfachte man ihm 1993 alsbald die Förderung; man sparte nicht mit Ernennungen und höchst ehrenvollen Titulaturen, stattliche staatliche Sondermittel wurden bereitgestellt, die seinen Gerätepark versechsfachten; die Zahl seiner Mitarbeiter wurde gar auf das Fünfzehnfache erhöht. Auch das zweite Experiment zeitigte einen gewissen Teilerfolg, und so bewilligte man ihm auch noch ein drittes Mal ansehnliche Mittel. Aber unser Kollege Wissenschaftler war zwar ein kluger Kopf und vorbildlicher Fachvertreter – manche sagen: ein Genie! –, aber er war eben so gar kein rechter Administrator. Sein Erfolg brachte zudem im Establishment Neider zuhauf gegen ihn auf, gegen diesen Quer-Aufsteiger, der auch dazu noch ein Ausländer war – kurz, mitten in der dritten Experimentphase wurde er von der Expertokratie wegen chaotischer Buchführung und unrealistischer Projektleitung schlagartig aller Führungspositionen enthoben und inhaftiert. Das war am 15. September des Jahres 2000.

Bedenken wir: In unserem Gedankenexperiment, in welchem wir nach jenem historisch vorgegebenem Muster eine allgemein gehaltene Lebensbahn im Rahmen unserer Tage aufzeichnen, gehen wir nicht auf eine spezifische Karriere ein. Wir lassen es also offen, ob unser modernes Modell ein Mediziner oder Mathematiker, Musiker oder Meditationsmeister oder Molekularbiologe sei; ob ein Marsforscher oder ein Marktforscher, ein Medienforscher oder ein Friedensforscher gemeint ist.

In jedem Fall hatte der unbekannte Kollege im Jahre 1992 eine epochale Entdeckung gemacht, die – weit über sein Spezialfach hinaus – die ganze Menschheit auf Generationen hinaus entscheidend zu beeinflussen bestimmt war – resp.: ist. Und die relativ unbeachtet blieb resp. bleibt.

Das Interessante freilich an unserem Phantomfreund: Er war sich der wirklichen Bedeutung seiner Entdeckungen selbst gar nicht genauer bewußt. Behielt er auch – zu der meisten großem Erstaunen – im Grundsätzlichen durchaus recht, so vermochte er doch die Details seiner Entdeckungen nicht korrekt einzuordnen. Er gab ständig verkehrte Identifizierungen zu Protokoll, machte irrige Details bekannt und wurde denn auch von der weiteren wissenschaftlichen Entwicklung weitgehend beiseite gelassen. Freilich feierten, viel viel später, die Menschen am Ende des 25. Jahrhunderts enthusiastisch den 500. Jahrestag seiner Entdeckung, durch welche die Welt nach ihm – und also auch ihre eigene Welt – so nachhaltig beeinflußt worden war. Aber wir, seine Zeitgenossen von 1992 und weiter – wie er selbst ja auch – wir erkannten die wirkliche Bedeutung nicht; ja wir benannten sogar seine Entdeckung nicht nach ihm, sondern nach einem anderen: einem unterhaltsam schreibenden Wissenschaftsjournalisten, der 2007 eine – immer noch reichlich schiefe – Darstellung der Ergebnisse jenes anderen gab und so die Lorbeeren der Benennung der Entdeckung nach seinem eigenen Namen einheimste. Der wirkliche Entdecker starb unbemerkt 2006 in Einsamkeit, ein Vergessener.

*

Was hat unser Gedankenexperiment erbracht? Es hat den Lebensweg des Christopher Colon aus seiner alten Abenteurerwelt brüsk in unsere unheldische Gegenwart transponiert, hat ihn in unsere so gut verwaltete Welt placiert – und zwar, das sei betont, mit allen genauen Daten: Geburt 1451 alias 1951, weiterer Lebensabschnitt samt Heirat und samt den vielen erfolglosen Förderungsanträgen zuerst in Portugal, dann in Spanien; dortselbst dann vier Vorgänge von herausragendem Format:

- Vereinigung der beiden getrennten Landesteile, damals nicht Ost- mit Westspanien, sondern vielmehr Aragon mit Kastilien, zu einem gemeinsamen Spanien;
- Anfang 1492 Fall des 'Reiches des Bösen', d.h. nun nicht das Ende der sog. sowjetischen Bedrohung im 20.Jhdt., sondern im 15. Jhdt. das Ende der maurischen Invasion auf der iberischen Halbinsel, die nach siebenjähriger Belagerung ihrer letzten Festung Granada – und nach immerhin nahezu achthundert (achthundert!) Jahren maurischer Invasion – nun durch die Einnahme von Granada in der Reconquista endgültig abgewehrt wird; alsbald, nach wenigen Wochen nur,
- Zwangstaufe bzw. Ausweisung aller Juden und Muselmanen aus dem Land und gleichzeitig
- Betrauung des Columbus mit zunächst relativ bescheidenen Forschungsmitteln, d.h. mit 3 Schiffen und weniger als 100 Mann, unter ihnen 5 eigens pardonierte Zuchthäusler; ein gut Teil des Geldes stammt aus dem Besitz der vertriebenen Juden; Antritt der ertsten Reise noch im selben Jahr, bei der, entgegen all dem geballten Sachverstand von hochrangigen ad-hoc-Gremien in Portugal und Spanien, tatsächlich nach dreiundddreißig Tagen Reise im fernen Westen Land erreicht wird; gloriose Rückkehr 1493, alsbald die zweite Expedition mit nun immerhin 17 Schiffen und etwa 1500 Mann im Folgejahr, Zahl der mitreisenden Sträflinge unbekannt; dann die dritte Reise samt Sturz des Großadmirals vom Vizekönig zum Kettensträfling 1498 – 1500; die vierte Reise schließlich 1502 – 1504; am 20. Mai 1506 endlich der Tod des Vergessenen, wieder in der Provinz, in Valladolid; ein Jahr nach seinem Tode, am 25. April 1507, endlich die Benennung der von ihm entdeckten Weltgegend nach jenem anderen, jenem Amerigo Vespucci, als 'Amerika': Der Autor des Buches *Novus Mundus* = 'Die Neue Welt' gab ihr auch den Namen, seinen eigenen Vornamen, Amerigo. Christopher Colon blieb ausgespart, übersehen und vergessen. Columbus – ein Nichtheld?

Freilich müssen wir uns, im Kontrast zu der allgemein bekannten Richtigkeit seiner Grundthese, die weniger genau bekannte schlimme Schieflage seiner

Detailbeschreibungen deutlich vor Augen stellen. Als er 1492 das heutige Haiti betrat, glaubte er sich in Cipango alias Japan; als er alsdann nach Kuba kam, sah er die Insel als das Festland der Küste Chinas an; und als er später Panama erkundete, glaubte er sich in Indochina. Die Mündung des Orinoco schließlich identifizierte er, so verblüffend kühn wie simpel gläubig, als den Vierten der Ströme des Irdischen Paradieses. Ferner meldete er nun, daß die Erde doch nicht eigentlich eine regelrechte runde Kugel sei, sondern eher einer umgekehrten Birne gleiche; auch könne man sie in der Form einer weiblichen Brust verstehen, die Brustwarze als Sitz des Gartens Eden.

Alles in allem: Der epochemachende Entdecker Columbus hatte sich schlicht um gut ein Viertel des Erdumfanges vertan. Seine These, es sei Land im Westen zu erreichen, war glänzend bestätigt; seine Annahme, es handele sich bei diesem von ihm betretenen Land um den bereits bekannten Indischen Osten, war kläglich gescheitert. Der Planet Erde war doch beträchtlich größer als gedacht.

Wir begegnen hier dem nicht seltenen Phänomen, das man den 'fruchtbaren Irrtum' nennen möchte. Ein Jahrhundert nach Columbus wird zum Beispiel die Florentiner Camerata sich daran machen, mit Jacopo Peri u.a. die antike Tragödie zu erneuern. Das wird mißlingen, trotz der 1594 uraufgeführten *Daphne* Peris. Dafür aber wird unerwarteterweise die hernach so erfolgreiche neue Gattung 'Oper' geboren werden: Auch hier taucht ein unbekannter unerahnter, ein neuer, künstlerischer, Kontinent auf; eine 'Neue Welt' erscheint im Medium der Musik. Vergleichbar ein Saeculum früher Columbus: Der erhoffte westliche Seeweg nach dem reichen Fernen Osten wird eröffnet, aber er erweist sich als dreimal länger und vielfach schwieriger als angenommen; dafür wird ein ganzer gewaltiger, bislang unbekannter Kontinent voll unerhörter Reichtümer und Reize entdeckt, dazu hinter diesem noch ein riesiges weiteres Weltmeer. Diesem neuen Ozean gab erst Magellan den unverdient freundlichen, euphemistisch beschwörenden Namen 'Friedensmeer' = 'Pazifik'; erst Magellans Expedition 1519 – 1522 umrundete in der Tat den ganzen Globus und vollendete so, nach dem Tode Magellans auf der Reise, mit nur einem einzigen von fünf ausgesandten Schiffen, mit nur 18 Heimkehrern, endlich in der Wirklichkeit die Vision des Christopher Columbus.

Jene achtzehn waren es auch, die als erste den Preis für die Umrundung unserer Erde in westlicher Richtung entrichteten: Sie verloren einen kalendarischen Tag ihres Lebens – der ihnen freilich in kleiner Münze, d.h. minutenweise, in Form künstlich verlängerter Tagesabläufe, unmerklich bereits vorab erstattet worden war. Bezeichnend übrigens, daß die kalendarische Verschiebung bei den achtzehn wackeren Weltreisenden wilde Gewissensbisse auslöste: Jäh wurde ihnen bewußt, daß sie am Karfreitag Fleisch gegessen hatten und daß Ostern von ihnen am falschen Tag gefeiert worden war. Reuig gelobten sie baldige Buße und hielten auch unverzüglich ihr frommes Versprechen bei der Ankunft in Spanien mit einer aufwendigen Bußprozession.

*

Es erscheint reichlich töricht, die Erörterung zu führen, ob nicht vielleicht die Entdeckung der Westroute seinerzeit, am Ende des fünfzehnten Jahrhunderts, gewissermaßen in der Luft lag und ob, wäre Columbus gescheitert, eben irgend ein anderer die epochale Aufgabe gemeistert hätte. Wie töricht diese Problemstellung ist, zeigen zwei Vorgänge: zum einen die Überlegung, daß ja Columbus seine Projekte mehrfach vorstellte, sie also keineswegs verborgen hielt, und daß der geballte Sachverstand der königlichen Kommissionen sowohl in Portugal wie hernach auch in Spanien darin übereinstimmte, daß es sich um eine äußerst windige Sache handele, von der ernsthafte Leute besser die Finger ließen. Zum anderen aber die bekannte Anekdote, die wir aus Benzonis *Historia del Mondo Nuovo* von 1565, also immerhin erst sechs Jahrzehnte nach dem Tode des Columbus, kennen: Eben jenes <Ei des Columbus>, das der Entdecker mit hartem Schlag auf den Tisch der Wirklichkeit stellt und damit die Runde der adligen Kritikaster beschämt. Wie Benzoni es ausdrückt: „Alle waren sie verwirrt, aber sie verstanden schon gut genug, was er ausdrücken wollte: Ist die Tat erst einmal getan, dann weiß ein jeder, wie man es macht – sie hätten eben selbst den Weg nach Indien suchen sollen, nicht aber i h n verlachen, der diesen als erster gesucht hatte". Man mag in der apokryphen Anekdote eine Art Genugtuung für Columbus sehen: Die volle Anerkennung der Tat blieb ihm verwehrt, die von ihm entdeckte 'Neue Welt' trägt nicht seinen Namen; zudem sprechen wir von der 'copernicanischen' Wende, nicht von der 'columbianischen'. Aber der Geist seiner Tat ist lebendig gelieben und sprichwörtlich geworden. Im spöttisch zwinkernden Spruch vom <Ei des Columbus> lebt fort, was den Genueser Großadmiral so ganz besonders machte.

Noch etwas anderes Besonderes verdient Erwähnung: Der hergelaufene Phantast, ein Handwerkerkind, dazu auch noch ein Ausländer, wurde Gründer einer Art Dynastie. Er selbst trug den Titel eines Vice-Königs (Königs!) der Indischen Territorien Spaniens von der Entdeckung an bis 1500; sein Nachkomme Diego Colon erbte den Titel und das Amt 1508 – 1515 und 1520 –1523. Kann es eine 'abenteuerlichere' Karriere geben? Ohne Gewaltanwendung vom Bürgersmann zum Königsamt, in einer Zeit strikter Standesgläubigkeit, in einer Gesellschaft starrer Schichten, Klassen, Hierarchien – eine vergleichbare Laufbahn scheint nicht denkbar, eine höhere Ehrung unvorstellbar.

Oder vielleicht doch? Immerhin kam es vierhundert Jahre nach seiner Geburt in seinem Heimatland zu dem Versuch, ihn dezidiert zur Ehre der Altäre zu erheben, Columbus zum Heiligen zu stilisieren. 1851 gab Papst Pius IX eine Columbus-Biographie in Auftrag, die der Vorbereitung der Erhebung des Entdeckers in den Stand eines katholischen Heiligen dienen sollte. Freilich, die umfangreiche Biographie des Count Roselly de Lorges kam zwar wirklich bis 1856 zustande, die Ansätze zur Kanonisation seitens der katholischen Kirche wurden allerdings unter Papst Leo XIII. für immer ausgesetzt.

Friedrich Schiller hat all das sehr viel pathetischer ausgedrückt: Hier die vier Distichen aus seiner dritten Dichtungsphase:

Columbus

Steure, muthiger Segler! Es mag der Witz dich verhöhnen,
  Und der Schiffer am Steu'r   senken die lässige Hand.
Immer, immer nach West! Dort muß die Küste sich zeigen,
  Liegt sie doch deutlich und liegt   schimmernd vor deinem Verstand.
Traue dem leitenden Gott und folge dem schweigenden Weltmeer!
  Wär'sie noch nicht, sie stieg' jetzt aus den Fluthen empor.
Mit dem Genius steht die Natur in ewigem Bunde;
  Was der eine verspricht,   leistet die andre gewiß.

Was sich hier klassisch hochgemut ausspricht, ist jene affirmative Sicht, die Columbus zum Helden und Heros, zum Genie oder gar Heiligen verklärt. Sie ist, vielfältig nuanciert, wieder und wieder vertreten worden. Ihr gegenüber steht die – meist moderne – kritische Korrektur: Columbus als raffgieriger Ehrgeizling, als ominöser Urheber all des generationenlangen Unheils, das seine Landung, von Anfang an, nun schon ein halbes Jahrtausend hindurch, den Einwohner Südamerikas und der Inseln gebracht hat. Nicht nur der schon zitierte Schiller hat das Wort ergriffen; eine nahezu unübersehbare Kohorte von Lyrikern, Dramatikern, Romanautoren haben das Ihre beigetragen, seit Lope de Vegas Columbus-Stück von – vermutlich – 1599 bis hin zu Nikos Katzanzakis und Paul Claudel, über Rousseau und Voltaire, Walt Whitman und James Fennimore Cooper, bis zu Peter Hacks und Umberto Eco, zu Salman Rushdie und Carlos Fuentes.

*

Es erscheint an der Zeit, die drei hier vorgegebenen grundsätzlichen Fragen an das Leben Columbus zu richten und nach passenden Antworten auf sie zu suchen:

– War Columbus ein Abenteurer?
– War Columbus ein Held?
– War Columbus ein moderner Mensch?

War Columbus ein Abenteurer? Die Majestäten immerhin, so heißt es, sahen ihn, kritisch genug, in der Tat als einen solchen an. Hören wir Meyer Kayserling über König Ferdinand: "He was very reserved towards Columbus, who, in his shabby dress, had given the king the impression that he was an adventurer"[1]. Columbus wurde genauso auch von den Höflingen angesehen: „They all regarded him as a scheming adventurer, and in Cordova they derisively called him 'The man with the cloak full of holes'" – ergänzen wir: '...durch die das Geld zum Teufel geht'"[2]. Seine persönliche Erscheinung allerdings wies in eine andere Richtung. Las Casas und sein Sohn Ferdinand beschreiben ihn folgendermaßen: „Er war ein wohlgebauter Mann, mehr als mittelgroß, sein Gesicht war länglich, die

Backenknochen hoch; sein Körper wirkte weder korpulent noch schmächtig, und erweckte den Eindruck von Autorität. Er hatte eine Adlernase, helle Augen, helle Haut, die zu heftigem Erröten tendierte. Bart und Haar waren in der Jugend rot, doch grau geworden infolge seiner Mühsalen schon mit dreißig Jahren. Er war freundlich und heiter im Gespräch, beredt und überzeugend bei Verhandlungen. Als Mensch war er in seinen Äußerungen abwechselnd ernsthaft, maßvoll, freundlich, mild, angenehm, bescheiden und diskret, und so konnte er leicht jeden, der ihn sah, dazu bringen, ihn zu mögen. Wenn er etwas zu schreiben hatte, begann er regelmäßig mit den Worten: *JESUS cum MARIA Sit nobis In via.* Seine Handschrift war so fein, daß er durch diese seine Kunst seinen Broterwerb hätte finden können".

Der Kontrast ist klar: Einerseits neidische adlige Höflinge, die den bürgerlichen ausländischen Columbus als 'Abenteurer' im negativen Sinn abqualifizieren; demgegenüber wohlgesinnte historische Berichte, die ihn durchaus positiv schildern. Nach den beiden Hauptkriterien unseres Kongresses ist die Entscheidung einfach. Zum einen: Der *topographische* Wechsel im Falle Columbus ist größer als bei den meisten vergleichbaren Gestalten; er soll als junger Mann Plätze wie Chios und Island aufgesucht haben und an der afrikanischen Westküste gewesen sein, bevor er den Atlantik überquerte. Zum anderen: seine *soziale* Mobilität hievte den hergelaufenen Handwerkersohn hinauf in den höchsten Adelsstand und sogar in den Rang eines Vize-Königs – der freilich nach einigen Jahren einen jähen Sturz erfährt, als Kettensträfling heimkehrt und hernach nur zögerlich und nur teilweise rehabilitiert wird. Columbus – Ein Abenteurer? Ja, gewiß! Da gibt es keinen Zweifel.

Und 'ein Abenteurer' – da gibt es durchaus zweifelhafte Konnotationen. Ein gerüttelt Maß an Unzuverlässigkeit, ja Neigung zu Großsprecherei und Betrug bleibt eingeschlossen. 'Ein Abenteurer' – das ist dem allerkatholischsten König und seinen Hofleuten gar nichts Positives, vielmehr etwas durchaus Fragwürdiges. Glücksritter wie die Goldmacher und ähnliches Gelichter gehörten dazu. Im Falle des 'Abenteurers' Columbus: Die Unsicherheitkomponente bleibt als lebenslange Konstante und fundamentale Konnotation bestehen.

Columbus – ein Heldenleben? Oder eher ein Hundeleben? Er hat es in seinen Briefen, Berichten, Beschreibungen immer wieder und wieder betont, wie schlimm es ihm ergangen ist: Da waren die endlosen Jahre des Wartens, der Enttäuschung, die Bitterkeit der – wie es heute heißt – Frustration. Danach dann die unablässigen Gefahren zur See, in unbekannten Gewässern, mit unbekannten Strömungen und zerstörerischen Stürmen, mit Orkanen, die in unerhörter Stärke und grausamer Heftigkeit wüten. Trotz seiner dringenden Warnungen geht eine ganze spanische Flotte direkt vor seinen Augen unter, mit ihr und allen ihren Schätzen auch sein Amtsnachfolger und Peiniger Bobadilla. Dazu kommen zu Schiff die mannigfachen Materialmängel, der Mißmut der Männer, die Meutereien der Matrosen, die Mißachtung und Eifersucht der adligen Offiziere. Schließlich europaweit die Konkurrenten, die aus allen Ecken und Enden auftauchen und die Früchte seiner Gedanken und Leistungen an sich reißen wollen. Seine Gönnerin, die Königin Isabella, stirbt, als er ihrer Hilfe am dringlichsten bedarf. Der plötzliche Sturz von der Höhe des Vizekönigs zum Kettensträfling ist eine unerhörte psychische Belastung, der nur die wenigsten gewachsen sein dürften. Und auch verhohlene Zweifel an der Richtigkeit seiner geographischen Identifizierung des Gefundenen müssen ihn insgeheim belastet haben: Wie sonst wäre der Eid zu erklären, den er der gesamten Expeditionsmannschaft der zweiten Reise abverlangte? Ein Eid, in dem sich die Männer schriftlich verpflichten mußten, bis ans Lebensende die Richtigkeit der von Kolumbus vorgetragenen – wie wir heute wissen: irrigen – geographischen Bezeichnungen bzw. Identifizierungen zu vertreten. Columbus – ein Heldenleben? Oder ein Hundeleben? Offenbar von beidem ein gerüttelt Maß.

Columbus – ein moderner Mensch? Oder eher ein mittelalterlicher Mystizist? Ein metaphysisch motivierter Megalomane? Auch hier fällt die Antwort doppeldeutig aus. Unser Held – mit jenem energischen Fragezeichen nach 'Held?' ! – unser Held manifestiert meist mediaevale Muster: Er sieht es als sein höchstes Lebensziel an, das Heilige Grab in Jerusalem von den Ungläubigen zu befreien, wofür das westindische Gold die Mittel schaffen wird; er führt ein religiös grundiertes Leben, mit regelmäßigen täglichen Gebeten und ständiger Benutzung christlicher Formeln; er ist es, der noch vor der Ausfahrt in seinen Kontrakt mit der Krone als eine weitere wichtige Aufgabe, neben 'Entdeckung' und 'Eroberung' (sprich: 'Bereicherung'), zusätzlich die 'Bekehrung' unübersehbar großer Scharen zum Christentum als wesentliches Ziel der Fahrt einführt. Dazu seine Quellen und das aus ihnen erwachsende Weltbild. Gewiß nimmt er Notiz von den neueren und neuesten Erkenntnissen der Geographie, Kartenkunde, Himmelskunde, arbeitet auch selbst als angesehener Kartograph. Doch seine grundlegenden Informationen beginnen bei Iesaiah und in den Büchern Ezra des Alten Testaments, sie gipfeln im Reisebuch Marco Polos – und dieser lebte, reiste und schrieb zwei volle Jahrhunderte vor Columbus. Dessen Stütze waren Texte aus Aristoteles, Ptolemaios und Seneca; seine Zeugen gehörten definitiv der Antike oder dem Mittelalter zu.

Und das Buch, das Columbus nach der Jahrhundertwende auszuarbeiten begann, trug den Titel 'Prophezeiungen'; es sammelte jene dunklen Sprüche, die da von der fremden fernen Welt im weiten Westen raunten. Was aber war es, das ihn, bei aller Befangenheit im Gestern, dennoch im Innersten von dieser alten Welt trennte? Entgegen den bestens belesenen, buchstabenbesessenen Bibliotheksbenutzern, Denkern und Deutern der Vergangenheit galt sein Blick nicht allein Papieren und Pergamenten, sondern vor allem der Realität. Er las nicht nur und sinnierte – er handelte. Seiner unglaublichen Zähigkeit gelang es, eine offizielle Flotte der kastilischen Krone unter sein Kommando zu bekommen, immerhin drei Schiffe und rund einhundert Mann, bestimmt für ein wahnwitzig wirkendes Experiment, das die offizielle Expertokratie einmütig als Phantasterei abtat. Christophero der moderne Mensch wollte die Welt nicht nur beschreiben, sondern sie auch verändern. Und dazu sie erkunden. Sein Generationsgenosse Leonardo da Vinci, nur ein Jahr vor ihm geboren, ist in seiner inquisitiven Haltung und in seiner konstruktiven Phantasie in so vielen Bereichen eine ausgezeichnete Parallele. Mochte Columbus auch viele seiner vielfältigen Beobachtungen ungenau oder gar falsch deuten – er beobachtete jedenfalls ununterbrochen die Phänomene, die sich ihm zeigten: Er notierte die Abweichungen am Kompaß und die Konstellationen der Gestirne; die Küstenlinien, Gebirgskonturen und Flußmündungen; er studierte die Strömungen und die Stürme, die Wolken und generell das Klima; die Tiere und Pflanzen; schließlich die Ansiedlungen von Menschen anderer ungekannter Art, die unbekannten Stämme mit ihren fremden Gebräuchen und Besitztümern, ihren sonderlichen Sitten und Sichten. Er suchte die Welt mit modernen Augen zu umfassen und zu erkennen und zu durchdringen. Er ließ auch seine Überlegenheit als moderner Mensch spüren: Nicht allein durch Feuerwaffen, Columbus setzte sich auch mit den modernsten Mitteln der Wissenschaft jener Epoche durch. Sein Zeitgenosse Johannes Müller, gebürtig aus dem heute russischen Kaliningrad, ein Gelehrter, der sich nach seiner deutschen Heimatstadt Königsberg auf Lateinisch *Regiomontanus* nannte, war vierzigjährig in Rom ermordet worden, als Columbus gerade 25 Jahre zählte. Der Admiral hatte 1504 des toten Kollegen 'Ephemerides' mit sich, als er auf Jamaica festlag und mit seinen Leuten von der Ernährung durch die Eingeborenen abhing. Diese waren recht wenig willig, aber Columbus wußte sie zu motivieren: Er hatte in den 'Ephemerides' für den 29. Februar 1504 eine totale Mondfinsternis verzeichnet gefunden, hatte die Zeitdifferenz zwischen Europa und Jamaica in Anschlag gebracht und den Indianern erklärt, der höchste Gott werde ihnen heute abend wegen ihres Geizes und ihrer Trägheit ein Zeichen seines Unwillens senden; sie sollten nur den Mond ansehen. Als dann tatsächlich die Indianer mit Entsetzen die Finsternis erlebten und um Gnade baten, wartete der Admiral, bis das Ende der Dunkelheit nahte. Er trat dann aus seiner Kajüte hervor, erklärte ihnen, auf seine Fürsprache hin habe der höchste Gott verziehen und erwarte nun, daß die Eingeborenen pünktlichst reiche Nahrungslieferungen leisteten. Was denn auch geschah. Was aber neben solcherlei, mehr technologischer, Modernität in der Tat Columbus zum modernen Denker machte, war ein zentraler Punkt: seine globale Sicht. Während die bedächtig-bemühten Portugiesen in ihrem zähen jahrzehntelangen Bestreben befangen blieben, den Seeweg nach Indien um Afrika herum Schritt für Schritt zu erschließen, konzipierte Columbus den Kontakt um den Rücken der ganzen Erde herum – und, mehr noch, er begann ihn auch zu realisieren. Nicht Teile, sondern das Ganze – unser Globus als solcher wurde erstmals energisch in den Blick genommen. Und auch dynamisch in den Griff genommen. Es dauerte nur noch eine Generation, also 30 Jahre, bis Magellan das kühne Unternehmen der Erdumrundung auch realiter zu Ende führte; es dauerte dann noch 500 Jahre, bis in unserer Zeit die Verwirklichung jenes 'global village' einsetzt, die einst Columbus in Gang gesetzt hat.

Wenn wir heutzutage die Auseinandersetzungen führen über die Frage, ob am 12. Oktober 1492 eine 'Entdeckung' stattgehabt habe oder aber eine 'Begegnung', so scheint auch hier eine komplexe Antwort von nöten. Die Alte Welt *entdeckte* in der Tat eine Neue Welt, die ihr bislang gänzlich unbekannt war. Dabei *begegnete* sie anderem menschlichen Leben. Ein großes globales Abenteuer ging vor sich, ein Abenteuer der Mischung menschlicher Möglichkeiten, Machbarkeiten und Meinungen, das da vor 17 Generationen mit Columbus begann und das bis heute, bis in 21. Jhdt. und weit über dieses hinaus, seinen Fortgang nimmt.

---

[1] *Meyer Kayserling:* Christopher Columbus and the Participation of the Jews in the Spanish and Portuguese Discoveries. New York 1968. S. 43.

[2] Ebd., S. 45.

Jan-Henrik Witthaus (Duisburg)
Die Eroberung Mexikos
Hernán Cortés

Mit dem Mythos des Mexikofeldherrn Hernán Cortés verbindet man bis in die Gegenwart hinein folgende Episode: nach seiner Landung an der mexikanischen Küste und der Gründung von Veracruz im Frühjahr 1519, läßt er im dortigen Hafenbecken die eigenen Schiffe auf Grund laufen und abwracken – ein Präventivschlag, der jede weitere Rebellion der Soldaten und Matrosen abwendet. Diesen bleibt mithin nur noch die Flucht nach vorn, die Eroberung und Besiedlung Mexikos. Der erste Brief von Cortés' *Cartas de relación* – offiziell vom Stadtrat der neuen Ortschaft verfaßt – spricht in diesem Zusammenhang von einer 'trojanischen Tat' („un hecho troyano"[1]). Erst die Dichter, Historiker und Schriftsteller des avancierten 18. Jahrhunderts haben die vereinzelten apokryphen Versionen vom Schiffsbrand dankbar aufgegriffen und Cortés in ein loderndes Licht getaucht, so als wäre seine Gestalt in den kontroversen Debatten der Aufklärung noch nicht schillernd genug gewesen.[2] Zuvor allerdings ist der weniger dramatische Forschungsstand der Historie sogar im *Don Quijote* nachzulesen: „¿quién barrenó los navíos y dejó en seco y aislados los valerosos españoles guiados por el cortesísimo Cortés en el Nuevo Mundo?"[3], so fragt der Ritter von der traurigen Gestalt seinen Knappen rhetorisch. 'Wer bohrte die Schiffe an'?

Sowohl über die historischen Präzedenzfälle des Bubenstücks[4] – antike wie moderne – ist spekuliert worden als auch darüber, wer denn nun das Gerücht von den brennenden Booten in die Welt gesetzt hat. Für eine Reihe spanischer literati des 16. und 17. Jahrhunderts besitzt diese Episode auch ohne den Zusatz der Feuersbrunst genügend Ausstrahlung, um die Beispiellosigkeit der cortesianischen Kühnheit vor Augen zu stellen. Wenn die *Cartas* die Zerstörung der eigenen Schiffe lakonisch als 'trojanischen Akt' bezeichneten, so betonen die erwähnten Verfasser gerade das Unerhörte der Begebenheit, die in der Vorzeit Ihresgleichen suche. In seiner *La conquista de México* (1553) fällt dem Chronisten López de Gómara – Hauskaplan des alternden Cortés – bei aller Knappheit greifbarer Exempel nur der türkische Piratenfürst Khayr ad-Din, genannt Barbarossa, ein: „Pocos ejemplos de éstos hay, y aquéllos son de grandes hombres, como fue Omich Barbarroja, del brazo cortado, que pocos años antes de esto rompió siete galeotas y fustas por tomar a Bujía [...]"[5] Beispiellos war aber wohl eher Cortés' Sinn für Humor. Wie Gómara überliefert, machte er seinen Untergebenen Glauben, Würmer hätten das Holz der Schiffe angefressen.[6] Der Umstand, daß *Holzwurm* und *Scherz* im spanischen Substantiv *broma* koinzidieren, wirft ein groteskes Licht auf die Szene.[7]

Wo kein oder wenige Beispiele zur Verfügung stehen, können neue Maßstäbe gesetzt werden. In diesem Sinne kommentiert auch der damalige Sekretär der Universität von Mexiko Cervantes de Salazar in der *Crónica de la Nueva España* (verf. 1558-1566) das Ereignis mit den Worten: „cosa cierto espantosa y que pocos capitanes hasta hoy han hecho". Und im Hinblick auf den von Gómara erwähnten Barbarossa fügt er geringschätzig hinzu: „Barbarroxa [...] comparado por sus partes con el de Cortés, es muy inferior"[8]. Mit dieser Tat habe der Konquistador nicht allein einzigartige Stärke, sondern auch Klugheit unter Beweis gestellt: „acompañando a su singular esfuerzo maravillosa prudencia"[9]. Die „prudencia" allerdings wird zum typischen Epitheton des Cortés, womit man im Kanon der antiken Kardinaltugenden verbleibt.

In diesen Chor stimmt der Dichter Lasso de la Vega gerne ein. Auch er qualifiziert den Feldherrn als klug und mutig („varón prudente y animoso"[10]). Sodann überbietet Lasso nachgerade die ihm zuvorgekommenen Stimmen. Denn von der Versenkung der Boote ausgehend, stellt er Cortés kurzerhand über die großen Feldherren der Antike. Cäsar – so heißt es in seinem Versepos *Mexicana* (1594) – habe bei der Überquerung des Rubikon kaum größere Verwegen- und Entschlossenheit an den Tag gelegt: „No el valeroso Julio a la pasada/ del rojo Rubicón tan atajado/ [...]/ estuvo, cual Cortés en este trance,/ ni echó con mayor pecho al hado el lance"[11]. Lasso de la Vega pflegt eine Rhetorik der Grenzüberschreitung. Cortés überbiete das Dagewesene: Alexander, Pompeius und Julius allesamt mögen verstummen. „Ninguno comparar con éste puedo,/ por ser el que al mayor el nombre quita/ y bien puedo afirmar sin ningún miedo / que es éste el que a Cortés más acredita [...]"[12]. Die Tat mutiert von einer 'trojanischen' („hecho troyano") zur einer 'unerhörten' – „un hecho nunca oído"[13].

*

Allem Anschein nach stand Cortés' Expedition unter keinem guten Stern. Im März 1519 sahen die Mayastämme der Halbinsel Yucatan die Armada der Eindringlinge an ihren Küsten vorbeiziehen. Nachdem die Spanier auf der Suche nach einem Anlegeplatz dem Fluß Grijalva landeinwärts gefolgt waren, kam es, gelinde gesagt, zum Ausbruch offener Feindseligkeiten, wollten doch die Stämme der dortigen Provinz Tabasco, die Landung der Ankömmlinge um jeden Preis vereiteln. Die juristische <Superstruktur> des cortesianischen Redens und Handelns wird anhand einer Episode offenbar, die im Zusammenhang mit der Besetzung Tabascos überliefert ist. Nach den ersten Landungsversuchen der Spanier vollzieht Cortés ein Ritual, das schon aus den Schiffstagebüchern des Kolumbus' geläufig ist: Im Namen des Königs und in Anwesenheit eines königlichen Schreibers ergreift er von dem neuen Land Besitz. Das Procedere in dieser Angelegenheit überliefert Bernal Díaz del Castillo: „que desenvainada su espada, dio tres cuchilladas, en señal de posesión, en un árbol grande [...], que estaba en la plaza de aquel gran patio, e dijo que si había alguna persona que se lo contradijese que él se lo defenderá con su espada y una rodela que tenía embrazada"[14]. Das Ausbleiben des Widerspruchs, das schon im römischen Recht

31

ein wichtiges Detail in diesen Fragen darstellte – so lesen wir bei Stephen Greenblatt[15] – diente der Rechtfertigung des Besitzanspruches, weil hierdurch die Freiwilligkeit der Landübergabe suggeriert würde. Dieses Ritual findet allerdings unmittelbar nach einer erbitterten Schlacht um die Provinzhauptstadt statt, was doch die Szene in ein bizarres Licht taucht. Nichts desto weniger konnte Cortés offensichtlich nicht darauf verzichten, denn in juristischen Angelegenheiten nahm er es sehr genau, was auch Bernal Díaz zu bestätigen weiß: „todas las cosas quería llevar muy justificadamente"[16].

So grotesk derlei Zeremonien auch anmuten – sie sind vom Unternehmen der Eroberung nicht wegzudenken. Denn diese bewegte sich schon in ihren Ansätzen am Rande der – wohlgemerkt – innerspanischen Legalität. Diese verbleibt noch bis zum Jahr 1522 ungeklärt. Zu diesem Zeitpunkt wird nämlich Karl V. Cortés' Vorgehen im Nachhinein legalisieren. Die Ereignisse, die schließlich zur gewaltsamen Unterwerfung Mexikos geführt haben, liegen dann allerdings schon rund zwei Jahre zurück: 1519 bricht Hernán Cortés nach Mexiko auf, im Rahmen eines eher privaten Unternehmens, an dem der Gouverneur Kubas – Diego Velázquez – zwar materiell beteiligt ist, dessen Löwenanteil jedoch durch den späteren Eroberer Cortés getragen wird. Das Projekt dient offiziell nur der Erschließung der mexikanischen Küste und dem Handel mit dort ansässigen Indianerstämmen. Nach den ersten Landungsversuchen in Tabasco gründet Cortés an der Küste die Ortschaft Veracruz, tritt von seinen früheren Ämtern im Rahmen der Expedition zurück und unterstellt sich direkt dem Stadtrat: als Heerführer, Richter und Oberhaupt im Namen des Kaisers. Im August des gleichen Jahres versenkt er die eigenen Schiffe. Dieses Vorgehen erklärt sich vor allem aus der vorausgegangenen Rebellion der Velázquez-Anhänger, die es vorgezogen hätten, nach Kuba zurückzukehren. Daher steht dieses Ereignis nicht allein für die Verwegenheit des Eroberers, wie es Chronisten und Ependichter des 16. Jahrhunderts gerne darstellten, sondern vor allem für die schwelenden Meinungsverschiedenheiten über den rechtlichen Grund des angestrebten Feldzuges.

Sodann erfolgt der Marsch auf Mexiko, der ihn über Tlaxcala und Cholula führt. Nach schweren Kämpfen mit den dort ansässigen Völkern und beträchtlichen Verlusten wird Cortés von Moctezuma friedlich empfangen, und dieser unterwirft sich offiziell dem Kaiser – zumindest der Darstellung der *Cartas de relación* zufolge. Indessen hat der erboste Velázquez seinem ehemaligen Teilhaber eine Armee unter der Führung Pánfilo Narváez' hinterdrein geschickt. Nunmehr zwischen zwei Fronten, sieht Cortés sich gezwungen, an die Küste zurückzukehren, wo er seinen Gegenspieler Narváez im Frühjahr 1520 überrumpelt und die Kontrolle über dessen Armee übernimmt. Bei seiner Rückkehr in Tenochtitlán muß er zur Kenntnis nehmen, daß die hinterbliebenen Spanier nicht allzu viel Zeit benötigten, um unfreiwillig den indianischen Widerstand zu mobilisieren. Der Aufstand ist nicht mehr zu bändigen, und nachdem Moctezuma – wie es offiziell heißt – durch Steinwürfe der eigenen Untertanen getötet wird, treten die Spanier in der legendären, weil blutigen „noche triste" zum 1. Juli 1520 den Rückzug an – unter hohen Verlusten. Nach knapp einem halben Jahr der Erholung kehrt Cortés mit seinem Heer, verbündeten Indianern und neu gebauten Schiffen nach Tenochtitlán zurück, um die Lagunenstadt nach monatelanger Belagerung schließlich am 13. August 1521 zu erobern und den neuen Herrscher der Azteken Cuauthémoc zu arretieren.[17]

So weit der Ablauf der Ereignisse, die zur Eroberung Mexikos führen. Insbesondere anhand der Episode von der Stadtgründung tritt der juristische Konflikt im spanischen Lager zutage. Tatsächlich ist Cortés' Rücktritt von allen Ämtern der Expedition und deren Wiederaufnahme im Namen des Stadtrates der entscheidende Schachzug, der die Autorisierungslinie vom Gouverneur Kubas abreißt, um sie durch eine direkte zum Kaiser zu ersetzen.[18] Ähnlich waren die Gründungsväter von Santa María la Antigua del Darién vorgegangen, als sie (1510) Vasco Núñez de Balboa zum Bürgermeister erklärten. Wahrscheinlich handelt es sich bei derlei offiziellen Akten um mehr als bloße Formalitäten, und auch wenn man berücksichtigt, daß Núñez de Balboas Vorgehen von der spanischen Krone nicht anerkannt wurde, ist sicher, daß es für Cortés keine Alternative gab. Im Namen des Gouverneurs Velázquez wäre er niemals autorisiert gewesen, das Festland zu erobern geschweige zu bevölkern, denn die rechtlichen Querelen um das Erbe Kolumbus' wie die Aufteilung der Neuen

Welt durch Papst Alexander ließen dies noch nicht zu.[19] Nur würde Cortés der Krone mehr anbieten müssen als Núñez.

Im ersten Brief an den Kaiser sehen sich die Gründungsväter von Veracruz daher auch genötigt, die Pläne zur Besiedlung des Landes zu rechtfertigen. Sie legen dar, daß eine Erschließung und Bevölkerung Mexikos im Interesse des Kaisers stünde, daß man Mexiko an das spanische Imperium angliedern könne, daß die Ausbeutung des Landes weder den indianischen Vasallen dort noch Karl V. selbst dienen könne. Bernal Díaz del Castillo fügt hinzu, man habe bei der Anwerbung der Soldaten auf Kuba die Menschen hintergangen. Velázquez – in den Versionen der cortesianischen Partei stets als Unhold und Tyrann dargestellt – habe von Erschließung und Besiedlung gesprochen, insgeheim aber nur seine persönliche Bereicherung im Sinn gehabt. Daher hätten die führenden Köpfe der Mexikoexpedition Cortés überredet, von seinen Ämtern zurückzutreten, um die neuen im Namen des Kaisers und des „cabildos" zu übernehmen. Daß bei allen juristischen Transaktionen Cortés federführend gewesen sein dürfte, kann angenommen werden – profitierte er doch nicht nur von den Jahren an der Universität zu Salamanca, sondern mehr noch von jener Zeit als Notar auf der Hispaniola. Aberwitzig macht es sich allerdings aus, daß die betreffende rechtliche Verfahrensweise nicht nur von Núñez de Balboa, sondern auch von Velázquez abgeschaut ist, der sich seinerzeit ganz ähnlich von der Vorherrschaft Diego Colóns zu emanzipieren gedachte.[20]

*

In einer geringen Anzahl spanischer Dichtungen des 17. Jahrhunderts wird die juristische Problematik des cortesianischen Vorgehens durchaus kommentiert. Die wenigen Stellungnahmen von eher unbekannten Autoren rücken allerdings umso eklatanter das beharrliche Schweigen der spanischen maiores im Hinblick auf die Conquista ins Bewußtsein.[21] Die Figur Hernán Cortés' findet man zwar in einem Lope de Vega zugeschriebenen Drama[22], in dem er seinen Kaiser Carlos V. auf dem Algerien-Feldzug begleitet. Ansonsten bedarf es im Gegensatz zum Folgejahrhundert einiger Suche in den Vorgebirgen des Parnaß, um die literarischen Auftritte des Mexiko-Feldherrn ausfindig zu machen. Dies mag daran liegen, daß die Debatte um die Frage Spaniens, welches den Zenit seiner Macht bereits überschritten hatte, im In- und Ausland, zunehmend und ausgehend von Las Casas, mit einer kritischen Beurteilung der Conquista verbunden wurde. Die iberischen Patrioten sehen sich daher oftmals in der Rolle der nationalen Apologeten, die sich nicht immer mit Wohlbehagen auf eine Diskussion um den Mexiko-Feldzug einlassen.

Schon in Lasso de la Vegas *Mexicana* wird anläßlich der Schiffsepisode ein Gegenspieler aufgebaut, der die Pläne des Cortés' unterwandert. Dieser gewisse Celidón, der die Partei von Velázquez repräsentiert, erscheint in einem ausgesprochen nachteiligen Licht: „incitador de escándalos, motines,/ de trato doble, bajo, descompuesto [...]"[23]. Sein Name allein steht für Eifersucht (*celos*). Verlieh Lasso also diesem Antagonisten lediglich kriminelle Energie, so verlagert sich bei einigen nachfolgenden Autoren des Barock der Konflikt um die innerspanische Rechtmäßigkeit des Vorgehens auf die höchste Ebene. Mit dem Monarchen persönlich – mal Carlos V., mal Felipe II. – hat sich Cortés auseinanderzusetzen. Und zur Sprache kommen nun auch die gegen den Konquistador eingeleiteten Ermittlungsverfahren, die „pleitos" - eine Vokabel, die schon im Hinblick auf Kolumbus, wenn auch aus anderen Anlässen, sprichwörtlich geworden war und die im Titel eines späteren Cortés-Dramas von José de Cañizares wieder auftauchen wird. Ein Bachiller Engrava inszenierte in zwei Romanzen, die 1653 in Madrid gedruckt wurden, das Wiedersehen zwischen dem Eroberer und Felipe II.: „En la córte está Cortés / del católico Felipe,/ viejo y cargado de pleitos,/ que así medra quien bien sirve"[24]. Die Grundlage der Handlung ist, nebenbei bemerkt, fiktiv, da Felipe erst neun Jahre nach Cortés' Tod im Jahre 1547 die Regierung antritt. Schon die Eingangsverse der ersten Romanze signalisieren, wie die Sympathien hier verteilt sind. Der selbst Alexander überragte, so heißt es in uns schon vertrauter Rhetorik, muß nun ein gerechtes Urteil seines Rechtsstreites erwirken. „Nuevo mundo le gané," – so argumentiert Cortés – „y di á su escudo por timbre/ hacer que su nombre oyesen/ hasta las aguas del Chile"[25]. Seinen N a m e n hat er erklingen lassen bis nach Chile. Der Herrscher zeigt sich nicht zuletzt von dieser Hyperbel beeindruckt, läßt sich nicht allzu lange bitten und schließt seinen wackeren Kreuzritter, den „cristiano Aquíles", wie es ebenda heißt, in die Arme.

Dasselbe Sujet dient auch dem Dramatiker Gaspar de Ávila zur Ausarbeitung einer comedia: *El valeroso español y primero de su casa* (1650). Der primäre Handlungsstrang, den Engrava in einer Romanze zusammengefaßt hatte, wird durch Nebenschauplätze erweitert, wie zum Beispiel Cortes' Heirat mit Doña Juana de Zúñiga. Auch hier finden sich die historischen Zusammenhänge kurzgeschlossen, die Zeiträume stark gerafft: Cortés erste Heimkehr nach Spanien, sein Empfang bei Karl und die Ernennung zum Marqués de Oaxaca, datieren auf das Jahr 1528. In diesen Zeitraum fällt auch die Heirat mit Doña Juana, Angehörige einer der einflußreichsten Familien des Landes. Erst wieder in Mexiko ab 1530 erwarten ihn die Ermittlungsverfahren, die eigentlichen „pleitos", bevor er nach weiteren Expeditionen und Streitereien mit dem jüngst ernannten Vizekönig, Antonio de Mendoza, 1540 erneut nach Spanien zurückkehrt, wo er die Gunst des Kaisers nie wieder im vollen Umfang zurückerlangen wird.[26]

Gaspar de Ávilas comedia faßt die Ereignisse in gebotener Handlungseinheit zusammen. Der dramatische Konflikt ergibt sich aus dem (historisch keineswegs verbürgten) Zögern des Monarchen, seinen Ritter gebührend zu empfangen oder zu entlohnen. Als zentral für die Handlung erweist sich der lange Monolog des Eroberers in der Mitte des zweiten Aktes[27], den man über die fiktiven Grenzen des Dramas hinaus als Apologie lesen kann. Hier präsentiert sich Cortés als Mann der Waffen und Wissenschaften (armas y letras[28]) und widmet den Sieg seinem Kaiser und dem Christentum.[29] Carlos entlohnt seinen Ritter gerade einmal mit drei Silben: „Bien está"[30], sodann zieht er sich mit seinen Beratern zurück und beauftragt schließlich Sohn Felipe, den 'Fall Cortés' zu untersuchen. Denn in den retardierenden Momenten kommen schriftlich eingereichte Anklagen gegen den Konquistador ins Spiel, welche die bis dato nicht ausgesprochenen Motive für das Zögern des Kaisers darstellen. Die Urheberschaft des ersten Punktes dürfte im Umfeld der Velázquez-Partei zu vermuten sein: „'Primeramente, que hizo la dicha/ conquista sin licencia de su majestad/ y de sus gobernadores'"[31]. Felipe findet umgehend Worte, den

36

Vorwurf zu entkräften: „Si esta conquista dijera/ Antes de hacerla, y pusiera/ El caso, dificultaran/ El hecho, y el fin dudaran,/ y ninguno se la diera [...]" Cortés habe keine andere Wahl gehabt, er hätte die Gelegenheit ergreifen müssen.

Die zweite Anklagepunkt, der wahrscheinlich aus den Ermittlungsverfahren herzuleiten ist[32], lautet, der Bau seines Hauses in Mexiko hätte sehr vielen zwangsarbeitenden Indianern das Leben gekostet. Es kostet offengesagt einige Überwindung, Felipes – aus heutiger Sicht zynische – Antwort hier wiederzugeben: „El costar el edificio/ Tantas vidas no es indicio/ De ser Cortés desleal;/ Que la muerte es natural/ y entra en cualquier ejercicio [...]" Immerhin seien sie fast als Christen gestorben, so rechtfertigt die tragende Ideologie und mit ihr der Infant: „Y si él pudo por sí mismo/ Aumentar el cristianismo/ En ellos, dichosos fueron [...]" Der letzte Vorwurf endlich, man habe Cortés als König ausrufen wollen, ist schon von den Gegnern denkbar ungeschickt gewählt, und so ist schwer vorstellbar, daß hierfür eine historische Vorlage existiert. Weil der Eroberer ebendieses Angebot nicht angenommen habe – so der naheliegende Urteilsspruch Felipes –, sei seine Loyalität bewiesene Sache. Sind nun alle Einwände entkräftet, kann der Eroberer Mexikos dergestalt in die Ordnung wiedereingegliedert werden, und so liegen sich, bevor der Vorhang fällt, Kaiser, König und Konquistador in den jeweiligen Armen.

Das Stück illustriert eindringlich die Zusammenhänge, die Joachim Küpper hinsichtlich des spanischen Barocktheaters auf die Wendung der „Diskurs-Renovatio" gebracht hat:[33] Im Zeichen der posttridentinischen Restauration werde der allegorische Haushalt der dramatischen Sprache in einer orthodoxen Figuraldeutung enggeführt. Die Conquista der Neuen Welt erscheine in diesem Licht als konsequente und bruchlose Verlängerung der Reconquista.[34] Die Topik ihrer Rechtfertigung wickelt sich argumentativ über den Missionierungsanspruch des Christentums ab.

*

Medienforscher und Dromologen vertreten übereinstimmend die These, daß die Geschichte der Medien aufs engste mit einer Geschichte des Militärs und des

Krieges verbunden sei. Zeitgenössische Kriege mögen diesen Eindruck weitgehend bestätigen. Auch die Eroberung Mexikos, die knapp fünfhundert Jahre zurückliegt, bringt es an den Tag, daß die Herrschaft über die Nachrichtenwege oftmals darüber entscheidet, wer in militärischen Auseinandersetzungen die Oberhand behält. Zum einen nutzt Cortés die Botensysteme der Azteken. So dürfen die Gesandten Moctezumas ausdrücklich Zeichnungen und Bilder von den Spaniern anfertigen. Auch bei seinen Unternehmungen im Inland bleibt der Caudillo stets über die Vorgänge an der Küste auf dem Laufenden und nutzt hierbei wohl die Boten der verbündeten Indianer. Überhaupt sind für die gesamte Logistik der militärischen Transaktionen die Eingeborenen, welche als Lastenträger und sogar als Personenbeförderungsmittel mißbraucht werden, nicht zu unterschätzen.

Mehr noch in der Auseinandersetzung mit der innerspanischen Konkurrenz stellt Cortés größtes Geschick unter Beweis, vermischt mit kompromißloser Brutalität, wie folgendes Beispiel belegt: Noch bevor die Flotte aus Havanna ausläuft, will Velázquez Cortés absetzen und einen gewissen Luis de Medina zur Übernahme des Kommandos bevollmächtigen. Der Caudillo auf Abruf soll daher den Boten, der die Bevollmächtigung an Medina bringen sollte, abgefangen und ermordet haben lassen. Überhaupt ist in den Streitfragen um die Bevollmächtigung des Unternehmens jeweils das Übermittlungsverfahren entscheidend. Die Grenzen, die den Handlungsspielraum des Caudillo durch Autorisierungsfragen abstecken, werden von ihm ausgereizt, indem er die retardierenden Momente der Nachrichtenübermittlung, das „postalische Prinzip" ausnutzt.[35] Zur These verdichtet: Geht es in modernen Kriegen um die Geschwindigkeit der Informationsübertragung, so kann Hernán Cortés diesbezüglich eher als ein Entdecker der Langsamkeit bezeichnet werden.

Mit Cortés' juristischen Anstrengungen bei der Gründung Veracruz' ist der Casus noch nicht geklärt. Gerade dem Gouverneur Kubas, Diego Velázquez, dürfte die Argumentation, daß alles zum Wohle Karls V. geschehe, wenig imponiert haben. So schickte der Gouverneur Boten zur iberischen Halbinsel, vermittels derer er Cortés des Hochverrats und der Rebellion beschuldigte. In dem Brief der procuradores von Verzacruz hingegen wird suggeriert, daß Cortés von den Teilnehmern der Expedition erst dazu habe überredet werden müssen, die Ämter des obersten Heerführers und Richters anzutreten. Hier heißt es wörtlich, Cortés würde diese Ämter bekleiden, „hasta tanto que vuestras majestades provean lo que más a su servicio convenga"[36]. In der grammatikalischen Form des subjunctivos „provean" hat sich der Aufschub durch die Übermittlungsdauer des Briefes miteingeschrieben: „hasta tanto que vuestras majestades provean" – diese Wendung impliziert die Überfahrt – Kolumbus hatte für die geringere Wegstrecke seiner ersten Reise zwei ein drittel Monate gebraucht – sie impliziert ebenso den königlichen Entscheidungsprozeß, denn die Mühlen der Verwaltung mahlen bekanntlich langsam. Die große räumliche Distanz des Adressaten, der allein das Eroberungsunternehmen autorisieren kann, schafft Zeit und Gelegenheit, vollendete Tatsachen vorzulegen, Karl V. ein aztekisches Königreich zu Füßen zu legen. Was also Machiavelli im *Principe* die „occasione" nennt[37], ermöglicht sich überhaupt erst durch die Zeit, welche die Übermittlung der juristischen Schriftsätze sowie der königliche Entscheidungsprozeß in Anspruch nehmen. Cortés kann aus den Sprachregelungen der Bevollmächtigung nicht heraustreten, allerdings nutzt er den Zeitverbrauch in den autorisierenden Kanälen der Macht.

Octavio Paz hat, wie oben zitiert, den Typus des Konquistador als <Abenteurer> bezeichnet. Und selbst Todorov hat in einem jüngeren Artikel im Hinblick auf die Eroberer dasselbe Substantiv gewählt.[38] Die hier skizzierte These lautet in Differenzierung, daß Hernán Cortés ein Abenteurer des „Zwischen" war, eines „zeitlichen Zwischen". Der Raum, in den sich der Eroberer Mexikos wagt, verfügt über eine zeitliche Dimension. Cortés' <Individuum> entfaltet sich in einem gesetzlichen Hohlraum, der durch Aufschub der Entscheidung entsteht, denn im strategischen Kalkül von Cortés spielt die Zeit des Nachrichtentransfers eine zentrale Rolle. Die lange Seestrecke, über die Ermächtigung und Autorisierung geschickt werden, schafft auch Zeiträume für Eroberungen, die der König autorisiert haben wird.

1   *Hernán Cortés:* Cartas de relación. Hg. von M. Hernández. Madrid 1985. S. 41.

2   Vgl. *H.-J. Lope:* Cadalso y Hernán Cortés. In: *Dieciocho* 9 (1986) 188-199. Zum Motiv der brennenden Schiffe vgl. *W. A. Reynolds:* The Burning Ships of Hernán Cortés. In: *Hispania* 42 (1959) 317-324.

3   *M. de Cervantes Saavedra:* Don Quijote de la Mancha. Nueva edición anotada. Hg. von F. Rico. Barcelona 1998. S. 698.

4   Auf einer einige Jahre zuvor erfolgten Expedition nach Nicaragua hatte Gonzalo de Badajoz seine Schiffe auf Grund laufen lassen, vgl. *H. Thomas:* Die Eroberung Mexikos. Cortés und Montezuma. Frankfurt / Main ²1998. S. 314.

5   *F. López de Gómara:* La conquista de México. Hg. von J. Luis de Rojas. Madrid 1987. S. 117.

6   Ebd. S. 116.

7   Vgl. *Thomas:* Die Eroberung Mexikos. S. 314f.

8   *F. Cervantes de Salazar:* Crónica de la Nueva España. Hg. von M. Magallón. Madrid 1971. S. 238.

9   Ebd.

10   *G. L. Lasso de la Vega:* Mexicana. Hg. von J. Amor y Vázquez. Madrid 1970. S. 115.

11   Ebd.

12   Ebd., S. 116.

13   Ebd.

14   *B. Díaz del Castillo:* Historia verdadera de la conquista de la Nueva España. Hg. von M. León-Portilla. Madrid 1984. Bd. 1, S. 142f.

15   *Wundersame Besitztümer.* Die Erfindung des Fremden: Reisende und Entdecker. Berlin 1998. S. 96f.

16   *Díaz del Castillo:* Historia verdada. Bd. 1, S. 141.

17   Vgl. die detaillierte Darstellung von *Thomas:* Die Eroberung Mexikos.

18   Vgl. *A. Delgado Gómez:* Las Cartas de Relación de Hernán Cortés. In: *Ínsula* 45, H. 522 (1990) S. 17-19.

19   Vgl. *Mario Hernández Sánchez-Barba:* Vorwort. In: *Cortés:* Cartas de relación. S. 7-36. Interessant ist auch Cortés' Begriffsverwendung von »imperio particular« im Unterschied zu »imperio unversal« (*Victor Frankl:* Imperio particular e imperio universal en las Cartas de relacion de Hernán Cortés. In: *Cuadernos hispanoamericanos* 165 (1963) 443-482). Offenbar legte Cortés ab dem zweiten Brief an Karl V. demselben eine Angliederung Mexikos im Sinne eines »imperios particular« nahe, parallel zu den deutschen Fürstentümern.

20   Vgl. *Victor Frankl:* Hernán Cortés y la tradición de las Siete Partidas. In: *Revista de Historia de América* 53/54 (1952) 9-75. Hier: S. 17.

21   *I. Simson:* Das Schweigen der Autoren. Zum Thema Amerika bei den Klassikern des Siglo de Oro. In: *K. Kohut (Hg.):* Der eroberte Kontinent. Historische Realität, Rechtfertigung und literarische Darstellung der Kolonisation Amerikas. Frankfurt / Main 1991. S. 288-299. Auf S. 297, wird eine Auflistung einiger minores gegeben, die sich mit dem Thema beschäftigten.

22   *La mayor desgracia de Carlos V* (1633).

23   *Lasso de la Vega:* Mexicana. S. 117.

[24] *Engrava:* Siete romances de los mejores que hasta agora se han hecho. In: *B. J. Gallardo:* Ensayo de una biblioteca española de libros raros y curiosos. Madrid 1863-89 (Neudruck: Madrid 1968). Sp. 1395-1404.

[25] Ebd., Sp. 1397.

[26] Vgl. ausführlicher *Thomas:* Die Eroberung Mexikos. S. 794-798.

[27] Die mir zugängliche Ausgabe (*Dramáticos contemporáneos a Lope de Vega* Hg. von R. de Mesonero Romanos. Madrid 1951. Bd. 1, S. 563-581) folgt nicht der üblichen Unterteilung nach Jornadas, sondern derjenigen nach Akten.

[28] „Y así, junté en breve espacio,/ A duros golpes des espada, / Ciencia de argumentos blandos" (ebd., S. 572).

[29] „A un mismo tiempo pusimos,/ Vos, cristianísimo Cárlos,/ la grandeza al conquistar/ [...] Mas ¿qué no hiciera, llevando/ A un Carlos en la memoria [...]" (ebd., S. 573).

[30] Ebd.

[31] Ebd.,S. 579.

[32] Vgl. *Thomas:* Die Eroberung Mexikos. S. 796.

[33] Vgl. *J. Küpper:* Diskurs-Renovatio bei Lope de Vega und Calderón. Untersuchung zum spanischen Barockdrama. Tübingen 1990. S. 270-272, bes. die Ausführungen zum *Príncipe constante.*

[34] Vgl. auch *J. Küpper:* Teleologischer Universalismus und kommunitaristische Differenz. Überlegungen zu Calderóns La aurora en Copacabana, zu Voltaires Alzire, ou les Américains, zu Sepúlveda und Las Casas. In: *K. Stierle, R. Warning (Hg.):* Das Ende. Figuren einer Denkform. München 1996. S. 435-466.

[35] Zur Begriffsprägung des »postalischen Prinzips« vgl. *B. Siegert:* Relais. Geschicke der Literatur als Epoche der Post, Berlin 1993. Das spanische Nachrichtensystem um 1500 erläutert Siegert in dem Aufsatz: *Die Verortung Amerikas im Nachrichtendispositiv um 1500 oder: die Neue Welt der Casa de la Contratación.* In: *H. Wenzel (Hg.):* Gutenberg und die Neue Welt. München 1994. S. 307-325.

[36] *Cortés:* Cartas de relación. S. 63.

[37] Zitiert wird in diesem Zusammenhang üblicherweise das sechste Kapitel, vgl. *N. Machiavelli:* Il principe/ Der Fürst. Hg. von Ph. Rippel. Stuttgart 1986. S. 40-47.

[38] Vgl. *T. Todorov:* Kolonie. In: *A. Selg, R. Wieland (Hg.):* Die Welt der Encyclopédie. Frankfurt / Main 2001. S. 202-205. Hier: S. 203.

Karl Maurer (Bochum)
Das Ende einer abenteuerlichen Existenz
Don Juan de Tassis y Peralta

Der „steinerne Gast"[1], das von seinem Sockel gestiegene Denkmal des Komturs, streckt seinem frivolen Gastgeber, der seine Tochter getäuscht und ihn danach erschlagen hat, die Hand entgegen: „Dame esa mano, n o t e m a s". Der so Angesprochene faßt diese Aufforderung, die auch eine vertrauenheischende Geste sein könnte, als Mutprobe auf: „¿Eso dices? ¿Yo temor?" Er besteht die Probe, die ihn das Leben kostet. Die Szene gefiel dem Autor des *Burlador de Sevilla* (zuerst gedruckt vor 1630), dem Mönch Gabriel Téllez, besser bekannt unter seinem Pseudonym Tirso de Molina, so gut, daß er sie gleich zweimal in seinem Stück einbaute (V. 2441 f. und V. 2745-2747[2]), zur Bekräftigung der Gegeneinladung ins Totenreich und dann am Ende als Überleitung zur Exekution –etwa so, wie dem Vernehmen nach in englischen Gefängnissen der Henker weiblichen Delinquentinnen galant die Hand zu reichen pflegte, um sein Opfer nicht wieder loszulassen, bis er es kunstgerecht gefesselt hatte. Don Juan, den schon beim ersten Händedruck des Toten alle Schauer erfaßten,[3] verbrennt in dem unentrinnbaren Griff Don Gonzalos, der ihn zugleich daran hindert, noch einmal sein Schwert zu ziehen, wenngleich dies gegen einen Jenseitigen ohnehin vergeblich wäre.[4]

Noch Lorenzo Da Ponte und Mozart hat gerade dieses letzte Abenteuer ihres „Wüstlings" fasziniert (so der Zweittitel des *dramma giocoso*: *Il Dissoluto punito* [1787[5]]). Die einschlägigen Repliken Don Giovannis gehören zu den musikalischen Glanzlichtern der Oper:

A tor-to di vil - ta-te   tac - cia - to mai   sa - rò!

Und:

Ho fer - mo il co-re in pet - to: non ho ti - mor,   ver - rò!

(II, 15, V. 1349 f. und V. 1353 f.)

Weniger glücklich waren die nachgeborenen theologisch bewanderten Exegeten der Tirso nicht einmal mit Sicherheit zugeschriebenen Comedia. Wie kann der Bote aus der andern Welt den – zugegebenermaßen hartgesottenen – Sünder so täuschen, daß er ihm sagt, er solle „keine Angst haben", wo doch sein letztes Stündlein geschlagen hat,[6] und vor allem, wie kann es für Reue und Beichte jemals „zu spät" sein?

„No hay lugar, ya acuerdas tarde", antwortet der Steinerne Gast ungerührt, als Don Juan in extremis nach einem Beichtiger verlangt (V. 2768). Da Ponte/Mozart sind der dogmatischen Schwierigkeit konsequent aus dem Weg gegangen: Ihr Don Giovanni schlägt noch im Untergang in einer letzten dramatischen Steigerung alle Mahnungen zu Reue und Umkehr aus (V. 1364: „Pentiti. – No. – Sí. – No."), ehe der Komtur schließlich resigniert das Fazit zieht, j e t z t sei dazu keine Zeit mehr.

Nun ist an der Orthodoxie von Fray Gabriel Téllez kaum zu zweifeln. Sein Don Juan-Drama läßt sich am ehesten als ein Lehrstück auffassen, das seinen Zuschauern die im Spanien des Goldenen Zeitalters weitverbreitete Neigung austreiben soll, Reue, Buße und Umkehr bis ans Lebensende zu verschieben. Sie sollen lernen, daß es einmal zu spät sein k ö n n t e. Tirso wußte sehr gut, daß sich der Mensch nach christlicher Lehre niemals den Rekurs auf die göttliche Gnade für immer „verscherzen" kann; wenn er den Eindruck erweckt, sein „burlador" habe eben das getan, so verkündet er damit keine höhere theologische Weisheit, er appelliert einfach an das poetische Gerechtigkeitsempfinden seines Publikums.[7] Der Spieler, dessen Rechnung mit dem Himmel nicht aufgegangen ist, weil er zu konsequent auf Gottes Langmut setzte, ist zuallererst eine dramatische Beispielfigur, gewissermaßen das Pendant zu dem Protagonisten von Tirsos – etwa gleichzeitig entstandenem – zweitem theologischem Experiment, dem „wegen mangelnden Gottvertrauens Verdammten", *El condenado por desconfiado* (gedruckt 1635). Die Anlage der beiden Stücke ist in gewisser Weise analog: So wie der in seinem Verlangen nach vorzeitiger Heilsgewißheit enttäuschte Eremit Paolo beschließt, künftig keine Schandtat auszulassen, in der unerschütterlichen Meinung, ein solches Leben der Gottesferne sei ihm vorbestimmt, ergreift der Höfling Don Juan Tenorio lebenslang jede Gelegenheit, eine Frau durch einen „Streich" (burla), den er ihr spielt, sich gefügig zu machen, in der sichern Erwartung, bis zu seinem Tode bleibe ihm immer noch genügend Zeit, ein anderer Mensch zu werden. Am Ende steht jeweils das Fabula docet, das das theologische Kalkül der beiden aus entgegengesetzten Gründen Unbußfertigen falsifiziert.[8]

Für die Zeitgenossen Tirsos behandelte der *Burlador de Sevilla* gleichwohl alles andere als einen konstruierten „Fall". Dazu hatten um die anzunehmende Entstehungszeit des Stücks[9] die Umstände des gewaltsamen Todes des Generalpostmeisters Don Juan de Tassis y Peralta, Grafen von Villamediana, einer der schillerndsten Figuren am Hofe Philipps IV., zuviel Aufmerksamkeit auf sich gezogen. In den letzten Regierungsjahren Philipps III. wegen seines anstößigen Lebenswandels und seiner respektlosen Verse aus Madrid verbannt, war dieser unmittelbar nach dem Thronwechsel im Frühjahr 1621 von dem jungen Königspaar als unersetzlicher Maître de plaisir an den Hof zurückberufen worden; seine eigenhändige Errettung der Königin von der Bühne seines in Brand geratenen (oder von ihm absichtlich in Brand gesetzten?) Liebhabertheaters hatte europaweites Aufsehen erregt (noch La Fontaine sollte, mehr als fünfzig Jahre später, in einer seiner Fabeln „jenen Liebhaber" rühmen,

„der sein Haus niederbrannte, um seine Dame in die Arme schließen zu können, indem er sie durch die Flammen trug"[10]). Der nie aufgeklärte Überfall in einem Winkel der calle Mayor wurde bald mit dem Groll eines der von dem skrupellosen Schürzenjäger bloßgestellten Ehemänner oder eines in seiner Familienehre gekränkten Vaters, bald mit dem Machtstreben des neuen Günstlings, des Conde-duque de Olivares, dem er im Wege war, bald mit der politischen Notwendigkeit, ein aufsehenerregendes öffentliches Gerichtsverfahren zu vermeiden, in Verbindung gebracht.[11] Besonders der plötzliche Tod des Roué ohne die Möglichkeit zur Beichte beschäftigte die Gemüter: Traf es zu, daß der Beichtvater des wichtigsten Beraters des Königs, Baltasar de Zúñiga, ihm vergeblich geraten hatte, noch zu beichten, ehe er den Palast verließ? Hatte er im letzten Augenblick nur daran gedacht, sich auf seinen Mörder zu stürzen, oder noch nach einem Geistlichen gerufen?

Tirso dürfte in seinem Madrider Kloster die aufgeregten Auseinandersetzungen um das christliche oder unchristliche Ende des brillanten Hofmannes mitbekommen haben,[12] vermutlich hat er auch die nicht eben wohlwollende Reportage Francisco de Quevedos in einer Fortsetzung seiner in zahlreichen Abschriften verbreiteten *Grandes anales de quince días* (1621-1623[13]) zur Kenntnis genommen, in der sich die kursierenden Mutmaßungen ziemlich vollständig wiederfinden: „Habiendo el confesor de don Baltasar de Zúñiga, como intérprete del ángel de guarda del conde de Villamediana don Juan de Tassis, advertídole de que mirase por sí, que tenía peligro su vida, le respondió la obstinación del conde: „que sonaban las razones más de estafa que de advertimiento"; con lo cual el religioso se volvió sentido más de su confianza que de su desenvoltura", so beginnt dieser Bericht unvermittelt.[14] Der Graf sei bis zum Dunkelwerden in seiner offenen Kutsche spazierengefahren – pikanterweise in Begleitung des jungen Don Luis de Haro, also des Neffen des Conde-duque, der sich, wie wir aus andern Berichten wissen, mehrfach von ihm zu verabschieden versuchte.[15] Als er schon fast an seinem Haus angekommen war, sei aus einem Torweg ein Mann mit blanker Waffe herausgetreten, habe die Kutsche angehalten, sich vergewissert, wen er vor sich hatte, und den Gesuchten mit einem gewaltigen, tödlichen Stoß durchbohrt. Und dann weiter: „El conde animosamente, asistiendo antes a la venganza que a la piedad, y diciendo: ¡*Esto es hecho*!, empezando a sacar la espada y quitando el estribo, se arrojó en la calle, donde expiró luego entre la fiereza deste ademán y las pocas palabras referidas"[16]. Was sich heute wie die bewundernde Erzählung vom Untergang eines unerschrockenen Kavaliers liest, ist tatsächlich als Denunziation intendiert, als Dementi der von wohlwollender Seite in Umlauf gesetzten Lesart, wonach der tödlich Getroffene sehr wohl noch nach einer Beichtgelegenheit verlangt und Zerknirschung bekundet und ein zufällig vorbeikommender Geistlicher ihm auch tatsächlich noch die Absolution erteilt hätte.[17]

Quevedo nimmt die zahlreich herbeigeeilten Schaulustigen zu Zeugen seiner Einschätzung, so wie er überhaupt die Communis opinio immer wieder geschickt als Träger seiner Insinuationen bemüht: „Su familia estaba atónita, el pueblo suspenso; y con verle sin vida y en el alma pocas señas de remedio, despedida sin diligencia exterior suya ni de la Iglesia, tuvo su fin más aplauso que misericordia"[18].

Man hat sich gefragt, warum Quevedo so vehement über den in Ungnade gefallenen und auf dubiose Weise zu Tode gekommenen Günstling herzieht.[19] Weder die enge Verbindung des Toten zu seinem literarischen Intimfeind Góngora noch sein Eifer, sich angesichts eines weiterhin gegen ihn schwebenden Verfahrens den neuen Machthabern unentbehrlich zu machen, reichen als Erklärung aus, wenngleich die empörte Zurückweisung der naheliegenden Vermutung, der Hof könne seine Hand im Spiel gehabt haben, und der vage Hinweis auf einen eigentlich fälligen Kapitalprozeß ahnen lassen, in welcher Verlegenheit sich der König und seine Berater zeitweise befanden. Der Schlüssel zu Quevedos unversöhnlicher Haltung liegt in seiner zusammenfassenden Feststellung, daß der Graf von Villamediana, solange er noch lebte, durch sein Weiterleben eine tägliche Provokation gewesen sei – für die Justiz, die ihn nicht belangte, für die von ihm Entehrten, deren Rache ausblieb,[20] und, kann man hinzufügen, für Francisco de Quevedo, der von ihm in seinem Auftreten, seinem Temperament, seiner Lebensführung, seiner Religiosität wie in seiner dichterischen Arbeitsweise so verschieden wie nur möglich war.

Für Quevedo, der nur wenige Monate zuvor seine satirisch überformte Todesmeditiation *El sueño de la muerte* abgeschlossen hat,[21] ist das Verhalten des um sein nahes Ende Wissenden unfaßlich; ist seine eigene Maxime doch, als Christ konsequent auf den Tod hin zu leben, „vivir bien por la muerte"[22]. So kommentiert er auch den letzten Auftritt des Don Juan de Tassis als einen Akt hochmütigen Selbstbestrafung: „Solicitar uno su herida y su desdicha con todas sus coyunturas, y el castigo con todo su cuerpo, y no prevenirse, fué decir: „ni la justicia ni el odio han de poder hacer en mí mayor castigo que yo propio"[23].

Der Graf, so wie er uns auch aus Quevedos feindseligem Bericht entgegentritt, ist indessen weder auf Selbstbestrafung bedacht (er wehrt sich schwerverletzt gegen seinen Angreifer!) noch ist er gleichgültig gegen sein Seelenheil, wie eben seine „boshafte" Antwort an seinen Mahner am Hofe indirekt beweist.[24] Er will sich nur den Freiraum nicht einengen lassen, den ihm die religiöse Praxis seiner Zeit einräumt, eben jene „lange Frist bis zum Tode", von der Tirsos Don Juan immer wieder spricht: „¿En la muerte? / ¿Tan largo me lo fiáis? / De aquí allá hay gran jornada" (V. 1444-1446[25]).

Der Freiraum, den Quevedos Don Juan de Tassis im Leben und Tirsos Don Juan Tenorio in der Dichtung verteidigen, ist der Freiraum des Abenteurers, auch wenn ihre Abenteuer nur noch „Liebesabenteuer" sind, also Abenteuer in einer „gesunkenen Bedeutung" des Wortes, wie Werner Betz in dem Eintrag des *Deutschen Wörterbuchs* von Hermann Paul ([5]1966) in unverkennbarer Anlehnung an die Terminologie seines Lehrers Hans Naumann formuliert,[26] keine ritterlichen Abenteuer mehr wie die des Amadís de Gaula und keine Konquistadorenabenteuer wie die des Cristóbal Colón und seiner Nachfolger.

Dieser Freiraum des Abenteurers ist im Laufe des Mittelalters und Spätmittelalters entstanden als Ergebnis eines Kompromisses zwischen religösem Universalanspruch und den Postulaten des ritterlichen Standesethos innerhalb einer als christlich umschriebenen Feudalgesellschaft. Der Ritter, der sein Leben von vornherein nur auf das letzte Ziel der Gottesschau ausrichtete, müßte sich aus dieser Gesellschaft zurückziehen wie der Einsiedler Trevrizent im Parzivalroman Wolframs von Eschenbach. Wer auf Abenteuer ausreitet, begibt sich auf Umwege, er unterwirft sich festgefügten diesseitigen Normen, die schon einmal mit den göttlichen Geboten kollidieren können, auch wenn dieser Befund nicht überall so deutlich faßbar wird wie in Chrestiens von Troyes unvollendetem *Conte del Graal*[27] und seiner harmonisierenden Bearbeitung und Fortführung durch Wolfram. Wolfram bringt in seinem Epilog das Dilemma des christlichen Ritters auf den Punkt: „Swes lebn sich sô verendet, / daz got niht wirt gepfendet / der sêle durch des lîbes schulde, / und der doch der werlde hulde / behalten kan mit werdekeit, / daz ist ein nütziu arbeit" (827, 19-24[28]). Im Augenblick des Todes – spätestens – muß der Ausgleich erreicht sein, bis dahin lebt der Ritter gewissermaßen nur ein geborgtes Leben. Dies bedeutet freilich nicht, daß er von sich aus die Aussöhnung mit Gott solange aufschieben kann; das würde nach mittelalterlicher Auffassung ein Verschmähen der göttlichen Gnade und auch ein verwerfliches Nichtabtragen einer ohne Frist fälligen Schuld bedeuten. Sowie der Einsiedler – an einem Karfreitag – Perceval die Augen über seine Verirrung geöffnet hat, zeigt dieser Reue, tut Buße und feiert danach mit seinem Gastgeber Ostern (*Li Contes del Graal*, V. 6475-6513). Erst in der zweiten Hälfte des 13. Jahrhunderts setzt sich eine andere Auffassung durch, wie es scheint, im wesentlichen aus Gründen der pastoralen Praxis. Das nicht mehr von Thomas von Aquin selbst ausgearbeitete Supplementum zur Pars tertia der *Summa theologica*, das hierzu noch die alten Lehrmeinungen zitiert, legt fest, daß dem Sünder zwar seine Sünden alsbald leid tun müssen und daß es auch nicht ungefährlich ist, die Beichte aufzuschieben, daß es aber im Regelfalle ausreicht, die vorgeschriebene alljährliche Beichte in der Osterzeit zu absolvieren (qu. 6 art. 5); eine Todsünde begeht nur, wer die Beichte im Angesicht des Todes weiter hinausschiebt: „Quanquam statim omnes de suis dolere peccatis teneantur, et confessionem differre periculo non careat: de necessitate tamen salutis non est, ut statim peccata sua quis confiteatur"[29]. Gewiß gegen die Intention der kirchlichen Entscheidung tut sich hier eine Nische auf, die sich für ein befristetes 'Aussteigen' aus der vorgegebenen Lebensbahn, also für Abenteuer jeder Art anbot. Es ist kaum ein Zufall, daß sich um eben diese Zeit, zweihundert Jahre vor Kolumbus, die ersten italienischen Reisenden auf den Weg in ferne Weltgegenden machen.[30] Sie alle überragt noch einmal die wiederum nur wenige Dezennien später ersonnene Figur des Danteschen Ulisse, der ganz bewußt die letzte ihm vor seinem Tode gegönnte Frist nutzt, „questa tanto piccola vigilia / de' nostri sensi ch' è del rimanente" (*Inferno* 26, V. 114f.[31]), um, gegen göttliches Gebot, aber nach den Normen menschlicher Bewährung,[32] über die Säulen des Herkules hinaus, in die „andere Welt" vorzustoßen, wo keine Menschen wohnen. Auch er überlebt sein letztes Abenteuer nicht, auch er nimmt das Walten Gottes nur als die Hand wahr, die ihn vernichtet. Nach einem fremden Willen, „com' altrui piacque" (V. 141), sei sein Schiff am Ende untergegangen, berichtet er in der Hölle.

Freilich hat sein (erdichtetes) Schicksal niemanden abzuschrecken vermocht. Karl V. ließ zweihundert Jahre nach Dantes Tod die Devise „Plus ultra!" auf seine Münzen prägen. Und auch Don Juans Untergang hat die nachfolgenden Generationen eher fasziniert als auf den Pfad der Tugend zurückgeführt.

---

[1] So der Titel des ersten erhaltenen Drucks von Tirsos Comedia (in: *Doze Comedias nuevas de Lope de Vega Carpio, y otros autores.* Segunda parte. Barcelona 1630, Bl. 61 r. – 82 v.): *El burlador de Sevilla, y combidado de piedra.* Zitierte Ausgabe: *Tirso de Molina:* El burlador de Sevilla y convidado de piedra. Hg. von James A. Parr. Binghamton, New York 1994.

[2] Walter Mettmann macht darauf aufmerksam, daß sich eine vergleichbare Szene bereits im dritten Teil der Trilogie *La Santa Juana* aus dem Jahre 1614 (III, III, 17) findet (*Studien zum religiösen Theater Tirso de Molinas.* Köln 1954, S. 74 f.). Dort bewirkt der glühende Händedruck des Wiedergängers noch die rechtzeitige Umkehr des leichtfertigen Don Luis.

[3] Vgl. den Monolog V. 2461 ff., bes. V. 2465-2468: "Cuando me tomó la mano, / de suerte me la apretó / que un infierno parecía; / ¡jamás vide tal calor!" etc.

[4] So V. 2759-2762: "¡Que me abraso, no me aprietes! / Con la daga he de matarte. / ¡Mas, ay, que me canso en vano / de tirar golpes al aire!"

[5] Zitierte Ausgabe *Lorenzo Da Ponte:* . Hg. von Giovanna Gronda. Torino 1995.

[6] So überlegt *Archimede Marni:* Did Tirso Employ Counterpassion in His *Burlador de Sevilla?* In: *Hispanic Review* 20 (1952) 123-133. Hier: S. 123: „The modern reader is inclined to ask: 'Did God deal fairly with Don Juan?'"

[7] Ich kann an dieser Stelle nicht auf die zahlreichen Versuche eingehen, die Botschaft des *Burlador* theologisch zurechtzubiegen. Vgl. zuletzt *Francisco Márquez Villanueva*: Orígenes y elaboración de *El burlador de Sevilla.* Salamanca 1996. S. 168-170: „Teología de la culpabilidad de Don Juan", mit einer zumindest nicht unmittelbar einschlägigen Thomas-Stelle (*Summa theologica*, II II^{ae} q. 14 a. 2 ad 1): Tirsos Don Juan mißachtet die göttliche

Strafgewalt nicht, er schiebt die Aussöhnung mit Gott nur auf die lange Bank. Vgl. auch unten, S. 10f. u. Anm. 31.

8   Da Ponte/Mozart, von solchen Spitzfindigkeiten unbelastet, vereinfachen hier auf das Äußerste: „TUTTI. Questo è il fin di chi fa mal: / E de' perfidi la morte / Alla vita è sempre ugual" (II, Letzte Szene, V. 1429-1431).

9   Der Graf von Villamediana wurde am Abend des 21. August 1622 ermordet, James A. Parr datiert den *Burlador de Sevilla* nunmehr auf „ca. 1622", entgegen andern, z. T. wesentlich früheren Datierungen (*Criterios de esta edición* in: *Tirso de Molina: El burlador de Sevilla*. S. XXXIII-XXXVII. Hier: S. XXXV).

10   *Le Mari, la femme et le voleur* (IX, 15, V. 32-34): „ [...] cet amant, / Qui brûla sa maison pour embrasser sa dame, / L'emportant à travers la flamme". Vgl. die Nachweise bei *Luis Rosales: Pasión y muerte del conde de Villamediana*. Madrid 1969. Kap. 1.

11   Noch im gleichen Jahr 1622 wurde mehreren Personen seiner Umgebung der Prozeß wegen widernatürlicher Unzucht gemacht. Auch er selbst war offenbar in die Affäre verstrickt, doch wurden auf Anweisung des Königs die Beweise gegen ihn und wenigstens einen unmittelbaren Mitschuldigen zurückgehalten, um das Andenken des Toten nicht zu beschädigen; vgl. die Dokumente bei *Rosales: Pasión y muerte*. S. 35-38. Natürlich ist denkbar, daß die entsprechenden Verdachtsmomente erst nach dem Tode des Grafen auftauchten und ihm zuvor anderes zur Last gelegt wurde, wenn auch wohl kaum der Versuch einer illegitimen Annäherung an die Königin.

12   Natürlich ist darum noch nicht der Graf von Villamediana das „Modell" von Tirsos Don Juan. Aber man muß nicht dem Positivismus des 19. Jahrhunderts huldigen, um davon auszugehen, daß Tirso und noch dem Publikum der ersten Aufführungen seines Stücks (wahrscheinlich 1625 in Neapel, vgl. *Parr: Criterios de esta edición*. S. XXXV) der reale Kasus vor Augen stand, als sie sich mit der erdachten Fabel des *Burlador* auseinandersetzten. Das Liebesleben des Herzogs von Osuna, den Márquez Villanueva ironisch als weiteren „Kandidaten" für die Modellsuche vorschlägt (*Orígines y elaboración de El burlador de Sevilla*. S. 41), sollte übrigens nicht viel später ausdrücklich Jean Mairets Intrigenkomödie *Les Galanteries du duc d'Ossonne, vice-roi de Naples* (gedruckt 1636) inspirieren.

13   Zu den *Grandes anales de quince días*, die in ihren ersten Partien die Hofberichterstattung eines noch vom Hofe Verbannten sind, vgl. jetzt *Pablo Jauralde Pou: Francisco de Quevedo (1580-1645)*. Madrid 1999. Kap. 12.

14   Zitierte Ausgabe *Francisco de Quevedo Villegas: Obras completas*. Hg. von Luis Astrana Marín. 2 Bde. Madrid 1932, Bd. 1: Obras en prosa. S. 471-499. Hier: S. 493f.

15   Vgl. die Testimonia bei *Rosales: Pasión y muerte*. S. 84 u. 87.

16   *Quevedo: Obras en prosa*. S. 494.

17   So vor allem der Brief Góngoras vom 23. August 1622 an Cristóbal de Heredia: „El Conde [...], sin abrir el estribo, se echó por cima de él y puso mano a la espada, mas viendo que no podía gobernalla, dijo: 'Esto es hecho; ¡confesión, señores!' Y calló. Llegó a este punto un clérigo que lo absolvió, porque dió señas dos o tres veces de contrición, apretando la mano al clérigo que le pedía estas señas; y llevándolo a su casa antes que expirara, hubo lugar de darle la unción y absolverlo otra vez, por las señas que dió de abajar la cabeza dos veces." (Zitierte Ausgabe *Luis de Góngora y Argote: Obras completas*. Hg. von Juan und Isabel Millé y Giménez. Madrid ⁴1956. S. 1038).

18   *Quevedo: Obras en prosa*. S. 494.

[19] Vgl. namentlich die kritische Analyse von Rosales, die in dem Satz gipfelt: „[...] debo decir que no creo que exista en la literatura española ninguna página tan vil como la que acabamos de comentar." (*Rosales*: Pasión y muerte. S. 94)

[20] Ebd.: „[...] todo lo que vivió fué por culpar a la justicia en su remisión, y a la venganza en su honra; y cada día que vivía y cada noche que se acostaba era oprobio de los jueces y de los agraviados: diferentemente en su muerte y en las causas della".

[21] Der letzte der fünf *Sueños* Quevedos (1605?-1621, zuerst gedruckt 1627) ist in der Widmungsvorrede auf den 6. April 1621, sechs Tage nach dem Tod Philipps III. und dem Regierungsantritt Philipps IV., datiert, die Vision selbst ist im Text zwei Tage nach dem Thronwechsel angesetzt; das schließt natürlich ältere Vorstadien nicht aus. Vgl. *Karl Maurer:* Ein Verbannter bringt sich in Erinnerung. Die Villena-Episode in Quevedos *Sueño de la muerte* – kritische Bilanz zum Regierungsantritt Philipps IV. oder nostalgisches Feuerwerk? In: *Hans-Otto Dill (Hg.):* Geschichte und Text in der Literatur Frankreichs, der Romania und der Literaturwissenschaft. Rita Schober zum 80. Geburtstag. Berlin 2000. S. 197-205.

[22] Zitierte Ausgabe: *Francisco de Quevedo Villegas:* Sueños y discursos. Hg. von James O. Crosby. 2 Bde. Madrid 1993. Hier: Bd. 1, S. 227.

[23] *Quevedo:* Obras en prosa. S. 494.

[24] So Quevedo, ebd.: „El conde, gozoso de haber logrado una malicia en el religioso [...]"

[25] Vgl. noch V. 905. 945. 961. 1979. 2266-2270. Die Formulierung wird in der Schlußszene vom unsichtbaren Chor wiederaufgenommen (V. 2739).

[26] *Hermann Paul:* „Abenteurer". In: *Deutsches Wörterbuch.* Tübingen [5]1966. Sp. 4b.

[27] Nach Jean Frappiers Deutung des Torsos stellt der unangefochtene Weg Gauvains von Abenteuer zu Abenteuer im zweiten Teil des Romans bewußt die säkulare ritterliche Existenz der religiösen Anfechtung und Erhebung Percevals gegenüber; vgl. die Zusammenfassung bei *Jean Frappier:* Chrétien de Troyes. Paris 1968. Kap. 7, bes. S. 174f. u. S. 182-186.

[28] Zitierte Ausgabe: *Wolfram von Eschenbach.* Hg. von Karl Lachmann. Berlin/Leipzig [7]1952. Dieselbe Zwei- wo nicht Dreigleisigkeit der ritterlichen Existenz wird auch faßbar im „Reichston" Walthers von der Vogelweide in der Begriffstrias „ere und varnde guot" und „gotes hulde" (8, 14 und 16 Lachmann); vgl. *Friedrich Maurer:* Das ritterliche Tugendsystem. In: *ders.:* Dichtung und Sprache des Mittelalters. Bern/München [2]1971. S. 23-37. Hier: S. 29f.

[29] *Summa theologica.* Suppl. qu. 6 art. 5 c. Als Parallele wird die (Erwachsenen-) Taufe angeführt, die ebenfalls aus vernünftigem Grund aufgeschoben werden darf.

[30] Auf diese Konstellation macht schon Jacob Burckhardt aufmerksam, *ders.:* Die Kultur der Renaissance in Italien. Hg. von Walter Goetz. Leipzig [13]1922. Kap. IV, 1, S. 210.

[31] Zitierte Ausgabe: *Le Opere di Dante.* Testo critico della Società Dantesca Italiana. Hg. von Michele Barbi u. a., Firenze [2]1960.

[32] Die beiden Stichworte, die in einem inzwischen bürgerlichen gesellschaftlichen Kontext maßgeblich sind, „virtute" und „canoscenza", fallen, programmatisch, im letzten Vers der Ansprache an die Gefährten (V. 120). Die Relativierung der Gestalt und des Handelns des Odysseus im rechtsmetaphysischen Kontext nehmen diesen Postulaten nichts von ihrer (innerweltlichen) Verbindlichkeit. Vgl. die eingehende Erörterung bei *Hugo Friedrich*: Odysseus in der Hölle (Dante, *Inferno* XXVI). In: *ders.:* Romanische Literaturen. Frankfurt / Main 1972. Bd. 2, S. 71-118.

Ralph-Rainer Wuthenow (Frankfurt / Main)
Der Künstler als Abenteurer
Benvenuto Cellini

„Che molto io passo et chi mi passa arrivo"

Selbstdarstellung, Selbsterkundung wie bei Cardano oder Montaigne ist die Sache des Benvenuto Cellini nicht, wie er sich auch bei Selbstrechtfertigungen im Sinne der Memoiren-Literatur von Marguerite de Valois oder des Götz von Berlichingen nicht lange aufhalten mag. In der Erinnerung fortgerissen, macht er aus den Episoden seines wechselvollen Daseins fesselnde Szenen, alles wird wieder Gegenwart: die einer Reihe von Gefahren, Verleumdungen, Gegenwehr, Arbeit und Triumph. Stets erscheint er als der Hauptdarsteller des dramatischen Geschehens, nicht als Beobachter oder kommentierender Erzähler. Das macht seine Vita spannend, erregend, abwechslungsreich wie einen pikarischen Roman, und wo er prahlt, übertreibt oder erfindet, genießt der Leser die dramatische Situation und den schließlichen Erfolg, auch wenn der Autor die Ruhe des buen porto nur zu Beginn seiner Darstellung anzudeuten vermag: es ist dies der Augenblick, in dem er zu erzählen beginnt. „Alle Menschen, von welchem Stande sie auch seien, die etwas Tugendsames oder Tugendähnliches vollbracht haben, sollten, wenn sie sich wahrhaft guter Absichten bewußt sind, eigenhändig ihr Leben aufsetzen, jedoch nicht eher zu einer so schönen Unternehmung schreiten, als bis sie das Alter von vierzig Jahren erreicht haben"[1]. Das also beschäftigt ihn, da er nun fast sechzig Jahre alt ist und sich vieler Widrigkeiten erinnert, aber ein böses Geschick ihn nicht mehr verfolgt. Gesund und heiter genießt er sein Leben in Florenz, wo er zur Welt gekommen, wo er aufwuchs und von wo er fortging, um später dort wieder erfolgreich zu arbeiten.

Tugend (virtù) als Fähigkeit, Gutes und Bedeutendes zu wirken, ist eines der Schlüsselwörter in Cellinis Vita, zu ihr gehört auch, daß er sich mit Dankbarkeit seiner Abkunft erinnern kann; so rühmt er auch die edle Stadt Florenz und möchte seinen Stamm auf einen der Hauptleute Cäsars zurückführen, der unterhalb von Fiesole sein Lager aufgeschlagen haben soll. Da seine Eltern mit einer Tochter meinten rechnen zu müssen, war der unerwartete Sohn in besonderer Weise ein benvenuto. Erstaunlicher aber ist die vielverheißende Legende aus seinem dritten Jahr, derzufolge bei der Reparatur einer Wasserleitung ein großer Skorpion unter das Bett des Knaben gekrochen war, der ihn packte und dem Großvater als einen schönen Krebs präsentierte, den er dem erschrockenen Älteren dann auch nicht ausliefern wollte. Der Vater eilt auf das Geschrei hin herbei und schneidet dem giftigen Tiere Schwanz und Scheren ab. Zwei Jahre später übt der Vater an einem kalten Tage in einem Gewölberaum vor den Resten eines Feuers auf der Geige und erblickt plötzlich im Feuer ein Tier, das einer Eidechse ähnelt und sich in den Flammen zu vergnügen scheint. Er ruft den Knaben und seine Schwester, zeigt ihnen das Tier und versetzt dem Jungen eine kräftige Ohrfeige, damit er sich auf immer an das Tier erinnern sollte: war dies doch ein Salamander, wie man ihn so noch nie geschaut hatte. Das sind gewiß mehr als nur freudig erfundene Geschichten, es sind bedeutungsvolle Zeichen, die hier gesetzt werden: der Vorfall mit dem Skorpion verheißt, daß Benvenuto von allen Verleumdern und Neidern nicht weiter Schaden nehmen wird, der Salamander jedoch deutet auf den späteren Triumph in seinen Metallarbeiten.

*

Cellini will eigentlich, so sagt er, von seiner Kunst berichten, was wohl soviel heißt wie von seinem Leben als Künstler, wovon er in der Tat sehr viel zu erzählen hat. Aber es kommt so viel dazwischen, weil so vieles ihm zustößt, das er wesentlich selbst zu verantworten hat und nicht unbedingt mit seiner Kunst oder diesen hemmenden Einflüssen zu tun hat.

Cellini ist geistreich bis zur Unverschämtheit, bis zur Anmaßung stolz, reizbar bis zum Jähzorn, dabei verwegen, zäh, körperlich gewandt, sinnlich und bis zur Verschlagenheit einfallsreich. So kommt es, daß die Erzählung seines Lebens, reich an dramatischen, genau beschriebenen Episoden, nicht selten die Kennzeichen eines pikarischen Romans annimmt, lebhaft im raschen Wechsel der Situationen, hart und realistisch und voller Kritik an den Repräsentanten der Macht, die zugleich seine Gönner und Mäzene sind. Auch fehlt es nicht an Handlungen, die ihn mit dem Gesetz oder doch dessen Vertretern in Konflikt bringen. Höhepunkte dieses abenteuerlichen Lebens sind zweifellos die Verteidigung der Engelsburg beim Sacco di Roma (1527), die spätere Verhaftung und Flucht aus der Engelsburg und schließlich der erfolgreiche Guß der Perseus-Statue.

Die Kette der Erfolge bestätigt, was er von sich meint sagen zu dürfen, daß nämlich Gott und die Natur ihm „die glückliche Gabe, eine so gute und wohlproportionierte Komplexion", verliehen haben, daß er damit alles, was ihm in den Sinn kam, auszurichten vermochte (36). Auch das ist virtù. Physische Beschaffenheit und moralische Energie sind Geschenke einer göttlichen Natur; auch wenn er Extremes will, versteigt er sich nicht zu Unmöglichem; er hütet sich vor Niederlagen.

Cellini ist nicht allein vielseitig begabt und künstlerisch ehrgeizig, er ist auch fleißig und lernfähig, aber er zeigt sich dabei launenhaft, läßt sich leicht ablenken und ist sehr leicht verletzlich. Aber sein Selbstbewußtsein bleibt – abgesehen von seltenen Stunden äußerster Niedergeschlagenheit, in denen er sich auf seine Vergehen (mehr als nur ein Totschlag wird ihm zu Last gelegt, auch wird er wegen sexueller Ausschweifungen vor Gericht gestellt) besinnt – wesentlich unangefochten, so daß Goethe zurecht sagen kann: „In solchen Zeiten des allgemeinen Kampfes tritt eine so technisch gewandte Natur zuversichtlich hervor, bereit, mit Degen und Dolch, mit der Büchse wie mit der Kanone sich zu verteidigen und anderen zu schaden. Jede Reise ist Krieg, und jeder Reisende ein gewaffneter Abenteurer"[2].

Das zeigt sich bei der Verteidigung der Engelsburg gegen die Landsknechte des Kaisers; als Goldschmied und Bildhauer ist Cellini auch ein hervorragender Mechaniker, daher weiß er sich als Schütze zu bewähren wie als Kanonier. Ob seine Aktivität ganz so erfolgreich war, wie er sie darstellt, wie weit er prahlt und übertreibt, läßt sich nicht genau ermitteln, kurz, es scheint als habe er vor dem Rückzug in die Citadelle den Prinzen von Oranien getroffen, auch den Connétable de Bourbon erschossen und schließlich die Engelsburg vor dem Fall bewahrt. Im Tempo der Wiedervergegenwärtigung läßt sich das nicht mehr so genau ausmachen: so nahm ich, sagt er, eine Lunte, „ließ mir von einigen helfen ... richtete die Stücke dahin, wo ich es nützlich glaubte, erlegte viele Feinde und verhinderte, daß die Truppen, die eben diesen Morgen nach Rom hereinkamen, sich dem Kastell nicht zu nahe wagten, denn vielleicht hätten sie sich dessen in diesem Augenblicke bemächtigt, wenn man ihnen nicht das grobe Geschütz entgegengestellt hätte. So fuhr ich fort, zu feuern, darüber mich einige Kardinäle und Herren von Herzen segneten und anfeuerten, so daß ich voller Mut und Eifer das Mögliche zu tun fortfuhr. Genug, ich war die Ursache, daß diesen Morgen das Kastell erhalten wurde, und so hielt ich mich den ganzen Tag dazu, da denn nach und nach auch die übrigen Artilleristen sich wieder zu ihrem Dienste bequemten" (49).

Als er sich später gegen seine willkürliche Festsetzung zu verteidigen sucht, kommt Cellini auf diese Vorgänge zurück: „Und nun könnt Ihr an Eurer Stelle Euch schämen, einen Mann meinesgleichen so behandelt zu haben, der so vieles ehrenvoll für diesen apostolischen Sitz unternommen hat. Denn wißt nur: war ich an jenem Morgen, als die Kaiserlichen in den Burghof drangen, nicht so tätig, so überrumpelten sie ohne Hindernis das Kastell. Niemand hatte mich noch dazu gedungen, und ich machte mich wacker an die Artillerie, welche von den Bombardieren und Soldaten ganz verlassen dastand. Ich sprach noch dabei einem meiner Bekannten Mut ein, ... er hatte seinen Posten verlassen und sich ganz erschrocken in eine Ecke verkrochen. Ich weckte ihn aus seiner Untätigkeit, und wir beide allein töteten von oben herunter so viele Feinde, daß die Truppen einen anderen Weg nahmen". So betont er noch einmal, daß er es war, der den Prinzen von Oranien an den Kopf traf, als dieser die Laufgräben visitieren wollte (140). Cellini ist eben nicht nur Goldschmied und Künstler, sondern auch Waffenmeister und Soldat. Hier nun zeigt er seine rhetorischen Fähigkeiten. Er erinnert daran, daß er der Heiligen Kirche sehr viel Schmuck und Gerätschaften aus Gold, Silber und Juwelen gearbeitet, dazu Medaillen und Münzen: „Und das soll nun die freche pfäffische Belohnung sein, die man einem Manne zudankt, der Euch mit so viel Treue und Anstrengung gedient und geliebt hat?" Tatsächlich läßt der Papst daraufhin die Juwelen in der Schatzkammer wie auch die Rechnungen prüfen und muß sehen, daß nichts fehlt. Dennoch wird Cellini nicht freigelassen, ja, einflußreiche Feinde suchen seinen Tod zu beschleunigen. Nicht immer rühmt Cellini sich dergestalt seiner Taten, lieber führt er an, was Andere zu seinen Handlungen und Werken Rühmendes bemerken.

*

Cellini bringt sich aber auch dauernd selbst in Verdacht und in Gefahr; Rache übt er mit größter Leidenschaft, die Vendetta treibt ihn bis zur Raserei: Ein Bruder stirbt an der Wunden, die er bei einem Raufhandel erlitten hat, Cellini hat nun nichts anderes mehr im Sinn, als den Mörder zur Rechenschaft zu ziehen. Während er noch mit Auftragsarbeiten beschäftigt war, hatte er, wie er gesteht, „die Leidenschaft gefaßt, den, der meinen Bruder geliefert hatte, wie ein geliebtes Mädchen nicht aus den Augen zu lassen. Er war einst Kavallerist gewesen und hatte sich nachher als Büchsenschütze unter die Zahl der Häscher begeben, und was mich gegen ihn am grimmigsten machte, war, daß er sich seiner Tat noch berühmt und gesagt hatte: wäre ich nicht gewesen, der den braven Kerl aus dem Wege räumte, so hätte er wohl alle zu unserem größten Schaden in die Flucht geschlagen. Ich konnte nun wohl bemerken, daß meine Leidenschaft, ihn so oft zu sehen, mir Schlaf und Appetit nahm und mich den Weg zum Grabe führte" (69f.).

Cellini muß sich also heilen, so faßt er denn seinen Entschluß und scheut sich nicht, die Tat auf hinterhältige Weise auszuführen. Das räumt er immerhin selbst ein – und handelt doch als einer, der für seine Tat nicht voll verantwortlich zu machen ist. Die Tat aber kann man getrost eine Untat nennen: er erblickt den Verhaßten eines abends spät, den Degen in der Hand, an der Tür seines Hauses lehnen, schleicht sich heran, „und mit einem großen pistojesischen Dolch holte ich rücklings dergestalt aus, daß ich ihm den Hals rein abzuschneiden gedachte. Er wendete sich schnell um: der Stoß traf auf die Höhe der linken Schulter und beschädigte den Knochen. Er ließ den Degen fallen und entsprang, von Schmerzen betäubt. Mit wenigen Schritten erreichte ich ihn wieder, hob den Dolch ihm über den Kopf, und als er sich niederbückte, traf die Klinge zwischen Hals und Nacken und drang so tief in die Knochen hinein, daß ich mit aller Gewalt sie nicht herausbringen konnte", denn aus dem benachbarten Hause einer Kurtisane stürzen vier Soldaten mit gezogenem Degen, so daß sich Cellini gegen sie mit dem eigenen Degen zur Wehr setzen muß. „Ich ließ den Dolch zurück und machte mich fort, und um nicht erkannt zu werden, ging ich zu Herzog Alexander, der zwischen Piazza Navona und der Rotonda wohnte. Ich ließ mit ihm reden, und er ließ mich bedeuten, daß, wenn ich nicht verfolgt würde, sollte ich nur ruhig sein und keine Sorgen haben; ich sollte mich wenigstens acht Tage inne halten und an dem Werke, das der Papst wünschte, zu arbeiten fortfahren".

Der Dolch wird bald von demjenigen wiedererkannt, der ihn Cellini geliehen hatte, wie man ja auch wissen konnte, wer welche Bluttat an dem Manne hätte rächen wollen. Der Papst empfängt ihn mit finsterer Miene; das war dann alles, denn sie hellt sich auf, als Cellini ihm die getane Auftragsarbeit vorweist. Wohl wissend, was in Cellini vorgeht, sagt er sodann: „‚So du nun geheilt bist, so sorge für dein Leben!' Ich verstand ihn, und sagte, ich würde nicht fehlen".

Natürlich ist wiederholt auch von Liebeshändeln die Rede; die Magd ist oft genug Modell und Konkubine, wenn auch nur vorübergehend. „Zu der Zeit hatte ich mich, wie junge Leute pflegen, in eine Sizilianerin von der größten Schönheit verliebt. Auch sie zeigte, daß sie mir sehr wohl wollte, die Mutter aber, welche unsere Leidenschaft bemerkt hatte und sich vor unseren Absichten fürchtete – denn ich wollte heimlich mit dem Mädchen nach Florenz flüchten – kam mir zuvor, ging nachts aus Rom und ließ mir vorspiegeln, als wenn sie nach

Civitavecchia den Weg genommen hätte; sie begab sich aber nach Ostia und von da nach Neapel" (85). Cellini eilt nach Civitavecchia, sucht die begehrte Angelica allenthalben und verschweigt nicht die vielen Torheiten, die er dabei begeht; er ist, wie er sagt, dabei, toll zu werden oder zu sterben, dann erfährt er aus einem Brief, daß sie sich, durchaus unzufrieden, in Sizilien befindet. „Indessen hatte ich mich allen erdenklichen Vergnügungen ergeben und eine andere Liebe ergriffen, nur um jene los zu werden". Er wird nun aber mit einem Priester bekannt, der der Zauberei kundig ist; Cellini nimmt an Beschwörungszeremonien teil, und es wird ihm verheißen, er werde die Begehrte in schon einem Monat wiedersehen.

Dann erschlägt er, wie er meint, im Streit einen Gegner mit einem Stein – und entgeht der drohenden Festnahme nur durch rasche Flucht nach Neapel.

Er fühlt sich in der Tat an kein Gesetz gebunden: der Kardinal Farnese wird zum Papst gewählt und will die Dienste des Künstlers in Anspruch nehmen. Da Cellini aber noch flüchtig ist und man dem Papst die Sache in einer für den Künstler günstigen Weise vorstellt, läßt er ihm einen Freibrief ausstellen und begegnet der Kritik an dieser Begnadigung mit den aufschlußreichen Worten: „Das versteht ihr nicht! Ihr müßt wissen, daß Männer wie Benvenuto, die einzigartig in ihrer Kunst sind, sich an die Gesetze nicht zu binden haben, um so mehr, als ich seine Ursache weiß" (97).

Mit Genugtuung führt Cellini diese Worte an (wenn sie wirklich so gesprochen wurden), denn natürlich empfindet er das genau so. Urteile und lobende Äußerungen anderer werden ihm zum Spiegel, nach dem er sich zeichnet und stilisiert. Er bedarf der Schmeichelei wie der Rechtfertigung: keine Reise ohne Händel, darf man sagen, er gerät nicht nur leicht in Zorn, er ist auch rachsüchtig: als ein Wirt in Chioggia Vorauszahlung verlangt, was Cellini für ungerechtfertigt hält, gibt er zwar nach, kann aber danach kaum einschlafen; er sinnt darüber nach, wie er sich wohl rächen könnte. Die Betten sind gut, alles ist neu und reinlich, doch eben dies scheint Cellini zu inspirieren. Er verzichtet nämlich darauf, dem Wirt das Haus anzuzünden oder die Pferde lahm zu machen. Er reitet am Morgen ab, kommt aber wenig später unter dem Vorwand zurück, seine vergessenen Hausschuhe abzuholen. Der Wirt rührt sich nicht, den

Burschen schickt er mit einem Auftrag weg. So geht Cellini ungestört ins Zimmer, nimmt ein kleines Messer und zerfetzt das Bettzeug von vier Lagerstätten. So richtet er beträchtlichen Schaden an, um sich dann rasch mit dem Schiff einer möglichen Verfolgung zu entziehen (104f.) – eine böse burla *im picarischen Sinne.*

Er ist in der Tat nicht einzuschüchtern, findet immer ein Widerwort und hält die Anderen für Bestien oder für Tölpel. Nach dem Tode des Alessandro di Medici halten ihm die nach Rom emigrierten Florentiner vor, daß er mit den von ihm entworfenen Münzen den Herzog habe verewigen wollen, nun aber wolle sie niemand mehr. Da ruft Cellini aus: „O Ihr albernen Menschen! Ich bin ein armer Goldschmied, ich diene jedem, der mich bezahlt, und Ihr begegnet mir, als wenn ich das Haupt einer Partei wäre. Wollte ich Euch Ausgewanderten jetzt Eure ehemalige Unersättlichkeit, Eure Narrheiten und Euer ehemaliges Betragen vorwerfen, so hätte ich viel zu tun. Aber soviel sollt Ihr bei Eurem albernen Lachen nur wissen: ehe zwei oder höchstens drei Tage vergehen, werdet ihr einen neuen Herzog haben, der schlimmer ist als der letzte" (118). Cellini sollte recht behalten; er kannte das Volk, er kannte aber auch die Herren, mit denen er sich zu arrangieren, denen gegenüber er sich nicht durch Schmeichelei, sondern durch seine Kunst zu behaupten vermochte.

*

Das ist oft schwer genug. Abermals wird er verleumdet und als Opfer einer wohlgesponnenen Intrige auf der Engelsburg eingekerkert. Die Feinde scheinen zu triumphieren, und auch Cellini hat wenig Hoffnung, jemals seine Freiheit wiederzuerlangen.

Zuerst kann sich der Kastallan darauf verlassen, daß Cellini das Ehrenwort, nicht zu entfliehen, auch halten wird. Doch tritt eine Situation ein, in der sich der Gefangene nicht mehr an sein Versprechen gebunden fühlt, ja, er sagt den Wärtern, sie sollten nur aufpassen, er wolle flüchten. Als sorgfältiger Handwerker trifft er seine Vorbereitungen: er hat Betttücher zurückbehalten, hat sich sogar eine Zange besorgen können, und so entfernt er bald die Nägel der

Beschläge, ersetzt die entfernten Nägel durch ein Gemisch aus Eisenfeilstaub und Wachs und steckt einige Nägel wieder so locker in die Bänder, daß sie mühelos zu entfernen sind. Es geschieht dies unter größten Schwierigkeiten, denn Cellini wird ständig kontrolliert. Die Zange, einen Dolch und andere Gerätschaften verbirgt er in seinem Strohsack. Er reinigt seine Kammer selbst, garniert die Bettstatt mit Blumen, die er sich zuweilen bringen läßt und verteidigt sein Lager wie ein Fanatiker gegen Unordnung und drohende Beschmutzung. Der Kastellan selbst, der ihm durchaus wohlwill, hat zuweilen Wahnvorstellungen, in denen er meint, eine Fledermaus zu sein; so ist er aber sicher, wenn er fliehen würde, den Benvenuto bald wieder einzuholen: er ist eben eine echte Fledermaus, Benvenuto dagegen nur eine nachgemachte (148ff.).

Dann ist es so weit, am Abend eines Festtages den Plan in die Tat umzusetzen. Cellini vertraut sich der Hilfe Gottes an und arbeitet die ganze Nacht, bis er schließlich die Eisenbänder abnehmen kann, aber Türwände und Riegel widerstehen aller Mühe, so daß er das Holz aufsplittern muß. Die auf zwei Hölzer aufgewundenen Bettücher nimmt er auf den Rücken, deckt am Turm zwei Dachziegel auf und hebt sich hinauf; das Ende der Binden hängt er an ein festes Ziegelstück, dann läßt er sich mühselig hinab. Unten aber muß er feststellen, daß eine hohe Mauer ihm den Weg versperrt. Mit einer Stange erklimmt er die Mauer, an deren scharfen Kanten er sich die Hände verletzt, die dann völlig zerschunden sind, als er sich mit dem zweiten Teil der Binden auf der anderen Mauerseite wiederum herabläßt. Jetzt ist nur noch die niedrige Außenmauer zu überwinden. Doch da wird er von einer Schildwache bemerkt, die er mit Entschlossenheit angreift, so daß sie vor ihm zurückweicht. Schon bemerkt er eine zweite Wache, da schwingt er sich über die Mauer und läßt sich herab. Doch hat er sich in der Höhe verschätzt oder die Hände waren nun ohne Kraft; er stürzt und verletzt sich. Noch hat man die zurückgelassenen Bettücher nicht bemerkt, als Cellini aus seiner Betäubung erwacht; es ist eine Stunde vor Sonnenaufgang, seine Kopfverletzung blutet, und als er sich erheben will, stellt er fest, daß er sich den rechten Fuß gebrochen haben muß. Er sucht ihn über dem Knöchel festzubinden und kriecht ans Tor, an dem er einen Stein lockern und so in die Stadt gelangen will. Mit dem Dolch muß er sich, mühsam vorwärtskriechend, gegen wütende Hunde zur Wehr setzen, die er schließlich auch mit der Waffe vertreibt. Aber er weiß, daß er noch nicht gerettet ist. „Da begegnete mir ein Wasserhändler mit seinem beladenen Esel und gefüllten Krügen. Ich rief ihn zu mir und bat, er solle mich aufheben und mich auf die Höhe der Treppe von St. Peter tragen. Dabei sagte ich ihm: Ich bin ein armer Jüngling, der bei einem Liebeshandel sich zum Fenster hinunterlassen wollte: ich bin gefallen und habe mir einen Fuß gebrochen, und da der Ort, von dem ich komme, von großer Bedeutung ist, so bin ich in Gefahr, in Stücke zerhauen zu werden, deswegen bitte ich Dich, hebe mich schnell auf, du sollst einen Goldgulden haben" (150f.). So geschieht es, dann kriecht der Verletzte weiter zum Hause der Herzogin, Gemahlin des Herzogs Ottavio, einer natürlichen Tochter des Kaisers, bei der er Freunde aus Florenz zu finden hofft. Ein Diener des Kardinals Cornaro erkennt den Blutenden im Treppenhaus, schickt zu seinem Herrn, der im Vatikan Quartier hat und Cellini zu sich bringen und pflegen läßt. Doch es scheint ihm nur wenig genutzt zu haben, denn nach einiger Zeit wird er, obgleich der Papst seine Unversehrtheit garantiert hatte, abermals festgesetzt und in ein weit übleres Gewahrsam verbracht, als das erste gewesen. Aus ihm wird er erst nach längerer Haft auf Drängen einiger hoher Gönner, darunter auch König Franz I.. wieder freigelassen, dies, nachdem er bereits mit dem Leben abgeschlossen hatte. Er ist jetzt auch bußfertig und ergibt sich in sein Schicksal, d. h. er sieht darin das Wirken der Gestirne, die durch ihr Zusammentreffen und -wirken das Unheil herbeiführen. Im Handel um die Besetzung eines Bistums ist Cellini regelrecht verschachert worden, so daß ihn der erzürnte Papst wieder in der Gewalt hat, die er ganz willkürlich zu brauchen gewillt ist. Daher fühlt sich Cellini immer wieder hintergangen, seine Empörung hat wiederholt trotzige Reden zur Folge, die ihn sehr bald wieder in Mißgunst setzen, denn auch das zugestandene freie Wort ist nur in Grenzen frei.

*

In Fontainebleau und Paris geht es Cellini wieder gut, der König weiß wie niemand sonst sein Können zu schätzen und überhäuft ihn mit Aufträgen. Aber auch hier ist nicht alles Glanz und Gönnerschaft; zu oft wird seine Zeit von langwierigen Juwelierarbeiten für Herzoginnen und Maitressen in Anspruch genommen, Neider suchen ihn zu diskreditieren, auch muß er einen Verleumdungsprozeß über sich ergehen lassen. Doch scheint er ein Mann ganz nach dem Sinne des Herrschers, der ihn wissen läßt: „Mon ami ..., ich weiß nicht, wer das größte Vergnügen haben mag, ein Fürst, der einen Mann nach seinem Herzen gefunden hat, oder ein Künstler, der einen Fürsten findet, von dem er alle Bequemlichkeit erwarten kann, seine großen und schönen Gedanken auszuführen! Ich versetzte darauf: wenn ich der sei, den er meine, so sei mein Glück immer das größte. Darauf versetzte er: Wir wollen sagen, es sei gleich" (200f.).

In diese Zeit fällt auch ein rein picarisches Abenteuer: seine Mätresse hat ihn mit einem Gehilfen betrogen. Cellini sinnt auf gründliche Rache, und als er bei der nächsten Gelegenheit die Beiden überrascht, zieht er den Degen, besinnt sich aber, läßt einen Notar rufen und erzwingt mit der Waffe beider Ehekontrakt. Doch damit nicht genug: als die junge Frau wieder einmal im Hause ist, zwingt er sie, ihm zu willen zu sein und wirft sie dann mit lauten Worten als Dirne aus dem Haus, so daß auch der gehörnte Gehilfe den Spott noch genießen darf (213f.). Immerhin räumt er ein, daß das nicht Recht getan war.

Aber er weiß nur zu gut, daß, was auch immer er geregelt zu haben meint und jenseits aller Vorwürfe, Klagen und Laster, das Schicksal doch stets nach seinem Sinne verfährt: „Wenn das feindselige Geschick oder, um eigentlich zu reden, unser widriger Stern sich einmal vornimmt, uns zu verfolgen, so fehlt es ihm niemals an neuen Arten und Weisen uns zu quälen oder zu beschädigen" (210). Erfahrung bedeutet dem Abenteurer nicht, das Vorhaben widriger Mächte durchschaut zu haben und sich entsprechend einzurichten, sondern lediglich, ihre Wandelbarkeit ins Auge zu fassen, wissend, daß man vom einmal Erlittenen nicht eigentlich profitieren kann.

Ein großer Auftrag wird ihm weggenommen, eine Kränkung, die ihn wie der Spott eines Gehilfen, der ihm die Geliebte ausspannt, unsagbar verletzen, ja in physische Erregung versetzen kann.

Daß sich nebenbei auch schon die Querelle des Anciens et des Modernes ankündigt, soll nicht verschwiegen werden: Seine Jupiter-Statue wirkt (bei Kerzenlicht) so sehr zum Nachteil der antiken Figuren, daß der König erklärt, wer Cellini habe heruntersetzen wollen, der habe ihn nur begünstigt, „da seine Arbeiten nicht allein den alten gleich sind, sondern sie noch übertreffen" (220). Doch der königlichen Gunst zum Trotz will Cellini nicht bleiben; Neid, Mißgunst und Intrigen verbittern ihm das Leben – und wohl auch sein eigenes Temperament. Er kehrt also zurück nach Florenz.

In der Fülle der Abenteuer, Untaten, auch gegen ihn gerichteten Mordanschläge ist in seiner Vita das größte Abenteuer, dramatisch gestaltet und unvergeßlich im Hin und Her zwischen Anspruch und Bedenken, der Guß der Perseus-Statue, den alle für unmöglich halten, so daß er dem Herzog Vorwürfe macht, weil er ihn nicht ermutigt. Auch kommen ablenkende Aufträge dazwischen. Er hat nun eine neu Art von Ofen konstruiert, der mehr als einen Zufluß für das Erz hat und schildert den technischen Ablauf: Wachsabfluß, Brennen der Form, Sorge für die Luftkanäle etc. Dann werden Kupfer und andere Erze geschmolzen, plötzlich beginnt gar die Werkstatt zu brennen, Sturm droht die Ofenhitze zu reduzieren, das alles erschöpft ihn; er spürt Fieber, erteilt die letzten Anweisungen und legt sich zu Bett, behauptend, er müße nun sterben.

Dann meldet sich einer mit der Botschaft, es sei alles verloren. Dummheit? Intrigen seiner Widersacher? Cellini heult auf, fährt in die Kleider und findet in der Werkstatt verlegene Leute mit betretenen Gesichtern. Doch nun ordnet er alles wie ein Feldherr vor der Schlacht zum großen Gelingen: das Metall wird dickflüssig, also muß Holz besorgt und nachgefeuert werden, doch dann platzt die Ofendecke unter der übergroßen Hitze, aber sofort läßt Cellini die beiden Gußlöcher öffnen. Da Erz verloren ging, läßt er, was fehlt, auffüllen mit über zweihundert Stück Zinn aus dem Haushalt; dann füllt sich die Form. Wenig später kommt im Gespräch mit dem Herzog sein ganzer Stolz zum Ausdruck. Ein Sekretär des Herzogs hatte ihm ein Entlohnungsangebot gemacht, das Cellini hochmütig zurückwies. Nun sagt ihm der Herzog im Zorn: „Die Städte und großen Paläste der Fürsten baut man mit 10 000 Dukaten. Darauf antwortete ich schnell, indem ich das Haupt neigte: Seine Exzellenz würde sehr viele Menschen finden, die ihre Städte und Paläste zu vollenden verstünden, aber Statuen wie der Perseus möchte vielleicht niemand in der Welt so zu machen imstande sein. Sogleich ging ich weg, ohne noch was weiter zu sagen und zu tun" (281).

Wie nirgends sonst verbinden sich in der Vita des B. Cellini die kriminelle Verschlagenheit des Picaro und der Stolz des bedeutenden Künstlers. Das verleiht ihr einen einzigartigen Charakter.[3]

---

1   Zitiert wird nach der Ausgabe der Cellinischen Selbstdarstellung in Goethes Übersetzung: *Leben des Benvenuto Cellini von ihm selbst beschrieben.* Übersetzt und mit einem Anhang herausgegeben von Goethe. Mit Kommentar und Bibliographie von Walter Hess. Hamburg 1957. Hier: S. 9. Im folgenden zitiere ich im Text mit einfacher Seitenangabe.

2   Aus dem Goetheschen Anhang zur Lebensbeschreibung Cellinis, vgl. Anm. 1. S. 326

3   Eine ausführliche Charakteristik liefert Georg Misch in seiner *Geschichte der Autobiographie.* Bd. 4, zweite Hälfte. Frankfurt am Main 1969. S. 631 – 640. In seiner *Kultur der Renaissance in Italien* hat Jacob Burckhardt zusammenfassend von Cellini gesprochen: „Es ist wahrlich kein kleines, daß Benvenuto, dessen bedeutendste Arbeiten bloßer Entwurf geblieben und untergegangen sind, und der uns als Künstler nur im kleinen dekorativen Fach vollendet erscheint, sonst aber, wenn man bloß nach seinen erhaltenen Werken urteilt, neben so vielen größeren Zeitgenossen zurückstehen muß – daß Benvenuto als Mensch die Menschen beschäftigen wird bis ans Ende der Tage. Es schadet ihm nicht, daß der Leser häufig ahnt, er möchte gelogen oder geprahlt haben; denn der Eindruck der gewaltig energischen, völlig durchgebildeten Natur überwiegt ... Er ist ein Mensch, der alles kann, alles wagt und sein Maß in sich selber trägt. Ob wir es gerne hören oder nicht, es lebt in dieser Gestalt ein ganz kenntliches Urbild des modernen Menschen" (*Die Kultur der Renaissance.* Mit einem Vorwort von Wilhelm von Bode. Hg. von L. Heinemann. Berlin 1928. S. 333).

Sophie Linon-Chipon (Paris)

La rupture à l'envers
Les frères Parmentier, Souchu de Rennefort, François Leguat

Les voyageurs français qui seront considérés dans la présente étude ont emprunté la route maritime des épices aux 16e et 17e siècles, le long de la côte occidentale de l'Afrique et au-delà du cap de Bonne Espérance, traversant l'Océan indien jusqu'en Inde, en passant par Madagascar, les Comores et les Maldives ou par les îles Mascareignes en direction du Siam... La problématique de cette étude repose sur la mise en évidence de l'existence de rapports complexes entre le voyageur, le relationnaire et l'aventurier puisque tout voyageur n'est pas forcément un aventurier, ni un écrivain, et tout aventurier n'est pas exclusivement un voyageur, et encore moins un écrivain...

*

Quelle que soit la perspective adoptée par le voyageur, quelles que soient ses intentions, ce qui d'ailleurs est souvent le fait de circonstances indépendantes de sa volonté, l'idée du voyage va de pair avec le désir plus ou moins conscient d'*aventures*. En dépit du fait que nombre de ces voyageurs sont des voyageurs de métier (marins, capitaines de navire, amiraux, ambassadeurs, gouverneurs, missionnaires, marchands, explorateurs), parfois il existe aussi des circonstances familiales, sociales, politiques et religieuses qui imposent la nécessité d'une rupture. La question des limites existentielles est métaphoriquement matérialisée dans l'espace et, soudain, au-delà de ces limites, au-delà de ces frontières, émerge l'idée d'un autre monde. Une autre vie est possible capable de nous affranchir des contraintes familiales, sociales, politiques et religieuses qui nous ont placé en situation de rupture. Dès lors, le départ apparaît comme la version positive de la rupture: le départ est une rupture à l'envers... absolument pas comparable au phénomène de migration rurale ou outre-mer. Le voyageur est embarqué pour un voyage organisé par d'autres, car „nous [avons] affaire à des textes programmatiques, en ce sens qu'ils originent, tout au moins partiellement - d'un pouvoir mandateur, politique, religieux ou marchand - qui a commandité l'entreprise"[1]. Cependant, ce voyageur, même membre d'un équipage organisé, est un passager qui, consciemment ou inconsciemment, construit sa propre route: sommeille en lui une sorte de passager clandestin. La mission officielle, qui est le but du voyage, va de pair avec l'élaboration d'un parcours personnel, qui en marge ou en parallèle, le mène ailleurs.

Cette rupture-départ marque le début d'une possible aventure mais cela suppose, au préalable, une reconversion de ce *désir d'autre chose* qui peut prendre différentes formes: voyager pour voyager (errer, vagabonder), voyager à cause d'une persécution (fuir, dissimuler, se masquer), voyager pour découvrir (explorer, identifier, nommer, cartographier), voyager pour s'instruire (observer, répertorier, apprendre, apprendre la langue, comparer), voyager pour s'enrichir (adopter les usages commerciaux, infiltrer des réseaux, fonder des comptoirs, acheminer des marchandises, troquer, négocier), voyager pour convertir, évangéliser (faire face à une altérité religieuse, massacrer ou adapter le dogme aux pratiques locales), voyager pour conquérir (se battre, faire de la diplomatie), voyager pour coloniser (tuer, déposséder, esclavagiser, gouverner, s'installer, se marier, se métisser) *etc...* Aussi peut-on caractériser l'utilité des voyages en fonction de leurs mobiles, ceux-ci pouvant bien sûr se cumuler puisqu'aucune approche n'est exclusive: utilité géographique, cosmographique, utilité épistémologique (scientifique, technique, anthropologique, ethnologique, linguistique, artistique), utilité commerciale et économique, utilité religieuse et spirituelle, utilité politique.

Outre ces catégories, il faut considérer que l'espace voyageable, pour les Français des 16ᵉ et 17ᵉ siècles, se découpe principalement en cinq zones: 1) l'Europe: terre patrimoniale livrée en héritage, successivement d'agrément, d'exil et de refuge 2) le Proche Orient avec deux voies principales via la Méditerranée: - d'une part jusqu'à Constantinople, Smyrne et l'Egypte: terres propices à un commerce fructueux où la fortune des marchands fait rêver mais où l'on ne séjourne pas vraiment, et cependant en accord avec les fantasmagories d'exotes en quête de sensations nouvelles... - d'autre part vers la Terre Sainte par l'île de Malte, en vue d'un pèlerinage... préparant le Grand Voyage... celui de l'autre monde. Il s'agit du „voiage Dieu" sur les pas des chrétiens qui entreprenaient autrefois le voyage dit outre-mer pour conquérir la terre Sainte contre les musulmans. 3) La Barbarie sur les côtes de l'Afrique du Nord... 4) Les Amériques avec le Brésil, la Floride, les Antilles et le Canada représentent avec le franchissement de l'Atlantique le passage dans le Nouveau Monde comme monde nouveau, bien qu'aux 16ᵉ et 17ᵉ siècles la perspective soit essentiellement spéculative dans le cadre du commerce et de la pêche et non celle philosophique qui émergera plus tard grâce à Lahontan, Rousseau, Bougainville et Diderot. L'idée d'une fortune rapidement acquise en dépit de ses origines comme moyen d'espérer au retour un changement de statut social constitue l'horizon que les voyageurs se fixent en se rendant outre Atlantique. 5) Les Indes orientales et l'Extrême Orient (la Chine et le Japon) sur la route maritime des épices avec le franchissement de la Ligne équatoriale symbolisant l'accès à un autre monde comme monde à l'envers.

L'espace culturel des Indes orientales correspond à celui parcouru par nos voyageurs, aussi, nous lui accordons une part plus importante dans notre analyse. Quand on observe comment la „conscience européenne" perçoit les cultures exotiques, on constate que l'Inde fabuleuse des conquêtes d'Alexandre a toujours hanté les esprits, même si au cours du 16ᵉ siècle, „présente par ses marchandises, mais aussi par ses hommes, l'Inde mythique devient réalité pour l'Europe tout entière"[2]. A cette réalité historique il faut en ajouter une autre: au moment même où l'on parcourt cette Inde mythique, l'Europe redécouvre les textes de l'Antiquité: c'est la Renaissance. On assiste donc à un chassé croisé entre deux représentations: celle des textes anciens et celle des marchands et pèlerins qui se sont rendus sur les lieux légendaires. En fait, plutôt que d'une découverte, il s'agit d'un „paesi nuovamente retrovati"[3]. C'est dans ce contexte que le mythe de l'Eden participe, d'une certaine façon, à la construction d'un univers fondé sur les stéréotypes archaïques issus d'une part des perceptions grecques du monde indien et d'autre part de la représentation, à ses origines, de l'histoire de l'humanité envisagée par les textes bibliques. En fonction de ce clivage, l'expérience directe n'a pas totalement effacé l'imagerie culturelle de l'Inde mythique: au contraire, elle a favorisé la réactualisation du mythe de l'Eden aux configurations sans cesse rénovées. Ainsi, les sites paradisiaques vont peu à peu prendre place sur les cartes mais aussi dans les esprits. Dans notre corpus nous comptons principalement six espaces différents figurant l'Eden: d'abord à Sumatra et à Ceylan, puis à Madagascar, Sainte Hélène, Bourbon et enfin à l'île Rodrigues. Le déplacement progressif de l'espace édénique correspond à la pratique que les voyageurs français ont eu de la route des épices en fonction des stratégies commerciales et coloniales de la France, maîtrisées ou subies. Les mutations géographiques découlent de ces modifications historiques et idéologiques. Il fallait semble-t-il que l'Eden soit Ailleurs et le changement d'emplacement, cependant toujours insulaire, confirme la nécessité de sa présence incontournable. De là à ce que le voyage aux Indes orientales se transforme en une quête du paradis terrestre ou d'un Eldorado pour certains ou dans la recherche d'un refuge pour d'autres, il n'y a qu'un pas. Dans ce contexte, l'étape suivante nous conduit logiquement vers l'élaboration d'un discours utopique ou tout simplement idyllique susceptible de transformer complètement le sens de l'aventure autant que la portée de la relation de voyage.

La quête d'un monde meilleur transforme le voyage aux Indes orientales en parcours intellectuel et spirituel. De même, la relation de voyage authentique glisse subrepticement vers le récit de voyage imaginaire en accédant à la reconstruction verbale d'espaces mythiques. A travers ses choix esthétiques et moraux, le voyageur témoigne d'un moment culturel qui, au-delà du voyage ici bas, le conduit peut-être à s'engager dans une quête ultime.

*

La question qui nous préoccupe est la suivante: qu'est-ce qui est vécu, ou plutôt comment ce qui est vécu au cours de ce voyage maritime, relève de l'aventure et du même coup qu'est-ce qui fait que ce voyageur se transforme en un aventurier héroïque dans le récit de voyage? Ainsi, en marge d'un inventaire d'aventures, somme toute assez banal mais auquel nous sacrifierons dans la troisième partie, nous proposons de rassembler nos remarques dans une analyse des concepts, mis en pratique dans la littérature de voyage, susceptibles de nous aider dans notre réflexion sur les rapports que le voyageur entretient avec les figures de l'aventurier et celles du héros.

Nous sommes tenté, à titre de boutade, de qualifier la 1ère approche de l'aventure, d'aventure-bateau! Elle suppose que „ce que je vais chercher ailleurs ou que ce que ce que j'espère de l'ailleurs soit différent de ce que je connais ici".

Ainsi, lorsque le monde vers lequel on se dirige est envisagé *en amont:* il est alors le fruit de projections de type mythique, utopique, imaginaire ou, à un moindre degré, fonction d'une esthétique littéraire de type idyllique ou onirique... Partir en voyage relève de cet horizon d'attente construit *avant* le voyage et que le voyage réalise et accomplit, car c'est là son but. L'idée de l'aventure préexiste au voyage, elle est en quelque sorte programmée, non pas formellement mais dans le fond. Le discours du voyageur consiste à confirmer ce sentiment de l'aventure dans un discours redondant qui se complaît à redire ce qui est attendu et où le voyageur se comporte dans la tradition du modèle qu'il suit. L'aventurier satisfait, consacré même et émerveillé s'identifie en quelque sorte au héros qu'il imite par admiration. Cette approche intellectualisée et culturelle de l'aventure peut être baptisée <l'aventure-tradition> ou <aventure mythique>.

Le sentiment de l'aventure est donc, dans ce cas, tout à fait relatif. Loin d'être lié à l'expérience personnelle du voyageur il est plutôt fonction de ceux qui l'ont précédé. Le récit des aventures, péripéties anecdotiques, pose, dans ce cas également, le problème du genre de la relation de voyage qui, dans ces narrations, adopte le régime romanesque. Dans ces conditions la valeur alléthique de l'expérience vécue et relatée comme une aventure est largement compromise, qui plus est, lorsque l'aventure est amoureuse car le modèle de l'intrigue galante l'emporte sur l'authenticité du rapport. Déclinées sur le mode de l' „entreprise hasardeuse meslée quelquefois d'enchantement", difficile, dangereuse et périlleuse, l'aventure s'inscrit dans la veine des romans de chevalerie et, là aussi, la délimitation générique est remise en cause. Il arrive aussi que cette tendance s'accentue et s'accorde avec un esprit peu aventureux. Ainsi des propos de Rousseau dans l'*Emile*: „Les voyageurs, s'environnant toujours de leurs usages, de leurs habitudes, de leurs préjugés, de tous leurs besoins factices, ont, pour ainsi dire, une atmosphère qui les sépare des lieux où ils sont, comme d'autant d'autres mondes différents du leur". Ce repli sur soi peut s'accompagner d'une myopie chronique telle que Voltaire a pu le constater: „Un voyageur ne connaît d'ordinaire que très imparfaitement le pays où il se trouve; il ne voit que la façade du bâtiment; presque tous les dedans lui sont inconnus".

Par ailleurs, dans la mesure où le terme *Aventures* correspond aussi au titre de certains ouvrages qui contiennent le récit d'aventures imaginaires (telles celles de Robinson Crusoe), il apparaît tout à fait incompatible qu'un voyageur disant la vérité en racontant son voyage puisse raconter des aventures car le statut d'aventurier qu'il en retire est contraire à cette image du voyageur intègre. Celui qui raconte des aventures et un romancier étant entendu qu'un roman est selon Huet, une „Histoire feinte, écrite en prose, où l'auteur cherche à exciter l'intérêt par la peinture des passions, des mœurs, ou par la singularité des aventures. [...] Ce que l'on appelle proprement roman sont des histoires feintes d'aventures amoureuses, écrites en prose avec art pour le plaisir et l'amusement des lecteurs. La fable représente des choses qui n'ont point été, et n'ont pu être; et le roman représente des choses qui ont pu être, mais qui n'ont point été" (*De l'origine des romans*). Cette aventure, en quelque sorte romanesque, insérée sur le modèle du récit enchâssé, peut-être qualifiée <d'aventure-rhétorique>.

Dans ces deux cas, ceux de l'aventure mythique et de l'aventure rhétorique, l'intertextualité joue un rôle considérable dans la représentation de l'aventure et de l'aventurier. En effet, le partage entre d'un côté ce qu'il est convenu de dire par exemple à propos d'une tempête qui en soi est quelque chose de tout à fait traditionnel dans un voyage maritime et, d'autre part, la mise en scène exceptionnelle qui en est donnée, constitue une épreuve de force et un morceau de bravoure essentiellement rhétoriques. Il s'agit là d'aventures et d'aventuriers convenus, fruits de différentes traditions en rapport avec l'évolution des mentalités. Ces figures stéréotypées véhiculent des postulats idéologiques que la littérature a complètement modélisés et que la littérature de voyage reprend à son compte en se défendant haut et fort de souscrire à ces mêmes modèles qui l'ont pourtant inspirée.

Dans l'un et l'autre cas l'aventure est artificielle car fabriquée par avance. Le constant souci d'une mise en perspective héroïque du récit de voyage dans la lignée épique, favorise ces artifices et s'il ne se passe rien d'extraordinaire il faut s'ingénier à trouver matière *à aventurer* (c'est-à-dire à introduire du risque dans le sens de voyager en s'aventurant, c'est-à-dire en s'exposant, en se hasardant) ou bien matière *à venturiser* c'est-à-dire à „Prendre les allures d'un certain Venture de Villeneuve, aventurier qui joue un rôle dans le quatrième livre des *Confessions* de J. J. Rousseau". Dans ces deux cas, il s'agit de transformer le voyage en aventure en fonction là aussi de l'horizon d'attente des lecteurs de récits de voyage. C'est d'ailleurs non sans une ironie certaine que la veine héroï-comique traverse le récit de voyage par le voix de l'abbé de Choisy qui ainsi se moque de cette manie littéraire d'exacerber le moindre événement. Lorsque le voyageur raconte une aventure il a immanquablement tendance à héroïser le protagoniste qui veut ainsi „obtenir du pouvoir mandateur la récompense de ses efforts ou les moyens pour continuer"[4]. Nous empruntons à Réal Ouellet, les remarques suivantes qui, par leur extrême pertinence, nous semblent parfaitement révéler le procédé rhétorique mis en œuvre. Ainsi, en fonction des enjeux, „le texte multipliera les comptes rendus de batailles, de dangers affrontés et vaincus, [d'alliances nouées etc... en insistant, en cas d'échec] sur le courage et la ténacité". „L'héroïsation actancielle" est cependant trop répétitive et peut générer l'ennui alors que „l'héroïsation rhétorique" est plus riche. „Le plus efficace [...et] le plus fréquent [des procédés utilisés] est le micro-récit hypothétique que Weinrich appelait restriction de validité [...], utilisé pour dramatiser une situation". Par exemple: „Si cette bourrasque nous eût pris une heure plus tôt, en un endroit fort dangereux, nos pilotes disaient que c'était fait de nous" / „Ces peuples, qui nous auraient tués ou fait souffrir encore d'avantage, s'ils n'avaient reconnu en moi ces remèdes dont ils font grand état". „L'utilisation habile du présent historique et du conditionnel (l'irréel du passé), présente comme hautement probable une supputation forgée par la peur sans doute, mais pris en charge par l'écriture. Le procédé est d'autant plus efficace qu'il s'allie à l'hyperbole („J'ai cru cent fois que je ne sortirai jamais de cette mêlée que par les portes de la mort") et à la prétérition („de vous décrire la difficulté des chemins, je n'ay ni plume ny pinceau qui le puisse faire") pour faire imaginer un monde où tout n'est que danger et catastrophe"[5]. L'aventure-tradition peut-être requalifiée <d'aventure-miroitement> parce que fonction d'un mirage qui fait figure d'appel du large et l'aventure-rhétorique <d'aventure-miroir> parce que le récit de voyage se trouve à la croisée de divers textes qu'il reflète tel un miroir...

L'autre perpective pour envisager l'aventure est celle qui suppose que „ce que je trouve ailleurs soit différent de ce que je suis allé chercher ou de ce que je m'attendais à y trouver". Pour répondre à la question qu'est-ce qui dans ce qui est vécu au cours d'un voyage relève de l'aventure et du même coup qu'est-ce qui fait que ce voyageur se transforme en un aventurier héroïque?, nous nous orienterons vers la mise en évidence d'une sorte de contre-aventure.

Cette façon d'envisager l'aventure consiste à l'appréhender *in situ*, c'est-à-dire en dehors de toute construction mentale préalable... Ainsi, lorsque le voyageur réalise qu'il se trouve dans un monde totalement différent de celui qu'il a quitté, sans avoir cherché délibérément cette altérité, le sentiment de l'aventure naît de la découverte de quelque chose d'inconnu et d'étranger pour lui: de façon relative à l'échelle de sa propre expérience ou dans l'absolu à l'échelle de l'humanité. Cela suppose que le voyageur ait accepté de se livrer au hasard sans savoir ni forcément ce qu'il cherchait, ni forcément ce qu'il allait trouver. Parti pour faire fortune, il se retrouve, par exemple, confronté à des situations qu'il n'avait pas prévues... L'aventure fortuite, qui arrive inopinément, c'est alors la surprise, l'étonnement de vivre des choses que l'on n'est pas habitué à vivre... et auxquelles le voyageur n'est pas préparé. Le voyageur qui collectionne sans le vouloir les aventures bizarres et étranges, extraordinaires ou fâcheuses, tristes ou burlesques, heureuses ou cruelles est un voyageur qui se découvre aventurier, aventurier d'occasion, heureux et fier de faire état de ses expériences qu'il considère et donne à entendre comme des aventures bien qu'elles ne soient pas toutes extraordinaires ou exceptionnelles.

Dans ce contexte, on note tout d'abord le type de la contre-aventure qui conduit à la rencontre de quelque chose de différent par rapport à ce que l'on avait envisagé au départ. La contre-aventure c'est l'aventure qui a lieu *contre toute attente*. Déceptive, cette <aventure-nouvelle> réactualise sur un mode une forme d'aventure en opposition ou en dehors des modèles mythiques, utopiques, imaginaires ou littéraires qui avaient, à l'origine, sinon motivé le voyage du moins nourri son horizon. On assiste à la rencontre d'une altérité au second degré puisque le voyageur est confronté à un monde différent non seulement peut être de celui qu'il a quitté mais surtout différent de celui qu'il espérait... Dans un cas extrême, l'aventure ce peut être tout simplement le fait de trouver un monde à la fois différent de celui que l'on espérait et identique à celui que l'on a quitté! La déception est alors double!

Il existe aussi le type de la contre-aventure qui conduit à la rencontre de quelque chose qui va au-delà de ce que l'on est capable de supporter, hors des limites de l'envisageable et de l'imaginaire. Ce qui est vécu dans le cadre de cette expérience limite relève de ce que nous appellerons <l'aventure des confins>. Ici, l'aventure rencontrée cherche à échapper à l'artifice rhétorico-traditionnel mais suppose, cependant, l'illusion d'une rencontre concrète et directe de l'aventure. Il faut pour cela que l'aventure-tradition ne fonctionne plus comme vecteur de la médiatisation de l'aventure et qu'elle ait bel et bien disparu au profit d'une aventure nouvelle, née justement de cette perte du repère attendu. On retrouve là les deux facettes de l'aventurier: d'une part celui en qui on peut avoir confiance, le gentil, le bienfaiteur, le modèle à suivre, l'aventurier audacieux et courageux, tel le chevalier et le guerrier, <l'homo audaculus>, ce héros audacieux qui, par sa force de caractère, sa valeur extraordinaire, sa haute vertu et son succès éclatant, appartient aux grandes âmes, sujet d'admiration il est au centre de l'aventure;

d'autre part celui dont il faut se méfier parce qu'il est dangereux, parce qu'il est marginal et imprévisible, le modèle à ne pas suivre, le grand hasardeur, celui qui met en péril, <l'homo periclitator>...

*

C'est entre, d'une part, l'aventure-tradition souhaitée et rêvée et, d'autre part, l'aventure-nouvelle réellement vécue que le voyageur français sur la route maritime des épices fait le plus souvent son apparition sous les traits non pas de l'aventurier héroïque mais sous les traits d'un *aventureur*. Sur le nombre considérable de témoignages nous avons choisi d'en considérer seulement trois à titre d'exemple...

Jean et Raoul Parmentier que l'on peut considérer comme des pionniers,[6] ont la particularité d'être des bourgeois et des marchands de Dieppe, marins et hommes de lettres à la fois.[7] Ils sont les premiers Français à avoir emprunté la route maritime des Indes orientales et nous avons la chance d'avoir conservé jusqu'à ce jour leur témoignage grâce à Pierre Crignon qui, fidèle ami et membre de cette expédition, a retranscrit leur itinéraire,[8] rédigé la *Relation du voyage*[9] et publié, en 1531, les textes poétiques de Jean Parmentier.Celui-ci se maria au début de 1529 et, bien que père de deux enfants, préféra aller courir les mers. Ils partirent comme capitaines sur *Le Sacre* et *La Pensée* pour aller fouler les terres des Portugais au-delà de Calicut et du cap Comorin, „avec l'ayde de Dieu par la congnoissance des latitudes et l'élévation du soleil et autres corps célestes". Ils avaient pris soin d'embarquer à leur bord un Portugais muni de cartes, un interprète français qui parlait la langue malaise, nommé Jean Masson ainsi que deux astronomes français pour déterminer les longitudes.

Si les premiers contacts avec les malgaches ont été familiers, des fruits sont troqués contre des „bonnets, du bougren et des patenostres"[10], ceux-ci vont les attaquer après leur avoir fait croire qu'ils allaient leur permettre d'obtenir du gingembre, de l'argent et de l'or. Partant à la recherche d'eau et de vivres, les capitaines Parmentier recommandent aux marins de leur équipage de ne pas trop s'aventurer dans les terres. Crignon raconte l'entêtement d'un intrépide avide d'or et d'argent et décrit cet empressement manifesté au mépris du risque de perdre la vie, dans l'inconscience effrénée de ceux qui s'imaginent intouchables, dans la confiance de ceux qui n'ont su se méfier de la ruse des indigènes. Nous laissons de côté la description des horreurs. Trois hommes seront cruellement assassinés, et nos Français n'auront qu'une hâte, c'est de fuir cette île qu'ils jugent inhospitalière. Les noms dont ils baptisent six îlots qui se trouvent à la pointe sud-sud-ouest de Madagascar sont révélateurs de l'expérience catastrophique qu'ils ont dû affronter: L'Andouille, la Majeure, la Boquillonne, Lintille, St.Pierre et l'Advanturée sont regroupées sous l'appellation globale d'îles de la Crainte au large du cap de la Trahison. Au-delà du voyage de découverte, l'expédition des Parmentier est essentiellement une expédition de marchands qui troquent de la pacotille contre de la nourriture et contre des produits, or et poivre, qui ont une valeur commerciale très prisée en Europe. Même si l'opération n'est pas très fructueuse, on constate que l'attrait de l'or stimule nos explorateurs qui seront malheureusement déçus. L'existence de ces richesses demeure supposée depuis Marco Polo et c'est le plus important: cela préserve la magie du voyage aux Indes orientales et alimentera d'espoir les voyageurs suivants. Le dernier regard porté sur les plages de Madagascar témoigne de ce rêve d'Eldorado.

Lorsque la France décide enfin d'investir dans la marine marchande pour aller chercher des richesses en Inde, elle conçoit des structures théoriques assez élaborées qui réglementent l'organisation de la future Compagnie pour le commerce des Indes orientales. Les ports d'attache, les navires, les marchandises, les hommes, les responsables, le système hiérarchique au sein de la communauté coloniale et les lois qui seront censées la régir, le budget, les emplacements géographiques, tout est prévu. Malheureusement ces prévisions ont été faites sur de mauvaises bases compte tenu du discours propagandiste qui, au départ, a tout faussé. Alors même que l'entreprise se présentait sous des auspices plus que favorables, les deux premières expéditions qui se rendront à Madagascar et en Inde connaîtront un échec d'autant plus grand que les hommes ne s'y étaient pas préparés.

Dès l'Epître de sa relation de voyage,[11] et pour bien marquer le caractère héroïque de son entreprise, Souchu de Rennefort se présente comme la victime de son propre zèle mais c'est davantage pour masquer son échec que par ignorance des précédentes expéditions qu'il tire gloire de son expérience. De plus, au-delà de toute considération réaliste, Souchu de Rennefort s'est bel et bien laissé séduire par le mythe français d'une terre malgache proprement édénique. Lors de son arrivée à Madagascar, il prononce un discours qui ouvre la cérémonie de la prise de possession de l'île, une harangue destinée à encourager son équipage durement éprouvé par la longue navigation. Son discours est entièrement imprégné des propos de propagande qui ont motivé son départ. L'emphase et l'hyperbole sont au rendez-vous:

Nous marchons enfin sur cette terre si longtemps cherchée où le Printemps est éternel, et où l'or et les pierreries nous attendent pour nous combler de biens; sans doute que la possession nous en sera disputée, mais ce ne sera que pour la rendre plus précieuse. Il est de bons courages que toutes les richesses des Indes ne contenteraient pas, ils demandent la gloire, et l'acquisition en est icy d'autant plus belle qu'elle se gagne par des chemins inconnus presque à tous les hommes du monde d'où nous sortons. Je promets que nous trouverons les moyens de faire arriver en France, les actions illustres avec toutes leurs particularités, les noms et les valeurs de ceux qui les auront exécutées: tout le royaume intéressé de l'établissement auquel nous allons travailler, les sçaura et vos amis après votre retour, vous rapporteront agréablement le bruit que vous aurez causé de si loin. Achevons résolument ce qui nous reste à faire pour arriver au Temple de la Fortune ou à celuy de l'honneur.[12]

Souchu de Rennefort repartira le 20 février 1666 n'ayant connu pendant tout son séjour à Madagascar qu'affrontements et trahisons. Après le 9 juillet, date à laquelle ils étaient en vue du Havre, ils sont attaqués par un navire anglais. Sur un ton pathétique, Souchu rend compte de cette péripétie fatale alors qu'ils sont à quelques kilomètres des côtes de France: „[...] à la fenêtre de la chambre de poupe, je considère le dernier acte de la tragédie; après des élancemens de voix terribles et pitoyables, le Vaisseaux Français, chargé de six vingt hommes alors, de pierreries, de benjoin, d'or, d'ambre gris, de cuirs, de poivre, de tabac et d'eau ras bord disparut du reste en un clin d'œil"[13]. Emprisonné à l'île de Wight à partir du 18 juillet 1666, avec 26 autres Français, il mènera une vie agréable en compagnie d'un certain La Chesnaye, se promenant librement dans le château de Caresbrooke tenu par Milord Colpeper, allant à Newport, fréquentant la bibliothèque du château, il tombera même amoureux d'une Anglaise. Le 1er août, La Chesnaye mourra d'une indigestion de framboises (*sic*). Sur ce, les prisonniers français seront transférés au château de Winchester. La prison devient, pour Souchu de Rennefort, un asile lors de l'incendie de Londres en septembre 1666. Libéré le 4 avril 1667, il se rend à Londres où il demeurera six semaines. Il y flânera et n'hésitera pas à rapporter des propos tenus dans un jardin anglais avec un philosophe. Il quitte Douvres le 25 mai et rejoint enfin Calais le 29 mai 1667. Secrétaire besogneux, et à l'ambition passagèrement idéale, il lui faudra connaître l'humiliation à Madagascar, le naufrage et l'exil à Londres pour nous faire découvrir, que derrière l'administrateur, il existe un homme sensible, capable de flâner et de rêver même si ses propos s'engagent subrepticement vers une philosophie moralisatrice qui condamne l'ambition et l'intérêt. Souchu de Rennefort ne se fait plus d'illusions alors qu'il avait véritablement cru à l'Eldorado malgache!

Pour François Leguat, tout a commencé avec la Révocation de l'Edit de Nantes qui en 1685 chasse les protestants de France. La plupart se dirigent vers la Suisse et surtout en Hollande, pays qui sera baptisé la Grande Arche.[14] On comprend mieux, dès lors, que tous les projets d'expansion coloniale soient favorablement reçus par les Etats Généraux de Hollande qui ont des difficultés à gérer un tel afflux d'immigrés. La Compagnie hollandaise des Indes orientales est également partie prenante dans cette affaire lorsqu'Henri Du Quesne, fils de l'amiral (Abraham Du Quesne) de Louis XIV, envisage la création d'une colonie réformée dans l'Océan Indien. Ce projet élaboré dans un premier temps en 1683 sera repris en 1689.[15] Une fois cautionné par les Etat Généraux et la Compagnie, Du Quesne n'a plus qu'à trouver les fonds nécessaires[16] pour financer le projet et chercher des volontaires pour fonder cette colonie de rêve. Débute alors l'opération de propagande pour que le projet soit accueilli favorablement par de potentiels futurs colons. Ce qui au départ devait se présenter sous la forme de tracts ou de brochures a été par la suite publié en 1689 sous le titre, *Recueil de quelques mémoires servant d'instruction pour l'établissement de l'île d'Eden.*[17]

Ce type de projet qui, à l'époque où il a été envisagé, était monnaie courante compte tenu de l'afflux massif des réfugiés protestants, n'obtiendra pas le succès escompté. Les volontaires ne sont pas suffisamment nombreux et la France et la Hollande sont en guerre. La petite frégate *l'Hirondelle*, commandée par Valleau, transporta à son bord seulement dix passagers à destination[18] de l'île Bourbon baptisée Eden. Laissons de côté le voyage. Les voici à l'île Rodrigues. Après avoir fait le tour de l'île pour s'assurer qu'aucun meilleur endroit ne pouvait concurrencer celui qu'ils avaient abordé par hasard, ils décidèrent de rester sur place et de semer toutes les graines embarquées d'Europe. Au bout d'un an d'une vie calme et sans imprévu majeur nos explorateurs, hormis Leguat, s'ennuient et, las de vivre sans femme, ne voyant venir aucun vaisseau, décident de construire une barque pour rejoindre l'île Maurice qui n'est pas très loin.[19] Ils parviennent, avec des moyens de fortune et au bout d'un an, le 19 avril 1693, à mettre enfin à l'eau cette barque. Malheureusement ils feront naufrage sur la barrière de corail et au retour l'un des leurs mourra de fatigue: les naufragés ne sont plus que sept. A la suite de ce naufrage ils restent néanmoins convaincus de la nécessité impérative de quitter cet exil solitaire.[20] Ils décident alors de repartir et réparent la barque pour quitter l'île Rodrigue le 21 mai 1693. Après neuf jours d'une tourmente qui les malmène, les Français arrivent par chance à l'île Maurice, le 29 mai 1693. Ils longent la côte et atteignent la Rivière Noire[21] où des familles hollandaises les accueillent. A la suite d'altercations avec le gouverneur hollandais les Français sont conduits sur un îlot rocheux, deux des leurs ayant les fers aux pieds. Pendant quatre mois ils seront approvisionnés tous les huit jours, puis tous les quinze jours, de denrées fortement endommagées. Un an plus tard, le 9 février 1695, un ouragan dévaste l'îlot rocheux affligeant durement les exilés. Le gouverneur laisse les malheureux souffrir sans chercher à diminuer leurs peines.

Grâce aux messages transmis par le navire *la Persévérance* passé une première fois le 15 mars 1694, arrive au Fort, le 6 septembre 1696, un navire hollandais, *le Swaag* , avec ordre de conduire les Français à Batavia. Arrivés à Batavia ils seront emprisonnés et le procès est retardé à cause d'affaires plus urgentes. Des quatre rescapés, Be***le est employé par la Compagnie hollandaise comme écrivain du Fort et logé sur place, La Case et Leguat sont enrôlés de force comme soldats et La Haye mourra à Batavia. Finalement, les Hollandais ne souhaitent pas le procès demandé par les Français. Ainsi ces derniers quittent-ils enfin Batavia, à l'occasion du retour d'une escadre de dix-sept vaisseaux hollandais, le 28 novembre 1697. Loin d'être désabusé ou désillusionné et à l'heure des bilans, faisant l'analyse de son propre vécu, François Leguat confirme que ses aspirations n'ont pas été trahies par l'épreuve des lieux: „Après tout, j'ai respiré là un air admirable, sans la moindre altération de ma santé. J'y ai été nourri en Prince, dans l'aise et dans l'abondance, sans pain et sans Valets. J'y ai été riche sans Diamans et sans or; comme sans ambition. J'y ai goûté un secret et indicible contentement, de ce que j'étais moins exposé qu'à l'ordinaire, aux tentations de pécher"[22].

En totale contradiction avec la pensée pascalienne qui ne voit dans le bonheur individuel et la solitude qu'ennui fondamental, alors que le motif de l'île déserte participe à l'engouement mystique du solitaire, Leguat possède ce paradis, il se confond avec lui. Dimension de son moi originel, il semble l'avoir d'autant plus apprécié qu'il a su l'intérioriser, „recueilli très profondément en moi-même"[23]. Si son bonheur est dans „la méditation personnelle", c'est à travers la mélancolie préromantique de certains passages, que Leguat nous semble plus proche de Rousseau et de Bernardin de Saint-Pierre que de ses confrères voyageurs du 17e siècle. Son Eden mêle intimement une perspective religieuse dans la quête du paradis perdu, une perspective sociale, véritable ataraxie dans le retour à la nature et à la vie simple, enfin une perspective individuelle dans l'expression du bonheur solitaire à la recherche d'une paix intérieure. L'expérience de Leguat a cela d'original qu'elle est multiple et exceptionnelle. Elle s'inscrit tout d'abord dans un projet de „République protestante" mais en porte à faux puisque l'expédition se limitera à une frégate et à dix explorateurs chargés d'estimer la rentabilité de l'île Rodrigues. L'exploration se transforme alors en exil forcé puisque les aventuriers ont été abandonnés: ils se font navigateurs et, dans leur naufrage, aboutissent par chance à l'île Maurice où des affaires d'intérêts financiers leur feront perdre la liberté qu'ils avaient difficilement acquise. Les deux années de paix sur l'île paradisiaque de Rodrigue sont suivies par deux années d'un horrible exil sur un îlot rocheux qui fera leur infortune: au terme de ce séjour, il ne reste plus que trois survivants. Ajoutons que lorsque la relation de Leguat a été pour la première fois publiée, elle n'a pas été considérée comme authentique: l'existence de Leguat a même été remise en cause et la rédaction du récit a été attribuée au célèbre protestant exilé en Angleterre, François Maximilien Misson, connu notamment comme l'auteur d'un célèbre *Voyage en Italie*. Tout ceci complique énormément la perception de l'identité de Leguat qui, il faut le savoir, a bel et bien fait le voyage. On ne l'a pas cru car l'aventureur s'était fait aventurier: il avait pris la plume, et cela est hautement suspect...

*

Du haut de son navire, le voyageur s'imaginait pouvoir concrétiser ses ambitions et satisfaire ses fantasmes. Rarement comblé, devait-il pour autant accepter de faire le maigre bilan de ses coffres vides, de ses vaines souffrances et de ses joies avortées? Pour sauver l'honneur a-t-il pensé nous emmener en voyage en nous trompant par des histoires inventées? L'orgueil l'a peut-être fait hésiter un instant. Mais, fort de la mission d'écrivain de navire qu'il adopte par procuration, quand il ne l'est pas officiellement, il sait éviter, s'il le souhaite, l'écueil d'une affabulation incontrôlée. Alors, que reste-t-il donc à dire de substantiel quand les rêves individuels, glorieux ou mesquins sont tombés à l'eau? A l'insu même du voyageur-narrateur, les grands rêves collectifs refont surface pour, dans ce retour aux sources spirituelles, assurer à la relation de voyage un accueil favorable: on ne badine pas avec l'horizon d'attente des lecteurs. Si le voyage nous conduit vers un Ailleurs inattendu, on s'empresse d'en reconstruire un qui corresponde mieux à nos souhaits. Le projet d'écriture se fonde inconsciemment sur cette tromperie.

Conscient que „L'homme est perdu dans ses désirs comme nos caravelles dans les mondes nouveaux", convaincu que „L'homme cherche partout du merveilleux"[24], Robert Challe pense qu'il „lui en faut", le voyageur-narrateur dessine petit à petit, à l'arrière plan de son tableau, la silhouette du penseur qui refuse d'être en porte-à-faux entre ses fantasmes et les réalités du voyage. Au centre de ce champ magnétique, une conscience nouvelle émerge du flot des mots et de leur vacarme pour annoncer, à l'aube du 18ᵉ siècle, la naissance d'un homme nouveau. Les voyageurs français n'auront pas voyagé en vain. Quand le monde n'est plus nouveau, c'est l'homme qui s'invente car il „fallait avant tout que l'explorateur découvre ce à quoi il croyait"[25].

[1] *Réal Ouellet:* Une littérature qui se donne pour réalité: la relation de voyage. In: *La Relation de voyage.* Actes du séminaire de Bruxelles. Ed. par Madeleine Frédéric, Serge Jaumain. Bruxelles 1999. S. 9-35.

[2] *Geneviève Bouchon:* L'image de l'Inde dans l'Europe de la Renaissance. In: *L'Inde et l'imaginaire.* Ed. par l'HESS. 1988. S. 70.

[3] *Montalboddo:* Paesi nuovamente retrovati e novo mondo de Alberico Vesputio florentino intitulato. Vicenza 1507.

[4] *Ouellet:* Une littérature qui se donne pour réalité. S. 11.

[5] *Ouellet:* Une littérature qui se donne pour réalité. S. 12f.

[6] D'après P. Margry (in: *Bulletin de la Société Normande de Géographie* 5 (1883) Mars-Avril, S. 168-184, Juillet-Août, S. 233-248 et Septembre-Octobre, S. 321-339). Jean Parmentier serait né en 1494 et son frère Raoul en 1499. Pour Des Marquetz, dans ses *Mémoires chronologiques pour servir à l'histoire de Dieppe,* Jean serait né en 1480. Quant à Crignon, rédacteur du journal et de la relation, il confirme que Jean avait 35 ans à sa mort et Raoul 30 ans.

[7] Jean Parmentier a traduit le *Catilina* de Salluste qu'il dédie à Crignon et a composé de nombreuses poésies.

[8] Le manuscrit (en fait il s'agit de plusieurs copies différentes d'un manuscrit original non encore connu à ce jour) du *Journal de la Navigation* sera publié sous les références suivantes: *Estancelin:* Recherches sur les voyages et découvertes des Normands. 1832. Il existe une autre version sous le titre *Le Discours de la navigation* (in: *Recueil de voyages et de documents pour servir à l'histoire de la géographie depuis le XIIIème jusqu'à la fin du XVIème siècle.* Ed. par Ch.Cheffer, Henri Cordier. Paris 1883.) ainsi qu'une dernière version de P. Margry (in: *Bulletin de la Société Normande de Géographie* 5 (1883)); nous avons travaillé à partir de cette dernière version.

[9] Cette relation est intitulée *Description nouvelle des merveilles de ce monde, & de la dignité de l'homme, composée en ritme françayse en manière de exhortation, par Ian Parmentier, faisant sa dernière navigation, avec Raoul son frère, en l'isle Taprobane autrement dit Samatra.* Alençon 1531.

[10] Ebd., S. 234.

[11] Intitulée *Relation du premier voyage de la Compagnie des Indes orientales en l'isle de Madagascar ou Dauphine* (Paris 1668). Souchu de Rennefort a également publié les *Mémoires pour servir à l'histoire des Indes orientales depuis 1665 jusqu'en 1675* (1688) et une *Histoire des Indes orientales* (1688 et 1701).

[12] *Souchu:* Relation du premier voyage. S. 65.

[13] *Souchu:* Relation du premier voyage. S. 309f.

[14] Elle accueillera 60000 réfugiés.

[15] Un traité en 14 articles sera signé entre l'Oost Indische Compagnie et Du Quesne le 26 juillet 1689. Cette convention sera ratifiée par les Etat Généraux le 28 juillet 1689.

[16] Du Quesne empruntera 80000 francs en hypothéquant sa propriété d'Aubonne en Suisse.

[17] Amsterdam 1689. Réédité sous le titre *Un projet de république à l'île d'Eden en 1689, par le marquis Henri Du Quesne.* Ed. par Th. Sauzier. Paris 1887. Voir aussi *E. Rainer:* L'Utopie d'une république huguenote du marquis Henri Du Quesne et le voyage de François Leguat. Paris 1959. / *Aventures aux Mascareignes.* Réédité par J.M. Racault. 1984.

[18] Il est étrange que la destination huguenote ait été Bourbon étant donné que tout le monde savait que cette île était occupée par les Français depuis 1663.

[19] L'île Rodrigue se trouve à 500 kilomètres à l'est de l'île Maurice.

[20] *Aventures aux Mascareignes.* S. 121-124.

[21] Lieu dit qui se trouve au sud de l'actuelle capitale Port-Louis.

[22] *Le voyage de François Leguat.* Préface, paragraphe 26.

[23] Ebd.

[24] *Robert Challe:* Journal de voyage aux Indes orientales (1690-1691). Ed. par Deloffre, Menemencioglu. In: *Mercure de France* 1 (1983) 37.

[25] *J. P. Roux:* Les Explorateurs au Moyen Age. Paris 1961.

Gertrud Lehnert (Potsdam)

Proben in erotischer Ambivalenz
Mademoiselle (de) Maupin

Mlle Maupin – deren Vornamen wir nicht wissen – lebte von 1670 bis 1707. Sie erhielt literarische Unsterblichkeit (und ihren Vornamen Madeleine) durch den nicht zuletzt aufgrund des Vorworts berühmt gewordenen Roman *Mademoiselle de Maupin* (1835/1836), in dem der junge Théophile Gautier seine damals modernen Ideen vom *l'art pour l'art* in lebendiges fiktionales Geschehen umsetzte. Die echte Mlle Maupin war Schauspielerin und Sängerin, und zwar offenbar eine recht erfolgreiche; sie führte, was für eine Schauspielerin ihrer Zeit nichts Ungewöhnliches war, zu Zeiten ein unstetes Wanderleben; sie hatte, ebenfalls für eine Schauspielerin nichts Ungewöhnliches, eine Vielzahl von Liebhabern und – das ist schon ungewöhnlicher – Liebhaberinnen; sie war eine großartige Fechterin und liebte es, Männerkleider zu tragen. Nur weil sie in Männerkleidern so überzeugend war, konnte sie sich immer wieder mit irgendwelchen Herren anlegen und (siegreich) duellieren; hätten ihre Gegner vorher über ihr wahres Geschlecht Bescheid gewußt, dann wäre es nie so weit gekommen: Frauen waren nicht satisfaktionsfähig. Und natürlich hätte kein Mann damals eine Frau als Konkurrenz um eine andere Frau ernst genommen: das taten sie nur, weil sie Maupin für einen Mann hielten. „La vie de la Maupin! Quel roman troublant et troublé!" ruft ihr Biograph Letainturier-Fradin 1904 aus,[1] und er erzählt ihr Leben wie einen Roman – ganz sicher nicht unbeeinflußt von Théophile Gautiers Vorbild, in dem Maupin die Verkörperung der romantischen Dichtung ist: von außerordentlicher weiblicher Schönheit und Anmut und doch von geschlechtlicher Ambivalenz. Mit dieser Ambivalenz kann Letainturier-Fradin nicht recht umgehen, obgleich sie genau die Eigenschaft an seiner Heldin ist, die ihn fasziniert. Er schildert sie vorwiegend als schöne Frau und baut ihre Eskapaden in Männerkleidern und ihre Affären mit Frauen mit voyeuristischer Lust als kleine Ausrutscher ein, so daß ihre Persönlichkeit gewissermaßen in Einzelteile zerfällt. Für Théophile Gautier ist es hingegen bekanntlich gerade die sexuelle Ambivalenz, die Maupins Wesen ausmacht; ohne diese Ambivalenz hätte ihre Existenz keinen Sinn und der Roman kein Thema.

Meine These ist: Ganz gleich, ob man über die historische Maupin oder über Gautiers Kunstfigur spricht: Es ist diese Ambivalenz und alles, was daraus folgt, die Mlle Maupin zu einer *Abenteurerin* macht. Erotische Ambivalenz bedeutet in einer auf klaren Abgrenzungen und eindeutigen Geschlechtszuschreibungen basierenden Gesellschaft ein Abweichen von der kulturellen Norm. Mit Ambivalenz meine ich eine Geschlechtsidentität (im Sinne von „gender"), die sich nicht unwandelbar auf einen von zwei kulturell definierten Polen – entweder weiblich oder männlich – festlegen läßt; damit meine ich auch ein erotisches Begehren, das sich auf Personen des eigenen Geschlechts richtet, während die kulturelle Norm in der Regel das andere Geschlecht als einzig möglichen Liebespartner vorschreibt. Menschen können sich also ambivalent *fühlen*, sie können von anderen so *wahrgenommen* werden, und sie können diese Ambivalenz durch äußere Zeichen *sichtbar machen* oder erzeugen, also etwa, indem eine Frau Männerkleider trägt. Das heißt nicht, daß sie Mann *sein* will. Vielmehr fügt sie sich nicht den Erfordernissen der traditionell weiblichen Rolle, sondern modifiziert diese. (Sie kann aber natürlich trotzdem von anderen als Mann wahrgenommen werden.) Der Ethnologe Victor Turner beschreibt in seinem Buch *Vom Ritual zum Theater. Der Ernst des menschlichen Spiels*[2] das Liminale als Übergangszustand in den Ritualen, die es in allen Kulturen gebe: Initiationsriten, Eheschließungen und andere „cultural performances" bedeuten einen Übergang von einem Zustand in einen anderen: vom Kind zum Erwachsenen, vom Ledig- zum Verheiratetsein. Der Übergang vollzieht sich nach Turner in drei Phasen: nach der Trennung vom alten Zustand befindet sich das Individuum auf der Schwelle, also zwischen den Zuständen, um dann schließlich – verändert – der Gesellschaft wieder angeglichen zu werden oder neue Wege zu beschreiten. Kulturell bedeutsam ist vor allem der Übergang selbst oder, wie Turner ihn nennt, die Liminalität. In der Liminalität spielen Menschen mit dem Bekannten, verfremden es, kombinieren seine Elemente neu, und genau darin liegt der Keim der Veränderung. Die geschlechtsbezogene Verkleidung nun verstehe ich analog zur liminalen Phase als Bruch mit dem Vertrauten und Übergang von einem Geschlecht zu einem anderen. Ich bezeichne das als *Maskerade*: ein Spiel mit Bildern von Weiblichkeit und Männlichkeit, eine Bewegung von etwas fort zu etwas anderem hin: „Dabei kommt es nicht darauf an, ob die Bewegung je ankommt. In der Maskerade ist der Weg das Ziel. (...) Maskerade [ist] ein Nicht-mehr und ein Noch-nicht, ein Weder-noch und ein Sowohl-als auch"[3]. Ambivalenz wäre das zur Maskerade gehörende Gefühl oder eine entsprechende Wahrnehmungsweise. Ambivalenz bedeutet also, sich nicht im Vertrauten, Gewohnten definitiv einzurichten, bedeutet, nirgendwo gänzlich heimisch, sondern immer auf der Wanderung zwischen den Welten zu sein – und unter Umständen dafür von der Umwelt angegriffen zu werden. Die Ambivalenz einzelner irritiert das Streben der Eindeutigen nach Einförmigkeit, macht Angst und damit aggressiv. Für das Individuum vermag die eigene Ambivalenz angsterregend sein, aber sie kann auch die Quelle für neue, unerwartete Erfahrungen sein, für eine Sicht auf die Welt, die kreativ anders ist, für neue Lebensentwürfe, die abweichen vom gewöhnlichen Gleis. Das wird nirgendwo deutlicher ausgedrückt als in Théophile Gautiers Roman, in der Mlle de Maupin sich in einem Brief folgendermaßen selbst charakterisiert: „Je perdais insensiblement l'idée de mon sexe, et je me souvenais à peine, de loin en loin, que j'étais femme (...). En vérité, ni l'un ni l'autre de ces deux sexes est le mien; je n'ai ni la soumission imbécile, ni la timidité, ni les petitesses de la femme; je n'ai pas les vices des hommes, leur dégoûtante crapule et leurs penchants brutaux: – je suis d'un troisième sexe à part qui n'a pas encore de nom". Für sie gibt es keinen Platz in der Welt, nur in der Literatur – und zum Inbegriff der romantischen Dichtung wird sie denn auch unverkennbar, wenn sie von der unstillbaren Sehnsucht spricht, die sie in Liebesdingen beseelt und die gleichzeitig eine Beschreibung der romantischen Unendlichkeitssucht ist: „je ne pourrais jamais aimer complètement personne ni homme ni femme; quelque chose d'inassouvie gronde toujours en moi, et l'amant ou l'amie ne répond qu'à une seule face de mon caractère. (...) Ma chimère serait d'avoir tour à tour les deux sexes pour satisfaire à cette double nature (...) Ma nature se produirait ainsi tout entière au jour, et je serais parfaitement heureuse, car le vrai bonheur est de se pouvoir développer librement en tous sens et d'être tout ce qu'on peut être"[4]. Ein so verstandenes Abenteurertum ist weniger äußeres Handeln als eine innere Einstellung, eine Haltung gegenüber dem Leben. Für das Abenteurertum von Frauen ist das typischer als Abenteurertum im vordergründigen Verständnis eines ereignisreichen, wechselhaften, riskanten und unsteten Lebens. Beide gehen jedoch oft genug Hand in Hand miteinander. Wenn eine Frau im 17. Jahrhundert Männerkleider trägt, dann signalisiert sie nicht nur oder nicht immer sexuelle Ambivalenz, sondern auch eine gewisse Abenteuerlust im äußerlichen Sinne. So duellierten sich die historische und auch die fiktive Maupin oft und gern, sie suchten gefährliche Situationen und forderten sie geradezu heraus. Die „männliche" Seite in ihnen läßt sie Abenteuer suchen, die sie nur in Männerkleidung erleben können und, da sie für Frauen nicht vorgesehen sind, für sie noch viel abenteuerlicher sind als für Männer.

Die historische Maupin lebt in einer Zeit klarer Geschlechtereinteilungen. Im ausgehenden 17. Jahrhundert sind es eher Funktionszuschreibungen, die die Geschlechter voneinander unterscheiden. Das Biologische spielt noch keine so große Rolle wie später, denn man ging seit der Antike davon aus, daß die weiblichen und männlichen Geschlechtsorgane identisch, nur bei den Frauen nicht vollständig ausgebildet seien: Frauen gelten mithin grundsätzlich als defiziente Männer, wie Thomas Laqueur überzeugend nachgewiesen hat[5]. Allerdings waren Frauen nicht in allen Bereichen so sehr eingeschränkt, wie das später, im 19. Jahrhundert, der Fall sein wird; (verheiratete oder verwitwete)

Damen der Gesellschaft hatten durchaus eine gewisse Bewegungs- und Handlungsfreiheit etwa in sexueller Hinsicht. (Erst das 18. und 19. Jahrhundert bringt die Idee des Geschlechtscharakters hervor, der besagt, daß Frauen und Männer sich grundsätzlich und in allen Bereichen ihrer Existenz – der Physis, der Psyche, der sozialen Funktionen – unterscheiden.)

Mlle Maupin wird 1670 oder 1673 als Tochter eines M. d'Aubigny geboren; der Vater ist Sekretär des Comte d'Armagnac, Gouverneur d'Anjou, Grand Ecuyer de France. Maupin wächst in einer Welt der Pferde und der Fechtsäle auf. Ihr Vater, so meint Letainturier-Fradin, habe ihr die Erziehung eines Knaben zuteil werden lassen. Das ist heute nicht mehr überprüfbar; überliefert ist auch nichts über ihre Familienverhältnisse oder ihre sonstige Ausbildung. Sie wird jung an einen M. Maupin verheiratet, der bald in die Provinz versetzt wird, wohin sie ihm nicht folgt. Kurz darauf brennt sie mit einem Prévôt Séranne, in den sie sich verliebt hat, durch, geht mit ihm in Männerkleidern nach Marseille. Reisen in Männerkleidern wurde von der Obrigkeit und von den angepaßten Herrschaften nicht gern gesehen, war aber auch nicht gänzlich ungewöhnlich; es machte den Frauen das Reisen bequemer und vor allem ungefährlicher. Maupin aber scheint sich in ihren Männerkleidern richtig wohlgefühlt zu haben; sie muß den Mann so überzeugend verkörpert haben, daß man ihn ihr abnahm – und das zeigt doch eine andere Affinität zu den geschlechterfremden Kleidern, als wenn sie sie aus bloßer Not und widerwillig getragen hätte. Um Geld zu verdienen, führen die beiden Ausreißer Fechtkämpfe auf und singen: Unausgebildet, wie sie sind, scheinen sie dennoch begabt genug, um Erfolg zu haben; sie werden schließlich sogar von der 1685 gegründeten Académie de la Musique von Marseille engagiert. Bald darauf aber wirft Mademoiselle Maupin alles hin und verläßt fluchtartig Marseille: Sie hat sich in eine junge Frau verliebt, deren Eltern von dem Verhältnis Wind bekommen und ihre Tochter in ein Kloster in Avignon in Sicherheit gebracht haben. Maupin folgt der Geliebten, schleicht sich als vermeintliche Novizin ins Kloster ein und entführt die Freundin des Nachts. Sie legt eine soeben verstorbene Nonne in deren Bett und zündet dann das Bett mit der Leiche darin an, um vorzutäuschen, ihre Geliebte wäre verbrannt. Im nun entstehenden Aufruhr entkommen die beiden Frauen. Aber natürlich wird bald ruchbar, was geschehen ist, und der vermeintliche Sieur Aubigné (man nimmt an, daß ein Mann sich als Nonne verkleidet ins Kloster eingeschlichen hätte) wird in absentia zum Tod verurteilt. So jedenfalls will es die Überlieferung des 19. Jahrhunderts. Niemand weiß, was aus der Geliebten wurde; Maupin jedenfalls setzt ihr Wanderleben durch Frankreich allein fort, tröstet sich mit Affären – wie Letainturier-Fradin meint, mit beiden Geschlechtern –, nimmt Schaupielunterricht und kehrt schließlich 1690 nach Paris zurück, wo sie Begnadigung erlangt und als Sängerin engagiert wird. Sie spielt gute Rollen in guten Stücken und zeichnet sich im Privatleben durch eine ungebändigte kämpferische und abenteuerlustige Natur aus. Sie muß, wenn man ihren Biographen glauben darf, immer auf der Suche nach dem Kitzel gewesen sein; außerdem ließ sie sich nichts gefallen und rächte sich für alle Gemeinheiten, indem sie die Beleidiger mit dem Florett erwartete – wehe dem, der sich feige dem Kampf verweigerte: der konnte sicher sein, daß sie den Vorfall bekannt und ihn lächerlich machen würde. Eines Tages streifte sie in Männerkleidern über einen Ball, sah und verliebte sich in eine schöne Frau, die jedoch ihre Avancen ablehnte und gleich drei Kavaliere zur Hilfe rief. Maupin schlug sich mit allen dreien auf der Straße und verletzte oder tötete sie alle. Das war natürlich gefährlich, denn das königliche Verbot von Duellen wurde nicht auf die leichte Schulter genommen. Aber wieder einmal gelingt es Maupin, unbeschadet davonzukommen: Sie schaltet Monsieur, den Bruder des Königs, als Vermittler ein, Ludwig XIV wettert öffentlich, amüsiert sich heimlich und läßt ihr ausrichten, die Gesetze gegen Duelle erwähnten nicht, daß sie auch für Damen gelten, die Ehrfragen zu regeln wünschen. Erleichtert, meint sie trotzdem, es sei besser, Paris eine Weile zu verlassen, und geht nach Brüssel. Es beginnt eine Vagabundenzeit, in der sie sich mit und ohne Theaterengagements irgendwie durchschlägt und die sie schließlich über Spanien um 1700 wieder nach Paris führt, wo sie erneut an der Opéra singt. Sie soll eine Vielzahl von Affären gehabt haben, angeblich meistens mit Männern. Das mag man glauben oder nicht. Eine solche Überlieferung ist mit Vorsicht zu genießen: die Biographen mögen eine gewisse Abneigung oder Geringschätzung für lesbische Abenteuer gehabt haben: Solche geben der Geschichte zwar eine gewisse Pikanterie, dürfen aber mit

Rücksicht auf das bürgerliche Publikum nicht überstrapaziert und damit implizit gutgeheißen werden. Letainturier-Fradin sieht sich denn auch genötigt, immer wieder von Maupins „passions perverses" zu sprechen, um seinen Standpunkt der entrüsteten Distanz wenigstens zuweilen deutlich zu markieren.

Wir wissen also nicht, wie Maupin wirklich gelebt und wen sie geliebt hat. Die letzten Jahre ihres Lebens soll sie mit einer Frau verbracht haben, um deretwillen sie sich sogar vom Theater und überhaupt aus der Öffentlichkeit zurückzog. 1707, zwei Jahre nach dem Tod der Geliebten, starb sie selbst in völliger Vergessenheit: „elle n'était donc vieille que d'aventures, de scandales et d'ennui", schreibt Emile Deschanel[6] – wobei im frühen 18. Jahrhundert eine 37jährige ja keineswegs mehr als jung galt.

Die letzten Jahre im Leben Maupins sprechen für einen „grand amour" mit jener Madame de Florensac, eine Liebe, die man nicht mehr als bloße Tändelei oder erotisches Experiment abtun kann. Jedoch existierte bekanntlich im 17. und 18. Jahrhundert noch kein Konzept von weiblicher Homosexualität, von einer Liebe zwischen Frauen, die etwas anderes sein könnte als Herzensfreundschaft.[7] Insofern wurde sie, wenn sie vorkam, kaum als solche wahrgenommen, und eigene Lebensformen gab es dafür ohnehin noch nicht. Höchstens wurden Frauen der Unzucht und der Sodomie bezichtigt, wenn sie dabei ertappt wurden, daß sie als „Ehemann" mit einer anderen Frau zusammenlebten und sexuellen Verkehr mit dieser hatten, der die Penetration mit einem Penisersatz einschloß. Die Penetration allein galt als strafbar; und die Täuschung. So ist es kein Wunder, daß wir nichts Konkretes über Maupins Leben und das ihrer Freundin zu jener Zeit wissen.

Die Geschichte der Maupin, erzählt von Deschanel oder Letainturier-Fradin, weist Ähnlichkeiten zu vielen anderen Geschichten von Frauen in Männer-kleidern auf, die Ende des 19./Anfang des 20. Jahrhunderts kursierten, sei es über den Arzt James Miranda Barry (die 1795–1865 lebte und über die jüngst ein neuer Roman aus der Feder von Patricia Duncker erschienen ist), sei es über die Abenteurerin Catalina de Erauso (1592–1650) oder die Soldatin Angélique Brulon (1771–1889). Sie sind alle nach demselben Muster gestrickt, setzen auf Sensationen und gleichzeitig auf das „Gewöhnliche". Denn natürlich wollen sie, daß ihre jeweilige Heldin auf Akzeptanz beim Publikum stößt. Letainturier-Fradin spielt darüber hinaus mit dem Klischee der „männlichen" Frau, die Frauen liebt. Er spielt das aber herunter und geht interessanterweise mit keinem Wort auf die um die Jahrhundertwende von sich reden machenden Theorien der Sexualwissenschaftler ein, von Havelock Ellis[8] und Krafft-Ebing[9] etwa. Diese klassifizieren erstmals sexuelle „Devianz" und beschreiben lesbische Frauen als grundsätzlich männlich im Aussehen und Charakter. Das eine solche Einschätzung Letainturier-Fradin nicht gefallen kann, liegt auf der Hand: sie wäre ihm zu einseitig. Seine Heldin ist ja für ihn nicht männlich, sondern grundsätzlich außerordentlich feminin, und lesbisch ist sie höchstens ganz nebenbei. Die sexualwissenschaftlichen Theorien versuchen, ein modernes Phänomen wissenschaftlich zu fassen und zu kategorisieren; Letainturier-Fradin geht es dagegen um ein älteres, ein romantisches *Bild* von Androgynie, wie es von Théophile Gautier vorgezeichnet worden war und dessen Vorläufer sich z. B. in den Renaissance-Epen finden: durchaus weibliche Frauen, die aber eine männliche Seite haben, ohne ihre Weiblichkeit zu leugnen: die Viragines. (Tassos Chlorinda sei nur als Beispiel genannt.) Letainturier-Fradin ist fasziniert von einer Vereinigung der Geschlechter, die möglichst unkörperlich sein soll; es geht ihm um eine nicht biologisch oder sexuell verstandene Idee von Androgynie als poetischem Prinzip; und es geht ihm um den rokokohaften *Reiz des Unbestimmten*, des Abenteuerlich-Chevaleresken, um das romantisch-nostalgische *Bild* einer Vergangenheit, die es so (vielleicht) nie gab. Mademoiselle Maupin, so schreibt er, „fut une exception à son sexe, une de ces erreurs de la nature qui enferme dans un même corps la grâce de la femme et l'énergie de l'homme. Sa renommée a traversé les siècles et nous arrive encore ajourd'hui entourée de l'auréole mystérieuse des héroines et des grandes amoureuses des temps chevaleresques; autour, flotte le parfum ambré de la société galante et gracieuse, mignarde et raffinée, pleine d'affectation de la fin du règne du Roi Soleil" (247f.).

Was aber ist für heutige Leserinnen der Reiz der Abenteurerin Maupin? Was macht sie überhaupt zur Abenteurerin, außer vordergründig ihre Duelle und ihre Reisen durch Europa? Es ist, wie ich oben schon sagte, ihre Ambivalenz, ihr

Abweichen von der Norm. Sie trägt in einer Zeit, in der Kleidung klar auf den sozialen Stand und auf das Geschlecht der Trägerinnen verweist, die Kleidung des anderen Geschlechts; sie liebt in einer Zeit, in der Frauen nur mit Männern Sexualität zugestanden wurde, Frauen; sie begnügt sich nicht mit der dekorativen Funktion einer erotischen Frau, die – als Schauspielerin – nicht zuletzt deshalb auf der Bühne steht, um sich anschauen zu lassen und die Männer zu reizen. Vielmehr übernimmt sie deren Rolle, einerseits indem sie sich schlägt, und andererseits, indem sie anderen Frauen aktiv den Hof macht. Sie übernimmt die aktive Rolle, oder besser gesagt: sie übernimmt Formen der Aktivität, die Männern vorbehalten waren. Das ist immer eine Gratwanderung. Maupin gelingt diese Gratwanderung, so meine ich, weil sie sich gleich mehrfach absichert. Erstens: als Schauspielerin genießt sie ohnehin eine gewisse Narrenfreiheit; von ihr wird sexuelle Freizügigkeit geradezu erwartet. Zweitens aber bleibt sie im Rahmen des Üblichen, denn sie hat neben ihren Frauengeschichten auch Männergeschichten. Dadurch bleibt sie in der heterosexuellen Gesellschaft verankert und kann als Frau, die ohnehin etwas außerhalb der bürgerlichen Norm steht, einigermaßen ungestraft auch mit Frauen ins Bett gehen. Was bedeutet das schon, hätten sich Zeitgenossen fragen können? Sexualität galt ja als eine Handlung zwischen Menschen unterschiedlichen Geschlechts, in jedem Fall mußte ein Mann involviert sein. Sexualität zwischen Frauen konnte es also per definitionem nicht geben. Und wenn sie überhaupt wahrgenommen wurde, dann eher als eine erotische Spielerei, die der Vorbereitung auf die „eigentliche" Sexualität mit Männern dienen mochte.

Indessen: Man mag die Abweichung von der Norm noch so gut absichern, sie bleibt Abweichung und als solche gefährlich. Die historische Maupin befindet sich nie im gesellschaftlichen Zentrum, sondern immer an der Peripherie. Aber auch dort bewegt sie sich zwischen allen Stühlen, zwischen allen Zuständen. Statik gibt es in ihrem Leben nicht, sondern die unablässige Bewegung. Sie kommt nie an, sondern bricht stets auf. Das macht sie für den Dichter Gautier faszinierend, der, obgleich er dem Reiz der zwielichtigen erotischen Tändelei keinesfalls abgeneigt ist, letzten Endes doch die erotische Ambivalenz vor allem als Symbol für die unendliche romantische Sehnsucht nach dem Unerreichbaren einsetzt. Christina Thürmer-Rohr hat vor vielen Jahren den Begriff der Vagabundin in die feministische Diskussion eingebracht: In einer Männergesellschaft, so konstatierte sie, könne eine Frau ihren Platz immer nur um den Preis der Aufgabe ihres Eigenen finden; das beinhalte auch immer die Affirmation der herrschenden Machtstrukturen (Mittäterschaft). Eine kritische Frau erkenne das, lehne das ab und bleibe daher in der patriarchalen Gesellschaft immer unbehaust; sie sei eine existentielle Vagabundin.[10] Nun soll der historischen Mlle Maupin kein feministisches Bewußtsein *avant la lettre* zugeschrieben werden, auch nicht der Wunsch, sich von der Männerwelt abzusetzen: Unbestreitbar aber ist, daß sie sich bei aller Konformität doch von vielen Normen ihrer Kultur absetzt und, aus welchen Gründen auch immer, einen eigenen Weg verfolgt. Die historische Mlle Maupin ist als Schauspielerin im ausgehenden 17. und beginnenden 18. Jahrhundert eine Vagabundin, die in grundsätzlicher Unsicherheit lebt und darauf angewiesen ist, die Gunst der Männer zu gewinnen und auszunutzen. Sie ist Vagabundin aber noch viel mehr als eine eigenwillige, unzähmbare Frau, die sich nicht auf eine traditionelle Frauenrolle festlegen läßt, sondern in einem lebenslangen, nicht auf die Bühne beschränkten Spiel mit Rollen und Identitäten, das nicht vor der Sexualität halt macht, alle Möglichkeiten des Lebens und des Liebens auslotet.

---

[1] *G. Letainturier-Fradin:* La Maupin (1670–1707). Sa vie, ses duels, ses aventures. Paris 1904. S. X.

[2] *Victor Turner:* Vom Ritual zum Theater. Frankfurt / Main. 1995.

[3] *Gertrud Lehnert:* Wenn Frauen Männerkleider tragen. Geschlecht und Maskerade in Literatur und Geschichte. München 1997. S. 37.

[4] *Théophile Gautier:* Mademoiselle de Maupin. Paris 1966.

[5] *Thomas Laqueur:* Auf den Leib geschrieben. Die Inszenierung der Geschlechter von der Antike bis Freud. Frankfurt / Main, New York 1992.

[6] *Emile Deschanel:* La vie des comédiens. Paris o. O. S. 259.

[7] Vgl. hierzu *Lillian Faderman:* Surpassing the Love of Men. Romantic Friendship and Love Between Women from the Renaissance to the Present. New York 1981.

[8] *Studies in the Psychology of Sex.* Vol VII: Eonism. Philadelphia 1928.

[9] *Psychopathia sexualis.* Unter besonderer Berücksichtigung der konträren Sexualempfindung. Stuttgart [2]1891.

[10] *Christina Thürmer-Rohr:* Vagabundinnen. Feministische Essays. Berlin 1987.

Horst Albert Glaser (Pisa)
Thronprätendent in Kurland
Maurice de Saxe

Man schrieb den 6. August 1727, als aus Kurland ein Brief nach Paris geschickt wurde, der mit folgenden Worten begann: „Me voilà dans mon île comme Sancho Pança, Dieu veuille que mon gouvernement dure plus longtemps que le sien. L'avantage de l'île des exilés est qu'elle n'est pas en terre ferme comme celle de Barataria, ce qui pourrait bien mener les choses jusqu'à la gelée. Mais laissons là l'île des proscrits, c'est ainsi qu'elle s'appelle à présent"[1]. Gerichtet war der Brief an die Schauspielerin Adrienne Lecouvreur, Geliebte des Briefschreibers im fernen Kurland. Es war nicht der einzige Brief, der von ihm in Frankreich eintraf. Es gab auch Adressaten in Rußland, Sachsen, Polen und anderswo. In all seinen Briefen beklagte er, daß sein „gouvernement" chimärisch sei, es infolge allzu vieler Gegner untergehe, er aber dennoch sich bemühe, dieses „gouvernement" zu erhalten und darum kämpfen werde. Der so schrieb, war der Graf Moritz von Sachsen – eines der über 300 Kinder, die der zeugungsfreudige Kurfürst von Sachsen Friedrich August außerhalb seiner Ehe in die Welt gesetzt hatte. Als Maurice de Saxe sollte der Briefschreiber später eine europäische Karriere machen – freilich nicht als Briefschreiber, sondern als einer der großen Feldherren, die das 18. Jahrhundert hervorbrachte. Doch noch war es nicht soweit, und der Graf saß auf einer „île des proscrits" fest und harrte der Feinde, die von zwei Seiten gegen ihn vorrückten, um seinem ephemeren

„gouvernement" ein Ende zu bereiten. Er stand zwar in französischen Diensten und bekleidete den Rang eines maréchal des camps, doch hatte er sich beurlauben lassen, um ein politisches Abenteuer zu wagen, das ihn höher hinauf führen sollte als jede militärische Karriere in Frankreich es konnte. Es ging darum, daß der illegitime Sohn des sächsischen Kurfürsten regierender Fürst des Herzogtums Kurland werden wollte – eines kleinen Ländchens, das zwischen Ostpreußen und Litauen lag, aber heute von der Landkarte verschwunden ist. Sucht man den See von Usmaiten, in dem die „île des proscrits" lag, von der die Briefe nach Paris an die Lecouvreur abgingen, so muß man ihn auf dem Gebiet des heutigen Lettland suchen – südwestlich von Riga. In das Abenteuer der kurländischen Thronfolge wagte sich der jugendliche Held, der zwar Jahre später große militärische Erfolge erringen sollte, aber vom politischen Spiel der Großmächte seiner Zeit nicht viel verstand. Seine Pläne gerieten denn alsbald in Widerspruch zu den Plänen, die nicht nur die Adelsrepublik Polen sondern auch das russische Zarenreich hinsichtlich Kurlands hegten. Polen wollte sich Kurland nach dem Tode des regierenden Herzogs Ferdinand einverleiben – einen Tod, den man für die nächste Zukunft erwartete, da der über siebzig Jahre alte Herrscher Kurland bereits verlassen hatte und in Danzig krank zu Bette lag. In Rußland hingegen spekulierte der Fürst Menchikov auf den Herzogstuhl im kleinen Kurland. Als Abenteurer, der vom Bäckergesellen zum Fürsten aufgestiegen war, da er vom Zaren Peter dem Großen und der diesem nachfolgenden Zarin Katharina I. protegiert wurde, konnte Menchikov nicht selbst regierender Fürst werden. Diesen Makel teilte er in gewisser Hinsicht mit dem Thronprätendenten Moritz von Sachsen, der als Bastard gleichfalls von der Thronfolge in Sachsen ausgeschlossen war. Daß der Landtag von Kurland den sächsischen Grafen im Sommer 1726 zum Nachfolger des nominell noch regierenden Herzogs Ferdinand gewählt hatte, scherte freilich weder die polnische Aristokratie noch den russischen Fürsten. Bereits im November, der auf den Juli seiner Wahl folgte, beschloß der polnische Landtag in Grodno, daß der gerade erst gewählte „duc successeur" abgesetzt sei und schrieb ihn zur Verhaftung aus. Zur Ironie des Schicksals gehörte, daß der Unwille Polens dem sächsischen Grafen vom polnischen König August I. mitgeteilt werden mußte, der in Personalunion mit dem sächsischen Kurfürsten, dem Vater von Moritz, identisch war. Dennoch erwies sich dieser Vater als ein treusorgender Vater: er ließ dem abenteuernden Sohn Tausende von Talern zukommen, damit er sich aus Kurland retten könne. Moritz aber ging es um die Würde eines regierenden Fürsten und um das Wort, das er den Kurländischen Landständen gegeben hatte, indem er diesen versprach, ihr fürsorgender Herzog werden zu wollen. Er trotzte seinem Vater und schrieb über die Aufforderung, das Land zu verlassen, erhabene Sätze – als ob es in diesem Augenblick noch um Worte und nicht schon ums Leben gegangen wäre: „Un pays, une nation, m'aurait choisi pour son chef, j'aurais promis de ne les jamais trahir, ni de les abandonner, et j'irais, par une honteuse désertion, me déshonorer aux yeux du monde entier. Et où me montrer après une telle conduite? Non, il vaut mieux que je perde les bontés du Roi, par la vertu, que si je les conservais par une lâcheté"[2].

Während der jugendliche Graf noch Ehrenfragen in seinen Briefen ventilierte, sah die militärische Situation schon düster aus. Auf seiner Insel verfügte das militärische Genie gerade über ein Dutzend Offiziere, 98 Dragoner und ungefähr hundert Mann Infanterie sowie 33 Dienstboten. Auf ihn losrückten aber ca. 8.000 russische Soldaten und – von Süden – einige hunderte polnische Dragoner, von denen die Kommission des polnischen Landtags begleitet wurde, die den „duc successeur" seines Amtes entheben sollte. Mit anderen Worten: die Lage war unhaltbar. Auch die Kurländischen Landstände, die noch im März seine Wahl vom vorigen Jahr bestätigten, kamen ihrem erwählten Herzog nicht zu Hilfe. Sie beschlossen, ihm weder Truppen, noch eine Leibwache zur Verfügung zu stellen. „Une nouvelle Diète réunie à Mittau refuse à Maurice, son duc successeur, l'institution d'un service continu, c'est-à-dire d'une armée permanente, dont l'existence serait contraire aux libertés de la Courlande, et se révèle absolument incapable de mettre sur pied un corps de troupes"[3].

Am 16. Juni tauchten die ersten russischen Truppen am See von Usmaiten auf, kommandiert vom irischen General Lascy. Man schoß jedoch nicht sogleich aufeinander, sondern schickte Boten, die ein Rendezvous zwischen dem General und dem Herrn der „île des proscrits" vermittelten. Das Treffen fand auf der Insel statt, wo der General seinen Gastgeber in höflichen Worten davon unterrichtete, daß er vom russischen Zaren den Auftrag habe, ihn von der Insel zu vertreiben und nach Petersburg zu bringen. In einem Brief an Adrienne Lecouvreur vom 31. August schilderte der Graf, wie er auf diese Aufforderung des Russen reagiert habe: „Je ne pus m'empêcher de rire de la grossièreté de cet artifice; je lui répondis que [...] j'étais en pays qui n'était pas de la domination de l'empire de Russie, et que je ne pouvais assez m'étonner qu'après avoir reçu de sa part tant d'assurances réitérées, il me vînt une pareille déclaration"[4]. Man erkennt: der Umgangston militärischer Gegner war im 18. Jahrhundert durchaus ein höflicher. Der ärgste Mißgriff im Ton war allenfalls ein unpassendes Gelächter über Forderungen der Gegner.

Am nächsten Tag sah der lachende Graf, daß es den Russen ernst war. Freilich erregte ihr Aufmarsch um den See schon wieder sein Amüsement: „Vers le midi, l'avantgarde parut. Ils me parurent assez embarrassés, car ils avaient les pieds dans l'eau, le nez dans la broussaille"[5]. In diesem Augenblick sah der Flüchtling auf der Insel, daß der ephemere Schein seines Herzogtums sich wirklich auflöste. Um unnötiges Blutvergießen zu vermeiden, befahl er seiner kleinen Truppe, sich den Russen zu ergeben und verließ in der Dunkelheit die Insel. Auf seinem Pferd durchschwamm er den See, ritt nach Windau und erreichte bald darauf den ostpreußischen Hafen Memel. Er war gerettet, doch brachte er aus den imaginären Trümmern seines kurländischen Herzogtums nur das „diplôme" mit, auf dem der Landtag von Mitau bestätigte, daß er im Juli 1726 zum „duc successeur" von Kurland gewählt worden sei. Obgleich ihm dieses Diplom des öfteren – und sogar von seinem Vater, dem polnischen König – abgefordert wurde und man ihm später – von russischer Seite – hohe Summen dafür bezahlen wollte, behielt Moritz das Diplom sein Leben lang. Bei vielen Gelegenheiten ließ er wissen, daß er „Duc successeur des États de Courlande" sei. Sogar auf seinem Grabmal in der Thomaskirche von Straßburg lesen wir: „Mauritio Saxoni, Curlandiae et Semigalliae duci, Summo regiorum exercituum praefecto, semper victori, Ludovicus XV, victoriarum auctor et ipse dux, poni iussit".

Man könnte meinen, daß der Rang eines Generalfeldmarschalls von Frankreich, zu dem Moritz später aufsteig, mehr wog als der Herzogstitel von einem Ländchen namens Kurland, das zudem noch unter der Lehnshoheit Polens stand. Doch selbst als oberster kommandierender General der französischen Armee unterstand Maurice de Saxe dem Befehl des französischen Königs. Und darum ging es: Maurice wollte wie sein Vater – und sein legitimer Bruder – regierender Fürst werden und sei es in einem noch so kleinen Land. Denn nur ein regierender Fürst hatten keinen andren über sich, der ihm Befehle erteilen konnte. Insofern wog die Mondscheinkrone von Kurland für Maurice schwerer als der Marschallstab von Frankreich – auch wenn er in Kurland über keine Soldaten verfügte, jedoch in Frankreich Armeen kommandieren konnte.

Alles hatte für Moritz so verheißungsvoll begonnen. 1726 verständigte sich der polnische König mit der russischen Zarin über die Thronnachfolge in Kurland. In Moritz' eigenem „Mémoire historique sur les Courlandais" lesen wir, daß der König von Polen den Russen Personalvorschläge machen sollte. Was lag näher, als daß dem König sein illegitimer Sohn Moritz in den Sinn kam, dem der kleine Herzogstuhl im kümmerlichen Kurland gut zu passen schien? Außerdem gab es in Kurland eine junge, einflußreiche Witwe, die, wenn Moritz sie heiraten würde, seine Ansprüche auf die Herzogswürde unterstützen könnte. Diese Witwe, Anna Iwanowna geheißen, war die Witwe eines früheren Herzogs von Kurland, der 1711 starb, als sie gerade 18 Jahre alt war. Nun waren zwar einige Jahre ins Land gegangen, und Anna Iwanowna war bereits 33 geworden und damit drei Jahre älter als Moritz, als die polnisch-russischen Heiratspläne aktuell wurden. Es hatte sich freilich in der europäischen Aristokratie schon herumgesprochen, daß man mit Annas Hand zugleich einen Herzogstuhl erlangen könne. „Sie hatte daher fast so viele Bewerber als weiland Penelope", schrieb 1863 Karl von Weber in der ersten zuverlässigen Biographie des Grafen Moritz.[6] Doch schien der junge, lebhafte und in der Damenwelt geschätzte Moritz der Kurländischen Witwe vor allen andern Bewerbern zu gefallen. Es wird von ihr der Satz überliefert: „Ou je recevrai un mari des mains du roi Auguste, ou bien je ne me marierai jamais"[7]. Es wurde vereinbart, daß Moritz nach Mitau und später nach Petersburg reisen solle, um sowohl seine Bewerbung um den Herzogstuhl als auch um die Hand Anna Ivanovnas abzusichern. Die Reise nach Petersburg empfahl sich insofern, als Anna die Nichte des Zaren

Peters des Großen war, und Moritz annehmen durfte, daß, wenn er sie heirate, seiner Bewerbung um die Herzogswürde von Kurland keine großen Widerstände von Seiten der Zarin entgegengesetzt würden. Doch so gut sich das politische als auch das Heiratsprojekt anzulassen schien – es tauchten alsbald Schwierigkeiten gewichtigster Art auf. Der sächsische Kurfürst, der die Absichten seines Sohnes diplomatisch unterstützte, geriet als polnischer König unter den Druck fast aller Fraktionen der polnischen Aristokratie. Ihnen lag nicht an einem neuen, dazu noch protestantischen Herzog in Kurland, sondern sie zielten darauf ab, daß Kurland nach dem Tod des kranken Herzogs Ferdinand an Polen als erledigtes Lehen zurückfallen werde, damit es in einzelne Palatinate aufgeteilt werden könne, deren Stücke sich die polnische Aristokratie bemächtigen wollte. Der Druck auf August II. wurde so stark, daß der König, dessen polnischer Thron ohnedies schwankte, sich entschloß, seinem Sohn die Reise nach Mitau zur Herzoginwitwe und nach Petersburg zur russischen Zarin zu untersagen. Doch der Sohn verweigerte dem Vater den Gehorsam und erklärte dem Minister Graf von Manteuffel, den der König geschickt hatte: „Ce sera un bon coureur, celui que me rattrapera" und verschwand, wie der Generalmajor von Glasenapp später berichtete, im Galopp „avec sa bande de flibustiers".[8]

Bei diesen „flibustiers" handelte es sich um eine Escorte kurländischer Edelleute, die der Groß-Feldherr von Litauen, der Graf von Pociey, dem sächsischen Thronprätendenten mitgegeben hatte. Angekommen in Mitau veranstaltete die Witwe für den jungen Grafen ein prunkvolles Bankett. Er mußte ihr gefallen haben, der ein „tempérament orgiaque à l'excès" nachgesagt wird.[9]

Mit dem Widerstand von polnischer Seite hoffte der stürmische Graf wohl fertig zu werden – nicht zuletzt durch diskrete Hilfe des Vaters, der als polnischer König sich ihm formell in den Weg stellen mußte. Von russischer Seite erwartete er sich eher Beistand gegen polnische Pressionen, als daß er befürchtete, der Hof von Petersburg werde seiner Wahl zum „duc successeur" Steine in den Weg legen. Um so überraschter war er, als fünf Tage nach seiner Wahl zum Thronfolger Fürst Menchikov mit einer „nombreuse escorte" in Mitau erschien. Er verkündete sogleich, daß etwas entfernter noch 12.000 Soldaten bereitstünden, um den russischen Interessen in der kurländischen Sache

Nachdruck zu verleihen und Moritz selbst nach Sibirien zu verfrachten. Er verlangte von den Landständen, daß sie die Wahl des sächsischen Grafen widerriefen und statt seiner ihn selbst, das meinte: den Fürsten Menchikov, zum „duc successeur" wählten. Alternativ könnten sie freilich auch den Landgrafen von Hessen-Kassel oder den Herzog Adolf-Friedrich von Holstein-Glücksburg wählen. Die Forderungen wurden von den Kurländern abgelehnt, und Bestechungsgelder, die Menchikov unter den Landständen hatte verteilen lassen, wurden nach Petersburg zurückgeschickt. Es war nicht zu übersehen, daß Menchikov eigene Interessen verfolgte, als er im Namen der Zarin in Kurland auftrat. Daß dem so war, sollte sich erweisen, als der polnische König bei der Zarin gegen den russischen Auftritt in einem Land protestierte, das unter der Oberherrschaft Polens stand. Außerdem reiste die Herzoginwitwe nach Petersburg, um sich dort über Menchikovs Pressionen zu beschweren und für Moritz ein Wort einzulegen. Für Moritz wird auch Elisabeth Petrovna sich engagiert haben, die sechzehn Jahre alte Tochter der Zarin, die sich ihrerseits Hoffnungen gemacht haben dürfte, den vielumschwärmten deutschen Grafen zu heiraten. Dergleichen Heiratspläne wurden insbesondere vom sächsischen Gesandten Lefort am Zarenhof intrigiert, der in Elisabeth eine Partie sah, die noch günstiger war als diejenige der dicken Anna, die im Herzogspalast von Mitau residierte. Die Demarchen führten dazu, daß Menchikov von der Zarin aus Kurland zurückgerufen wurde, um in Petersburg für einige Zeit im Gefängnis zu landen. Man muß Bois beipflichten, wenn er sagt: En réalité, une diplomatie désordonnée, sans véritables perspectives"[10].

Kurzum, vor einer russischen Intervention retteten Moritz drei Frauen: die Zarin Katharina I., die sich dem polnischen König verpflichtet fühlte, sowie deren Nichte Anna Iwanovna und die Tochter Elisabeth Petrovna, die beide sich einen künftigen Bräutigam zu erhalten gedachten. Es bestand also nur eine Gefahr von polnischer Seite, die ihn für abgesetzt erklärt und auf seinen Kopf einen Preis ausgesetzt hatte. Am 15. November 1726 schrieb der entthronte Thronfolger an seinen Schwager, den Grafen von Friesen, in Dresden: „Eh bien! Mon cher comte, me voilà proscit, ma tête mise à prix! Dieu me fasse miséricorde si je suis pris! Je crois que l'on ne me fera non plus de quartier qu'à un loup... [...] On veut donc que je prenne les armes? Soit! Je les prends"[11].

Doch von Waffen und von Soldaten konnte keine Rede sein. Die Landstände konzedierten ihrem gerade gewählten Herzog keine Truppen und Moritz verfügte über zu wenig Mittel, um sie selbst zu bezahlen. So vergingen in Mitau triste Monate, die Moritz mit dem Schreiben von Bittbriefen verbrachte, wenn er nicht tagelang im Bett lag, um sich in den *Don Quijote* des Cervantes zu vertiefen. Das phantastische Rittertum dieses verarmten spanischen Granden muß ihm wie ein Bild seiner eigenen, deplorablen Situation erschienen sein. Reisen nach Sachsen und Frankreich, von denen er sich Sukkurs gegen die Kommission des polnischen Landtags erhoffte, die im Anmarsch war, zeitigten kein Ergebnis. Sein Halbbruder, der in Dresden den kranken Kurfürsten vertrat, verweigerte eine Hilfe, da sie den polnischen Adel aufgebracht hätte. Der Kardinal de Fleury in Paris dachte nicht daran, sich eines Deutschen wegen mit Polen und Rußland gleichzeitig anzulegen. Der Halbbruder hatte Moritz schon im Mai geschrieben, als dieser gegen den Willen des Kurfürsten sich in das kurländische Abenteuer gestürzt hatte: „Pour moi, je suis toujours du sentiment conforme au vôtre, qu'une belle mort est préférable à une honteuse vie. Je donne à penser si vous sauriez rencontrer une belle mort par une pareille entreprise, dont on vous accuse d'avoir eu l'idée"[12].

Nun, um Leben und Tod sollte es in Kurland nicht gehen, wenngleich im Januar 1727 sich Moritz' Chancen, den Thron von Kurland zu erhalten, in Luft aufzulösen begannen. Es starb in diesem Monat die Zarin Katharina, die ihn insgeheim protegiert hatte, und es tauchte von neuem der Fürst Menchikov auf, der für einige Monate Rußland seiner Gewaltherrschaft unterwarf, bevor er selbst und für immer nach Sibirien verbannt wurde. Nun konnten Moritz auch nicht mehr die vielen Frauen helfen, die sich in mehreren Ländern für seine herzoglichen Ambitionen begeistert und diese mit Subventionen unterstützt hatten. Weber gibt uns eine Liste seiner Verehrerinnen und der Summen, die sie an ihn wendeten: „In Paris war es die schöne Adrienne Lecouvreur, die berühmte Schauspielerin. [...] Sie brachte ihm [...] sogar ihre Pretiosen zum Opfer, um ihm deren Ertrag, 40.000 Livres, zuzusenden. In Quedlinburg sammelte seine Mutter die wenigen Trümmer ihres Vermögens zur Unterstützung des Sohnes, dessen gefahrvolle Unternehmen sie mit größter Besorgnis erfüllte. [...] In Warschau werden uns als seine Parteigängerinnen vorzugsweise genannt, die schon erwähnte schöne Gräfin Pociey und die Marschallin Bielinska (wahrscheinlich die Halbschwester Moritz's, Gräfin Rutowska, welche an den Grafen Bielinski verheiratet war): von der letzteren schrieb der Generalmajor von Glasenapp: »elle a prêté sa vaiselle d'argent et même la personne de M. d'Astel pour y prendre un peu garde à M. le Cte de Saxe«. Auch wurden aus schönen Händen 2.500 Dukaten in Moritz's, deren sehr bedürftige, Börse nachgesendet. In Curland hatte er die Herzogin Anna und in Petersburg die schöne Elisabeth zu Vertreterinnen. Lefort hatte daher ganz recht, wenn er schrieb, daß Moritz's Gegnern »une guerre de quenouilles« drohe"[13].

Nun, mit Spinnrocken und einigen tausend Talern und Dukaten war gegen die 8.000 Soldaten nichts auszurichten, die Menchikov, diesmal mit größerer Macht ausgestattet, gegen den schönen Grafen anrücken ließ. Helfen können hätte allein noch eine energische Intervention von Anna Iwanovna oder Elisabeth Petrovna. Doch von beiden vernehmen wir nichts mehr. Die Neigung der dicken und lasziven Herzoginwitwe hatte Moritz sich wohl verscherzt, als er dabei ertappt wurde, wie er sie im Mitauer Palast mit einem ihrer Hoffräuleins betrog. Und Elisabeth: sie war wohl verschnupft, daß Moritz niemals geruhte, in Petersburg zu erscheinen. Mehrmals von ihr aufgefordert, sich in Person zu präsentieren, wenn aus der vom sächsischen Gesandten betriebenen Heirat etwas werden solle, kam er nicht. Wir wissen nicht genau, warum. Einerseits trafen aus Petersburg widersprechende Nachrichten ein, andererseits verweigerte der sächsische Hof eine finanzielle Etablierung Moritzens, damit er standesgemäß in Petersburg hätte auftreten können. Letzte Vermutung: Moritz dachte wohl insgeheim daran, seine große Liebe, Adrienne Lecouvreur, zur Herzogin von Kurland zu machen, wenn er selbst es dort zum Herzog gebracht hätte. Aus all dem wurde nichts. Hätte er sich freilich, der lange zwischen Anna Iwanovna und Elisabeth Petrovna schwankte, doch für eine, gleich welche entschieden, so hätte er damit einen Thron errungen, der an Bedeutung nicht mit dem Herzogsstuhl von Kurland zu vergleichen war: den russischen Zarenthron! Denn beide Frauen spielten das Schicksal und die Intrigen am Zarenhof auf den Thron: zuerst Anna Iwanovna, die von 1730 bis 1740 regierte und dann Elisabeth Petrovna, die 1741 durch einen 'coup d'état' an die Macht gelangte. Maurice de Saxe als russischer Zar – wäre die Geschichte Europas mit ihm nicht anders verlaufen, als sie im Gefolge zweier Mänaden in Rußland verlief?

*

Fünfzehn Jahre später kam es wirklich zu einer Begegnung Moritzens mit der gerade zur Zarin aufgestiegenen Elisabeth Petrowna. Als Heerführer Frankreichs, der eben Prag erobert hatte, stand Moritz auf dem Gipfel seines militärischen Ruhms. Nach Rußland lockte ihn die alte Hoffnung, Herzog von Kurland zu werden, das wieder einmal einen neuen Herrscher benötigte. Moritz wurde in Moskau als europäische Berühmtheit empfangen, Fest reihte sich an Fest, auf denen die Zarin einmal in Männerkleidung und ein andermal im Reitkostüm auftrat. Sie erwies dem Marschall von Frankreich alle erdenklichen Ehren, doch in der Kurland-Sache ließ ihn ihr Großkanzler Bestucheff abblitzen. Als Moritz am 4. Juli 1742 Moskau wieder verließ, um auf den europäischen Kriegsschauplatz zurückzukehren, – Voltaire widmete seinen Siegen dort wenig später in dem „Poème de Fontenoy" enthusiastische Sätze – war er vom Charme, der Schönheit und der Ausgelassenheit der Zarin berückt. Aus Paris schrieb er ihr, die er einst in Petersburg nicht sehen wollte, wie sie ihm in Moskau erschien: „Je vous ai cependant vu une robe de moire blanche que je m'avise de louer, n'osant louer la personne. C'était après la cavalcade au Kremlin, à un certain souper. Dieu, que vous étiez charmante! Je vous pendrais bien dans ce moment encore, tant j'en ai été frappé. Que dis-je? Ce ne sera qu'en cessant de vivre que votre image s'effacera de ma mémoire"[14].

Er sah ein, daß es für jede Hoffnung wieder einmal zu spät war. Der in vielen Schlachten siegte, war in politischen Angelegenheiten abhängig stets von Frauen – Frauen, die er vor den Kopf stieß, als sie ihm hätten einen Herzogstuhl verschaffen können. Doch vielleicht wollte er – als Soldat – den Stuhl mit eigener Kraft erobern und ihn nicht aus schwachen, wenngleich geschickten

Frauenhänden entgegennehmen. Es half ihm in der Kurland-Sache auch nicht weiter, daß Voltaire ihn nach der Schlacht von Fontenoy (1745) mit dem Kriegsgott Mars selbst verglich. Daß er dort, als Schwerkranker, fast als Halbtoter, die französischen Truppen zu einem Sieg über die zahlenmäßig überlegenen Engländer führte, verschaffte ihm in Voltaires *Poème de Fontenoy* für immer einen Platz unter Frankreichs Helden: „C'est là le fier Saxon qu'on croit né parmi nous, / Maurice, qui, touchant à l'infernale rive, / Rappelle pour son roi son âme fugitive, / Et qui demande à Mars, dont il a la valeur, / De vivre encore un jour et de mourir vainqueur".

---

[1] Zit. nach *Marquis d'Argenson:* Adrienne Lecouvreur et Maurice de Saxe. Leurs lettres d'amour. Paris 1926. S. 259.

[2] Zit nach *Marquis d'Argenson:* Deux prétendants au XVIIIe siècle. Maurice de Saxe et le Prince Charles-Édouard. D'après des documents inédits. Paris 1928. S. 43.

[3] *Jean-Pierre Bois:* Maurice de Saxe. Paris 1992. S. 163.

[4] *d'Argenson:* Adrienne Lecouvreur et Maurice de Saxe. S. 46.

[5] *d'Argenson:* Adrienne Lecouvreur et Maurice de Saxe. S. 47.

[6] *Karl von Weber:* Moritz Graf von Sachsen. Marschall von Frankreich. Nach archivalischen Quellen. Leipzig 1863. S. 86.

[7] *d'Argenson:* Adrienne Lecouvreur et Maurice de Saxe. S. 211.

[8] *von Weber:* Moritz Graf von Sachsen. S. 96.

[9] *Bois:* Maurice de Saxe. S. 151.

[10] *Bois:* Maurice de Saxe. S. 158.

[11] *d'Argenson:* Adrienne Lecouvreur et Maurice de Saxe. S. 217.

[12] *d'Argenson:* Deux prétendants au XVIIIe siècle. S. 25.

[13] *von Weber:* Moritz Graf von Sachsen. S. 102.

[14] *d'Argenson:* Deux prétendants au XVIIIe siècle. S. 110.

Joseph Gomsu (Yaoundé, Kamerun)
Auf der Suche nach dem Neuen Cythera
Georg Forster

Forster wurde am 26. November 1754 als erster Sohn des Predigers Johann Reinhold Forster im damals polnischen Dorf Nassenhuben bei Danzig geboren. Schon mit elf Jahren machte er seine ersten Reiseerfahrungen: er begleitete als Gehilfe seinen Vater auf einer Rußland-Reise, die beide von St. Petersburg über Moskau zu den neuangelegten deutschen Kolonien an der Wolga führte. Nachdem der Vater durch die russischen Behörden um die erhoffte Belohnung seiner Arbeit gebracht wurde, übersiedelte er nach England, dem Land seiner Vorfahren. Georg Forster liest in der Jugend viel, vor allen Dingen Reiseberichte. Zeitlebens hat Forster viel davon übersetzt und rezensiert. Zu seinen ersten Übersetzungsarbeiten gehört der Reisebericht des Franzosen Louis Antoine de Bougainville über seine in den Jahren 1766-1769 unternommene Weltumseglung, die ihn auch auf die Südsee-Inseln führte. Diesen Text hat Forster 1771/72 kurz vor seiner Reise um die Welt ins Englische übertragen. Mit 18 Jahren schiffte sich Forster ein als Mitarbeiter seines Vaters, der zum wissenschaftlichen Stab von James Cook auf seiner zweiten Weltreise gehörte.

Seit dem Entdeckungszeitalter hat eine bis heute fortdauernde Sexualisierung der Südsee-Inseln stattgefunden. Dabei spielt Antoine de Bougainville keine geringe Rolle. Aufgrund seiner Übersetzungsarbeit am Reisebericht des Franzosen sind Forster die Südsee-Inseln, allen voran Tahiti, als 'Neues

Cythera', das heißt als sexuelles Paradies, ein Begriff. Die Vorstellung von Südsee-Insulanerinnen hat die sexuelle Phantasie europäischer Reisender generell angeregt.

In der Vorrede zu seinem Reisebericht bekundet Forster seine Absicht, „Ideen zu verbinden", ohne dass er von seinen „Schwachheiten" absähe, die mit seinem Herzen, d.h. mit seinen Empfindungen zusammenhängen. Das, was er gesehen habe, habe er durch ein persönlich „gefärbtes Glas" wahrgenommen.[1] Er habe sich bemüht, allen Völkern, denen er begegnet sei, mit seinem Urteil gerecht zu werden. Sein Lob oder sein Tadel seien von „National-Vorurteilen" unabhängig. Ob es Forster gelungen ist, dieser programmatischen Überlegung in seinem Bild der Südsee-Insulanerinnen und der Frauen überhaupt gerecht zu werden, werde ich zu zeigen versuchen. Dabei scheint die Frage wichtig, wie er die Südsee-Insulanerinnen wahrgenommen und dargestellt, wie er die sexuellen Beziehungen zwischen diesen und den europäischen Matrosen und deren Folgen (Geschlechtskrankheiten) beurteilt, und schließlich wie er selbst zu diesen in Beziehungen gestanden hat. Forsters Betrachtungen über die Frauen der Südsee werden durch Hinweise auf seine späteren persönlichen Erfahrungen mit Frauen ergänzt.

Der Aufenthalt auf den Südsee-Inseln bot Forster und seinen Mitreisenden die Möglichkeit, sich von den Strapazen und Entbehrungen der Reise zu erholen. Davon profitierend, konnte er die Inselwelt und die Einwohner genauer beobachten. Von Insel zu Insel ist das Erscheinungsbild der Frauen unterschiedlich. Forsters Wahrnehmung und Darstellung der Südsee-Insulanerinnen möchte ich vorwiegend in bezug auf seine Aufenthalte auf den Sozietätsinseln, von denen Tahiti die berühmteste ist, und auf Neuseeland schildern. Das Bild, das von Insulanerinnen entworfen wird, ändert sich zwar von Insel zu Insel, scheint sich aber an zwei Grundschemata zu orientieren: Schönheit und Häßlichkeit sind die Pole, zwischen denen Forsters Beschreibung sich bewegt. Ein Schema, das der geographischen Lage zu entsprechen scheint. Polynesierinnen werden insgesamt als schön beschrieben, während das Gegenteil für Melanesierinnen (Neuseeländerinnen) gilt.

Die Kenntnis früherer Reiseberichte über diese Region scheint Forsters Beschreibung der Frauen zugrunde zu liegen. Bei der ersten Beschreibung von Frauen auf Neuseeland kann Forster eine gewisse Überraschung nicht verbergen, dort nicht nur häßliche Frauen zu Gesicht zu bekommen. Offenbar erwartete er dort keine besonderen Schönheiten und stellte deshalb erstaunt fest, die angetroffenen Neuseeländerinnen sähen nicht so schlecht aus: „die eine von den beyden Frauenspersonen [...] sahe gar nicht so unangenehm aus als man in Neu-Seeland wohl hätte vermuthen sollen, die andre hingegen war ausnehmend häßlich [...]" (148). Obwohl er ihren Oberkörper wohlgestaltet findet, beschreibt er sie allgemein als krummbeinig.

Forster hält die Polynesierinnen allgemein für schön und bezaubernd; die Frauen aus „angesehenen Familien" (266) jedoch für schöner als die aus der niedrigen Schicht, was er durch die Privilegien erklärt. Zwei junge Frauen aus vornehmen Familien auf Tahiti beschreibt Forster als von „graziöser Figur" und von „ungemein schönem und zartem Bau" (246). Während eines seiner Botanisierungszüge auf Tahiti wird er (mit seinen Begleitern) von einem Insulaner gastfreundlich aufgenommen. Dessen Tochter, so Forster, übertreffe an Schönheit fast alle bisher angetroffenen Tahitianerinnen. „Seine Tochter übertraf an zierlicher Bildung, heller Farbe und angenehmen Gesichtszügen, fast alle Tahitischen Schönheiten, die wir bisher gesehen, und sie sowohl als andere ihrer Gespielen ließen es gewiß an nichts fehlen, sich beliebt zu machen" (319). Forsters Schönheitskriterien sind europäisch; je heller die Haut, umso entschiedener seine Bewunderung und die der Mitreisenden für die Insulanerinnen. Aufgrund ihrer Anmut werden sie einmal sogar mit griechischen Statuen verglichen.

Die wertenden Kategorien des Schönen und des Häßlichen leitet Forster von Elementen her, die er als Ethnograph objektiv zu Gesicht bekommt. Obwohl er manchmal apodiktisch bewertet, gibt er auch zu bedenken, daß seine Werturteile angezweifelt werden können. So relativiert er in diesem Zusammenhang das Tätowieren, eine Mode der Insulaner beiderlei Geschlecht, die er zwar als verunstaltend empfindet – es handle sich um eine Art, sich „häßlich zu verschönern" (381) –, die er jedoch auf sich beruhen läßt, denn sie sei ein augenscheinlicher Beweis dafür, „wie verschieden die Menschen, in Ansehung des äußerlichen Schmuckes denken und wie einmütig sie gleichwohl alle darauf gefallen sind, ihre persönlichen Vollkommenheiten auf eine oder die andre Weise zu erhöhen" (243). Ein sehr aktueller Gedanke: Unterschiede führen zu einem allgemeinmenschlichen Grundmoment. Forster liefert dem Leser Details über Haartracht, Bekleidung, Schmuck, die als ethnographische Merkmale der Südseeinsulaner zu gelten haben. Es liegt ihm sehr daran, ein möglichst realitätsgetreues Bild zu vermitteln.[2]

Forsters Buch ist voller Episoden, in denen er von Kontakten zwischen Insulanerinnen und Matrosen erzählt, wobei Schönheit oder Häßlichkeit keine Rolle mehr spielt. Im allgemeinen waren europäische Reisende auf das Wohlwollen der Einheimischen angewiesen, nicht nur was die Verproviantierung anbelangt. Frauen hatten sie keine an Bord. Deshalb waren sie auch in dieser Hinsicht vom Wohlwollen der Insulanerinnen abhängig; sexuelle Bedürfnisse wollten befriedigt werden. Überall dort, wo das Schiff anlegte, wurde es von den Einheimischen belagert, und es erschienen Frauen, welche die Matrosen durch ihr Lächeln oder ihren nackten Oberkörper bezauberten, oder die den Matrosen von männlichen Verwandten angeboten wurden.[3] Bei jedem Aufenthalt registriert Forster Annäherungsversuche auf beiden Seiten. Nymphen, die splitternackt im Wasser schwimmen, sind leicht zu überreden, an Bord zu kommen, um sich mit den Matrosen zu vergnügen. Diese freizügige Verhaltensweise junger Insulanerinnen korrespondiert mit dem Wunsch der Matrosen nach lang ersehnter sexueller Befriedigung. Bei dem ersten Aufenthalt in Charlotten-Sund (Neuseeland) beobachtet Forster, wie eifrig die Matrosen hinter den Frauen her sind, und wie wohlwollend ihre Anträge aufgenommen werden (206).[4]

Beim ersten Aufenthalt auf Tahiti erzählt Forster, wie „verschiedene Fraunspersonen" sich „ohne Schwierigkeiten den Wünschen unsrer Matrosen" überlassen (250). Er erzählt mit Schadenfreude von einer Liebschaft zwischen einer vornehmen jungen Insulanerin und einem Offizier, die aber nicht zum Schluß gekommen sei. An Bord ist der Vornehme O-Tai gekommen, begleitet von seiner Frau und seinen beiden hübschen Schwestern Maroya und Marorai.

Letztere, besonders hübsch und zart, bezaubert alle Männer mit ihrem Lächeln. So auch einen Offizier. Bei der Kajütenbesichtigung findet sie Gefallen an den Bettüchern und will sie als Geschenk. Hierfür verlangt der Offizier jedoch als Gegenleistung eine besondere Gunstbezeugung, der die junge Frau – um ihr Ziel zu erreichen – nach einigem Widerstreben zustimmt. Schadenfroh erzählt Forster, wie der Offizier seinen Triumph feiern will, es aber nicht zur geplanten Aktion kommt: denn „zur ungelegensten Zeit der Welt", so Forster, stoße das Schiff gegen einen Felsen und die ganzen Mannschaft muß aufs Verdeck. Die hübsche Insulanerin profitiert von diesem Zwischenfall und entwendet die Bettücher. Einige Tage später, bei einem Streifzug durch die Inseln, gelangt der genannte Offizier, dem die Bettücher gehörten, zum Haus von O-Tai und trifft wieder auf Marorai. Durch neue Geschenke versucht er sie zu gewinnen. Sie nimmt alles sehr freundlich an, bleibt aber auch bei den feurigsten Wünschen ihres Verehrers unerbittlich. Wegen der Bettücher hätte sie ihn noch erhört, nun aber hatte sie die schon. Sich auf Erfahrungen aus Kapitän Cooks voriger Reise berufend und aus eigener Erfahrung schlußfolgert Forster, daß Frauen von höherem Stand sich nur selten mit Matrosen einlassen, wenn überhaupt.

Das alles beobachtet Forster sehr mißbilligend: sein Anstandsgefühl wird durch das als sittenwidrig empfundene Verhalten von Matrosen und Insulanerinnen verletzt. Er kritisiert, ohne sie jedoch zu verurteilen, die ausschweifende Lebensart auf den Inseln. Es sei halt eine befremdende Lebensart, die anders als in Europa auf „Einfalt der Erziehung und Tracht" (307) basiere. Forster sieht das freizügige Sexualverhalten der Insulanerinnen sehr differenziert: verheiratete Frauen lassen sich nicht mit Matrosen ein; Frauen aus der vornehmen Schicht auch nicht. Schließlich nimmt er die ausschweifenden Insulanerinnen, die er „Buhlerinnen", „liederliches Gesindel", „Dirnen" und „Huren" nennt, in Schutz, wenn er sie mit den „gesitteten Huren in Europa" (307) vergleicht.

Auch das Verhalten der Matrosen wird in dieser Hinsicht kritisiert. Sie erfreuen sich bei Forster, der die allgemeine Meinung zu vertreten scheint, keines guten Rufes. Die Verführungskünste der Tahitianerinnen, so Forster, blenden *„das bischen Vernunft*, das ein Matrose zu Beherrschung der

Leidenschaften etwa noch übrig haben mag" (251, Hervorhebung J.G.). Eine gewisse Geringschätzung ist nicht zu übersehen. Wie in der einheimischen Gesellschaft, so unterscheidet Forster auch in der Mannschaft gemeine und vornehme Leute. Die Ausschweifung scheint sich auf die einfachen Matrosen zu beschränken. Bis auf den oben geschilderten Fall (eines Offiziers mit der vornehmen jungen Marorai) lassen sich Offiziere und Mitglieder des wissenschaftlichen Stabs mit Frauen nicht ein. Von den im allgemeinen von den Vertretern der europäischen Zivilisation den Völkern der Südsee zugefügten Schäden sprechend, bedauert Forster, daß diese sich nicht vor der Liederlichkeit gefürchtet hätten, „welche den See-Leuten und mit Recht zur Last gelegt wird" (208). An anderer Stelle heißt es, die Matrosen hätten einen „natürlichen Hang zur groben Sinnlichkeit" (363).[5]

Die Nächte „im Dienst Cytherens" haben ihre Nachwehen in Form von Geschlechtkrankheiten, die im 18. Jahrhundert noch sehr gefährlich waren. Die Frage nach deren Ursprung auf den Südseeinseln diskutiert Forster an verschiedenen Stellen seines Buches. Bei der Wiedervereinigung der „Resolution" (Cook) mit der „Adventure" berichtet Kapitän Furneaux, daß bis auf zwei Matrosen, die sich in Neuseeland mit Geschlechtskrankheiten angesteckt hätten, alle an Bord wohl seien. Angesichts der schrecklichen Folgen dieses Übels denkt Forster darüber nach, ob und bei welcher Gelegenheit die Neuseeländer mit dieser Krankheit von Europäern infiziert worden sein könnten. Forster rekapituliert die Entdeckungsgeschichte, was Neuseeland betrifft. Seit dem 17. Jahrhundert verkehren Holländer, Engländer und Franzosen mit den Einheimischen. Forster analysiert die Umstände ihrer verschiedenen Aufenthalte. Obwohl er nicht hundertprozentig ausschließen kann, daß sie diese Krankheiten mitgebracht haben, kommt er vorläufig zum Schluß, daß „die venerischen Krankheiten in Neu-Seeland zu Hause" und „nicht von Europäern" hereingebracht worden seien (229). Falls allem Anschein zum Trotz sie von Europäern doch gebracht worden seien, so wäre das eine Schandtat mehr auf der Rechnung jener 'gesitteteren' europäischen Nationen.

Nach dem Aufenthalt auf Tahiti und als Kapitän Cook und seine Mannschaft nach den Sozietäts-Inseln segeln, spüren Matrosen die Folgen ihres freizügigen

Umgangs mit den tahitianischen Mädchen. Für Forster ist das eine Gelegenheit, noch einmal auf die Herkunft der venerischen Krankheiten zurückzukommen. Entgegen der These Bougainvilles, der daran zweifelt, daß venerische Krankheiten schon vor seiner Ankunft auf Tahiti vorhanden gewesen seien, wiederholt Forster seine Hypothese einer lokalen Existenz dieser Krankheiten. „Man hat darüber gestritten, ob dies Übel durch französische oder durch englische Seefahrer nach Tahiti gebracht worden sey? Ohne daran zu denken, daß zum Vortheil beyder streitender Partheyen noch ein dritter Fall auf der Insel möglich sey. Warum sollte man nicht annehmen dürfen, daß diese Krankheit bereits auf der Insel vorhanden war, ehe noch irgend ein Europäer dahin kam?" (333) Eine relativierend formulierte Hypothese. Forster analysiert Fakten, stellt Hypothesen auf und zieht Schlüsse, die er aber wieder in Frage stellt. Die Frage, ob Geschlechtskrankheiten von Europäern auf die Südseeinseln gebracht worden seien oder nicht, wird nicht eindeutig und endgültig beantwortet.

Insulanerinnen bereiten den Schiffmannschaften nicht nur erotisches Vergnügen, sondern auch einen ästhetischen Genuß. Auf den verschiedenen Inseln werden Forster und seinen Mitreisenden tänzerische Schauspiele dargeboten. Der „dramatische Tanz" heißt Hiwa (355) und stellt eine theatralische Aufführung dar. Forster führt Schauplatz, Musikinstrumente, Musiker und Zuschauer vor. Sodann beschreibt er detailliert die Tänzerinnen und deren Kostüme. Die letzteren unterscheiden sich deutlich von den Alltagskleidern. Die Tänzerinnen tragen eng gebundene Tücher als Oberteil und lange weite Röcke. Dazu kommen geflochtene künstliche Haare und ein Turban. Der Tanz an sich ist sehr graziös, nur verziehen dabei die Frauen dermaßen die Mundwinkel, daß es der europäischen Vorstellung von Ästhetik nicht entspricht. Die Tänzerinnen sind nicht nur schön, sie erscheinen darüber hinaus als begehrlich und erotisch. Zu wiederholten Malen genießt Forster diesen Tanz, und einmal darf er sogar einen Blick hinter die Kulissen werfen, um zu sehen, wie die Tänzerinnen sich ankleiden.

Forster stellt das freizügige Verhältnis zwischen Matrosen und Insulanerinnen dar. Hat er selber ein Verhältnis mit einer Insulanerin gehabt? Nachdem er sich mit der Frage auseinandergesetzt hat, ob Geschlechtskrankheiten von Europäern nach Neuseeland eingeschleppt worden seien oder nicht, bemitleidet er die armen Neuseeländer, unter denen „selbst die Liebe, der süßesten und glückseligsten Empfindungen Quelle", zur schrecklichsten Geißel des Lebens werden müsse (230). Man darf wohl fragen: was wußte der 18jährige zu Beginn der Weltreise von der Liebe als einer Quelle der süßesten und glückseligsten Empfindungen? War er nur Beobachter der Freizügigkeit von Matrosen und Insulanerinnen oder war er auch manchmal Akteur. Anmerken muß man hier, daß der Reisebericht erscheint, als er über 23 war, und das meint, daß er vielleicht erst nach der Reise Erfahrungen in der Hinsicht hat sammeln können. Ich möchte herausfinden, ob Forster mehr als nur die Rolle eines Beobachters während der Reise gespielt hat.

Forsters Kritik am Verhalten der Matrosen läßt vermuten, daß seine Abgrenzung von ihnen nicht nur in der unterschiedlichen Bildung begründet liegt, sondern daß er sich offenbar auch in seinem Handeln von ihnen unterscheiden möchte. Obwohl es an Gelegenheiten nicht mangelte, scheint sich Forster mit einheimischen Mädchen nicht eingelassen zu haben. Ich möchte auch nicht unterstellen, daß er sexuelle Kontakte zwar gehabt, aber im Bericht unterdrückt habe. Seine moralisierende und tadelnde Darstellung des Umgangs der Matrosen mit Insulanerinnen ist vielleicht Zeichen dafür, daß er sich aufgrund verinnerlichter moralischer Kategorien mit den Mädchen nicht einlassen wollte. Das Verhalten der Matrosen und ihrer Geliebten empfindet er als „viehisch", und er bedauert, daß die „besten Geschenke eines gütigen Schöpfers" so leicht mißbraucht würden (308). Forster war Pastorensohn, und seine religiöse Erziehung wie die strenge Hand des Vaters ließen es offenbar nicht zu, daß er seinen ‚niederen Instinkten' erlag.

Die schönen Insulanerinnen waren ihm jedoch nicht gleichgültig. Es hat Situationen gegeben, wo er seine Schwächen auch gezeigt hat. Die Beschreibung der Frauen läßt nicht nur Bewunderung, sondern deutliche Zuneigung durchblicken. Seine Zuneigung drückt er nicht direkt aus, er umschreibt sie: von einer Frau in Neuseeland, wo er nicht erwartet, Schönheiten zu begegnen, sagt er, sie sei „gar nicht so unangenehm". Für mich eine Formulierung, die Zuneigung verrät. Auf Tahiti und den anderen Inseln der Region beobachtet

Forster verschiedene Bräuche. Einer davon ist, daß sowohl Männer als auch Frauen sich in Gegenwart des Königs ihrer Oberkleider entledigen und die Schultern entblößen und damit dem König Respekt entgegenbringen. Es ist Gelegenheit für Insulanerinnen, ein bißchen ihre Reize spielen zu lassen. Für Europäer, auch für Forster, geht es bei diesen Szenen darum, einen Blick auf diese Reize zu erhaschen. Bei jeder Begegnung mit einem König registriert Forster, wie dieser Brauch den Frauen auf verschiedenste Weise Gelegenheit gibt, ihre zierliche Körperbildung vorteilhaft sichtbar zu machen. Die Schönheit der Insulanerinnen, ihre verführerisch-provokanten Posen, all das ist für Forster eine Augenweide.

Forster geht allerdings über eine voyeuristische Haltung nicht hinaus. Dem Charme der Insulanerinnen kann er aber in anderer Hinsicht nur schwer widerstehen. Ihre Reize spielen lassend, bekommen sie von den Reisenden fast alles, was sie sich als Geschenke wünschen, wie die folgende Passage deutlich macht. „Unsere Verwandtinnen, die in der Blüthe der Jugend standen, hatten wieder andre Kunstgriffe zu Gebote. Außerdem daß sie gemeiniglich auf eine oder die andre Art hübsch waren, gieng auch ihr ganzes Tichten und Trachten dahin, uns zu gefallen, und da sie sich noch überdies auf die zärtlichste Art von der Welt unsere Schwestern nannten; so dürften sie aus mehr als einer Ursach, in ihren Anliegen nicht leicht eine abschlägige Antwort besorgen, *denn wer hätte so hübschen jungen und gefälligen Mädchen widerstehen können?"* (302) Niemand hätte so ‚hübschen jungen und gefälligen Mädchen' widerstehen können. Forster auch nicht. Beim Austausch von Geschenken zwischen Europäern und Insulanerinnen könnte man sagen, es gebe für die jungen Insulanerinnen kein anderes Ziel als das erwünschte Geschenk zu bekommen. Forster und seine Mitreisenden geraten hier in die Falle weiblicher Kunstgriffe. Forster wird von der Schönheit, der „Blüthe der Jugend" und von der „zärtlichen Art" der jungen Mädchen bezaubert. Ihrem Charme erliegt er im herkömmlichen Sinne eines Geschlechtsverkehrs nicht, aber er gibt in seinem Bericht eine Episode wieder, die man zumindest als „zweideutig" verstehen kann.

Während eines Ausflugs auf Tahiti bilden für Forster die gastfreundliche Aufnahme eines Insulaners und die Bekanntschaft mit dessen sechzehnjähriger

Tochter ein Erlebnis besonderer Art. Wie schon oben erwähnt, hält Forster dieses Mädchen für das schönste, das ihm auf der Insel je begegnet sei. Mit ihren ebenso schönen Freundinnen unterzieht dieses Mädchen Forster und seinen Begleiter, Dr. Sparmann, einen schwedischen Botaniker, einer besonders bekömmlichen Behandlung, die sowohl im Bereich der Physiotherapie als auch der Sexualität angesiedelt werden kann. Dr. Sparmann und Forster bekommen von den jungen und schönen Mädchen eine Massage, die ich als zweideutig interpretiere. Der unmittelbare Anlaß der Massage ist die auf einen langen Marsch zurückzuführende Müdigkeit. Die Szene beschreibt Forster mit Worten, welche die Zärtlichkeit der Mädchen zum Ausdruck bringen: „Das thätigste Mittel, welches sie außer ihrem gewöhnlichen Lächeln anwandten, unsere schläfrige Müdigkeit zu vertreiben, bestand darinn, daß sie uns *mit ihren weichen Händen die Arme und die Schenkel gelinde rieben* und *dabey die Muskeln zwischen den Fingern sanft zusammen drückten*. Diese Operation bekam uns vortrefflich. [...] Wir wurden nach derselben ganz munter und spürten in kurzer Zeit nicht mehr das geringste von unsrer vorigen Ermüdung" (319, Hervorhebungen J.G.).

Von wem ist die Initiative zur Massage ausgegangen? Wie es dazu gekommen ist, verrät Forster dem Leser nicht. Ihm ist aber nicht entgangen, daß diese jungen Frauen, wie alle anderen auf der Insel, es an nichts fehlen lassen, sich beliebt zu machen. Die Zweideutigkeit wird nicht von mir in diese Szene hineininterpretiert. Für Forster ist diese Praxis offenbar ungewöhnlich und er versucht, ihr auf den Grund zu gehen. Auf seine Leseerfahrungen zurückgreifend, zeigt er, daß andere Reisende vor ihm die wohltätige Wirkung dieser Handgriffe auch kannten und rühmten. Eine ostindische Reisebeschreibung erschließt ihm gar die sexuelle Dimension dieser Kunst: dort heißt es, es gebe bei den Einwohnern Ostindiens eine Kunst, die nichts anderes sei als „eine *wollüstige* Verfeinerung" eben dieses von ihm beschriebenen Verfahrens. Ob er selbst die Massage als „wollüstig" empfunden hat, erfährt der Leser nicht.

Wie schon oben erwähnt, macht Forster einen Unterschied zwischen Insulanerinnen höheren Rangs und den anderen, die sich mit Matrosen einlassen.

Das gilt auch für die Mannschaft des Schiffes: Offiziere und Mitglieder des wissenschaftlichen Stabs bandeln selten mit Insulanerinnen an. Forster berichtet von gescheiterten Annäherungsversuchen, die diese Regel bestätigen. Beim zweiten Besuch auf der Insel Tahiti bekommt Kapitän Cook eine Frau höheren Rangs vom eigenen Mann als Tauschobjekt angeboten. „Allein die Begierde nach roten Federn warf auch diesen Unterschied übern Haufen. Ein Befehlshaber ließ sich durch sie verleiten, dem Capitän Cook seine Frau anzubieten, und die Dame wandte auf ihres Mannes Geheiß, alles mögliche an, um den Capitän in Versuchung zu führen. Sie wußte ihre Reize unvermerkt so künstlich sichtbar und geltend zu machen, daß manche europäische Dame von Stande sie darinn nicht hätte übertreffen können" (564f.). Kapitän Cook nimmt das Angebot nicht an und verweist dem Ehemann seine Schwachheit, seine Frau als Handelsobjekt zu benutzen.

Auf der zu den Neuen Hebriden gehörenden Insel Tanna machen Dr. Sparmann und Forster die gleiche Erfahrung. Ihnen werden Frauen angeboten. Beim Spaziergang summt Forster ein Liedchen vor sich hin. Schon kommen Insulaner angelaufen und wollen noch mehr Kostproben der europäischen Gesangskunst hören. Für seine schwedischen Volkslieder erhält Dr. Sparmann den größten Beifall. Auch die Insulaner singen nun einige Lieder. Durch die Musik wird eine Vertrauensbasis geschaffen. Das hat zur Folge, daß die zuvor so scheuen Insulaner den Fremden die „hübscheren ihrer Frauen" auf Diskretion überlassen. Als die Frauen merken, wovon die Rede ist, laufen sie davon. Dem Vorschlag der Männer, den Mädchen „nachzusetzen", folgen Forster und Dr. Sparmann nicht. Die Flucht der Mädchen erspart den beiden Europäern eine heikle Entscheidung. Sie hätten einen Grund finden müssen, um sich aus der Situation herauszureden. Forster liefert hier eine sehr sachliche Beschreibung der Szene, er sagt aber nicht, ob die Flucht der Frauen ihm gelegen oder ungelegen gekommen sei.

Die Darstellung der Insulanerinnen und ihrer freizügigen Beziehungen zu den Matrosen sind für Forster immer eine Gelegenheit, grundsätzliche Überlegungen über das Verhältnis von Europäern zu Einwohnern außereuropäischer Regionen anzustellen. Das verdeutlicht z.B. die Tatsache, daß er über die Geschlechtskrankheiten als Folgen dieser Beziehungen weit hinausschaut, um die Einführung europäischer Waren als Beginn einer Zerstörung kultureller Eigenarten zu begreifen und zu bedauern. Mit neuen Produkten hätten die Europäer vielleicht ihre Lüste „erkauft und bezahlt". Daß sie für ihre Lüste einen Preis in Form von Nägeln, Hemden u.ä. gezahlt hätten, könne mitnichten eine Entschädigung für das von ihnen zugefügte Unrecht sein. Denn dieses Zahlungsmittel habe nicht nur neue, sondern schlimmere Folgen gehabt, zumal die Gier nach europäischen Waren die moralischen Grundsätze dieses Volkes zugrunde gerichtet habe. An anderer Stelle und in Anbetracht dieser kulturellen Zerstörung äußert Forster den Wunsch, den Kontakt zwischen Europäern und Südseeinsulanern rechtzeitig abzubrechen. Es wäre „für die Entdecker und Entdeckten besser, daß die Südsee den unruhigen Europäern ewig unbekannt geblieben wäre" (332).

Was wir über Forster und sein Verhältnis zu den Frauen wissen, bezieht sich vorwiegend auf Forsters Eheleben. Und das war in der Tat abenteuerlich. Deshalb gehört das, was ich jetzt erzählen möchte, vielleicht eher in eine Klatschspalte. Forsters Begriffe von Sexualität, „die er den tahitianischen Mädchen und ihren Matrosen abgeschaut haben mochte", seien „handfest" und „simpel", so Klaus Harpprecht.[6] Wenn diese Vermutung stimmt, dann hätte er sich den „natürlichen Hang zur groben Sinnlichkeit", den er vorhin in seinem Reisebericht an den Matrosen kritisierte, zu eigen gemacht. Diese grobe Sinnlichkeit müßte negativ auf die Harmonie in seiner Ehe gewirkt und zu einer physischen Unverträglichkeit zwischen ihm und seiner Frau geführt haben.

Im Reisebericht wird Liebe als „Quelle der süßesten und glückseligsten Empfindungen" idealisiert. Forster hat seine Frau leidenschaftlich geliebt. Ob seine Frau Therese Heyne eine Göttinger Professorentochter, ihn auch geliebt hat, darf bezweifelt werden. „Häusliches Unglück" ist die Formel, mit der er sich seinen Freunden anvertraute. Ich möchte meine Überlegungen mit einem Hinweis auf Forsters „Ehemisere"[7] abschließen. Forsters „Ehemisere" hat vor allem zu tun mit den Affären seiner Frau. Eine erste gab es mit Friedrich Ludwig Wilhelm Meyer, den sie aus seiner Studienzeit in Göttingen kannte. Auch nach der Hochzeit (3. 9. 1785) mit Georg Forster korrespondiert Therese mit Meyer weiter. Die Ehekrise begann, nachdem Forster seine Professur in Wilna aufgegeben hatte und mit seiner Familie nach Göttingen zurückkehrte (September 1787). Meyer hatte dort durch die Vermittlung von Forsters Schwiegervater eine Stelle als dritter Bibliothekar inne . Mit ihm wird Forsters Ehe zu einem schwer erträglichen Dreieckverhältnis. Zu Recht fragt sich Harpprecht, ob das Liebesspiel zwischen Therese und Meyer „halbkeusch" geblieben sei. Georg habe die beiden in flagranti überrascht, wie später vermutet wurde (377). Der Schwiegervater vermittelt, um die Ehe zu retten. Auf seinen Rat reist Forster im Januar 1788 nach Berlin. Als er von Berlin zurückkehrt, ist Meyer acht Tage vorher nach England abgereist. Mit dieser Abreise des Rivalen wird die erste Ehekrise vorerst überwunden.

Die nächste steht aber schon bevor. Sie ist mit dem Namen Ludwig Ferdinand Huber verbunden. Dieser war von April 1788 bis Februar 1793 sächsischer Legationsrat in Mainz, wohin Forster als Universitätsbibliothekar berufen wurde (April 1788). Während Georg auf einer England-Reise ist, kommt es zu einer Liebesbeziehung zwischen Huber und Therese. Aus England zurückgekehrt (Juli 1790) mietet Forster eine Wohnung in der Universitäts-Gasse. Da er zeitlebens knapp bei Kasse ist, bedeutet der Einzug von Huber als Untermieter eine gewisse Entlastung. Huber sei, so Harpprecht, nicht nur Untermieter gewesen, er sei in jeder Hinsicht zum Hausfreund avanciert. Seine Anwesenheit genießt Georg geistig-ästhetisch, Therese eher sinnlich. Unter diesen Umständen werden Georg und Therese einander immer fremder. Therese weigert sich, den sogenannten ehelichen Pflichten zu genügen. Warum erträgt Forster einen Rivalen im eigenen Haus? Harpprecht erklärt das so: Georgs Bindung an Therese sei zu einem „amour fou" geworden, und seiner Absicht, Huber vor die Tür zu setzen, sei Therese mit der Drohung begegnet, ihn zu verlassen und Huber zu folgen. Das habe ihn gezwungen, „mit einer ménage à trois" vorliebzunehmen (472f.). Man vermutet, daß die dritte Tochter (geboren 1791) und der Sohn (geboren im Jahr darauf 1792), die beide kurz nach der Geburt starben, nicht von Forster, sondern von Huber waren. Die Szenen „häuslichen Unglücks" werden häufiger und heftiger. Noch einmal wird Heyne versuchen, etwas zu retten, was längst verloren ist. Die Revolution trennt Georg von Therese und seinen Töchtern: die drei gehen zunächst nach Straßburg, dann in die Schweiz, wo Huber sie später wiedertrifft. Von März 1793 bis zu seinem Tode im Januar 1794 hält sich Forster als Mainzer Deputierter in Paris auf. Er weigert sich bis zu seinem Tod, seine Einwilligung zur Scheidung zu geben. Nach seinem Tode heirateten Huber und Therese.

Und Forster? War er ein unschuldiges Lamm oder ein Frauenheld? Weder noch. Aus Thereses Perspektive sieht alles übertrieben aus. Sie sagt, Frauen kämen ihm „auf halbem Wege entgegen". Um sich zu rechtfertigen, wird Therese nach seinem Tod auch behaupten, Frauen seien seine Schwäche gewesen. Zwei Frauen wird unterstellt, mit Forster eine Beziehung gehabt zu haben: Sophie Margareta Dorothea Forkel genannt Meta und Caroline Böhmer geborene Michaelis und spätere Frau von August Wilhelm Schlegel. Es gibt Fakten, aber auch Unterstellungen.

Es gibt Verdachtsmomente, was Meta betrifft. Als Frau von Heinrich Liebeskind, dem Musikdirektor der Göttinger Universität, war Meta eine unkonventionelle, von Skandalen umwobene junge Frau. Nachdem sie dem Mann entlaufen war, ging sie nach Mainz. Als Übersetzerin wurde sie zur Assistentin von Forster. Im Sommer 1791 reisten Forster und Meta für sieben Tage nach Karlsruhe. Dabei gab er sich als Stiefvater seiner 26jährigen Gehilfin (476f.). Warum tarnte er sich? Hatte er kein reines Gewissen? Jedenfalls wurde die Zusammenarbeit zwischen den beiden zu einer schönen Gewohnheit; statt der vorgesehenen zwei Wochen blieb Meta ein halbes Jahr in Mainz; ihre Sympathie für Georg hat sie nie verleugnet. In seiner Korrespondenz erinnert sich Forster mit Zärtlichkeit an diese Zeit und spricht von einer Lücke, die er zu füllen nicht in der Lage sei (479).

Das scheint nicht bei Caroline der Fall gewesen zu sein. Caroline war – wie Harpprecht sagt – Thereses „Freund-Feindin". Therese haßte sie und hielt sie für eine Rivalin. Sie schürte das Gerücht einer Liaison zwischen Georg und ihr und nährte den Eindruck, Caroline sei seine Geliebte gewesen. Nach einer flüchtigen Liaison mit einem jüngeren französischen Offizier in Mainz brachte Caroline, von Friedrich Schlegel geschützt, neun Monate später in einem thüringischen Dorf einen Sohn zur Welt. Alle hielten diesen für einen Sohn Georg Forsters.

120

Für Therese war das Anlaß genug, den Ruf der Rivalin zu ruinieren. Erst die Ehe mit August Wilhelm Schlegel rettete sie von der öffentlichen Verdammung (530).

In Frankreich ist Forster von Krankheit geplagt. Er vermeidet, sich auf eine Beziehung einzulassen. Es mangelt nicht an Gelegenheit: Jane, die Schwester des englischen Schriftstellers und Geschäftsmanns Thomas Christie, hätte nichts gegen eine Allianz mit ihm einzuwenden gehabt. Das will er aber nicht. Grund: er sei nicht geschieden, und er liebe seine Frau. Eine vergebliche Liebe, deren Qual er im Frühjahr 1790 so zum Ausdruck brachte: „diese schreckliche Dependenz von Trieben, die sich aller Vernunftherrschaft entziehen" (427).

Ich weiß nicht, ob Georg Forster sich selbst als Abenteurer verstanden hätte. Als Naturforscher nahm er sich sehr ernst. Die Umstände, unter denen Reisen in der damaligen Zeit stattfanden, muten heute allerdings abenteuerlich an. Forsters Umgang mit Frauen und deren Darstellung in den Reiseaufzeichnungen während der Weltumseglung, das ist ein Thema, von dem man im Rahmen dieses Kolloquiums nicht ungern hören dürfte.

---

[1] *Georg Forster:* Reise um die Welt. Frankfurt a. M. 1983. S.18. Im Folgenden wird nach dieser Ausgabe zitiert. Nach den Zitaten in Klammern stehende Ziffern sind Seitenangaben.

[2] Daher sein Vorwurf an den Maler Hodges, auch ein Mitglied des wissenschaftlichen Stabs von Cook, der von den Einwohnern der freundschaftlichen Inseln Tongatabu und Ea-Uwhe zwar schöne Gestalten, jedoch „im Geschmack der Antike" gezeichnet habe (376f.). Hodges' Bild, das Sudsee-Insulanerinnen in einem „fließenden Gewand, das Kopf und Cörper bedeckt" zeigt, entspreche nicht der Realität, zumal Frauen dort fast nie Brust und Schulter bedecken. Im Sinne eines wissenschaftlichen Reisens möchte er zuviel Phantasie und Erfindung aus dem Reisebericht ausschließen.

[3] Männer bieten den Matrosen ihre Schwestern, Frauen oder Töchter gegen die begehrten neuen Produkte feil. Ein Umstand, der Forster auch auf den anderen Inseln (Tahiti z. B) auffällt und den er als „Mädchenhandel" denunziert.

[4] Matrosen und Insulanerinnen verfolgen je eigennützige Interessen: der Befriedigung sexueller Bedürfnisse auf Seiten der Matrosen entspricht der Wunsch der Insulanerinnen, in den Besitz von europäischen Waren (vor allem Nägel, Hemden usw.) zu kommen.

5 Das freizügige Sexualleben auf diesen Inseln scheint mit ein Grund dafür zu sein, dass ein Matrose kurz vorm Ablegen des Schiffes nach der Insel Tahiti zu entwischen versucht. Das gelingt ihm aber nicht, und er wird zur Strafe für diesen Versuch 14 Tage lang in Ketten gelegt. (595).

6 *Klaus Harpprecht:* Georg Forster oder die Liebe zur Welt. Reinbek b. Hamburg 1987. S.377.

7 Ebd., S.477.

Carola Hilmes (Frankfurt / Main)

Aufbruch in den Orient
Lady Montagu, Lady Craven, Gräfin von Hahn-Hahn

Die Reise ist eine der Grundformen des Abenteuers, da sie, wie Georg Simmel ausführt, „aus dem Zusammenhang des Lebens herausfällt"[1]. Für Frauen stellt – bis in unser Jahrhundert hinein – die Reise darüber hinaus einen Bruch mit dem herrschenden Frauenbild dar. Für das sogenannte schwache Geschlecht bedeutet die Reise eine zusätzliche Herausforderung, denn Neugier und Unternehmungslust stehen im Widerspruch zum weiblichen Sozialcharakter, wie ihn das Bürgertum entwirft und wie er sich dann im 19. Jahrhundert zunehmend durchsetzt. Die im 18. Jahrhundert in den Orient reisenden Frauen sind Ausnahmefälle: privilegiert, begütert und gebildet; meist sind es adlige Frauen, die sich ihrer besonderen Situation bewußt sind.[2]

Mit Bezug auf die Orientalismusthese von Edward Said sollen im folgenden die Briefe vorgestellt werden, die Lady Mary Wortley Montagu (1689–1762), Lady Elizabeth Craven (1750–1828) und Ida Gräfin von Hahn-Hahn (1805–1880) von ihren Reisen nach Konstantinopel geschrieben haben. Dabei ergibt sich auch eine Differenzierung des Begriffs der Abenteurerin.

*

Der Orient – Synonym für das Andere und das Fremde – bezeichnet den idealen Raum für Abenteuer und Abenteurer. Die Erotik und die auf die Frauen gerichteten Wunschphantasien und Ängste spielen dabei eine wichtige Rolle. Die orientalische Prachtentfaltung und Sittenverderbnis sind sprichwörtlich, gleichsam eine zeitlose poetische Inspirationsquelle. Was Frauen selbst über ihre Erfahrungen im Orient berichten, wird demgegenüber besonders zu beachten sein. Ihr Aufbruch ins Unbekannte ist ein Abenteuer ganz eigener Art. Wir warten auf Enthüllungen, dürfen zumindest auf Aufklärungen gespannt sein. Diese Perspektive wirft ein neues Licht auf den Orient.

„Der Orient war fast eine europäische Erfindung, und er war seit der Antike ein Ort der Romantik, des exotischen Wesens, der besitzergreifenden Erinnerungen und Landschaften, (der) bemerkenswerten Erfahrungen"[3]. Das schreibt Edward W. Said in seiner 1978 publizierten Studie mit dem Titel *Orientalism*, die die koloniale Diskursanalyse begründet; „der Orientalismus ist ein westlicher Stil der Herrschaft, (der) Umstrukturierung und des Autoritätsbesitzes über den Orient"[4], heißt es bei Said. Der engagierte Literaturwissenschaftler (als Anglist und Komparatist seit 1963 an der Columbia University, N. Y. tätig) verbindet die poststrukturalistische Vorgehensweise Foucaults mit den marxistischen Positionen Gramscis. „*Orientalism* focused on what could be called colonial discourse – the variety of textual forms in which the West produced and codified knowledge about non-metropolitan areas and cultures, especially those under colonial control"[5]. Said untersucht das Verhältnis von Wissen und Macht, genauer die imperialistische Ausübung von Herrschaft durch die Festschreibung einer kulturellen Tradition, in der der Okzident seine intellektuelle Hegemonie gegenüber dem Orient behauptet. Es geht um die kritische Analyse dessen, wie ein neues Objekt für eine neue Art des Wissens kreiert wird. Saids Thesen waren spektakulär und erfolgreich, haben aber auch Kritik auf sich gezogen: seine entschiedene Parteilichkeit wurde diskreditiert, der Vorwurf unzulässiger Verallgemeinerung erhoben, seine Studie sei ahistorisch und inkonsistent hieß es.[6] Spezifizierende Ergänzungen und differenzierende Präzisierungen erfahren seine Thesen u.a. durch das Studium der Reiseliteratur, einem Genre im Grenzbereich von Diktion und Fiktion. Besonders aufschlußreich sind hier diejenigen Briefe aus dem Orient, die in die Zeit der Ausbildung des Orientalismusparadigmas fallen, das Said mit dem Beginn der Spätaufklärung ansetzt, da sie zwar den kolonialistischen Zugriff auf die Fremde schon bestätigen, aber auch noch andere Aspekte und Erfahrungen zur Geltung bringen. Aufschlußreich sind außerdem solche Berichte, die zeitlich früher liegen, da sie dem Orientalismusparadigma widersprechen bzw. noch nicht gehorchen.

In seinem Essay über François Bernier, der zwischen 1655 und 1668 Indien bereiste, zeigt Peter Burke, daß in diesen Reisebeschreibungen noch ein ganz anderes Orientbild entworfen wird. „My point is", schreibt Burke, „that both his education in scepticism and his years in India enabled (indeed, encouraged) Bernier to view the conventional religious and political views of is own society with a certain detachment. For Bernier, one of the principal uses of India was to encourage that detachment in others. In his sympathy for Indian culture and his use of India to criticize France he offers an important counter-example to the instances of ethnocentrism and prejudice described so vividly by Edward Said"[7]. Burke fragt, ob der Kolonialismus Reisende wie Bernier zum Schweigen gebracht habe und ob es vielleicht möglich sei, auch eine Geschichte des „Anti-Orientalismus" zu schreiben. In diesem Zusammenhang kann die Reiseliteratur von Frauen besonderes Interesse beanspruchen, da sie einen geschlechtsspezifisch anderen Blick auf das Fremde wirft und außerdem für europäische Männer verbotene Räume erstmals in Augenschein nimmt. Die Rede ist vom Harem, den orientalischen Frauengemächern. (Das osmanische Wort ‚harem' stammt aus dem Arabischen und bedeutet eigentlich nichts anderes als ‚etwas, das verboten ist'.)

Die Briefe orientreisender Ladies im 18. Jahrhundert, namentlich die von Lady Mary Wortley Montagu und von Lady Elizabeth Craven, tragen einerseits zur Entmythisierung dieser geheimen Räume bei, andererseits aber befördern sie auch die Einschreibung des Orientalismus. Diese widersprüchliche Grundkonstellation ist von den durchaus unterschiedlichen Positionen der Damen gegenüber dem orientalischen Leben zu trennen. Während Mary Montagu durch einen vorurteilsfreien, empathischen Blick ausgezeichnet ist, läßt sich in den Briefen von Elizabeth Craven, die Konstantinopel ca. 60 Jahre später, nämlich 1787, besucht, eine eurozentristische Perspektive bereits deutlich erkennen. Trotzdem markiert auch hier die weibliche Erfahrung einen spezifischen Bereich, der zur Opposition von Orient und Okzident merkwürdig quer steht, denn die Europäerinnen im Orient sind zwiefältig konnotiert: Natürlich waren sie als Frauen weiblich, in der Gegenüberstellung von männlichem Okzident und weiblichem Orient waren sie als Europäerinnen gleichzeitig aber auch männlich. „Rasse ging in diesem Fall vor Geschlecht"[8]. Diese asymmetrische Opposition wird in den Reisebriefen zusätzlich überlagert durch den Gegensatz von Dokumentation, dem historischen Wert der Briefe, und Imagination, ihrem bewußt gestaltenden, auch ausschmückenden Charakter. Das Genre der Reiseliteratur besitzt ein ebenso prekäres wie produktives Verhältnis zum weiblichen und zum kolonialen Blick. Der Aufbruch der Frauen in den Orient ist emanzipatorischer Akt, bestätigt zugleich aber auch eine gewisse Komplizenschaft der Schriftstellerinnen bei der Kolonialisierung. Aus diesem Dilemma sind die über ihre Reisen schreibenden Frauen nicht zu befreien.

*

Im Sommer 1716 bricht Lady Montagu zu einer Reise auf, die sie über Deutschland und Ungarn bis ins Osmanische Reich führt, wo sie sich länger als ein Jahr aufhalten wird. So hat sie Gelegenheit, das orientalische Leben genau zu studieren. Als Gattin von Edward Wortley Montagu, der 1716 zum britischen Gesandten in Konstantinopel ernannt worden war, erhält sie Zugang zu den höheren und gebildeten Kreisen. Von den Erfahrungen ihrer Reise berichtet sie in ihren berühmten *Briefen aus dem Orient*.[9] Zu den Empfängern zählen ihre Schwester Lady Mar, Damen des englischen Adels sowie berühmte Männer, unter ihnen Alexander Pope und der Abbé Conti. Jeweils abgestimmt auf die Adressaten berichtet die Briefschreiberin über Mode, Literatur und Religion, auch politische Themen werden nicht ausgespart. Lady Montagu erweist sich als umfassend gebildet, ihr Blick ist meist wohlwollend, wenn auch nicht unkritisch. So werden Mängel und Fehlentwicklungen im Osmanischen Reich auf eine schlechte Regierung zurückgeführt (vgl. S. 146), der Krieg wird nachhaltig verurteilt (vgl. S. 146, 101, 108). Die Beschreibung von Sehenswürdigkeiten spielt eine nur untergeordnete Rolle. (Der Brief an Lady Bristol vom 10. April 1718 ist eher die Ausnahme.) Es sind die Sitten und Gebräuche des Landes, denen Lady Montagu ihre besondere Aufmerksamkeit schenkt. Deshalb stellen ihre Briefe einen wichtigen Beitrag zu einer Kulturgeschichte des Alltags dar und so sind sie auch rezipiert worden. In dieser Hinsicht dürfen wir Lady Montagu als Pionierin betrachten.

In guter aufklärerischer Manier verfaßt sie ihre Briefe, um zu unterhalten und zu unterrichten. Sie versteht den Reisenden als einen „Beobachter der Menschen und Sitten" (S. 168), was sie mit einem Hinweis auf Odysseus verbindet, der nicht nur der erste Reisende, sondern auch der erste Abenteurer ist. Lady Montagu ist neugierig und unternehmungslustig, aufgeschlossen und vorurteilsfrei – eine veritable Vertreterin der Aufklärung.[10] In ihren Briefen will sie Vorurteile gegenüber Fremden abbauen; etwa die abwertende Einschätzung der Türken als Barbaren. Lady Montagu ist darum bemüht, die Welt durch eigene Erfahrung zu erschließen, dabei sich selbst ein Urteil zu bilden und darüber hinaus im Spiegel des Fremden die eigenen gesellschaftlichen Verhältnisse zu kritisieren. Wenn es um die angebliche Verderbnis der Sitten im Orient geht, weist Lady Montagu mehrfach darauf hin, daß auch in der Heimat nicht alles zum besten bestellt ist (vgl. S. 116); vielleicht ist das Leben in Konstantinopel zuweilen sogar besser als in London (vgl. S. 159, S. 153). Im Brief an den Abbé Conti vom 19.5.1718 schreibt sie: „Sie sehen also, mein Herr, daß diese Leute so rauh nicht sind, wie wir sie schildern. Es ist wahr, in der Pracht ist ihr Geschmack von dem unsrigen unterschieden, aber vielleicht besser. Fast bin ich der Meinung, daß sie einen richtigeren Begriff vom Leben haben." (S. 207f.) Offensichtlich bringt Lady Montagu dem Land und seinen Leuten großes Interesse und große Sympathie entgegen. Sie lobt das Klima, die Bauart der Häuser und auch die türkische Gesetzgebung (S. 171); immer wieder stellt sie die Schönheit und Tugendhaftigkeit der Orientalinnen heraus. Ob ihre Schilderungen immer der Wahrheit entsprechen oder aber einer geschickten

Schreibstrategie folgen, kann hier nicht entschieden werden. Mehrfach beteuert Lady Montagu das Authentische ihrer Briefe.[11]

Exklusivität dürfen die Besuche im Harem und im türkischen Frauenbad beanspruchen, denn Lady Montagu zählt zu den ersten europäischen Frauen, die diese für Männer verbotenen Räume aus eigener Anschauung beschrieben haben. Dieser Rolle ist sie sich durchaus bewußt. Sie schildert detailgenau die Lage und die Inneneinrichtung der Weiberburg, die Kleidung der türkischen Frauen und ihre Umgangsformen, berichtet über ihre Unterhaltungen, von Ehrbezeugungen durch Geschenke, die sie erfahren hat, und auch über die Menüfolge beim Essen. Es sind gerade diese Passagen, die immer wieder zitiert wurden. Die Schilderungen bleiben hier mit Bedacht ausgespart, denn sie sind keineswegs so spektakulär, wie erotisch aufgeladene Orientphantasien wissen wollen. Es handelt sich vielmehr meist um sachliche Beschreibungen des Alltagslebens der Frauen, die von gewissen individuellen Akzentuierungen, sicherlich auch von Übertreibungen nicht frei sind. Die Subjektivität der Beschreibung ist dabei nicht nur eine Frage des Stils, sondern bereits eine Folge der Beobachtung. Diese für eine interkulturelle Hermeneutik wichtige Einsicht kommt in den *Briefen aus dem Orient* deutlich zum Ausdruck. Insofern widersprechen Lady Montagus *Embassy Letters* der Orientalismusthese Saids und gehören zu der von Peter Burke geforderten Geschichte des Anti-Orientalismus. Ein in kritischer Absicht idealisiertes Türkenbild ist dabei nicht zu bestreiten.

Lady Montagu bericht über ihren Besuch der heißen Bäder in Sofia, die sie als „der Frauenzimmer Kaffeehaus" (S. 99) charakterisiert, folgendes. „Ich war in meinem Reisekleid, welches ein Reitkleid ist und den Frauen gewiß höchst wunderlich vorkam. Doch war nicht eine einzige da, die die geringste Verwunderung oder unverschämte Neugierde blicken ließ, sondern jede empfing mich mit der verbindlichsten Höflichkeit. Ich kenne keinen europäischen Hof, wo die Damen sich gegen eine solche Fremde so höflich und gesittet betragen haben würden." (S. 97) Unter all den „viele(n) schöne(n), nackten Weibsbildern" beschreibt sie sich selbst als die Fremde. Sie mutmaßt, daß sie den Orientalinnen in ihrer Kleidung wunderlich vorkommt. Wegen ihrer Schnürbrust muß sie ihnen als eine „in diese Maschine eingeschlossen(e)" Frau erscheinen (S. 99), was die

Orientalinnen für ein subtiles und äußerst wirkungsvolles Kontrollinstrument des Ehemannes über seine Gattin halten. Sich selbst mit den Augen der Anderen zu sehen, das zeugt von wahrhaft kritischer Selbstreflexion. Lady Montagu zeigt sich nicht nur als aufgeklärte und tolerante Beobachterin, sondern sie bleibt kultureller Differenzen und ihrer Herkunft inne, ohne sie in hegemonialer Weise zu rationalisieren.[12]

Bemerkenswert bei ihren Beschreibungen sind zwei Aspekte: Erstens, daß Lady Montagu die aufklärerische Position einer intellektuellen Gleichheit der Geschlechter vertritt,[13] und zweitens, daß sie besondere Freiheiten der türkischen Frauen darin erkennt, einen eigenen, abgeschlossenen Raum zu bewohnen. Lady Montagu erkennt zwar Differenzen, die sie auf unterschiedliche historische, klimatische und politische Verhältnisse zurückführt – ihre kulturrelative, historische Wahrnehmung zeichnet sie als genaue, vorurteilsfreie Beobachterin und als kritischen Geist aus –, aber auch ihr Blick aufs Fremde ist von eigenen Projektionen nicht ganz frei: „Die Weiber sind hier wirklich nicht so eng eingesperrt, wie viele berichtet haben, sie genießen einen hohen Grad der Freiheit selbst im Schoße der Knechtschaft und haben Mittel zur Verkleidung und zu Schlichen, welche die Liebeshändel sehr begünstigen, doch schweben sie in ständiger Unruhe und Furcht, entdeckt zu werden, und eine Entdeckung setzt sie der unbarmherzigen Wut der Eifersucht aus, die hier ein Ungeheuer ist, das allein durch Blut gesättigt werden kann." (S. 166) Hier äußern sich nicht zuletzt Lady Montagus eigene Orientphantasien; offensichtlich wird hier das eigene Intrigenspiel auf die orientalischen Verhältnisse übertragen. Bei den strengen Strafen für Ehebruch, von denen Lady Montagu auch berichtet, ist schwer vorstellbar, daß viele Frauen dieses hohe Risiko eingingen, zumal die Verschleierung keine perfekte Tarnung ist.

Wenn Lady Montagu über ihre Besuche im Harem berichtet, trägt sie einerseits zur Entmystifizierung dieses den Männern verbotenen Bereiches bei, da sie authentische Berichte gibt, die den alten Fabeln und den phantastischen Erfindungen über das Liebesleben im Orient entgegenwirken. Andererseits aber befördert sie, durchaus gegen ihren Willen, eine Kolonialisierung des Orients, indem sie nämlich diese geheimen Räume dem europäischen Publikum öffnet und durch ihre Beschreibungen Material für weitere Analysen liefert, in denen dann die Fremdherrschaft über den Orient in der von Edward Said aufgezeigten Weise festgeschrieben wird. Die wissenschaftliche Vermessung des Orients ist auch auf solche exklusiven Berichte angewiesen. Es ist schwer, sich dieser Dialektik der Aufklärung zu entziehen. Die Orientalisierung des Orients aus weiblicher Perspektive, die mit Lady Montagu beginnt, dient in gewisser, durchaus auch kontraproduktiver Weise der Komplettierung des männlichen Orientbildes. Montagu schreibt ihr aufgeklärtes Wissen einem Diskurs ein, der im Dienste der Herrschaftssicherung funktionalisiert wird. Die ganz anderen Intentionen der Autorin spielen dabei keine Rolle, auch der spezifisch literarische Status der Reisebriefe bleibt dabei unberücksichtigt. Deklassierende Züge des Orientbildes treten allerdings kurze Zeit später bereits deutlich hervor. Lady Craven berichtet über das Leben im Harem, die türkischen Frauen und die landesüblichen Gepflogenheiten mit einem durchaus abschätzigen Unterton.

*

Kurz nach der Trennung von ihrem Mann beginnt Elizabeth Craven ihre ausgedehnten Reisen durch Europa, die sie bis nach Petersburg, nach Sevastopol und schließlich nach Konstantinopel führen, wo sie „von allen Gefahren befreit, die mir auf dem schwarzen Meere drohten"[14] im April 1786 glücklich ankommt. „Die mehresten Frauenzimmer würden vor einer solchen Reise erschrecken" (S. 253), meldet sie nach Hause. Lady Craven, die spätere Markgräfin von Anspach-Bayreuth, reist unkonventionell und sucht das Abenteuer. Meist ist sie allein und ohne großes Gefolge unterwegs. „Wenn ich auf dem Fluge bin, will ich die Höfe und Völker besuchen, die wenig Frauenzimmer gesehen haben", schreibt sie an den Markgrafen von Brandenburg-Anspach, den Empfänger ihrer Briefe, „ich will die Zeit bestens anwenden, und die wenigen Monate, die mir erlaubt sind, herumzuschwärmen, zu meiner Befriedigung und Ihrer Unterhaltung bestimmen." (S. 71) Oft berichtet Lady Craven von den Unbequemlichkeiten und von den Gefahren der Reise, die sie jedoch souverän meistert. So kann sie sich etwa bei den Kosacken als gute Reiterin zeigen (S. 146ff., S. 165ff.). Ihr größtes Abenteuer allerdings ist der waghalsige Abstieg in eine berühmte Grotte auf der Kykladeninsel Antiparos (vgl. S. 214ff.). Offensichtlich ist Lady Craven stolz auf ihre Erlebnisse und darauf, daß sie sich bewährt in Situationen, „vor denen jede feine Dame zittern würde" (S. 256). Ausdrücklich weist sie darauf hin, daß ihr „Muth in Gefahren wächst" (S. 256). Sie ist eine wahrhafte Abenteurerin, zumindest stellt sie sich so dar. Lady Craven möchte als Frau etwas besonderes sein, ihre Eigenständigkeit stellt sie dabei zweifellos unter Beweis.

In ihren Briefen schildert sie unter anderem auch die Sitten und Gebräuche des jeweiligen Landes, ihr besonderes Augenmerk gilt dabei ebenfalls den weiblichen Lebensverhältnissen. Außerdem berichtet sie über Architektur und alte Bauwerke und raisonniert über die meist beklagenswerten politischen Verhältnisse. Durchgängig beeindruckt zeigt sie sich von der Landschaft. Auch sie ist neugierig auf Neues, anders jedoch als Lady Montagu, deren Briefe sie kennt, ist sie keineswegs so aufgeschlossen und vorurteilsfrei. Für die exzentrische und wagemutige Gräfin bleibt England in den meisten Fällen unumstößlicher Orientierungsmaßstab. Ihr Blick ist eurozentristisch ausgerichtet. Aus der Position einer distanzierten Beobachterin beschreibt sie die Fremde, um die eigene Identität zu bestätigen. Die „Lady on Tour"[15] trägt deutlich eine aristokratische Haltung zur Schau und läßt ihre Überlegenheit spüren. Neben rassistischen Auffassungen kommen auch kolonialistische Wünsche zum Ausdruck (vgl. S. 164). Sie betont das Intrigante der Türken und ihren Aberglauben, beklagt die ungerechte Herrschaft und hält die ganze Nation für ungebildet und unwissend; die Türken gelten ihr als einfältig und kindisch.

Gerade ihre Begegnungen mit Orientalinnen lassen ihren Überlegenheitsgestus – einen imperialen Blick – deutlich erkennen, zumal sie mit den Verhältnissen, anders als Lady Montagu, nur ganz oberflächlich bekannt war. Von der Art wie türkische Frauen sich schminken, ist Elizabeth Craven abgestoßen (S. 158), die Unterhaltungen im Harem findet sie äußerst fad (S. 149), die Lebensweise der Frauen öde und ungesund (S. 197). Sie macht keinerlei Anstalten, die türkische Kultur wirklich zu verstehen. Lady Montagu hatte zu diesem Zweck noch die Landessprache erlernt. Lady Craven hingegen läßt sich nur besuchsweise auf die ortsüblichen Gegebenheiten ein. Meist reagiert sie ablehnend, so etwa auf den türkischen Kaffee, den sie „ein widriges Getränk" (S. 240) nennt, oder auf die türkische Musik, die sie für entsetzlich disharmonisch hält (S. 243, S. 262). In ihrer zuweilen recht drastischen Art schreibt sie über die verschleierten Orientalinnen auf den Straßen, die Weiber „sehen wie lebende Mumien aus" (S. 178), und den Serail charakterisiert sie als „Gefängnis der Weiber" (S. 177).

Insgesamt drei mal besucht Lady Craven einen Harem. Genau werden die orientalischen Frauengewänder beschrieben. Das Äußere der Damen, die sie für „einfältige, unwissende Geschöpfe" hält, findet keine Gnade vor ihren Augen: „Ich zweifle nicht, die Natur hat einige dieser Weiber sehr schön gebildet, aber sie machen sich eher widerlich als reizend, durch übelangebrachte weisse und rothe Schminke, ein oder zwei schwarze Striche, die ihre Augenbrauen verbergen, schwarze Zähne vom Rauchen, und einen allgemein gebogenen Rücken. Dieser letzte Fehler rührt von ihrer sitzenden Stellung her, da sie von ihrer Kindheit an wie die Schneider sitzen." (S. 196f.) Lediglich „die Reinlichkeit und Nettigkeit des Innern dieses Harems" (S. 195) werden lobend hervorgehoben. Mit meist unverhohlener Herablassung gibt Lady Craven das im Verborgenen liegende türkische Frauenleben den europäischen Blicken preis. „Unsere Herren waren sehr begierig auf Nachrichten aus dem Harem" (S. 198), teilt sie dem Markgrafen mit. Sie bedient also einerseits die voyeuristischen Interessen der Herren, um sie andererseits mit dem, was sie berichtet, zugleich zu enttäuschen – eine zweischneidige Erzählstrategie.

Auch den türkischen Bädern steht Lady Craven mit Ablehnung gegenüber. Diese „Hauptbelustigung der Weiber" bleibt ihr unbegreiflich (S. 229). Sie hält diesen „sonderbare(n) Zeitvertreib" für ungesund und der Schönheit abträglich (S. 197). Als sie einmal selbst ein solches Frauenbad besucht und aufgefordert wird sich zu entkleiden, lehnt sie entrüstet ab, denn „ein so ekelhafter Anblick [so fetter Frauenzimmer] im Bade, würde mich auf lange Zeit unzufrieden mit meinem Geschlecht gemacht haben." (S. 230) Wie anders hatte Lady Montagu ihren Besuch im türkischen Frauenbad beschrieben: reizende Geschöpfe, „mutternackend", aber äußerst zuvorkommend. Ein Ort des Vergnügens und eine

Form weiblicher Öffentlichkeit – ein „Kaffeehaus der Frauenzimmer".
Bezeichnend ist demgegenüber die eigene Standortbeschreibung, die Lady
Craven gibt: „Ich stand einige Zeit in der Thüre zwischen Ankleidezimmer und
dem Bade" (S. 230). Sie ist also eine Besucherin, die auf der Schwelle stehen
bleibt. Sie blickt mit einigem Abstand auf die fremde Welt und wendet sich
rasch wieder ab. Es bleibt ein etwas abfälliger Bericht der Ereignisse, in dem sie
sich nicht nur über die Orientalinnen erhebt, sondern sich auch auf ihre Kosten
amüsiert (vgl. S. 198). Sie selbst ist der Mittelpunkt all ihrer Abenteuer. Mit den
Augen der Fremden sieht sie sich nicht.

Bei den doch sehr unterschiedlichen Beschreibungen des türkischen
Frauenlebens im Harem ist es recht verwunderlich, daß Lady Montagu und Lady
Craven in einem Punkt sich einig sind. Beide stellen die (angeblich) größere
Freiheit der orientalischen Weiber heraus, die sie dank der strikten Trennung der
Geschlechter genießen. (Daß der Serail auch „Gefängnis der Weiber" genannt
wird, bleibt ein unaufgelöster Widerspruch.) Zweifellos gewährt der Schleier den
Orientalinnen eine gewisse Sicherheit, zumindest nötigt er zu respektvollem
Verhalten. In ihren Vorstellungen gehen die beiden englischen Ladies jedoch
über diese für die Öffentlichkeit geltende Einschätzung hinaus. Sie stellen sich
vor, daß verhüllt durch den Schleier und abgeschieden in den Frauengemächern,
das schönste Intrigenleben blüht (S. 178).[16] Lady Montagu ist hier sehr viel
deutlicher als Lady Craven. Offensichtlich handelt es sich in beiden Fällen um
Projektionen: der eigene Wunsch nach größerer Freiheit – einem vorgegebenen,
selbstbestimmten eigenen Bereich – wird übertragen auf den fremden
Lebenszusammenhang. An diesem Punkt gewinnt das Orientbild der englischen
Damen eine eigene Qualität: dem türkischen Frauenleben im Harem werden
Vorzüge zugesprochen, deren Fehlen in Europa damit implizit beklagt wird. Die
besondere Situation der Frauen schafft Einvernehmlichkeit über kulturelle
Differenzen hinweg und sorgt unabhängig von Kolonialisierungstendenzen für
eine gewisse Solidarität.

Aus weiblicher Perspektive wird der Harem zur Heterotopie uminterpretiert.
Foucault zufolge sind Heterotopien in die Wirklichkeit plazierte utopische Orte,
„Gegenplazierungen oder Widerlager, tatsächlich realisierte Utopien, in denen

die wirklichen Plätze innerhalb der Kultur gleichzeitig repräsentiert, bestritten und gewendet sind, gewissermaßen Orte außerhalb aller Orte, wiewohl sie tatsächlich geortet werden können"[17]. Während Utopien unwirkliche Räume bzw. imaginierte Gegenwelten sind, bezeichnen Heterotopien *andere* Räume, Gegenplazierungen oder Außenseiterpositionen, von denen aus die bestehenden Verhältnisse in einem anderen Licht erscheinen und die gewünschten oder gefürchteten Veränderungen bereits realisiert sind – alternative, andere Ordnungen also. Heterotopische Leitmetapher für Foucault ist das Schiff: „In den Zivilisationen ohne Schiff versiegen die Träume, die Spionage ersetzt das Abenteuer und die Polizei die Freibeuter"[18].

Für die orientreisenden Ladies kann der Harem als Heterotopie beschrieben werden: ein von der Gesellschaft abgeschlossener, besonderer Bereich, in dem sich die patriarchalischen gesellschaftlichen Verhältnisse einerseits spiegeln, andererseits aber auch andere, nämlich weibliche Umgangsformen zeigen. Die Heterotopie hat einen zwar konkreten, aber auch einen nur begrenzten utopischen Wert. Die „deplazierten Orte" bleiben Sonderfällen vorbehalten.[19] Lady Montagu geht in ihrer projektiven Beschreibung des orientalischen Frauenlebens entschieden weiter als Lady Craven, etwa wenn sie die Bäder einerseits als Orte des Vergnügens, andererseits als Form weiblicher Öffentlichkeit beschreibt. Beide Damen aber, und das ist für ihre Briefe charakteristisch, nehmen die Geschlechterdifferenz wahr und schreiben ihr zugleich den Anspruch auf weibliche Freiheit, und das heißt auf Gleichberechtigung, ein. Unter dem kolonialen Blick Lady Cravens erscheint das um so klarer, als das Eigene durch das Fremde nur im Ausnahmefall in Frage gestellt wird. Der Harem bleibt ein doppelt besetzter Ort: Gefängnis der Weiber und Freiraum für weibliche Erotik und Intrigen. Mit der Konzeption der Heterotopie können Realität und Idealität zusammengedacht werden, was einen großen Vorteil gegenüber utopischen Erklärungsmodellen darstellt. Es geht um die Gleichzeitigkeit des Unvereinbaren, die mit der Heterotopie exakt erfaßt wird. Auf den Bezug dieser anderen Orte zum Abenteuer, zu den ungeregelten, abweichenden Erfahrungen und zu einem gleichsam träumerischen,

134

egozentrischen Zugriff auf das Fremde, hatte Foucault ausdrücklich hingewiesen.

*

„Oh diese Sehnsucht nach Licht! Sie zieht mich in den fernen Orient"[20], schreibt Ida Gräfin von Hahn-Hahn an ihre Freundin Emy Gräfin Schönburg-Wechselburg. Diese Aussage stellt sich als Idealisierung und als Selbststilisierung heraus, denn ihre Reise wird sofort schriftstellerisch in Dienst genommen. Hahn-Hahns Suche nach unberührter Natur (= Gott) in räumlicher Ferne und in der Vergangenheit fungiert als literarisches Motiv. Ihre *Orientalischen Briefe*, die 1844 gleich nach ihrer Reise erscheinen und ein Erfolg werden, zeichnen sich durch ein vorrangig touristisches Interesse am Orient aus. Ein Großteil der Beschreibungen ist den Altertümern und anderen Sehenswürdigkeiten gewidmet; auch die Besonderheiten der Sitten und Gebräuche werden unter dem Gesichtspunkt zu berichtender Attraktionen abgearbeitet. Hahn-Hahn geht auf Trophäenjagd – so ist sie besonders stolz darauf, als erste Frau einen Reisefirman für den Vorderen Orient zu bekommen (S. 96) – und absolviert ein selbstauferlegtes Pensum. Vielleicht ist es nicht ganz unberechtigt, Ida Hahn-Hahn als erste Touristin zu apostrophieren.[21] Die adlige Dame läutet damit das Zeitalter bürgerlicher Vergnügungen ein.

Konstantinopel, das erste Etappenziel auf ihrer Reise, die sie gemeinsam mit ihrem Lebensfährten Baron Adolf Bystram 1843/44 unternimmt, wird von Hahn-Hahn ausdrücklich mit einer „Theaterdekoration" verglichen, „von Künstlerhand mit dem größten Geschmack gemalt". Schaut man allerdings hinter die Kulissen, entdeckt man die „fürchterliche Unsauberkeit" und die „fürchterliche Unordnung" (S. 28). Ihre Beschreibungen sind alles andere als türkenfreundlich; die Leute erscheinen ihr träge, gutmütig und unentwickelt (vgl. S. 70f.). Auch die Schilderung der türkischen Damen fällt negativ aus (vgl. S. 32). Obwohl Ida Hahn-Hahn mehrfach betont, ohne Vorurteile in den Orient gekommen zu sein, bestätigen ihre Beschreibungen vor allem die imperialen Größenphantasien der Europäer. Diese werden ihren Briefen eingeschrieben und beglaubigen als

Augenzeugenberichte deren vorgebliche Wahrheit. Im Vergleich mit den Briefen der Lady Craven hat sich der koloniale Blick der deutschen Gräfin verfestigt: Ihre Abwertung des orientalischen Alltagslebens, ihre Einschätzung der Staatsmacht als dekadent und der Religion als menschenunwürdig lassen kaum noch Platz für positive Fremderfahrungen. Bei Hahn-Hahn dominiert das für den liberalen Imperialismus charakteristische Bild des unentwickelten, kindhaften Orientalen, der bis zu seiner (wahrscheinlich nie eintretenden) Mündigkeit eines europäischen ‚Vormundes' bedarf. Bei Lady Craven hingegen wurden lediglich die Frauen abgewertet – sie seien häßlich, ihre Lebensweise ungesund. Dieser vor allem im 19. Jahrhundert sich vollziehende Wandel im Orientbild schreibt die Thesen Saids fest, die Schriftstellerin wird nun vollends zur Komplizin der Kolonialisatoren.

Hahn-Hahn spricht den Haremsdamen jede Geistes- und Seelenbildung ab (S. 39). Nicht genug damit, daß die Damen nicht schön sind,[22] ihre Konversation bleibt auf Äußerlichkeiten beschränkt, so daß sich Hahn-Hahn schnell gelangweilt abwendet (vgl. S. 59). In ihren Augen führen die Orientalinnen eine „herabwürdigende Existenz" (S. 82). Gräfin Hahn-Hahns unumstößlicher Maßstab sind die eigenen Verhältnisse, wobei ihr Klassenstandpunkt sich unangenehm in den Vordergrund drängt. Überall nimmt sie alles mit „europäischem Auge" wahr (S. 20). Dem Bruder beeilt sie sich mitzuteilen: „so reizend Du Dir einen Harem vorstellen mögest, – ich muß Dir aufrichtig sagen: hat man zwei besucht, so sehnt man sich nicht nach dem dritten, und nur den ersten betritt man mit jenem Interesse, das auf der Unbekanntschaft beruht." (S. 78f.) Auf differenzierende Wahrnehmungen hat sich Ida Hahn-Hahn nicht eingelassen, sondern gleich geurteilt: „Der Harem ist die wahre Anstalt um den Charakter der Frauen zu verderben" (S. 39). Eine vermeintliche Begründung findet diese Ansicht in wilden Spekulationen über die Ränkespiele der Sklavinnen im Harem und gipfelt in der sexistischen Feststellung: „Ich kann mir vorstellen wie ein Harem das Brutnest aller bösen Eigenschaften wird, deren Keime im Charakter des Weibes schlummern." (S. 38) Um die (unterstellte) voyeuristische Neugier des Bruders zu befriedigen, erzählt die Briefschreiberin Klatschgeschichten aus dem Harem (vgl. S. 83f.), was einerseits zu seiner fortgesetzten romantisierenden Verklärung dient, andererseits zu einer Denunziation des orientalischen Frauenlebens führt. Beide Strategien verstärken sich gegenseitig auf verhängnisvolle Weise.

Ida Hahn-Hahn kritisiert nicht nur „das Joch des Harems" (S. 39), wobei sie offensichtlich auf eigene negative Erfahrungen mit der Ehe rekurriert, sondern sie kritisiert auch die Sklaverei. Ihre Argumentation jedoch ist entlarvend: Die Negerinnen auf dem Sklavenmarkt werden als Monstra beschrieben und ins Tierreich eingereiht (vgl. S. 50f.) Durchgängig charakterisiert Hahn-Hahn den Orient als Ort deklassierter Weiblichkeit, was jedoch mit einer kritischen Selbstwahrnehmung nicht mehr verbunden ist. Bei ihr führt der Orient nicht zur Selbstbegegnung im Anderen. (Nur äußerst widerwillig paßt sie sich den Kleidervorschriften für Frauen an; vgl. S. 59.) Zwar lassen sich Reisen und Schreiben auch bei Hahn-Hahn als Akt der Selbstbestätigung begreifen, für einen feministischen Subtext müßte der rechte Gesichtspunkt allerdings noch gefunden werden.[23]

Ida Hahn-Hahn übermalt die Orientvision sultanischer Macht- und Prachtentfaltung mit dem Klischee vom kranken Mann am Bosporus (vgl. S. 30ff.). Von der legendären Schönheit und Erotik der Orientalinnen bleibt nichts übrig; die ehemals den Harem umhüllenden Schleier sind gelüftet. Auch hier erscheinen der deutschen Gräfin die Verhältnisse beklagenswert degeneriert: „mehr noch als der Leib, wohnt hier der Geist im Käfig." (S. 86) Ida Hahn-Hahn nimmt den Orient vor allem als Fremde wahr und projiziert auf dieses Andere die eigenen Negativerfahrungen. Eine Konfrontation mit der eigenen Geschlechterrolle findet nur auf dem Umweg ihrer Überlegenheitsbeteuerungen statt. Zwar desillusioniert Hahn-Hahn die männlichen Haremsphantasien und die erotisch aufgeladenen Wunschbilder der orientalischen Frau, wartet aber gleich mit neuen rassistischen Klischees auf. „Der Harem erniedrigt das Weib zum Vieh." (S. 153) Eine Kritik an der vollends vom Mann abhängigen Position der Frau, wie sie im Orient mit seiner strengen Geschlechtertrennung deutlich hervortritt, wird hier durch einen imperialen Diskurs überschrieben. In Ida Hahn-Hahns emanzipatorischer Empörung steckt viel Selbstgerechtigkeit, die sich auf Kosten des Fremden Gehör verschaffen will. Der Harem als der ehemals geheime Ort wird den bekannten Räumen im imperialistischen Gebäude des Orients angegliedert. Diese Form der Entmythologisierung ist angesiedelt am entgegengesetzten Ende einer Kette von Argumentationen und Schilderungen, die mit Lady Montagu in aufklärerischer Absicht begonnen wurde. Viele der späteren Briefe aus Konstantinopel lesen sich als spätes, verzerrtes Echo auf die Korrespondenz der englischen Lady, deren literarische Qualität Hahn-Hahn wohlwollend erwähnt (vgl. S. 89.).

*

Im Sommer 1866 flieht Prinzessin Salme von Oman und Sansibar aus dem Harem. Sie will ihren Geliebten, den Hamburger Kaufmann Heinrich Ruete, der in Ostafrika Geschäfte macht, heiraten. Eine abenteuerliche Flucht, ein spektakuläres Ereignis. Zusammen mit der Hochzeit wird noch in Arden die Taufe vollzogen. Von nun an heißt sie Emily Ruete. Gemeinsam trifft das Paar 1867 in Hamburg ein. Diese „afrikanisch-europäische Liebesgeschichte" hat damals viel Staub aufgewirbelt. Das Glück der Prinzessin jedoch währt nicht lange. Bereits 1870 stirbt Heinrich Ruete an den Folgen eines Unfalls, seine Frau bleibt mit drei kleinen Kindern allein zurück. Sie gerät in eine rechtlich abhängige Position und zwischen die politischen Fronten.1886 erscheinen ihre Lebenserinnerungen unter dem Titel *Memoiren einer arabischen Prinzessin*. (Eine leicht veränderte Neuauflage erfolgt 1989 unter dem Titel *Leben im Sultanspalast. Memoiren aus dem 19. Jahrhundert.*)

Emily Ruete, geb. Prinzessin Salme von Oman und Sansibar erzählt vom Alltag im Harem und dem orientalischen Familienleben, das sie aus eigener Anschauung sehr gut kennt. Die meist thematisch und nicht chronologisch geordneten Mitteilungen ähneln aber nur oberflächlich ethnologischen Berichten. Ihre Memoiren sind durch den sehnsüchtigen Blick auf die verlorene Kindheit gekennzeichnet und durch die Bemühung, einem deutschen Publikum das Leben im Sultanspalast als gesittet, angenehm und vernünftig erscheinen zu lassen. Salme will Klischees und Vorurteile dem „alten Fabelland" Orient gegenüber abbauen. Sie schreibt in deutlich vermittelnder Absicht – nicht zuletzt wohl auch, um sich der eigenen Identität zu versichern. Es kommt zu Beschönigungen, offensichtlichen Idealisierungen, zu Widersprüchlichkeiten und Ungereimtheiten, vor allem wenn es um die „Stellung der Frau im Orient" geht.[24] Aber auch ihre Stellungnahme zur Sklaverei, die zuweilen rassistische Züge trägt, zeugt von einer defensiven Argumentationsstrategie, die durch Emily Ruetes gutgläubige Menschlichkeit und ihre gesinnungsethische Überzeugung nur schwach gestützt wird. Hierin ist sie ganz ein Kind ihrer Zeit. Vieles wird auch verschwiegen; ihre Version der vermeintlich märchenhaften Liebesgeschichte fällt recht knapp und sachlich aus (S. 236ff.). Die Klagen über ihr Schicksal als einsame, finanziell keineswegs gesicherte Witwe bleiben recht verhalten (S. 240ff.). Scharfsinn und kritisches Urteilsvermögen beweist Emily Ruete immer dann, wenn es um die Kritik europäischer Verhältnisse geht (u.a. S. 48ff., S. 152ff.).

Die besonderen Lebensumstände der Prinzessin sind ebenso zu berücksichtigen wie die Entstehungsbedingungen ihrer Memoiren nach einem erneuten Besuch in der Heimat 1885. Auffällig ist jedoch, daß der Bericht „über die andere Exotik des Alltags im Harem und im Sultanspalast" – wie es im Klappentext heißt – so gar nicht exotisch wirkt. Die Vermittlung von orientalischer Heimat und europäischer Fremde erweist sich als äußerst schwierig. Die Verwandlung einer Prinzessin aus Sansibar zur bürgerlichen Hausfrau, die der Schwiegervater wohlwollend vermerkt, bedeutet für die Betroffene nicht nur eine Zerreißprobe, sondern darf auch Zweifel an der Authentizität des Mitgeteilten aufkommen lassen. Zweifel nicht an der subjektiven Aufrichtigkeit, sondern an deren objektiver Angemessenheit. Die hier auf ihre unbeschwerte Kindheit zurückblickt, berichtet bereits als halbe Europäerin. Sie ist zwischen die Kulturen geraten. Bezeichnenderweise schreibt Salme ihre Memoiren auf deutsch, obwohl sie schon auf Sansibar die Schreibkunst erlernt hatte. Bestimmte Redewendungen scheinen dem orientalischen Kontext gänzlich unangemessen. Da heißt es etwa im Zusammenhang einer Palastrevolution, in die sie ohne tiefere Überzeugung, aber dafür um so aktiver verwickelt war: „alle für Einen und Einer für alle" (S. 200) oder „Doch frisch gewagt, ist halb gewonnen!" (S. 211) oder „wir eilten über

Stock und Stein" (S. 213). Für ihr die arabischen Sitten übertretendes Verhalten fehlen ihr die Worte. Ihr derart unkonventionelles Leben läßt sich nur schlecht in herkömmliche Formen und konventionelle Wendungen pressen.

„Ihre Existenz war zerrissen zwischen ferner Herkunft und fremder Heimat"[25]. Ein typisches Emigrantenschicksal. Hatte Edward Said hervorgehoben, daß es Teil der Kolonialisierung des Orients war, daß wir für die Anderen sprechen, so haben wir es hier zwar mit dem außerordentlichen Fall zu tun, daß eine orientalische Frau selbst zur Feder greift. Dabei erhebt sich allerdings die Frage, in welcher Sprache Emily Ruete, geb. Prinzessin Salme von Oman und Sansibar authentisch über ihre Erfahrungen hätte schreiben können. Diese Frage bildet einen der Brennpunkte postkolonialer Literatur unserer Zeit. Ihre Beantwortung hängt ab von den neuen literarischen Formen der Selbstverständigung, die Migranten in aller Welt auf ihre konkrete Situation finden: die Afroamerikanerin in New York, die auf Malayalam schreibende Dichterin aus Kerala oder die Türkin in Deutschland – aber das ist bereits ein anderes Thema.

---

[1] *Georg Simmel*: Philosophische Kultur: Über das Abenteuer, die Geschlechter und die Krise der Moderne. Berlin 1983. S. 13.

[2] Vgl. *Annette Deeken, Monika Bösel*: „An den süßen Wassern Asiens". Frauenreisen in den Orient. Frankfurt / Main, New York 1996. / *Annegret Pelz:* Reisen durch die eigene Fremde. Reiseliteratur von Frauen als autogeographische Schriften. Köln, Weimar, Wien 1993. / *Aufbruch und Abenteuer. Frauen-Reisen um die Welt ab 1785.* Hg. von Lydia Potts. Frankfurt / Main 1995.

[3] *Edward W. Said:* Orientalismus. Frankfurt, Berlin, Wien 1981. S. 8.

[4] Ebd., S. 10.

[5] Colonial Discourse and Post-colonial Theory. A Reader. Hg. von Patrick Williams, Laura Chrisman. New York u.a. 1994. S. 5.

[6] Vgl. *Edward W. Said:* Orientalism Reconsidered. In: *Cultural Critique* 1 (1985) 89–107.

[7] *Peter Burke:* The Philosopher as Traveller: Bernier's Orient, in: Voyages and Vision. Towards a Cultural History of Travel. Hg. Jás Elsner, Joan-Pau Rubiés. London 1999. S. 124–137. Hier: S. 136f.

[8] Der Historikerin Margrit Pernau-Reifeld aus New Delhi verdanke ich eine Reihe von Präzisierungen der Kategorie Gender im Orientbild. Als kritische Stimme mischt sie sich zuweilen in den Text ein.

[9] *Letters of the right honourable Lady Mary Wortley Montagu, Written during Mr. Wortley's embassy at Constantinople,* 1763 postum publiziert.

[10] Vgl. *Peter Michelsen:* Die Reisen der Lady. Zu den türkischen Briefen der Lady Mary Wortley Montagu. In: *Arcadia* 16 (1981) 242–265. Vgl. auch *Isobel Grundy:* Lady Mary Wortley Montagu: Comet of the Enlightenment. Oxford 1999.

[11] „Die Unmittelbarkeit, die Authentizität, die Dynamik der Briefe sind jedoch *fake*, ein Machwerk, ein Fabrikat. Was wir gelesen haben, sind kaum Abschriften der echten Briefe aus der Türkei, sondern Jahre später entstandene Bearbeitungen, Kondensierungen, Rearrangements der Originale – ein komponiertes Kunstwertk." (*Christoph Bode:* Lady Mary Wortley Montagu „The Turkish Embassy Letters" (1763) oder Die aufgeklärte Aristokratin. In: *West meets East: Klassiker der britischen Orient-Reiseliteratur.* Hg. von Christoph Bode, Heidelberg 1997. S. 13–30 Hier S. 30.)

[12] Vgl. die detaillierte Analyse „teilnehmender Beobachtung", die Bode (*Bode:* Lady Mary Wortley Montagu.) vorlegt, dabei die „transgressive Ironie dieser Szene (ebd., S. 24) herausstellend.

[13] Vgl. *Ina Schabert:* Englische Literaturgeschichte. Eine neue Darstellung aus der Sicht der Geschlechterforschung. Stuttgart 1997. S. 31ff.

[14] *Briefe der Lady Elisabeth Craven über eine Reise durch die Krimm nach Konstantinopel. An Sr. Durchlaucht den regierenden Markgrafen von Brandenburg=Anspach.* Leipzig 1789. S. 172; die weiteren Zitate im Text beziehen sich auf diese Ausgabe. Sie geht zurück auf die englische Originalausgabe: *A Journey through the Crimea to Constantinople. In a Series of Letters from the right honourable Elizabeth Lady Craven, to His Serene Highness the Margrave of Brandebourg, Anspach and Bareith* [etc.], London 1789.

[15] Vgl. *Uta Fleischmann:* Elizabeth Craven: 1750–1828; Lady on Tour – anno 1785/86. In: *Aufbruch und Abenteuer.* S. 24–36.

[16] „Konfrontiert mit der türkischen Sitte von Schleier und Harem, fühlte sich Lady Elisabeth Craven zu einer koketten Phantasie angeregt." (*Deeken, Bösel:* „An den süßen Wassern Asiens". S. 100.)

[17] *Michel Foucault:* Andere Räume. In: *Aisthesis. Wahrnehmung heute oder Perspektiven einer anderen Ästhetik.* Hg. von Karlheinz Barck u.a. Leipzig 1993. S. 34–46. Hier: S. 39.

[18] Vgl. ebd., S. 46.

[19] Pelz beschreibt in Anlehnung an Edward Said den Orient als doppelte Fremde (*Pelz:* Reisen durch die eigene Fremde. S. 175), in der die Maskerade als „Fremdwerden am eigenen Leibe" aufgefaßt werden kann.

[20] *Ida von Hahn-Hahn:* Orientalische Briefe. Hg. von Gabriele Habinger. Wien 1991. S. 64; die weiteren Zitate im Text beziehen sich auf diese Ausgabe.

[21] Vgl. *Hans Magnus Enzensberger:* Eine Theorie des Tourismus. In: *ders.:* Einzelheiten I. Bewußtseins-Industrie. Frankfurt /Main 1964. S. 179–205.

[22] Es stellt sich die Frage, wie Hahn-Hahn die Orientalinnen in Begleitung eines Dolmetschers überhaupt unverschleiert hat sehen können? Nicht nur das, was sie zu sehen bekommt, sondern auch ihre Informationen über Land und Leute sind stark gefiltert.

[23] Vgl. *Stefanie Ohnesorg:* Mit Kompaß, Kutsche und Kamel. (Rück-) Einbindung der Frau in die Geschichte des Reisens und der Reiseliteratur. St. Ingbert 1996. S. 257; vgl. auch: „... *und tät das Reisen wählen!"* Frauen – Reise – Kultur. Hg. von Doris Jedamski u.a. Zürich/Dortmund 1994.

[24] *Emily Ruete, geb. Prinzessin Salme von Oman und Sansibar:* Leben im Sultanspalast. Memoiren aus dem 19. Jahrhundert. Hg. u. mit einem Nachwort versehen von Annegret Nippa. Frankfurt / Main 1989, S. 131ff.; die weiteren Zitate im Text beziehen sich auf diese Ausgabe.

[25] *Annegret Nippa:* Nachwort. In: *Ruete:* Leben im Sultanspalast. S. 269–286. Hier: S. 278.

Alexandre Stroev (Brest)
„De la Russie, n'en croyez rien"
La fausse princesse de Brunswick

L'histoire de la fausse princesse de Brunswick permet d'étudier l'échange entre l'oral et l'écrit au XVIIIe siècle et d'analyser les modèles générateurs qui font naître des légendes et les transforment ensuite en textes littéraires. Ce récit de vie appartient à un genre intermédiaire et met en scène deux types de comportements bien distincts: celui d'un aventurier occidental et d'un imposteur, d'un *samozvanets* russe. Ils visent des objectifs totalement différents: le premier veut faire fortune, tandis que le second est appelé à gouverner le pays selon les lois bonnes et justes, à le transformer en paradis, à restaurer l'ordre divin sur la terre. L'aventurier trompe les dupes, tandis que l'imposteur est reconnu, les signes témoignent de son origine royale et sacrée. Il n'a pas besoin d'inventer son histoire: le peuple lui fournit une légende toute prête.[1] Si l'aventurier échoue, on le ridiculise, on voit en lui un escroc charmant, tandis que les monarques et les autorités ont peur de l'imposteur qui, comme Pougatchev, faux Pierre III, peut ébranler l'empire; on le traite comme un criminel ou un fou dangereux.

Néanmoins, le siècle des Lumières voit apparaître plusieurs imposteurs qui se donnent pour des princes ou des monarques destitués et qui, d'une ou d'autre manière, sont liés à la Russie ou au monde slave. Citons, à titre d'exemple, la princesse Tarakanova alias Élisabeth Vladimirskaïa; Ivan Trevoguine, prince de Golconde; Stepan Zannovich, prince d'Albanie; Joseph Abaïssi, prince de

Palestine; Litsyne, prince de Pologne[2], etc. Des mythes analogues entourent la vie de Cagliostro et du comte Beniowski. Une légende-type comporte plusieurs éléments répétitifs qui correspondent aux étapes d'une initiation symbolique: une vie heureuse, un coup d'État ou une tentative d'assassiner le jeune monarque qui est contraint de quitter son royaume, de se sauver en contrefaisant le mort; un intrus ou un double s'emparent de son trône. Pendant l'exil, le héros subit toutes sortes de malheurs: la prison ou l'esclavage, la misère et les souffrances; ses pérégrinations à travers le monde prennent la forme d'un pèlerinage, il passe par la Pologne, visite Constantinople ou Jérusalem[3.] Pour ressusciter et devenir un autre homme, il faut mourir; pour se frayer un chemin vers un monde meilleur, il faut traverser la mer.

Il va sans dire que la vie de la vraie princesse Charlotte Christine Sophie de Brunswick Blankenbourg (Wolfenbüttel, 29.1694 – Saint-Pétersbourg, 1.11.1715) était tout autre[4]. Sœur cadette d'Elisabeth Christine, femme de l'empereur Charles VI, Charlotte épouse en 1711 le grand-duc Alexis, fils de Pierre Ier. Elle met au monde deux enfants, Nathalie (1714-1732), et Pierre, futur empereur (1715-1730). La princesse meurt à l'âge de 21 ans, d'une maladie de poitrine consécutive à ses secondes couches.

Sa vie et son décès auraient pu passer inaperçus, s'ils n'étaient pas liés à la biographie d'un souverain légendaire, Pierre Ier. Dès son vivant, les légendes populaires le présentent en Antéchrist et en faux roi (pendant son voyage à l'étranger, il aurait été remplacé par un double), l'accusent de l'inceste et du meurtre de son fils. En 1705, les rumeurs répandues en France racontent l'exécution du prince Alexis treize ans avant sa condamnation et sa mort réelle[5]. Mais les légendes la présentent à leur façon: elles font ressusciter Alexis, remplacé sur l'échafaud par un soldat. Depuis 1723, les premiers faux Alexis apparaissent. Ils marquent le début des troubles qui vont perturber l'empire de Russie; dans la seconde moitié du siècle, on verra des dizaines des faux princes Ivan et Pierre III.

C'est à ce moment, semble-t-il, que la princesse de Brunswick ressuscitée entre en scène pour la première fois. Dans sa lettre à la comtesse Sabina von Bassewitz, (Ferney, 22 janvier 1761) Voltaire raconte: „une Polonaise, en 1722, vint à Paris et se logea à quelques pas de la maison que j'occupais; elle avait quelques traits de ressemblance avec l'épouse de czarowitz" (Best. D9568[6]). Soulignons la nationalité de cette dame: dans les romans et les pièces du XIXe siècle, les aventures polonaises de la princesse tiendront une place assez importante. Frédéric II insiste dans sa lettre à d'Alembert du 30 novembre 1771: „Je puis vous répondre avec plus de précision sur le sujet de cette Dame qui prétendait passer pour l'épouse du czarowitz; son imposture a été découverte à Brunswick, où elle a passé peu après la mort de celle dont elle emprunta le nom; elle y reçut quelques charités, avec ordre de quitter le pays et de ne jamais prendre le nom dont la naissance l'écartait si fort"[7].

En 1760, une fausse princesse de Brunswick s'installe en France, les bruits courent Paris et alimentent les nouvelles à mains. Voltaire qui rassemble des documents pour le second volume de *l'Histoire de l'Empire de Russie sous Pierre le Grand* reçoit une relation écrite[8] et s'informe auprès des autorités russes et françaises. En expédiant à Ivan Chouvalov (Ferney, 27 septembre 1760) le premier volume de *l'Histoire*, il ajoute: „Je ne peux m'empêcher de vous conter qu'on m'a remis des anecdotes bien étranges, et qui sont singulièrement romanesques". Le philosophe résume la fable à son correspondant, en suivant de près la relation: „On prétend que la princesse épouse du czarovitz ne mourut point en Russie, qu'elle se fit passer pour morte, qu'on enterra une bûche qu'on mit dans sa bière, que la comtesse de Kœnigsmark conduisit cette aventurière incroyable, qu'elle se sauva avec un domestique de cette comtesse, que ce domestique passa pour son père, qu'elle vint à Paris, qu'elle s'embarqua pour l'Amérique, qu'un officier français qui avait été à Pétersbourg la reconnut en Amérique et l'épousa, que cet officier se nommait d'Aubane, qu'étant revenue d'Amérique elle fut reconnue par le maréchal de Saxe, que le maréchal se crut obligé de découvrir cet étrange secret au Roi de France, que le Roi quoi qu'alors en guerre avec la Reine de Hongrie lui écrivit de sa main pour l'instruire de la bizarre destinée de sa tante, que la Reine de Hongrie écrivit à la princesse en la priant de se séparer d'un mari trop au dessous d'elle et de venir à Vienne, mais que la princesse était déjà retournée en Amérique, qu'elle y resta jusqu'en 1757, temps auquel son mari mourut, et qu'enfin elle est actuellement à Bruxelles où elle vit retirée et subsiste d'un pension de 20 milles florins d'Allemagne que lui fait la Reine de Hongrie". Le philosophe conclut: „Comment a-t-on le front d'inventer tant de circonstances et de détails! ne se pourrait-il pas qu'une aventurière ait pris le nom de la princesse épouse de czarovitz? Je vais écrire à Versailles pour savoir quel peut être le fondement d'une telle histoire, incroyable dans tous les points" (Best. D9270).

Effectivement, Voltaire envoie une copie de la relation à Versailles et demande des renseignements: „Mgr le duc de Choiseul est supplié de vouloir bien mettre au bas de cette petite requête, s'il y a le moindre fondement à la merveilleuse histoire ci-jointe". Le ministre répond sur la même feuille: „Cette histoire court Paris, il est vrai qu'il y en était [...] une femme il y a 3 mois qui a été le prétexte de l'histoire, je ne la crois pas, je n'ai pas vu la femme, mais j'ai vu l'homme qui lui a parlé et qui s'est échauffé la tête sur cette fable. La femme est partie, l'on ignore où elle est allée! Le roi à qui j'ai demandé hier ce qu'il savait sur ce fait, m'a assuré qu'il l'ignora parfaitement et que même il n'avait jamais rien lu ni entendu dire [...]"[9]. Le patriarche de Ferney évoque la réponse du ministre dans sa lettre à Marie-Élisabeth de Dompierre de Fontaine (Ferney, 22 octobre 1760): „L'histoire de la princesse russe est une fable, mais des gens la croient, et c'est le destin des fables. Il est faux que le roi ait jamais entendu parler de cette aventurière. Il n'en a su le conte que par M. le duc de Choiseul que j'ai supplié de s'en informer. Je m'y intéressais comme Russe" (Best. D9341). Le 7 novembre 1760, Voltaire mentionne encore une fois à Ivan Chouvalov la „petite historiette" de la femme, prise pour la veuve du tsarévitch qui „n'est pas digne d'être mise de côté des faux Démétrius" (Best. D9386). En janvier 1761, Voltaire modifie un peu le récit dans sa lettre à la comtesse Bassewitz, déjà citée: il dit que l'aventurière avait fait connaissance avec d'Aubant à Paris avant de partir avec lui en Amérique.

Le philosophe se garde bien d'inclure cette anecdote dans l'*Histoire de l'Empire de Russie sous Pierre le Grand*, ce qui lui attire une critique de la part du chimiste Jean Hellot, membre de l'Académie des sciences. Après la parution du second volume, le savant envoie une lettre au patriarche (Paris, 28 juin 1763) où il raconte la biographie de la princesse qui habite près de Paris, à Vitry; il tient cette histoire, qu'il croit être vraie, de Saint Martin, l'un des syndics de la Compagnie des Indes, ci-devant gouverneur par intérim des Iles de France et de Bourbon (Best. D11282).

En 1771, la dame meurt et, encore une fois, un flot de textes et de rumeurs déborde. Frédéric Melchior Grimm inclut dans sa *Correspondance littéraire* du juin 1771 un texte intitulé „Conte qui n'en n'est pas un" tout en signalant les invraisemblances du récit. Il précise que c'est „une relation qu'on fabriqua à son sujet il a environ dix ans, et que sa mort a fait renouveler depuis quelques mois"[10]; ce texte correspond à celui qui est conservé dans la bibliothèque de Voltaire, hormis la fin, légèrement raccourcie. Grimm ajoute que Sartine, le chef de la police, n'en a jamais entendu parler. D'Alembert parle de la princesse dans sa lettre à Frédéric II (8 novembre 1771), en rapportant les mêmes faits. Jean-Bernard Bossu inclut cette histoire dans ses *Nouveaux voyages dans l'Amérique septentrionale* (1777), dans la première lettre, datée de la Nouvelle Orléans, du 25 juillet 1770; il utilise la même relation que Voltaire et Grimm, en faisant quelques retouches stylistiques, mais il semble ignorer la mort de l'héroïne.

En analysant ces informations, on peut reconstruire la trame de l'histoire. Au début des années 1720, une aventurière allemande ou polonaise tente en vain de se faire passer pour la princesse de Brunswick. Elle apparaît à la cour de Brunswick, puis à Paris. Elle quitte la France et part en Amérique, en Louisiane[11]. Là un certain d'Aubant (Auban, Daubane) ou Maldaque (Maldack, Maldagne) qui aurait servi en Russie sous Pierre le Grand, la reconnaît en tant que princesse et l'épouse. Ils achètent une plantation et des esclaves noires, une fille naît de leur union. La famille se rend à Paris où le chevalier d'Aubant se fait opérer d'une fistule, ensuite ils s'installent à l'Ile de Bourbon, où d'Aubant est promu au grade de capitaine et, ensuite, celui de major dans les troupes de la Compagnie des Indes. Cette partie du récit est confirmée par le témoignage de M. de Saint-Martin. Après la mort de son mari (en 1732, selon Hellot), la dame rentre en France; selon la version de Voltaire et de Grimm, elle ne revient en Europe que vers 1757 (1754 selon Bossu), après le décès de sa fille. Mme d'Aubant part à Bruxelles, passe une année et demi dans un couvent, puis au début des années 1760, elle s'installe à Vitry, avec une servante noire. Selon

Hellot, „On sait dans le village qu'elle est veuve d'un Czarewitz et l'on feint de l'ignorer, mais on lui rend des respects quand elle va à la messe. Elle est âgée mais grande, bien faite, l'air et le ton noble". On suppose que l'impératrice d'Autriche lui verse une pension, dont elle distribue les trois quarts aux pauvres, ce qui expliquerait sa vie modeste.

La légende, crée par notre héroïne, comporte deux épisodes principaux: la résurrection et la reconnaissance. Le premier se passe en Russie: maltraitée par son tyran de mari, la princesse de Brunswick fait la morte pour se sauver. On enterre une bûche à sa place et la princesse quitte la Russie avec l'aide de la comtesse de Kœnigsmark, mère de Maurice de Saxe. Le second épisode se déroule à Paris, trente ans plus tard (il aurait eu lieu pendant le premier séjour de la famille à Paris): se promenant aux Tuileries, la princesse rencontre Maurice de Saxe qui la reconnaît; elle lui demande de garder le secret pendant trois mois. Le maréchal en informe Louis XV qui écrit à l'impératrice Marie-Thérèse. L'impératrice invite la princesse à la rejoindre et à se séparer de son mari et de sa fille, dont le roi prendrait soin. Mais la famille était déjà partie à l'Ile de Bourbon.

La relation de 1760 et les textes postérieurs qui développent la légende soulignent la bizarrerie de la fortune et mettent en relief le contraste entre la civilisation et la barbarie, entre l'innocence et la persécution, entre les bonheurs de la vie modeste et les malheurs du pouvoir. Le récit qui se veut véridique suit le modèle des contes philosophiques de Voltaire[12]. La princesse devient le symbole de la femme civilisée, transportée à tour de rôle dans le pays des barbares (la Russie), dans celui des bons sauvages (l'Amérique) et au centre de l'Europe française. Dans le premier cas, ajoute Bossu, elle ne parvient pas à adoucir par ses grâces, sa vertu et son esprit le caractère féroce du cruel Alexis qui veut sa mort. Ce monstre l'empoisonne jusqu'à neuf fois, délivre de furieux coups de pieds dans le ventre de sa femme grosse de huit mois et la laisse noyée dans son sang. Dans le second épisode, on décrit la princesse, devenue femme d'un capitaine d'infanterie: pendant dix ans, elle vit dans un pays peuplé de Nègres, au milieu d'une nation sauvage, propriétaire d'une petite plantation. Et cependant la princesse, „oubliant parfaitement qu'elle était d'un sang auguste, qu'elle avait eu pour mari l'héritier présomptif d'un empire limitrophe avec la Suède et avec la Chine, que sa sœur était impératrice d'Occident et enfin ne s'occupant que de son mari, avec qui elle partageait les travaux qu'exigeait sa situation" est „plus contente mille fois qu'elle ne l'avait été dans le palais impérial de Pétersbourg, et plus heureuse peut-être que sa sœur ne l'était dans celui des césars"[13]. L'auteur anonyme s'adresse au lecteur en homme sensible: „Ce tableau est, je crois, le plus attendrissant qui ait jamais été présenté aux yeux de l'univers"[14]. Dans la troisième partie de l'histoire qui se déroule en France, la princesse préfère deux fois de suite le bonheur modeste à la renommée et à une reconnaissance officielle du monde civilisé: elle retourne au Nouveau Monde, puis elle choisit une retraite aux environs de Paris.

Les réfutations de cette légende ne tardent pas. Catherine II fait insérer dans la *Correspondance littéraire* de Grimm (novembre 1771[15]) une histoire véridique de la vie et de la mort de la princesse de Brunswick et précise que la comtesse de Kœnigsmark n'est jamais venue en Russie. Le roi de Prusse recourt à l'ironie: „Croyez qu'on sait comme il faut tuer son monde en Russie, et lorsqu'on expédie quelqu'un, principalement à la cour, il ne ressuscite de sa vie. Le contraire pouvait nous arriver, à nous qui ne sommes pas aussi versés dans ce métier. Demandez donc, s'il vous plait, quand vous verrez quelque ressuscité: de grâce, Monsieur ou Madame, où vous a-t-on tué? Et sur le pays qu'il vous nommera, jugez de la vérité du fait. Si l'on vous parle de la Judée, vous savez que c'est l'usage; si l'on vous nomme mon pays, doutez; si c'est la Russie, n'en croyez rien"[16]. Quand en février 1778 le *Journal encyclopédique* mentionne cette légende, en faisant un compte-rendu des *Nouveaux voyages* de Bossu, le rédacteur est contraint de publier dans le numéro du mois de mai une lettre parvenue de Pétersbourg selon laquelle „ce roman pourra fournir matière à quelque beau drame dans le goût actuel"[17].

Ce „roman" offre à Grimm l'occasion d'analyser comment les légendes naissent et se développent: „Il résulte de ces observations qu'il y a par-ci par-là des aventuriers et des aventurières dans le monde, qui, ayant éprouvé des coups du sort d'un grand éclat ou des revers singuliers, se dépaysent et s'expatrient, et mènent, dans des lieux éloignés de leur premier théâtre, une vie retirée et cachée.

Les soins qu'ils prennent de se dérober à la connaissance du public ne peuvent manquer d'exciter sa curiosité; l'imagination s'en mêle, le merveilleux s'établit; on forge des contes superbes, que le héros ou l'héroïne ne trouve pas à propos de détruire; et les voilà métamorphosés en princes, sans avoir ni les avantages, ni les importunités du rang souverain"[18].

Avant la mort de Mme d'Aubant, une nouvelle aventurière, Mme d'Hacqueville, se fait passer pour la princesse de Brunswick; Voltaire fait sa connaissance et, entre 1764 et 1777, la mentionne souvent dans ses lettres: „Quant à la prétendue veuve de l'infortuné Czarovitz, fils de Pierre le Grand, elle a passé quelques jours chez moi cet été, et on lui bâtit actuellement auprès de mon château, une maison qui probablement ne sera point achevée. Soyez très sûr, Monsieur, qu'elle n'est pas plus arrière-grand-tante de la Reine[19], que le faux Démetrius n'était successeur légitime au trône de Russie"[20].

Le thème récurrent des légendes des imposteurs, celui d'un voyage périlleux à la recherche d'un monde meilleur, fait partie intégrale de plusieurs romans utopiques, que ce soit *l'Icosaméron* de Giacomo Casanova ou *l'Amazonie* de Bernardin de Saint-Pierre. Il n'est pas impossible que l'écrivain français qui avait effectué des voyages en Russie et à l'Ile de France, soit influencé par la légende de la princesse de Brunswick. Il inclut dans *l'Amazonie* l'histoire de la régente Anne et celle d'un Indien, en transportant ses personnages de Russie en Amérique. Là, la fille d'Anne, Sophie de Brunswick[21] épouse un Indien qui déclare que „la vie des sauvages est préférable à celle des rois"[22]. Bernardin de Saint-Pierre revient à ces thèmes de l'inconstance de la fortune en Russie, des malheurs de grands de ce monde, du contraste entre la civilisation européenne et le climat et les mœurs rudes, dans le projet d'un roman, consacré au maréchal de Münnich, qui avait été exilé en Sibérie[23].

Au XIXe siècle, la légende réapparaît dans les *Souvenirs* apocryphes de la marquise de Créquy; elle donne le jour au roman d'Heinrich Zschokke *La princesse de Wolfenbüttel* (1804), traduit en plusieurs langues, y compris deux fois en français. La princesse figure dans les pièces de théâtre: dans le vaudeville en un acte de Charles de Livry, Antonin D et Roche *Mme de Péterhoff* (1836), dans l'opéra de Charlotte Birch-Pfeiffer *Santa-Chiara* (1845) et dans le drame historique en cinq actes en prose de Paul-Henri Foucher *L'héritier du Czar* (1849)[24]. Pour présenter l'histoire comme véridique et la rendre plus touchante, Heinrich Zschokke utilise la narration à la première personne (lettres et journal intime). Il s'inspire directement de la version de Bossu, en rajoutant des épisodes romanesques: la rencontre du chevalier d'Aubant et de la jeune princesse dans un foret de Brunswick, leur amour platonique en Russie, la fuite de la princesse à travers la Pologne où un noble Polonais tombe amoureux de sa servante; le voyage et le séjour en Amérique. En revanche, Zschokke résume brièvement à la troisième personne la seconde partie de la vie de la princesse, depuis son voyage en France; il ne mentionne pas sa fin, qui manque dans la version de Bossu. Les continuateurs recourent à son roman et y puisent des épisodes à développer. Ils ne s'intéressent qu'au début: les cruautés d'Alexis, la fausse mort et la fuite de Charlotte, l'amour chevaleresque du jeune d'Aubant. Charles de Livry y trouve la source des *quiproquo* comiques qui permettent à la princesse de quitter la Russie avec le Français et à sa fidèle servante de consommer son mariage avec le maître de l'auberge, située à la frontière entre la Russie et la Pologne[25]. Charlotte Birch-Pfeiffer et Paul Foucher n'hésitent pas à changer la trame de l'histoire; ils font de Charlotte une alliée de Pierre le Grand, du tsar réformateur. Elle lutte avec lui contre Alexis qui perpètre des complots contre son père et se vante de ruiner son œuvre civilisatrice. Elle sauve la vie à l'empereur russe, menacé par son fils indigne, et voit la mort de son monstre de mari. Dans le livret d'opéra de Birch-Pfeiffer, Alexis se suicide sous ses yeux (pour ajouter du pittoresque, le dénouement se situe en Italie, près de Naples[26]); dans la pièce de Paul-Henri Foucher, Alexis meurt en prison russe, après avoir empoisonné Charlotte[27]. Ainsi, le drame familial se transforme en une guerre entre le progrès et la barbarie où la princesse allemande est secondée par les Français.

Le thème de l'imposteur, du faux prince est intimement lié à ceux du double et du contrat avec le diable, car les œuvres traitent tous de l'identité et de l'altérité. Ainsi, le premier roman russe consacré au pacte diabolique, intitulé *Savva Groudtsyne*, qui paraît dans les années 1670, situe son action dans la période des troubles politiques, celle de l'apparition de plusieurs imposteurs, de faux Dimitri. C'est pourquoi tout à fait logiquement Thomas Mann, au début du roman *Le Docteur Faustus* (1947), raconte l'histoire de la Bible familiale des Leverkühn: „Selon une légende ou plutôt une tradition péremptoire, ce livre avait appartenu à la princesse de Brunswick-Wolfenbuttel, qui épousa le fils de Pierre le Grand. Par la suite, la princesse avait simulé la mort et ses obsèques furent célébrées pendant qu'elle s'enfuyait à la Martinique, où elle contracta mariage avec un Français. Combien de fois, plus tard encore, Adrian, qui avait le sens aigu du comique, s'égaya avec moi de cette histoire que son père, levant la tête, racontait avec un regard doux et profond...“[28].

---

[1] Vgl. *K.V. Tchistov*: Légendes utopiques populaires en Russie. Moscou 1967.

[2] *A. Stroev*: Les Aventuriers des Lumières. Paris 1997.

[3] La légende de Cagliostro raconte son éducation mystique dans les pyramides de l'Égypte.

[4] *M. Huberty, A. Giraud, F. et B. Magdelaine:* L'Allemagne dynastique. Le Perreux-sur-Marne. Paris 1981. Bd. 3. S. 91 u. 98f. / *V.I. Guerie*: La princesse Charlotte. In: *Le Messager de l'Europe* 5 (1872) 19ff. u. 6 (1872) 461-534 (en russe).

[5] Ce récit ressemble à un texte folklorique et, selon l'historien Sergueï Soloviev, remonte aux chants et légendes, consacrés à Ivan le Terrible. En Russie, le sacrifice du fils devient un élément inaliénable du mythe d'un grand souverain et d'un tyran sanguinaire, que ce soit Ivan le Terrible, Pierre le Grand ou Staline. Vgl. *B. Ouspenski*: Historia sub specie semioticae. In: *Ecole de Tartu: travaux sur les systèmes de signes.* Bruxelles 1976. S. 141-151.

[6] *Voltaire*: Correspondance and related documents. Hg. von Th. Besterman. Genève, Oxford 1968-1977.

[7] *Œuvres posthumes de Frédéric II, roi de Prusse.* Paris 1789. Bd. 7, S. 222.

[8] Les fonds Voltaire de la Bibliothèque nationale de Russie (Saint-Pétersbourg) possèdent deux copies de ce texte. Elles sont de l'écriture différente et ne se distinguent que par la graphie des noms propres et par la fin, plus courte ou plus développée. La première version, *Histoire de la princesse, femme de czarowitz, fils du Czar Pierre le Grand*, comporte les notes de Voltaire: *Histoire de la fausse princesse Russe, Fable sur l'épouse du czarovits qui fut condamné par son père* etc.; elle se trouve parmi les *Mémoires pour l'histoire de Russie par Voltaire,* Bd. 2, fol.341r-342v. La seconde version, sans titre, est précédée de la note de Voltaire „prétendues anecdotes sur l'épouse du csarovits"; elle est conservée dans les *Manuscrits... de différentes personnes,* Bd. II, fol. 359r-361v. Vgl. *F. Caussy*: Inventaire des manuscrits de la bibliothèque de Voltaire conservée à la bibliothèque impériale publique de Saint-Pétersbourg. Paris 1913. / *V.S. Lioublinski*: Lettres de Voltaire. Leningrad 1956. S. 403 (en russe). Je remercie chaleureusement Nikolaï Kopanev, conservateur de la bibliothèque de Voltaire et directeur du département des livres rares de la Bibliothèque nationale, qui m'a facilité la consultation de ces fonds.

[9] Billet autographe inédit, s.l., s.d. – *Mémoires pour l'histoire de Russie.* Bd. 2, fol. 344r.

[10] *Correspondance littéraire (CL).* Hg. von M. Tourneux. Paris 1879, Bd. 9, S. 325.

[11] Selon Bossu, le chevalier d'Arensbourg, Suédois, qui commandait ci-devant une contrée d'Allemands habitants de cette colonie, s'est borné à lui dire qu'une „dame allemande, qu'on soupçonnait être princesse, était venue dans la Colonie dès les commencements de son établissement" (*J.-B. Bossu:* Nouveaux voyages dans l'Amérique septentrionale, contenant Une collection de Lettres écrites sur les lieux, par l'Auteur, à son ami, M. Douin. Amsterdam 1777. S. 47f.).

[12] Rappelons le chapitre XXVI de *Candide* (1759) où six souverains en exil, y compris l'empereur Ivan, se rencontrent à Venise. Le texte de Voltaire précède d'une année la relation.

[13] *Mémoires pour l'histoire de Russie,* Bd. 2, fol. 342r; Grimm (ou son copiste) écrit „rang auguste" (*CL.* Bd. 9, S. 326f.); „princesse sortie d'un sang auguste, veuve de l'héritier d'un des plus vastes empires du monde et sœur de l'impératrice de l'Occident" (*J.-B. Bossu:* Nouveaux voyages. S. 44f.).

[14] *Mémoires pour l'histoire de Russie.* Bd. 2, fol. 342r / *CL.* Bd. 9, S. 326.

[15] „Une main auguste n'a pas dédaigné de faire les remarques suivantes sur ce conte" (*CL.* Bd. 9, S. 394).

[16] *Œuvres posthumes de Frédéric II.* Bd. 7, S. 222.

[17] A Saint-Pétersbourg, le 12 Avril 1778, *Journal encyclopédique,* 1778, 15 mai, Bd. IV, S. 136-139. Selon l'auteur de l'article, la même fable figure dans la continuation de l'histoire moderne de Richter, volume 17.

[18] *CL.* Bd. 9, S. 395.

[19] La reine de France Marie-Antoinette.

[20] Voltaire à Louis-Antoine de Caraccioli, Ferney, 15 septembre 1776; Best. D20294.

[21] En vérité, l'impératrice Anna Ivanovna décède en 1740, ayant nommé sa nièce Anna Leopoldovna, épouse du prince Antoine-Ulrich de Brunswick-Wolfenbuttel, régente de la Russie ; cette dernière sera détrônée et exilée en 1741.

[22] Vgl. *M. Souriau:* Bernardin de Saint-Pierre d'après ses manuscrits. Paris 1905. S. 29f.

[23] Lettre à la baronne Julie de Krüdener, 29 avril 1790 (*F. Ley:* Bernardin de Saint-Pierre, Mme de Staël, Chateaubriand, Benjamin Constant et Mme de Krüdener (d'après des documents inédits). Paris 1967. S. 63.)

[24] Vgl. *R. Minzloff:* Pierre le Grand dans la littérature étrangère. Saint-Pétersbourg 1872 / *A.G. Brikner:* Le tsarevitch Alexis Petrovitch dans les belles-lettres étrangères. In: *Le Messager historique* 3 (1880) 146-158 (en russe).

[25] *Mme de Péterhoff,* vaudeville en 1 acte, par Charles de Livry, Antonin D et Roche. Paris 1836.

[26] *Sainte-Claire,* opéra en trois actes, musique de S.A.R. Ernest, duc de Saxe-Cobourg-Gotha, paroles de Mme Birch-Pfeiffer, appropriées à la scène française par G Oppelt. Paris 1855.

[27] *P.-H. Foucher:* L'héritier du Czar. Paris 1849.

[28] *T. Mann:* Le Docteur Faustus. Paris 1983. S. 31.

Günter Dammann (Hamburg)
Ein König der Korsen
Theodor von Neuhoff

„Im Gebiete der Kunst ist Theodor's Namen in einer Weise aufbewahrt, welche, seinen übrigen Lebensloosen entsprechend, auch diesen Ruhm für ihn zweifelhaft gestellt läßt"[1]. So schreibt mit Umständlichkeit und Grandezza Varnhagen von Ense.[2]

Wie wahr! möchte man ausrufen, blättert man den ersten deutschsprachigen Roman auf, der seinen Stoff wenigstens in Teilen aus der Geschichte des Königs von Korsika nimmt: *Zwey Westphälische so genannte Robinsons, Oder Avanturieurs, auf einmal* (1748) von einem pseudonym firmierenden Autor namens Caliginosus.[3] Tatsächlich aber will dieses Buch voller Brüche anders gelesen werden als nach den Standards eines romantischen oder realistischen Romans. Was ‚Caliginosus' uns serviert, ist ein Bündel aus drei Mengen. Die erste Menge enthält Beispiele von Abenteurertum; nicht der im Titel mutwillig gesetzte Robinson-Name, sondern der optional mitgegebene Appellativ des „Avanturieurs" ist die treffende Bezeichnung für die beiden Protagonisten des Werks. Zum zweiten bietet das Buch, wie ebenfalls bereits der Titel sagt, neue Mitteilungen über die „Corsischen Affairen" um Theodor von Neuhoff. Schließlich und drittens bestehen große Teile des Opus aus Liebesgeschichten der beiden Titelhelden. Im Prinzip ist diese Gemengelage bereits das, was später unter anderer Modellierung Vulpius anbieten wird. Die besondere Struktur bei

‚Caliginosus‘ entsteht nun daraus, daß nicht der Westfale Theodor selbst, sondern zwei seiner Landsleute, der Adlige Rudolph B. d. D. und dessen Kammerdiener, im Fokus des Erzählens stehen. Beide gelangen an die Seite Neuhoffs und werden über ihn in die Auseinandersetzungen um Korsika verwickelt. An der Parallelbiographie von Rudolph und dem Kammerdiener sind typische Züge des Lebenslaufs eines Helden von Robinsonaden- oder Aventurierroman der deutschen Frühaufklärung exemplifiziert. Aber der erzählerisch nur im Hintergrund gehaltene Theodor von Neuhoff wird dann doch partiell diesem Typus des Abenteurers subsumiert. Zunächst nämlich formuliert das Erzähl-Ich frühzeitig die Annahme, daß „des Theodors und Rudolphs Avantüren [...] einen starcken Zusammenhang mit einander haben müsten" (49). Diese Vermutung wird durch die Darbietung der Handlung abgestützt: Rudolph und sein Kammerdiener übernehmen, was in der geschichtlichen Wirklichkeit Neuhoff selbst tat, sie reisen nach Tunis, um Hilfstruppen und Finanzmittel für Korsikas Unabhängigkeitskampf zu erbitten. Daß Theodor eine Randfigur bleibt und zwar indirekt als Abenteurer benannt, aber nicht in den Fokus des Erzählens gehoben wird, erklärt sich aus dem Strukturmodell dieses Romantypus im zweiten Viertel des Jahrhunderts: Der Aventurier muß einen erfolgreichen Weg bis zur Etablierung in heimatlicher (oder auch exotischer) Wohlhabenheit durchlaufen. Das tut der Kammerdiener, der zum Generalmajor aufsteigt und sich dann für die Heimkehr nach Westfalen entscheidet, wo seine mitgebrachten „Effecten" (286) ihm einen sehr angenehmen Empfang und eine Bauerntochter als Ehefrau sichern. Das aber wäre nicht der Weg Theodors, das ist übrigens auch nicht der Weg des Adligen Rudolph, der in einer vagen Perspektive des Romanschlusses vielmehr zu einem Konkurrenten seines Landsmanns von Neuhoff in der Gunst der korsischen Bevölkerung wird und damit präsumtiv in ähnlicher Weise abstürzt wie jener.

In Tobias Smolletts *The Adventures of Ferdinand, Count Fathom* (1753) hat Theodor von Neuhoff seinen nächsten, ebenfalls noch zu Lebzeiten erfolgenden Auftritt.[4] Smollett steckt seinen Helden Ferdinand, der vom Erzähler durchgängig als „adventurer" bezeichnet wird, nach einem Handlungsweg voller Schelmenstücke in ein Londoner Gefängnis und läßt ihn dort auf einen „club" von bemerkenswerten Figuren treffen, deren Haupt „the celebrated Theodore king of Corsica" ist, „who lies in prison for a debt of a few hundred pounds", wie der Zeremonienmeister der Gesellschaft mitteilt (II,4). Die Episode ist, jedenfalls soweit sie Theodor von Neuhoff betrifft, nur kurz und ohne größere semantische Funktion für die Lebensgeschichte des Smollettschen Titelhelden. Theodor wird uns hier gerade nicht als ein Abenteurer vorgeführt. Schräg wie seine aktuelle Umgebung im Gefängnis sein mag, leuchtet doch eine Aura von Größe des Zeitgeists um ihn; denn, so nunmehr der Erzähler selbst, dieser ins Elend gefallene König „possessed the throne of sovereignty by the best of all titles, namely, the unanimous election of the people over whom he reigned; and attracted the eyes of all Europe, by the efforts he made in breaking the bands of oppression, and vindicating that liberty which is the birthright of man" (II,10).

Der dritte und wohl bekannteste Fall, in dem Theodor von Neuhoff einen zeitgenössischen literarischen Auftritt hat, findet sich am Ende von Voltaires Erzählung *Candide, ou l'optimisme* (1759).[5] Die Form der Episode wiederholt das Modell des komischen Romans nun vollends in der Zuspitzung zur satirischen Revue. Candide sieht sich an der Table d'hôte eines venezianischen Gasthauses sechs Fremden gegenüber, die des Karnevals wegen in die Lagunenstadt gekommen sind und bei denen es sich samt und sonders um abgesetzte Herrscher handelt. Die mechanisch nacheinander vorgetragenen Schicksale der Monarchen wollen natürlich vor allem eine weitere Station auf dem Weg Candides zur Erfahrung der ‚besten aller Welten' sein, doch sind die sechs Kurzbiographien auch so angeordnet, daß sie in komischer Steigerung erscheinen – mit Theodor als der negativen Schlußpointe. Voltaire zeichnet den Baron mittellos und wieder einmal kurz vor dem Schuldgefängnis, nach Venedig gekommen nicht etwa zum Besten Korsikas, sondern nur des Karnevals wegen, dabei selbst von seiner Standesinferiorität überzeugt und deshalb die anderen fünf Entthronten devot als „Vos Majestés" (210) anredend.

Auf diese Episode Voltaires wiederum geht das Grundmotiv von Giovanni Battista Castis – für Giovanni Paisiello geschriebenem – Libretto *Il re Teodoro in Venezia* (Uraufführung Wien 1784) zurück.[6] Von Voltaires sechs abgesetzten Monarchen erscheinen bei Casti nur mehr zwei, Teodoro, stark verschuldet, ohne weiteren Kredit bei Gläubigern, aber um Gelder für Korsika bemüht (und nicht dem Karneval frönend), sowie Acmet, der ehemalige Großsultan des Osmanischen Reiches, beide Gäste im selben Wirtshaus in Venedig. Die Oper des Teams Casti und Paisiello, die Da Ponte und Mozart beeinflußte und Goethe beeindruckte, zeigt den König der Korsen zwar in Komödientradition als Exempel eines moralischen und dann auch bestraften Fehlverhaltens, nämlich der unkontrollierten Waghalsigkeit und des Ehrgeizes nach nicht zukommendem Stand, beläßt ihm aber noch im Kerker, der die letzte Station seines Weges auch hier ist, ein wenig Würde gegenüber den lauten Ratschlägen des um ihn zum Finale versammelten Figurenensembles.

Die kleine Literaturgeschichte des Stoffes im 18. Jahrhundert endet mit dem Büchlein eines nur mit Initialen zeichnenden Verfassers, für welches Varnhagens Verdikt nun wahrlich und in ganzem Umfang zutrifft: *Theodor der Erste, König der Korsen* (1799), auf dem Titelblatt ausgegeben im aktuellen Geschmack des Unterhaltungsromans als *Ein historisch-romantisches Gemählde*.[7] Seine in der Vorrede angekündigte „Verknüpfung des Angenehmen Romantischen mit der Wahrheit [der Geschichte]" realisiert der Autor, indem er die gute erste Hälfte des Werks für eine immer weiter in Mantel-und-Degen-Phantasien, Waffengeklirr und belanglos orientalisch kostümierte Liebestragödik abdriftende Schilderung des ‚vorkorsischen' Theodors reserviert, während die zweite Hälfte den zum König avancierten ‚korsischen' Neuhoff am konfus gehandhabten Leitfaden der überlieferten Ereignisgeschichte darstellt. Das Bild des westfälischen Barons ist hier eindeutiger geworden als in allen früheren fiktionalen Arbeiten. Der Anonymus präsentiert ihn emphatisch als einen „Helden seines Zeitalters", als ein „herrliches Beispiel von Ruhmsucht, Tapferkeit und Verwegenheit", als „Theodorn den Großen" (92), der „zur Belebung des halb erloschenen vaterländischen Geistes der Korsen Alles beitrug" und – alles andere als ein scheiternder Abenteurer – „Korsika den genuesischen Händen auf immer entzog" (140f.): Spätaufklärung der unangekränkelten Art.

*

158

Um dem im Titel des Beitrags formulierten Anspruch nachzukommen, die Konzeption des Abenteurertums in Vulpius' Roman über Theodor von Neuhoff zu erhellen, wird es nötig sein, daß eine knappe Verständigung über das, was das Wort ‚Abenteurer' in den Jahrzehnten um 1800 bedeuten konnte, vorweg geliefert wird.

Sieht man sich in den deutschsprachigen Lexika und Enzyklopädien des 18. und frühen 19. Jahrhunderts um, so findet man unter dem einschlägigen Stichwort, das durchweg ‚Avanturier' heißt (den ‚Abenteurer' gibt es in den hier herangezogenen Nachschlagewerken noch nicht), sowie unter ‚Abentheuer' nebst seinen lautlichen bzw. orthographischen Varianten und der entsprechenden Adjektivform eine verblüffende, um nicht zu sagen: verwirrende, Vielfalt von Bedeutungen. ‚Avanturier' ist polysem nicht infolge ethischer oder gesellschaftlicher Diskurskonflikte, sondern bezeichnet im Gegenteil gerade eine Anzahl von präzise zuschreibbaren Funktionen in der frühneuzeitlichen Ökonomie. Es ist nicht sinnvoll, diese Denominationen hier im einzelnen vorzustellen. Fragt man stattdessen nach den semantischen Nennern der diversen Definitionen, dann zeigen schon die beiden Einträge *Avanturier* und *Aventuriers* im Zedlerschen *Universal-Lexicon* aus dem zweiten Drittel des 18. Jahrhunderts, daß der Begriff des Abenteurers das Wort ‚wagen' und das Wortfeld des ‚Gewinns' enthält. Die *Deutsche Encyclopädie* vom Ende des Jahrhunderts expliziert diese Semantik in einem eigenen Absatz: *Abentheuer, Ebentheuer* werden demnach „solche Unternehmungen genennet, die auf gerathe Wohl geschehen, es mag der Ausgang der abgezweckten Absicht gemäß, oder entgegen seyn. Ein Abentheuer wagen, heißt eine mißliche Sache vornehmen, deren Ausschlag aufs gerathe Wohl ankommt, etwas thun, wobey Gefahr zu verlieren, und Hofnung zu gewinnen ist, nachdem es kommt". Unternehmungen aufs Geratewohl oder auch „auf gut Glück, Gewinn oder Verlust", wie es im Anschluß an die zitierte Passage weiter heißt, sind Unternehmungen, bei denen der Zufall eine entscheidende Funktion erhält. Das Resultat steht nicht mehr in der Verfügung eines zweckrationalen Kalküls, neben der „Hoffnung zu gewinnen" gibt es immer die „Gefahr zu verlieren". Der Grund aber, aus dem

Handelnde sich so verhalten, Zweckrationalität aussetzen, dem Zufall vertrauen, liegt in der Chance des höheren Gewinns. Sie wagen „ihr Geld auf einen ungewissen Erfolg, in Hoffnung eines großen Profits", heißt es in einem der Einträge unter *Avanturier* in der *Deutschen Encyclopädie.*[8]

Am Beginn des 19. Jahrhunderts ist für die *Allgemeine Encyclopädie der Wissenschaften und Künste* in ihrem Artikel *Abenteuer, abenteuerlich* nur noch das Wagnis von (jetzt aber morbidem) Interesse. Hier wird der Begriff des Abenteuers neuartig in geschichtsphilosophischer Perspektive erfaßt und damit zugleich als traurig-überholt eingeschätzt. Die auf den „Zufall" setzende wagende, nicht „nach berechnetem Plan und verständigem Zwecke besonnen unternommene That" erscheint in der Epoche des bürgerlichen Lebens, „wo der Staat [...] mit seinen Regirungsgewalten sich vollkommen organisirt hat", als „thöricht". Wer eine solche Haltung noch verkörpert, ist nach dem französischen Wort ein „aventurier", nach dessen deutscher Übersetzung ein „Glücksritter". Einen Gewinn, geschweige einen höheren Gewinn, kann man damit jedenfalls nicht mehr machen, wie das weitgehend mit privativen Bestimmungen arbeitende abschließende Urteil zeigt: Alle Definitionen des Abenteuerlichen liefen „auf den Begriff eines verwegenen gewagten Unternehmens hinaus, wobei man an unnatürliche, übertriebene, oder erträumte Zwecke, an das Unmögliche oder Ungereimte seine Kraft verschwendet. Leere Ruhmsucht, oder das egoistische Streben, Aufsehn zu erregen, eine ausschweifende ungezügelte Phantasie, überströmendes, muthwilliges Kraftgefühl und üppiger Thatentrieb bei Mangel an Verstandesreife sind die Quellen abenteuerlicher Handlungen".[9]

*

Christian August Vulpius' dreibändiger Roman *Theodor König der Korsen* erschien im Jahre 1801, auf dem Höhepunkt des populärliterarischen Ruhms seines Autors.[10] Den Verschnitt von dokumentarischem Material mit romanhafter Erfindung hatte der erfolgreiche Autor in etlichen Arbeiten von *Szenen in Paris* (1790/91) und *Neue Szenen in Paris und Versailles* (1792/93) bis zu *Suworow und die Kosaken in Italien* (1800) längst erprobt. Wie dort hielt

Vulpius auch diesmal den Bestand an referenzialisierbaren Fakten recht schmal. Gearbeitet hat er, sofern die Quellenverweise in den gelegentlichen Fußnoten für zuverlässig im Sinne einer Vollständigkeit der Angaben genommen werden können, hauptsächlich nach dem einschlägigen zweibändigen Werk von Louis-Armand Jaussin mit Ergänzungen aus James Boswells Buch über Korsika sowie Gabriel Feydels Beschreibung der Insel und ihrer Bewohner.[11]

Der an den Quellen orientierte Handlungskomplex spannt sich vom Eintreffen des Hoffnungsträgers auf der Insel im Frühjahr 1736 und seiner noch im selben Sommer erfolgten Krönung, womit der zweite Band des Romans einsetzt, bis zum Tod des Gescheiterten in London 1756 und seiner Grabschrift in Westminster, mit welcher der dritte Band schließt. Vulpius folgt auch bei Theodors mehrfachen Abwesenheiten von Korsika, während deren der König materielle und politische Unterstützung für den Unabhängigkeitskrieg einwerben will, den geschichtlich belegten Fakten, springt allerdings bei der Anzahl der Reisen und den Jahreszahlen recht frei mit der Historiographie um. Am Faden der historischen Überlieferung wird ferner der Krieg der Manifeste zwischen Genua als der Besatzungsmacht und den Aufständischen dokumentiert (II,14-19, 57, 63-68, 89f.), auch Theodors Stiftung eines Ritterordens findet des Romanciers Interesse (II,17f., 69 f.), schließlich werden Darstellungen diverser politischer Handlungen und militärischer Aktivitäten in sehr knapper Form und Abdrucke von politischen Reden in relativ längeren Auszügen in den Gang der Handlung eingestreut (II,11-14, 19-21, 51-54, 98-101; III,18-20, 167-169, 181f., 189-192). Am Ende von Theodors Leben steht, wie in der Realität, die Gefängnishaft in London, die hier zwar sich nicht über Jahre erstreckt, aber dennoch die Ursache für Krankheit und Tod des Helden ist.

Der Theodor von Neuhoff oder König der Korsen, wie er uns in diesen referenzialisierbaren Teilen des Vulpiusschen Romans begegnet, ist ein Mann mit energischem Zugriff und voll begeisternder Aktivität. Es kostet ihn keine lange Überlegung, etwa „zwei vornehmen Korsen die Köpfe abschlagen" (II,21) zu lassen, weil sie ihren Soldaten kein zureichendes Beispiel des Mutes gegeben haben. Wo immer Theodor als öffentlich Handelnder in Korsika auftritt, und dies selbst noch gegen Ende der Laufbahn, als sein Stern praktisch gesunken ist, vermag er bloß durch seine Präsenz „alles neu zu beseelen" und „mächtig auf die Korsen" zu wirken (III,127). Ganz anders zeigt sich dagegen der Held in seiner eigentlichen Modellierung durch den Romancier. Nur an dieser Seite, die jetzt ausführlicher darzustellen ist, nur in den rein fiktionalen Partien mithin, kann die Konzeption des Abenteurertums bei Vulpius in ihrer Spezifik erkannt werden.

Der Theodor der Fiktion ist, und in dieser Allgemeinheit darf das zunächst als Tribut an die Gattungserfordernisse des (Unterhaltungs-)Romans gelten, in erheblichem Ausmaß in Liebesaffären verwickelt. Gleich zu Anfang des Buches, der Held ahnt noch nichts von dem korsischen Unternehmen, in das er kurz darauf verwickelt werden soll, spinnt sich eine alsbald auch sexuell vollzogene Liaison mit der schönen Adligen Euridane an, über deren Herkunft ein Geheimnis waltet; fast zur selben Zeit beginnt ein, diesmal besonders schnell durch eine Liebesnacht besiegeltes, Verhältnis mit der jungen Gräfin Florigena. In Tunis, wohin es Theodor vorübergehend verschlagen hat, verführt er Sithina, die Tochter des dortigen Deis; später tritt er in ein Liebeseinverständnis mit einer schwerreichen jungen Witwe namens Isidora. „Du kannst Dich nicht moderiren" (II,51), muß unser Held sich denn auch zu Recht von einem väterlichen Freund sagen lassen. Über die vier weiblichen Figuren ist nun aber eine Oppositionsstruktur im Roman ausgelegt, welche das Zentrum der Konzeption des Abenteuerlichen bei Vulpius bildet.

Zwei der Frauen Theodors erweisen sich im Laufe der Beziehungen als problematische, als ebenso ambivalente wie in letzter Instanz negative Personen; sie sind aktiv, ja, aggressiv und verstricken den Helden auf handgreifliche oder indirekte Weise in das korsische Abenteuer.

Euridane weiß sich und ihren Körper zielbewußt zu instrumentalisieren: „Mich, und den Thron" bietet sie dem verdatterten deutschen Baron an, falls er die Sache des Aufstands zu seiner eigenen mache, und fährt nur wenige Dialogzeilen später fort: „Es ist beschlossen. Du wirst ausführen, was beschlossen ist [...] – und Korsika wird einen König haben" (I,63). Später wartet sie, mit erheblichen Finanzmitteln unklarer Herkunft ausgestattet, in Holland. „Vermuthlich will sie als Königin von Dir nach Korsika geführt werden" (II,56), sagt des Helden väterlicher Freund. Das will sie, aber sie erreicht ihr Ziel nicht;

162

sie wird das Opfer eines Mordanschlags und legt sterbend ein Teilgeständnis ihrer Lügen und Intrigen ab.

Es sind zwei Aspekte, welche diese erste weibliche Figur auf dem Weg des Vulpiusschen Helden zu einer weitgehend negativ normierten Figur machen. Zum einen hat Euridane charakterliche Defekte in großer Zahl, sie ist eine Intrigantin, eine Lügnerin, „eine große Heuchlerin" (II,103); „rachsüchtiger Eifersucht" (I,117) voll, habe sie ein „unbarmherziges Herz" (II,129) gehabt, resümiert Theodor, sie selbst gesteht in der Stunde ihres Todes als ihr Motiv: „Ich wollte Königin seyn" (II,97). Zum andern wird die Figur negativ markiert durch ihre Anbindung an die katholische Kirche. Euridane, aus deren Herkunft ein Mysterium gemacht wird, ist offenbar, wie Vulpius an wenigstens vier Stellen insinuiert (I,41, 63, 108f. und 141), eine – Tochter des Papstes. Überhaupt liegt die eigentliche Organisation des korsischen Unabhängigkeitskampfes zumindest anfangs in den Händen des hohen Klerus. Nicht zufällig ist Sanvitale Kardinal, der Papst veranlaßt Schritte, um Spanien für die Sache Korsikas zu gewinnen, und Euridane kann schließlich Theodor versichern: „[E]ine mächtige Hand wird über uns sich strecken, mich und Dich auf dem erhabenen Platze zu erhalten" (II,84).

Theodors zweiter Aufenthalt in Amsterdam, wieder im Dienst der Beschaffung von Hilfe, Euridane ist mittlerweile tot, bringt die Bekanntschaft mit und die Liebe zu der zweiten problematischen Frau. Die Neue heißt Isidora, ist die junge Witwe eines unermeßlich reichen Pächters überseeischer Diamantgruben und kann sich durch Briefe als Sympathisantin der korsischen Sache ausweisen, für die sie auch alsbald ihr Vermögen zur Verfügung stellt. Isidora wird unter eben jenen zwei Aspekten negativ normiert, unter denen Euridane dies war. Auch ihr Charakter ist alles andere als makellos; sie verrät Theodor erotisch und politisch, indem sie sich in Korsika mit einem Offizier der Gegenseite liiert und in Begleitung des neuen Geliebten die Insel verläßt. Hinter Isidora steht ferner, wie Euridane mit dem hohen Klerus der katholischen Kirche verbunden war, eine Religionsgruppe, und zwar – dies macht die Konstruktion nun besonders bemerkenswert – das Judentum. Die Witwe selbst entstammt einer jüdischen Familie aus Portugal, ihr Ehemann war ebenfalls Jude. Die erste

Einladung an Theodor zum Besuch bei Isidora wird von einem Mann überbracht, der Isaschar Selters heißt und Jude ist; Juden sind es auch, welche ihrer Glaubensgenossin, die am Ende als Gefangene nach Tripolis kommt, mit Lösegeld beispringen.

Die besondere Bedeutung der beiden ambivalenten weiblichen Personen liegt darin, daß sie auf jeweils unterschiedliche Weise die für Vulpius' literarisches Denken bedeutsame Semantik des Abenteuers repräsentieren. Sie – und nicht Theodor – sind die wirklichen Abenteurerfiguren.

Isidora ist eine weniger direkte Figur als ihre Vorgängerin. Deren herrisches Auftreten geht ihr ab. In ihrem Fall wird das Abenteurertum repräsentiert nicht durch die Person, sondern durch die mit ihr verknüpfte Institution des Judentums. Isidora erlangt innerhalb der Romanwelt weniger als Figur eigenen Gewichts denn als Reliefinstanz für die sonst genannten oder auftretenden Judenfiguren Bedeutung. Schon als Euridane noch lebte und mit Reichtümern nach Holland gereist war, formulierte Theodors Freund: „Sie [Euridane] wird jetzt schon mancherlei einkaufen, Edelsteine umsetzen, Kontrakte schließen, und dergleichen. Mit den spekulativen Juden läßt sich dort etwas machen. Sie wagen und unternehmen" (II,56). Sie sind, mit anderen Worten, Abenteurer in der umfassendsten zeitgenössischen Bedeutung des Wortes. Aber verlassen kann man sich auf sie noch weniger als auf die Abenteurerin Euridane. Isidora, die gerade noch vollmundig geschworen hatte: „Ich bin eine Korsin! [...] Ich will unter den Korsen leben, und ihre Sache sey auch die meinige!" (III,117), verrät nur kurze Zeit später ihren König und teilt ihm brieflich mit, es sei ihr unmöglich, „länger unter dieser halbwilden Nation der Korsen zu leben" (III,143). So läßt Vulpius denn auch einen Juden den Anstoß zu Theodors Verhaftung in London und damit zu seinem baldigen Tod geben:

Ein Jude aus Genua, der auf besondern Dank, und wer weiß, auf welche Erlaubniß, zu Handlungsspekulationen, auf Privilegia, und dergl. des Senats rechnete, hatte Theodors Gegenwart so jüdischspekulativ, wie möglich berechnet, überredete einige Gläubiger des Königs zu Abtretung ihrer Forderung an ihn, und ließ, da Theodor nicht zahlen konnte, ihn sogleich nach Landesrechten festnehmen, und ins Gefängniß setzen (III,198).

Der Held, der sich anfangs und wider besseres Wissen unter dem Druck einer aggressiven Abenteurerin, die ‚wagen‘ und ‚gewinnen‘ wollte, auf das ‚Spiel um Kronen‘ eingelassen hatte, sieht sich am Ende von einem Vertreter der ‚wagenden und unternehmenden‘ Judenschaft gestürzt, der freilich, das zu notieren ist Vulpius sich schuldig, auch nicht gewinnt, sondern, indem er verliert, noch Prügel bezieht.

*

Die Konzeption des Abenteurertums bei Vulpius markiert historisch den Punkt, an dem die während der vorangegangenen Jahrzehnte keineswegs von vornherein diskriminierte Möglichkeit des ‚Wagens und Gewinnens‘ nicht mehr als die authentische Mitte eines Selbst gesehen wird. Das Abenteuerliche drängt sich vielmehr als das Fremde auf. Dieses Fremde ist in eigenartiger und zugleich moderner Weise fundamental in Institutionen verankert, es hat seinen Ort in undurchsichtigen Machtgruppen und Netzwerken. Die beiden Gemeinschaften, die Vulpius aufruft, sind eben die, welche im 19. Jahrhundert vom Verfolgungswahn je unterschiedlicher Lager aus fallweise als die Drahtzieher der Weltgeschichte ausgemacht werden sollen, der römische Klerus zum einen und das finanzkräftige Judentum zum andern. Die Konstellation ist von Interesse primär nicht wegen des Antijudaismus (vom Antikatholizismus zu schweigen), den der Autor von *Theodor König der Korsen* hier in der unerfreulichsten Weise an den Tag legt, sondern wegen der daran zu beobachtenden Transformation im Begriff des Abenteurertums. Das Abenteuerliche wird vom einzelnen abgelöst und überindividuellen Zusammenhängen zugeschrieben; an die Stelle des Aventuriers, der als ein Typus des 18. Jahrhunderts seinen Aufstieg und seine Karriere hinter sich hat, tritt nunmehr die Organisation. Das ‚Wagen und Gewinnen‘ hat sich zu einem Spiel entwickelt, das zu groß für den einzelnen geworden ist. Dabei muß man jetzt doch zwischen den Verbänden unterscheiden. Der römische Klerus fungiert als eine straff geführte Zentrale, die undurchsichtig bleibt; der Gestus der Verschwörungstheorie prägt die Darstellung der Kirchenvertreter bei Vulpius. Das Judentum erscheint demgegenüber eher als

eine nur schwach organisierte Zahl ubiquitärer einzelner gleichen Typs, denen
das ,Wagen und Gewinnen', abschätzig in den Ausdruck ,Spekulation' gefaßt,
gleichsam von Natur innewohne; Klandestinität wird ihm denn auch kaum
zugesprochen. So sehr indessen das Abenteuerliche zum Fremden und zum
Über- und Unpersönlichen geworden ist, es findet dennoch seinen Zugang zum
einzelnen, den es im übrigen zur Realisierung seiner Projekte ja braucht. Die
Aufdrängung, besser aber wohl: die Vermittlung, des Abenteuerlichen erfolgt
über Frauen. Es gibt bei Vulpius immer Frauen, deren Selbst noch auf eine
Weise durch das Abenteurertum definiert ist, wie es keinem Mann mehr möglich
wäre. Im hier betrachteten Roman ist Euridane eine solche Figur, deren
Konzeption nicht im Widerspruch zum Abenteuer als dem Fremden steht, weil
die Frau schlechthin schon das andere des Selbst eines Vulpiusschen Helden
darstellt. Ob aber nun die Frauen das Spiel von ,Wagen und Gewinnen' zur
Form ihres Lebens gemacht haben (wie Euridane) oder nicht (wie Isidora), in
beiden Fällen können sie (und sind es als Euridane und Isidora) die Abgesandten
der Verbände sein, an welche die Verwaltung des Abenteurertums mittlerweile
übergegangen ist. Selbstverständlich läuft die Vermittlung über das Begehren
der Sexualität, aber die Sexualität ist – in diesen Fällen – nur die Initiation in das
Spiel und nicht etwa selbst das Abenteuer.[12] Vulpius schreibt demnach mit
seiner Diskrimination des heterotopischen, nämlich bei Organisationen
angesiedelten, Abenteurertums im Stadium der Gegenwart, anders als die
Allgemeine Encyclopädie von Ersch und Gruber rund zwanzig Jahre später, die
im ,Glücksritter' verkörperte Haltung nicht einfach als ,thöricht' ab. Er zeichnet
vielmehr Helden wie Theodor von Neuhoff, für die das ihnen eigentlich fremde
Abenteuerliche doch auch mit Lust verknüpft ist. Erfüllung des Begehrens
verheißen die positiv normierten wie die ambivalenten Frauen. Kommen die
Vulpiusschen Männer einerseits in rührenden Szenen mit ,Weib und Kind' ganz
zu sich selbst, so sind sie andererseits im ihnen vermittelten Abenteuer nicht
unauthentisch und nicht lächerlich.

*

Der Zwiespalt zwischen Abenteuer und Ruhe, dem der Held bei Vulpius nicht entkommt, findet eine prägnante Verkörperung in einer bisher nur beiläufig erwähnten, aber häufiger als jede andere Figur außer Theodor im Roman auftretenden Gestalt. Es ist dies ein alter, etwas lächerlich gekleideter Mann, der sich erst nach einiger Zeit bequemt, einen seiner Namen zu nennen, den ihm liebsten unter vielen, „Sirius" (I,36), der aber mit seiner wahren Identität hinter dem Berg hält: „Ich habe mich, seit ich lebe, kaum 100 Menschen entdeckt" (II,71). Kurz vor Theodors Tod verrät er, was der Leser längst ahnt, daß er in Wahrheit Ahasverus, der „ewig wandernde Jude" (III,208), sei. Mit dieser Figur versucht der Roman eine Art Superzeichen für die Vermittlung der Widersprüche zu bilden, zwischen denen seine Konzeption des Abenteurertums hängt.

Christian August Vulpius, der Bibliothekar und unermüdliche Stöberer in auch entlegenen Beständen, überdies immer voller Begeisterung für volkskundliches Material, kennt sich gut aus in der Stoffgeschichte des Ewigen Juden. Kaum hat Sirius sich als Ahasver zu erkennen gegeben, schreitet sein Autor zu einer Fußnote von schöner Gelehrsamkeit, in welcher er die „Bücher und Schriften" aufzählt, die „Belege für das" enthalten, „was die Leser jetzt aus Ahasverus Munde hören, und seine Geschichte, die er erzählt" (III,208f.).

Der Jude aus Jerusalem, der dem Messias sein Mitleid versagt hat und deshalb zur rastlosen Wanderung bis an den Jüngsten Tag verdammt worden ist,[13] erscheint nach seiner einen Seite hin ubiquitär, in eigenartig unmotivierter Plötzlichkeit muß er, wo er sich auch befindet, abreisen, muß zu bestimmten Zeiten in nie erklärten ‚Geschäften' in bestimmten Städten sein, dafür taucht er an nahezu jedem Ort, an dem Theodor sich aufhält, unversehens seinerseits auf; er weiß alles, ist vorzüglich informiert über Hintergründe und Aktuellstes, er spricht alle Sprachen, und er verfügt nicht zum wenigsten über „Paracelsische Arkana" (I,161) aus erster Quelle, mit deren Hilfe man sich als Arzt ein großes Ansehen erwerben und die nötigen Finanzmittel verschaffen kann. Diese Züge machen aus dem Mann mit dem Namen des Wandelsterns bei aller scheinbaren Abenteuerlichkeit zwar nicht einen Glücksritter, das Spiel von ‚Wagen und Gewinnen' kann nicht sein Spiel sein; wohl aber fungiert Sirius als ein Mentor der Abenteuerlichkeit für Theodor. Schon ganz früh und eigenartig bezugslos läßt er vor dem Baron Neuhoff die Äußerung fallen, es gebe „Wege zur Bettlerhütte, Pfade zur Klause, und Wege zu Thronen" (I,34). Auch sagt er: „Den Jungen und Herzhaften riegelt das Glück alle Pforten auf" (I,35). Fortwährend ermuntert und stimuliert er den unbegeisterten und oft von Resignation angekränkelten König. „Du hast freilich", so einer dieser Sätze, beide sind schon früh formlos vom ‚Sie' zum ‚Du' übergegangen, „einen kühnen, und zugleich einen großen Schritt gethan; dabei kannst Du nicht auf gewöhnliche, alltägliche Ereignisse rechnen. [...] Mit Glück und Kopf läßt in der Welt sich alles durchsetzen" (II,74). Sirius dirigiert seinen Schützling nach Holland, wo Euridane wartet, der Satz über die ‚wagenden und unternehmenden Juden' stammt von ihm, er ist es, der den zunächst mißtrauischen Theodor zum Eingehen auf die Einladung der Jüdin Isidora beredet und ihm später nahelegt, diese Beziehung auch zu einer sexuellen zu machen. Dies alles aber ist nur die eine Seite an Sirius.

Die andere Seite zeigt sich zunächst – dies ist Vulpius' besondere Ausgestaltung der Figur – darin, daß Sirius-Ahasver ein Mann voller Zitate und Sprichwörter ist; unermüdlich und redselig führt er historische Beispiele an und gibt Apophthegmen zum besten. Sirius ist geradezu ein Apologet und Ideologe des Sprichworts. Sprichwörter seien, so führt er aus, „die sicherste Leuchte des menschlichen Lebens, obgleich die Menschen sie sehr irrig, nicht hoch genug achteten" (II,59f.), kürzer noch: „Die Weisheit der Nationen besteht in Sprüchwörtern" (III,65). Die Rastlosigkeit an Vulpius' Ewigem Juden wird damit durch das Beständige, das Immergleiche, die Dauer der Überlieferung ersetzt. Diese andere Seite, das Konventionelle, die Ruhe, als das Gegenteil des Abenteuers, zeigt sich zweitens darin, daß Sirius-Ahasver zutiefst von der Sehnsucht nach Erlösung im Tod bestimmt ist. „Ach Herr! wenn wirst Du endlich sagen: Es ist genug!?" (II,112). Als er dem schon bettlägerigen Freund endlich seine Identität enthüllt und seine Geschichte erzählt hat, kommt es zum finalen Handlungsmoment, in dem der Ewige Jude und Theodor von Neuhoff für einen entscheidenden Augenblick gleichsam identisch werden. Sirius beendet den Bericht über sein Leben mit einer erneuten Klage über sein Schicksal: „Nach

Ruhe sich zu sehnen, und ewig unruhig umher getrieben zu werden! O! dieser Qual gleicht keine hienieden!" (III,215). In eben dem Moment bricht Theodor ohnmächtig zusammen und stirbt.

Von diesem Schluß aus erscheint der Ewige Jude bei Vulpius als eine Symbolfigur. Er symbolisiert den Widerspruch zwischen der Abenteuerlichkeit und der Ruhe als Grundstruktur der Existenz des Menschen. Wie Sirius-Ahasvers Doppelgesichtigkeit von Rastlosigkeit und Unternehmertum einerseits und Verlangen nach dem Ende der Wanderschaft andererseits in Vulpius' literarischem Denken ein Bild der ‚conditio humana‘ ist, so erscheint umgekehrt Theodors Tod als Vorbild jener Erlösung aus der Aporie von Unruhe und Ruhe, von Abenteurertum und Eingebundensein in haltende Strukturen, die der Ewige Jude, der ihm die Augen zudrückt und das Kreuz über ihm schlägt, weiterhin nur voll Sehnsucht begehren kann.

---

[1] *Voltaire:* Précis du siècle de Louis XV. In: *ders.:* Œuvres historiques. Hg. von René Pomeau. Paris 1957. S. 1297-1571; hier 1546-1549. / *K[arl] A[ugust] Varnhagen von Ense:* König Theodor von Corsica. In: *ders.:* Biographische Denkmale. Tl 1. 3., verm. Aufl. Leipzig 1872. S. 173-243 u. 329-331. Hier bes.: S. 241. / *Theodor Heuss:* Schattenbeschwörung. Randfiguren der Geschichte. Hg. und mit e. Vorw. vers. von Gert Ueding. Tübingen 1999. S. 29-35. – Ein recht gutes, kommentiertes Auswahlverzeichnis der historiographischen Darstellungen über den Neuhoff-Korsika-Komplex findet sich bei Varnhagen von Ense, 329-331; eine umfänglichere, allerdings alle Genres durchmischende und auch technisch defekte Bibliographie gibt (hinsichtlich Quellenkritik selber völlig unzulänglich) neuere Publikation *Hans Dietrich Mittorp:* Theodor von Neuhoff König von Korsika. Eine genialer Taktiker ohne Fortune. Altena 1990. S. 190ff. Als zuverlässige Kurzbiographie empfiehlt sich *Martin Vogt: Neuhof(f):* Theodor. In: *Neue deutsche Biographie.* Hg. von der Historischen Kommission bei der Bayrischen Akademie der Wissenschaften. Bd 19. Berlin 1999. S. 129f. – Bei dem erwähnten jüngsten Roman handelt es sich um *Michael Kleeberg:* Der König von Korsika. Stuttgart, München 2001.

[2] *Varnhagen von Ense:* König Theodor von Corsica. S. 242.

[3] *Zwey Westphälische so genannte Robinsons, Oder Avanturieurs,* auf einmal unter denen Personen des B. d. D. und seines rafinirten ehemahligen Hofmeisters I. C. L. Deren beyder curiöse Begebenheiten, wobey Mars und Venus ihre wunderbaren Intriquen blicken lassen, Welche sonderlich die bisherigen Corsischen Affairen anbetreffen; Da nicht nur viele, in den öffentlichen Zeitungen niemahls speciell kund gemachten Krieges- sondern auch Liebes-

Geschichte zum Vorschein kommen, Diese eröffnet aus dem Munde eines guten Freundes der selbst mit implicirt gewesen, curiösen Lesern zum Plaisir. *Caliginosus.* Frankfurt, Leipzig 1748. – Eine Inhaltszusammenfassung des Buches mitsamt kurzer „Würdigung" findet sich bei *Berthold Mildebrath:* Die deutschen *Avanturiers* des achtzehnten Jahrhunderts. Diss. phil. Würzburg 1907. S. 72-75.

[4] *Tobias Smollett:* The Adventures of Count Fathom. Hg. von George Saintsbury. 2 Bde. London, Philadelphia 1906. Die Episode findet sich in den Kapiteln 39 und 40.

[5] *Voltaire:* Candide ou l'optimisme, traduit de l'allemand de Mr. le docteur Ralph, avec les additions qu'on a trouvées dans la poche du docteur, lorsqu'il mourut à Minden, l'an de grâce 1759. In: *ders.:* Romans et contes. Hg. von Henri Bénac. Paris 1960. S. 137-221.

[6] *[Giovanni Battista Casti:]* Il re Teodoro in Venezia. Dramma eroicomico. Da rappresentarsi nel teatro di corte l'anno 1784. Wien. Paisiellos Oper liegt auf Tonträger vor als Dokumentation einer in Ludwigshafen, Dresden und Venedig aufgeführten, in Venedig aufgezeichneten Produktion von 1997/1998: Mondo Musica 3 CD MFON 20121; die Publikation enthält als Beilage das Libretto in italienischer Sprache. – Zu Paisiello und Mozart siehe *Hermann Abert:* Paisiellos Buffokunst und ihre Beziehung zu Mozart. In: *ders.:* Gesammelte Schriften und Vorträge. Hg. von Friedrich Blume. Halle 1929. S. 365-396. / *Wolfgang Ruf:* Die Rezeption von Mozarts „Le nozze di Figaro" bei den Zeitgenossen. Wiesbaden 1977. S. 47-71. Für Goethes Wertschätzung der Oper sei verwiesen auf die Passagen in „Campagne in Frankreich 1792" und „Italienische Reise. Zweiter römischer Aufenthalt"; vgl. *[Johann Wolfgang] Goethe:* Werke. Hg. von Erich Trunz [u. a.]. 14 Bde. Hamburg 1948-60. Hier: Bd 10, S. 357; Bd 11, S. 368. Mehrfach ist von der Oper auch die Rede im Briefwechsel mit Philipp Christoph Kayser.

[7] *R. von H. und A. [Signatur der Widmung: R. R. v. A.]:* Theodor der Erste, König der Korsen und Großmeister des militärischen Ritterordens der Erlösung. Ein historisch-romantisches Gemählde. Prag 1799.

[8] *Grosses vollständiges Universal-Lexicon Aller Wissenschafften und Künste [...].* Darinnen [...] auch ein vollkommener Inbegriff [...] der Mythologie [...] u.s.f. enthalten ist. 64 Bde und 4 Suppl.-Bde. Leipzig, Halle 1732-54 [Reprint Graz 1961-64]. Hier: Bd 2, S. 2100 u. 2136. - *Deutsche Encyclopädie oder Allgemeines Real-Wörterbuch aller Künste und Wissenschaften von einer Gesellschaft Gelehrten.* 23 Bde und ein Kupferbd [mehr nicht ersch.]. Frankfurt / Main 1778-1807. Hier: Bd 1, S. 31f., Bd 2, S. 152. – Eine in den Nachschlagewerken sonst nicht vorkommende spezielle Bedeutung von „Avanturier" als „ein Buhler, der bey allen Frauenzimmern auf Liebeshändel ausgeht", bietet, wohl als Dreingabe für seine Zielgruppe: *Nutzbares, galantes und cürieuses Frauenzimmer-Lexicon,* worinnen alles, was ein Frauenzimmer [...] zu wissen nöthig hat, nach alphabetischer Ordnung kürzlich beschrieben und erkläret wird; [...] nebst einem Anhange von Küchen-Zetteln und Rissen zu Tafel-Aufsätzen. 2 Tl.e Leipzig ^{3}1773. S. 241.

[9] *Allgemeine Encyclopädie der Wissenschaften und Künste [...].* Hg. von J[ohann] S[amuel] Ersch und J[ohann] G[eorg] Gruber. Leipzig 1818-1889. [Sect. 1], Tl 1, S. 86f. – Weitgehend an vorstehendes Werk anschließend, aber konfuser und das Abenteuerliche nun völlig negativ einschätzend: *Allgemeine deutsche Real-Encyclopädie für die gebildeten Stände.* (Conversations-Lexicon.) Leipzig ^{5}1822. Bd 1, S. 10f.

[10] *[Christian August Vulpius:]* Theodor König der Korsen. Von dem Verfasser des Rinaldini. 3 Bd.e. Rudolstadt 1801.

[11] *Louis-Armand Jaussin:* Mémoires historiques, militaires et politiques sur les principaux événemens arrivés dans l'isle et le royaume de Corse, [...] avec l'histoire naturelle de ce pais-là. 2 Bd.e. Lausanne 1758/59. Vulpius bezieht sich auf dieses Werk etwa in den Fußnoten von II,17f., 57, III,18, 24. *James Boswell:* An Account of Corsica, the Journal of a tour to that island; and Memoirs of Pascal Paoli [...]. Illustrated with a [...] map of Corsica. Glasgow, London 1768 (deutsche Übersetzung als *Jacob Boswell:* Historisch-geographische Beschreibung von Corsica nebst [...] Nachrichten [...] vom Pascal Paoli [...].Leipzig 1768). Vulpius, der diese von Anton Ernst Klausing stammende Übersetzung (es wurde nicht geprüft, in welcher Ausgabe oder Auflage) mit gewissen Zitierfreiheiten benutzt hat, führt Boswell in Fußnoten in III,118, 185, 199 und 217 an. *Gabriel Feydel:* Mœurs et coutumes des Corses, mémoire tiré en partie d'un grand ouvrage sur la politique, la législation et la morale des diverses nations de l'Europe. Paris [1799]; Feydel wird nachgewiesen in einer Fußnote II,40. Ferner hat Vulpius als spezielle Quellen zur Geschichte des Königs Theodor von Korsika einige numismatische Werke benutzt, die in II,17f. und 20 herangezogen werden.

[12] Simanowski unternimmt den umfangreichen Versuch, ein Strukturmodell des Unterhaltungsromans à la Vulpius am Leitfaden der Konzeption des Abenteurertums zu entwerfen (*Roberto Simanowski:* Die Verwaltung des Abenteuers. Massenkultur um 1800 am Beispiel Christian August Vulpius. Göttingen 1998.). Für Simanowskis Zugang zu Vulpius ist das Abenteuer wesentlich bestimmt als Sexualität jenseits des zeitgenössischen Moraldiskurses. Man wird aber wohl kaum umhin können, diese Bestimmung des Begriffs, die im übrigen nur scheinbar eine Erweiterung, tatsächlich eine Verengung von Intension und Extension des Wortes ,Abenteuer' ist, als beliebig und damit abwegig zu bezeichnen.

[13] Als wesentliche Werke zur Literaturgeschichte des Ewigen Juden seien nur die folgenden genannt (die übrigens bei aller gelegentlich schier überwältigenden Kenntnis des Materials eigentümlicherweise sämtlich Vulpius' Roman übersehen haben): *L[eonhard] Neubaur:* Die Sage vom ewigen Juden. Leipzig 1884. / *George K. Anderson:* The Legend of the Wandering Jew. Providence 1965. / *Edgar Knecht:* Le Mythe du Juif errant. Essai de mythologie littéraire et de sociologie religieuse. Nancy, Grenoble 1977. Als jüngste umfassende Abhandlung des Themas sei die im Winter 2001/02 im Pariser *Musée d'art et d'histoire du Judaïsme* gezeigte Ausstellung genannt, zu der ein Katalog erschienen ist.

Horst Albert Glaser (Pisa)
„Le beau moment de partir"
Giacomo Casanova

Einen „citoyen du monde" nannte sich Casanova und meinte damit, daß er so frei sei, keinem Staat als Bürger anzugehören. In der Tat reiste er häufig mit fremden Pässen, denn einen Paß seiner Heimatstadt besaß er nicht. Venedig hatte ihn zweimal ausgewiesen – ein andermal war er selbst geflohen – so daß er letzten Endes nur die „lettres de recommendation" vorweisen konnte, wenn er durch die Teilstaaten Europas reiste. Sie aber genügten, daß sich Schlagbäume hoben und auf eine Inspektion seines Gepäcks verzichtet wurde. Ausgestellt hatten diese „lettres" hochmögende Gönner und Freunde, von denen Casanova viele in Europas Hauptstädten besaß. So wurde er protegiert nicht nur von zwei Außenministern Frankreichs, dem Kardinal de Bernis und dem Duc de Choiseuil, sondern auch vom Kardinal Aquaviva, dem Botschafter Spaniens im Vatikan, oder dem Senator Bragadin in Venedig. Seine Beziehungen reichten überall hin, und er kam auch überall hin. Man kann sagen, daß dieser Giacomo Casanova – „Venezianer" wie er seinem Namen stets hinzufügte – einer der größten Reisenden des 18. Jahrhunderts war. Von seinem 16. bis zum 60. Lebensjahr sehen wir ihn mit wenigen Pausen unterwegs.

Seine erste Reise führt ihn bereits nach Konstantinopel, andere nach London, Paris, Barcelona, Amsterdam, Köln, St. Peterburg oder Neapel. Ausgelassen hat er von Europas Staaten allein die nordeuropäischen und Portugal. Man könnte ihn einen Europäer der ersten Stunde nennen, wenn Europa damals ein Begriff gewesen wäre. Für den „citoyen du monde" meinte „le monde" eben jene Region der Welt, die wir heute Europa nennen. Sie war für ihn die einzige, da sie die einzig zivilisierte war. Nicht, daß er von Welten außerhalb Europas nichts gewußt hätte. Ihm war sehr wohl bekannt, daß er in einem Jahrhundert lebte, das sich anschickte, die letzten weißen Flecken auf dem Globus zu erforschen. Während Bougainville und Cook – zwei der großen Weltumsegler des 18. Jahrhunderts – die neue Welt der Südsee erforschten, durchreiste Casanova die alte Welt. Zuerst reiste er aus Neugier, später in diplomatischer Mission, zuletzt auf der Suche nach einer festen Stelle. Wahrscheinlich ist, daß er viele Reisen auch als Spion verschiedener Regierungen unternahm. Genannt werden die französische, die holländische und die Regierung seiner Heimatstadt Venedig, der er sich späterhin auf vielerlei Weisen andiente, um die Möglichkeit einer Rückkehr zu erhalten. Mannigfaltig sind auch die Geschäfte, die er hier und dort aufzog, aber bald wieder aufgab, wenn sie nicht von selbst fallierten. In Paris war er dabei, als eine staatliche Lotterie organisiert wurde. Katharina II., der russischen Zarin, schlug er in St. Petersburg eine Reform des russischen Kalenders vor. In Frankreich gründete er eine Fabrik, die Seidenstoffe herstellte. In Warschau betrieb er das Projekt einer Seifenfabrik. In Kurland wollte er die Eisen- und Kupferminen neu organisieren. In Spanien entwarf er Pläne für die Kolonisation der Sierra Morena, und in Madrid wollte er eine Tabakfabrik gründen. Aus den meisten Plänen wurde nichts, manche waren wohl von vornherein als Bluff angelegt. Daß er aber nicht nur als Industrieller und Finanzier sich betätigte, sondern auch als Zauberer und Wahrsager reiste, sei am Rande erwähnt. Ausgedehnte Kenntnisse der Alchemie verschafften ihm die Gunst und die Protektion der Marquise d'Urfé in Paris – einer älteren Dame, der er peu à peu – wie man sagte – ein Vermögen von ungefähr einer Million Francs entlockte.[1]

Doch wenn man sich heute noch an Casanova erinnert, so meint man nicht den Projektemacher oder den Diplomaten. Es ist der „homme à femmes", den man sich unter dem Namen Casanova vorstellt. Er gilt als einer der großen Liebhaber und Abenteurer des 18. Jahrhunderts, und die *Histoire de ma vie*, seine Lebensgeschichte, enthält eine lange Kette von Liebesaffairen mit Frauen aller Stände und vieler Länder. Somit ist der Name Casanova nicht von ungefähr zum Synonym für einen geworden, dessen Sinn allein auf Liebesabenteuer gerichtet ist und der Frauen in großer Zahl erobert. So erscheint er etwa in Dramen und Erzählungen, die im Wien des Fin de Siècle Hofmannsthal und Schnitzler schrieben.[2] Andererseits ist er häufig als Verkörperung einer literarischen Gestalt angesehen worden, die eigentlich in Spanien zu Hause ist, aber in einer Oper Mozarts wohl Unsterblichkeit erlangt hat. *Don Giovanni*, dessen Libretto Casanovas Landsmann Da Ponte schrieb, geht auf Tirso de Molinas Tragikomödie des *Burlador de Sevilla* zurück [→ Artikel Maurer]. Don Juan – so der Name ihres Protagonisten – ist der erste große Frauenverführer, den die moderne Literatur Europas hervorgebracht hat. In diesem Stück, das zur spanischen Gegenreformation gehört, gelingen Don Juan freilich nicht viele Eroberungen. Die gelingen, geraten ihm eher zum Unheil und sind Ursache seiner endlichen Höllenfahrt. In Mozarts Oper gibt sich Don Giovanni ruhmrediger und läßt den Diener Leporello die berühmte „Lista" verlesen – den Katalog aller Schönen, die sein Herr in Europas Ländern betört hatte. Dort heißt es: „Madamina, il catalogo è questo / Delle belle che amò il padron mio, / Un catalogo egli è che ho fatt'io, / Osservate, leggete con me. / In Italia seicento e quaranta, / In Lamagna due cento e trent'una, / Cento in Francia, in Turchia novant'una, / Ma in Ispagna son già mille e tre". Hinter diesen Bestleistungen des spanischen Burlador bleibt der Venezianer bescheiden zurück. Kommt Don Juan auf insgesamt 2.065 Eroberungen, so gelingen Casanova nur etwa 120. Rechnet man sie um auf ungefähr 40 Jahre Praxis, so ergeben sich im Jahr ungefähr drei Affairen – keine besonders hohe Anzahl. Aber das Leben hat es schwer, die Literatur einzuholen. Hinter dem fiktiven Weiberheld bleibt der wirkliche Casanova weit zurück.

Man weiß, daß Casanova zur selben Zeit in Prag weilte, als dort im Jahre 1787 der *Don Giovanni* seine Uraufführung erlebte. Ja, man darf sogar vermuten, daß er an der Einstudierung der Oper beteiligt war. Lorenzo Da Ponte konnte sie nicht selbst überwachen, da er nach Wien zu den Proben für eine andere seiner Opern gerufen wurde. Was lag näher, als den befreundeten

Casanova zu bitten, die Einstudierung des italienischen Textes zu überwachen. Im Nachlaß Casanovas fand sich vor einiger Zeit ein Textfragment, das eine Variante zum Libretto Da Pontes darstellt. Sie zieht das Sextett und das Quintett der 8. und 9. Szene des 2. Aktes zu einer einzigen Szene zusammen und erweitert den Text beträchtlich. Da Mozart Wert darauf legte, daß die Sänger in der Aufführung improvisierten, ist es nicht unwahrscheinlich, daß Casanovas Text in Prag auch gesungen wurde.

In der *Histoire de ma vie* erfahren wir nichts von Casanovas letzten Jahren in Böhmen. Als Mozarts Oper in Prag uraufgeführt wurde, war Casanova 62 Jahre alt und lebte seit zwei Jahren auf Schloß Dux in Böhmen – als Bibliothekar des Grafen Waldstein. Mit der Niederschrift der *Histoire de ma vie* begann er aber erst im Jahre 1790. Er redigierte und korrigierte den Text bis zu seinem Tode 1798. Die *Histoire* ist dennoch unvollständig geblieben; sie berichtet Casanovas Leben nur bis zum 49. Lebensjahr. Mit dem Jahr 1774, da Casanova in Triest lebt, bricht der Text ab. Man nimmt an, daß der Tod ihm die Feder aus der Hand nahm. 13 Jahre hat er im entlegenen Dux verbracht – fern der eleganten Welt in Europas Städten, wo er sich so gern aufhielt. Es war eine Eremitage, aber doch günstig für die literarische Produktion. Neben den vielen tausend Seiten der *Histoire de ma vie* entstanden in der Verlassenheit von Dux sein utopischer Roman *Icosaméron* und eine Reihe philosophischer Diskurse. Ein *Raisonnement d'un spectateur sur la Révolution française* bleibt unvollendet. Die letzte Arbeit, die Casanova selbst publizierte, entstand auch in Dux – die anrührende *Lettre à Léonard Snetlage*. Die *Histoire de ma vie* ist erst ein Vierteljahrhundert nach seinem Tode gedruckt worden – in deutscher Sprache und in einer entstellenden Übersetzung (die sog. Version Schütz). Einige Jahre später brachte der Brockhaus Verlag, der das Manuskript besaß, eine wiederum bearbeitete Version des französischen Originaltextes heraus (sog. Version Laforgue). Den integralen Text durfte das interessierte Publikum erst 1960 lesen, als Brockhaus und der französische Verlag Plon zum ersten Mal den Orginaltext drucken ließen – mehr als anderthalb Jahrhunderte nach dem Tode des Autors.

Im Vorwort zur *Histoire de ma vie* gesteht Casanova, was er mit der Autobiographie wollte – ein „renouvellement" seines Lebens und seiner

176

Abenteuer. Das Leben auf Dux bot dem alt gewordenen Libertin keine Abenteuer mehr, somit begann er, sich an ehedem erlebte zu erinnern. In viele Städte, die er in früheren Jahren bereist und wo er seine Triumphe gefeiert hatte, konnte er nicht mehr zurück. Er war nicht nur aus seiner Heimatstadt verbannt worden, gleiches geschah ihm auch in Paris, in Barcelona, in Madrid, in Wien, in Warschau und in andren Orten. Manchmal waren es Spielschulden, manchmal Ehrenhändel, manchmal Liebesaffairen mit Ehefrauen hochgestellter Männer, die seine Ausweisung veranlaßten. Auch besaß er ein keckes Mundwerk und eine spitze Feder, die ihm die Feindschaft manch eines Mächtigen eintrugen. Was Casanova in seiner *Histoire* versucht, ist ein aufrichtiger Bericht seines Lebens – von dessen Licht- und Schattenseiten, von seinen Höhen und Tiefen. Dennoch muß man annehmen, daß nicht überall Aufrichtigkeit waltet. Gar zu deutlich ist an vielen Stellen, daß der Autor sich für diese und jene Handlung rechtfertigt oder dieses oder jenes Ereignis beschönigt. Falschspielerei, Abtreibungen, ja sogar Giftmorde sind Thema der *Histoire*. Nicht immer ist Casanova Täter, aber auf undurchsichtige Weise doch immer verwickelt.

Glanzpunkt der *Histoire* ist die Beschreibung von Casanovas Flucht aus den „Piombi" von Venedig. Verhaftet wegen Glücksspiels, Freimaurertums und unmoralischen Lebenswandels, wurde er im Gefängnis des Dogenpalastes gefangengehalten, bis ihm nach anderthalb Jahren die tollkühne Flucht gelang. Sie machte ihn mit einem Schlage in Europa berühmt, und er mußte die Geschichte, wohin er auch kam, jedesmal erzählen. Als Vorabdruck aus der *Histoire de ma vie* erschien die *Histoire de ma fuite des prisons de la République de Venise, qu'on appelle les Plombs* 1787 in Prag.

Aus dem Gesagten wird deutlich geworden sein, daß Casanova nicht nur ein aventurier, sondern auch ein écrivain, politicien, entrepreneur – und sogar espion war. Infolgedessen stehen neben der *Histoire de ma vie* gewichtige andere Werke sei's literarischer sei's wissenschaftlicher Art. Abhandlungen zur Politik und zur europäischen Geschichte hat er zahlreiche verfaßt – aber auch Dramen, Romane und Verse. Vor allem aber war er – wenn man seinem Nachleben Glauben schenken darf – ein amant. Wenn man ihn gelegentlich einen Libertin genannt hat, so war er doch einer von der harmloseren Sorte. Mit den roués der

Régence will er nicht verwechselt werden. Wenn er Frauen eroberte, so konnte er es nur, wenn er sie liebte. Er liebte sie nicht lange, aber er liebte sie intensiv, solange er sie liebte. Für ein paar schwarze Augen war er bereit, alles stehen und liegen zu lassen, um ihrer Besitzerin den Hof zu machen. Seinen Erfolg verdankte er wohl weniger seinem guten Aussehen, seinem Charme oder dem italienischen Temperament als vielmehr einer mimetischen Anpassungsfähigkeit. Molluskenhaft schmiegte er sich an, indem er die geheimen Interessen und Wünsche der Frauen ertastete. Mit der Lesewütigen sprach er über Literatur und Philosophie, von der Falschspielerin ließ er sich finanziell ruinieren. Er verstand sich auf jeden Diskurs und führte sie alle mit Verve. Und was die Frauen an ihm besonders schätzten, war wohl nicht nur seine Verschwiegenheit sondern auch die chevalereske Haltung, mit der er Demütigungen ertrug und Ausgaben finanzierte, die er sich eigentlich nicht leisten konnte. Nicht alle, die er umwarb, konnte er auch erobern. Häufig waren es diejenigen, die er am längsten belagerte, die sich ihm letztlich entzogen – oder denen er sich selbst entzog, um sie nicht mit einer Geschlechtskrankheit anzustecken.

Seine Reisen führten ihn nicht nur quer durch Europa, sondern auch durch alle Höhen und Tiefen der Gesellschaft. Er war an Fürstenhöfen so gut anzutreffen wie in Häusern wohlhabender Patrizier, Klöstern oder Bordellen. Hie und da verbrachte er auch Tage oder Monate in Gefängnissen. Als „philosophe" führte er Gespräche mit Voltaire, d'Alembert, Haller und Rousseau; doch nachts traf er sich gern mit Prostituierten oder Nonnen, die auf ein Abenteuer lüstern waren. Am Hofe Ludwigs XV. wurde die Pompadour seine Gönnerin, doch gleichzeitig verführte er unschuldige Bürgerstöchter und erprobte (oft erfolgreich) die Treue braver Ehefrauen. Der horizontalen Bewegung durch die Gesellschaft entsprach auch eine vertikale. Casanova war überall zu Hause – hier und dort sowie oben und unten. Nicht gelang es ihm in einer Stadt, in der er wirklich gern gelebt hätte: seiner Heimatstadt Venedig. Dem aventurier stellen sich keine Standesgrenzen entgegen: er kann sozial aufsteigen wie ein Korken, im nächsten Augenblick sinken wie ein Stein. Aufstieg und Fall teilte Casanova mit vielen aventuriers seiner Zeit. Manchen von ihnen begegnete er dort, wo er auch gerade sein Glück versuchte. Der berühmte Ange Goudar und der falsche

Graf von Saint-Germain waren darunter, aber auch depossedierte Aristokraten, die wie Casanova ihre Existenz mit Glücksspiel, Galanterie und ominösen Geschäften zu erhalten suchten. Casanova war Sohn eines Schauspielerpaares, und infolgedessen könnte man ihn einen Bürgerlichen nennen, den freilich ein gebrochenes Verhältnis zum Bürgerlichen kennzeichnete. Von geregelter Arbeit und zweckrationalem Verhalten wollten die aventuriers, die dem Bürgertum entstammten, nicht viel wissen. Ihre Karriere betrieben sie, indem sie versuchten, sich der Aristokratie zu assimilieren. Den Titel eines Chevalier de Seingalt legte sich Casanova zu und spielte so auf der Bühne des Lebens eine Rolle, die seine Eltern nur auf der Bühne probierten. Daß die Aristokratie bürgerliche aventuriers an sich heranließ und mit ihnen verkehrte, führt Michel Delon auf den Umstand zurück, daß die aventuriers „hommes sans conséquences" waren.[3] Willkommen als witzige Plauderer, diskrete Liebhaber und Vermittler fragwürdiger Geschäfte konnte man sich ihrer rasch erledigen, wenn sie Ansprüche zu stellen begannen oder ansonsten lästig wurden. Am Gleiten und Fallen der bürgerlichen aventuriers läßt sich studieren, wie sehr das ancien régime bereits in den Zustand der Zersetzung getreten war, als es sich noch ungefährdet sah. So gut er sich mit Schauspielern, Tänzern und Sängerinnen verstand, am wichtigsten war Casanova aber die „bonne compagnie" der Aristokraten, denen er sich umstandslos zurechnete. Seine bürgerliche Herkunft sah er stets als einen lächerlichen Zufall an, den er durch aristokratisches Rollenspiel wettzumachen suchte. Daß um die Mitte des 18. Jahrhunderts die Standesgrenzen zu fluktuieren begannen, ist auch an Diderots *Jacques le fataliste* abzulesen. In dieser Parodie einer Abenteurerexistenz können einfache Soldaten zu Herren aufsteigen, während vertrottelte Aristokraten über den Löffel balbiert werden. In gewisser Hinsicht könnte man das ancien régime eine offene Gesellschaft in Poppers Sinne nennen, da in ihr alles möglich war. Wer skrupellos und geschickt war, konnte zum Schloßherrn aufsteigen; wer dumm und unbeweglich war, konnte sein Schloß rasch an Betrüger und Spekulanten verlieren. Ein Freund der Revolution war Casanova infolgedessen nicht. Den Untergang seiner Welt, des ancien régime, überlebte er fast um zehn Jahre. Vereinsamt im böhmischen Schloß sitzend, schimpfte er auf die ehemals geliebten Franzosen, die seine chers amis auf die Guillotine geschickt hatten.[4]

Mit der Niederschrift der *Histoire de ma vie* begann er – vielleicht nicht zufällig – ein Jahr nach Ausbruch der grande révolution. Man kann sie infolgedessen lesen als Erinnerung an eine historische Epoche, die 1789 unterging und die Casanova im fernen Dux überlebte. Geschrieben ist sie in französischer Sprache, deren sich Casanova ausschließlich bediente, nachdem er 1782 zum zweiten Mal und zwar endgültig aus Venedig verbannt worden war. Casanovas zupackender Stil liefert ein farbiges und facettiertes Bild des ancien régime, wie wir kaum ein zweites besitzen. Als kulturhistorisches Dokument wird es von anderen Memoiren des 18. Jahrhunderts nicht übertroffen. Es ist besonders die bunte Vielfalt des gesellschaftlichen Lebens, wie es sich auf allen sozialen Stufen präsentiert, die Casanovas *Histoire* zu einem Tresor historischer und soziologischer Forschung macht. Aber auch die Psychoanalytiker werden zufriedengestellt, da sie sich mit den Komödien, Verkleidungen und Intrigen von Casanovas Liebesleben befassen dürfen. Denn berühmt geworden sind Casanovas Memoiren nicht als Epochengemälde, sondern als Darstellung staunenerregender Liebesaffairen. Ungewöhnlich war nämlich nicht nur die große Zahl der Affairen, sondern verblüffend auch die gewagten Situationen, verwickelten Intrigen und das rasante Tempo, in dem die Affairen sich anbahnten, vollzogen und wieder zerfielen. Eingebettet sind die Affairen in Reisen, die Casanova quer durch Europa führten. Nicht immer wird deutlich, zu welchem Zweck sie unternommen wurden. Manchmal suchte er Vergnügungen, ein andermal werden diplomatische Missionen, Aktivitäten des Freimaurers oder schlicht Spionagetätigkeiten im Hintergrund sichtbar. Oft fallen Affairen in die Pausen, die Casanova auf seinen Reisen einlegen mußte, es gab aber auch Reisen, die in Szene gesetzt wurden, um überhaupt eine Affaire haben zu können. Im sechsten Band reiste er von Zürich aus keinem andren Grund nach Solothurn, als dort eine junge Dame zu verführen, die er in einem Gasthof flüchtig kennengelernt hatte. Da sie ihn „vêtue en ce qu'on appelait amazone"[5] faszinierte, änderte er die Reiseroute und fuhr statt nach Bern ins nahegelegene Solothurn, wo sie mit ihrem gerade angetrauten Gatten lebte. Der eigentliche

Grund der Reise wurde jedoch der Umgebung verschwiegen; statt dessen erreichte Casanova es durch die Vermittlung der Marquise d'Urfé, daß der Herzog von Choiseul dem französischen Botschafter in Solothurn einen Brief schrieb, den Casanova überbringen wollte. Der Botschafter selbst veranstaltete Diners, auf denen Casanova – wie zufällig – der Schönen von Zürich begegnete. Seine Liebe konnte er während einer Liebhaber-Aufführung von Voltaires *L'Ecossaise* gestehen. Casanova spielte die Rolle des Murray, der die schöne Schottin Lindane liebt, und durfte ihr auf der Bühne den Satz zurufen: „Oui, je vous adore, et je le dois" (V, 3). Da er die Worte in „un ton si touchant" sprach, war der Beifall des Publikums stürmisch. „Le *bis* de quatre cent voix me forcèrent à les répliquer" (VI, 116). Wenig später simulierte er eine Krankheit, die ihn nötigte, vom Gatten der geliebten Schönen ein Haus außerhalb der Stadt zu mieten – mit der geheimen Absicht, daß sie ihn dort zweifellos werde besuchen können, ohne daß ein Verdacht sich rege. Die Komödie erlebt ihren Höhepunkt, als Casanova glaubte, die Geliebte nachts in den Armen zu halten, hierbei aber nur Opfer eines andren Theatercoups wurde, den eine häßliche Konkurrentin der Schönen mit ihm veranstaltete. Kaum war die Komödie an ihr farcenhaftes Ende gelangt, wurde der Aufenthalt in Solothurn abgebrochen und die Reise nach Bern fortgesetzt. Doch dorthin begleitete ihn bereits eine schöne Haushälterin, die ihm der Botschafter für das Haus vermittelt hatte, in dem er dessen Besitzerin verführen wollte.

Die *Histoire* gehorcht der Struktur des Pikaroromans. Abenteuer reiht sich an Abenteuer, und interessant ist stets das nächste Abenteuer, aber nicht das gerade beendete. Wie ein lebender Gil Blas reiht Casanova Affaire an Affaire, als sei sein Lebensfaden eine Perlenkette, auf der Damen, Minister und Bediente aufgefädelt sind. Insofern jedes Abenteuer vergessen ist, sobald das nächste sich ergibt, gleicht Casanovas Lebenslauf dem seines literarischen Pendants – Don Juans. In Tirsos Stück wie in Da Pontes Libretto eilt Don Juan von Abenteuer zu Abenteuer, ohne sich viel um Folgen zu scheren. Ob in Neapel Ehechancen einer Herzogin zunichte gemacht werden oder in Sevilla ein Vater mit dem Degen niedergestoßen wird, als er die Ehre seiner Tochter verteidigen will – stets ertönt das übermütige Lachen des Verführers, der bereits zu neuen Abenteuern unterwegs ist. Was Casanovas Lebenslauf aber (soweit er ihn selbst beschreibt) von dem seines literarischen Pendants unterscheidet, ist die Folgenlosigkeit seiner Affairen. Wird Don Giovanni von enttäuschten Ehefrauen und geschändeten Jungfrauen samt deren männlichem Anhang verfolgt und letztlich zur Strecke gebracht, so bewegt sich Casanova ohne sichtbare Spuren durch seine Welt. Nicht daß keine Opfer am Wegesrand liegenblieben – seine unehelich geborenen Kinder hat niemand je gezählt, und er hat sich auch nicht für sie interessiert – die Opfer und die Verlassenen machen sich nicht weiters bemerkbar. Stumm fallen die meisten von ihnen dem Vergesssen anheim, wenn es sich nicht um die großen Liebenden handelt, denen Casanova Jahre später wieder begegnet. Waren sie glücklich verheiratet, wollten sie ihn nicht mehr kennen; endeten sie als Prostituierte, deren Dienste sich Casanova zunutze macht, so gibt er nicht zu erkennen, daß er sie als junge Mädchen einmal geliebt hatte. Stets faszinierten ihn Verkleidungen, Tausch der Geschlechterrollen und homoerotische Konstellationen. Drei der großen Liebenden sind es wohl nur aus dem Grunde gewesen, weil Casanova sie in Verkleidung oder angenommener Rolle kennenlernte. Teresa sah er lange für einen schönen Kastraten an, der fürs Theater seine helle Stimme bewahren sollte. Die französische Henriette begegnete ihm zuerst in der Verkleidung eines jungen Offiziers. Und die schönste Geliebte, die er je besaß, die Venezianerin M.M., war eine Nonne. Je unerreichbarer die Personen erschienen, desto stärker entflammte Casanova für sie. Wie Don Giovanni schien er den „odor di femine" unter den seltsamsten Verkleidungen zu wittern. Andererseits muß ihn aber auch die Ambivalenz der Personen fasziniert haben. Männliche Uniformen, die wie Nonnentrachten weibliche Glieder verbargen, mußten seinen 'désir' aufs höchste gereizt haben. Die einfache Nacktheit ließ ihn kalt. „Eh quoi! me disais-je, cette servante est belle, ses yeux sont bien fendus, ses dents sont blanches, l'incarnat de son teint est le garant de sa santé, et elle ne me fait aucune sensation? Je la vois toute nue, et elle ne me cause la moindre émotion? Pourquoi? Ce ne peut être que parce qu'elle n'a rien de ce que la coquetterie emprunte pour faire naître l'amour. Nous n'aimons donc que l'artifice et le faux, et le vrai ne nous séduit plus lorsqu'un vain appareil n'en est pas l'avant-coureur" (VI, 182).

Doch selbst von seinen großen Lieben fiel Casanova der Abschied nicht sonderlich schwer. Chantal Thomas nennt ihn überhaupt den Meister des Abschieds. Niemals kommt er zu früh, niemals zu spät. Und sobald er eine Geliebte verlassen und einige Tränen, falls überhaupt, geweint hat, wird ihrer nicht länger gedacht. Als habe es sie niemals gegeben, verschwinden sie im Styx des Vergessens.[6] Delon hat nicht unrecht, wenn er die Kette von Casanovas Affairen unter den Begriff der Flucht stellt. Was den Libertin unruhig macht, ist die Affaire, die an Dauer gewinnt. Die statische Beziehung verlor rasch an Leben, und im Namen der Freiheit sprang er auf wie sein Zeitgenosse, der junge Goethe, und eilte davon. „Viva la libertà" ist auch der Schlachtruf Don Giovannis, mit dem er einen Maskenball eröffnet. Die Flucht aus den venezianischen Gefängnissen präfiguriere eine Haltung, die bereit ist, im Namen der Freiheit jede Beschränkung, jede Last von sich zu werfen. „Les plombs symbolisent tout ce qui est de l'ordre de la prison, de la pesanteur, de la poisse. L'évadé proclame les pouvoirs de la liberté, de la grâce et du plaisir. *L'Histoire de ma vie*, toute entière, a l'image de cet episode, devient une fuite" (II, 44f.). Auffällt, wie sich die Abschiede gleichen. Sie sollen rasch und glatt vorübergehen, damit sie das neue Leben nicht lange aufhalten, das hinter ihnen wartet. „J'ai aimé les femmes à la folie, mais je leur ai toujours préféré ma liberté. Lorsque je me suis trouvé dans le danger de la sacrifier, je ne me suis sauvé que par hasard" (III, 184). So endete denn die stürmische Leidenschaft zum Kastraten Bellino, der sich als eine Teresa entpuppte, indem Casanova einen Brief schrieb. „J'ai écrit à Thérèse d'aller à Naples, et d'être sûre que j'irais la rejoindre ou dans le mois de juillet, ou à mon retour de Constantinople" (II, 47). Nun, Casanova kam nicht, sondern fuhr statt dessen nach Venedig, wo ihn andre Abenteuer gefangennahmen. Die Affaire wird abgeschlossen mit dem Satz: „Mon amour a cédé à ma raison; mais mon amour n'aurait pas été si complaisant une semaine avant ce moment-là" (II, 47).

Am tiefsten traf Casanova die Trennung von Henriette, einer Gräfin aus der Provence. Dennoch ließ er sich von ihr zum Abschied „cinq rouleaux de cent louis chacun" geben, die er ironisch als eine „faible consolation à mon cœur" bezeichnet, das „trop accablé par une si cruelle séparation" (III, 75) war. Er weinte vierundzwanzig Stunden lang, fühlte aber danach eine solche Erschöpfung, daß „la pensée même que s'augmentant il pourrait me coûter la vie ne me parut pas consolante" (III, 78). Er nahm also eine Fleischbrühe und fühlte sich „deux ou trois jours après" (III, 79) wieder kräftig genug, um das Theater zu besuchen.

Die Affaire mit der schönen Nonne M.M. endete, indem diese in ihr Kloster auf Murano zurückkehrte, wo ihr Casanova ab und zu Besuche abstattete. „Je ne suis retourné à Venise que vers la fin d'avril d'abord que j'ai vu M.M. à la grille, que j'ai trouvée fort changée" (IV, 154). Die Nacht verbrachte er jeweils in seinem kleinen Haus, wo er bis zum nächsten Tag in den Armen einer jungen Dienerin, „ma chère Tonine" (IV, 155), lag.

Chantal Thomas faßt die Vergeßlichkeit Casanovas in die Worte: „L'oubli libertin est une licence provisoire que l'on accorde à soi-même et à autrui pour multiplier la chance des rencontres"[7]. Doch die neuen Abenteuer scheinen nur die alten Abenteuer zu wiederholen, ohne daß es der Abenteurer bemerkte. Stets ist er zur Gänze fasziniert und sieht nur diese neue Frau, als sei es die einzige, die es für ihn je gäbe. Doch in der Wiederholung gleichen sich die Frauen an. Daß die eine gut für die andre eintreten kann, erfährt Casanova schreckhaft am eigenen Liebe, als er im Dunkel der Nacht die Frauen verwechselt, die verachtete Häßliche für die geliebte Schöne nimmt und glaubt, mit der Abwesenden eine der glühendsten Vereinigungen erlebt zu haben, die ihm je beschieden war. Die Erkenntnis der Verwechslung trifft Casanova im Innersten. Madame Roll von Emmenholtz, die in Solothurn vergeblich auf ihn die ganze Nacht gewartet hatte, macht dem Verdutzten am nächsten Tag die bittersten Vorwürfe. „Mais comment, me dit-elle, avez-vous pu passer deux heures avec cette femme-là sans vous apercevoir, malgré qu'à l'obscur, que ce n'était pas moi? Je suis humiliée de ce que la différence qui passe entre elle et moi n'a fait aucun effet sur vous. Elle est plus petite que moi, beaucoup plus maigre, elle a dix ans plus que moi, et ce qui m'étonne c'est qu'elle a l'haleine forte. Vous n'étiez pourtant privé que de la vue, et tout vous a échappé. C'est incroyable" (VI, 173). Casanovas Antwort klingt schwächlich: „Sûr d'être entre vos bras, comment pouvais-je trouver en vous quelque chose de dégoûtant? La rudesse même de la peau, ni le cabinet trop commode n'eurent la force de me faire douter, ne de diminuer mon ardeur." (VI, 173). Es war, wie er gesteht, die „force de l'imagination" (VI, 173), die ihn die Vettel für die jungen Geliebte halten ließ. War es aber so, so hat er niemals eine Frau geliebt, sondern stets seine Vorstellung von ihr. Für diese Vorstellung erschuf er sich stets neue Exemplare, die reihenweise für sie eintreten mußten. Wie die Vorstellung wohl sich gleich blieb, so blieben es im Wiederholungszwang auch die Exemplare, auf die er seine wollüstige Vorstellung projizierte. Aber da keines mit der Vorstellung zusammenfallen konnte, ergab sich der Zwang zu ihrer endlosen Ersetzung. Ironisch verglich er Frauen mit „pièces" (XII, 69), deren Inhalt immer gleich sei, aber deren Titel wechsle. „Mais en parvenant à la posséder, m'apercevais-je que c'était la même dont j'avais joui tant d'autres fois?" (XII, 69).

Daß Frauen für Casanova leere Manuskriptflächen waren, hat als einzige wohl die geliebte Henriette gewußt. Als Casanova ihr viele Jahre später auf dem Weg nach Avignon begegnete, erkannte er sie nicht wieder. Sie aber, die ihn sehr wohl im Gedächtnis behalten hatte, verbrachte statt mit ihm die Nacht mit Marcolina, seiner Geliebten. Als beide am nächsten Tag Avignon fast erreicht hatten, übergab Marcolina ihm einen Brief Henriettes. Er enthielt nur seine Adresse und ihren Namen. Das Blatt selbst aber war leer.

Sechzehn Jahre waren vergangen, seit Henriette ihn verlassen hatte. Nachdenklich sinniert der Autor, was die Geliebte von ehedem veranlaßt haben könnte, sich vor ihm in Aix zu verbergen. Sollten ihre „charmes puissent avoir perdu la force" (IX, 86), die ihn einst gefesselt hatte? Später beschleicht ihn der Gedanke, daß er selbst es hätte sein können, dessen Alter einem „renouvellement" im Wege stand. Mit sechsundvierzig Jahren fühlt er sich nicht mehr jung und bemerkte, daß ihm der Magnetismus fehlte, der ehedem die Frauen an ihn zog. Sein Gesicht begann Runzeln zu zeigen, und Zähne fielen ihm aus. „J'avais beau faire, les femmes ne voulaient plus devenir amoureuses de moi; il fallait me résoudre à y renoncer, ou à me laisser mettre en contribution, et la nature me força à prendre ce dernier parti, que l'amour de la vie me fait enfin rejeter aujourd'hui." (XII, 149). Siege, die Casanova einst spielerisch errungen hatte, mußte er nun mit Geld und Demütigungen erkaufen.

Die Lebensbahn des Abenteurers neigt sich dem Ende zu, und wo früher Siege lachten, starrten ihn jetzt trübselige Niederlagen an. Geliebte, die er nach zwanzig Jahren wieder aufsuchte, da sie längst verheiratet und seßhaft geworden sind, haben eher Mitleid mit ihm, als daß sie sich für eine Fortsetzung alter Affairen begeisterten. Er ist nicht nur älter, sondern auch ärmer geworden. Manch eine gibt ihm die Juwelen oder das Geld zurück, die er ihnen geschenkt hatte. Dieses blamable Ende seiner Siegesbahn hatte er lange herannahen sehen – noch zu einer Zeit, da ihm gar manche Eroberung glückte. Gleich einem barocken Melancholiker sah der aufgeklärte Libertin hinter heiteren Abenteuern und schönen Gesichtern „la vieillesse, la misère, le repentir toujours tardif, et la mort" (XII, 160) stehen.

So kann er denn, als er sich dem Ende seiner Lebensbeschreibung nähert, deren Motiv preisgeben. Die Gedanken an den Tod „tueraient si je ne m' ingéniais à tuer le temps cruel" (XII, 161). Und so setzt er sich im einsamen Böhmen hin und füllt den Rest seines Lebens damit aus, es zu beschreiben. „J'écris pour ne pas m'ennuyer, et je me réjouis, et me félicite de ce que je m'en complais; si je déraisonne, je ne m'en soucie pas" (XII, 161).

---

[1] Vgl. *Marie-Françoise Luna:* Casanova à travers l'Europe. In: *Dix-Huitième Siècle* 25 (1993).

[2] Vgl. *Horst Albert Glaser:* Casanova bei Hofmannsthal und Schnitzler. In: *Autorität und Sinnlichkeit.* Hg. von Karol Sauerland. Frankfurt / Main u.a. 1986.

[3] *Michel Delon:* Casanova et le possible. In: *Europe* 65, Nr. 697 (1987) 41f.

[4] Vgl. *Volker Kapp:* Der Abenteurer als Demonstrationsobjekt und Skandalon der französischen Aufklärung. In: *Euphorion* 79 (1985) 232-250.

[5] *Jacques Casanova de Seingalt:* Histoire de ma vie. 6 Bd.e. Wiesbaden, Paris 1960 ff. Hier: Bd. 6, S. 97. – Zitate aus der *Histoire de ma vie* beziehen sich im folgenden stets auf diese Ausgabe: die römische Ziffer steht für den Band, die arabische für die Seite in dieser Ausgabe.

[6] *Chantal Thomas:* Casanova. Un voyage libertin. Paris 1985. S. 161 ff.

[7] Ebd., S. 187.

Sabine Kleine-Roßbach (Saarbrücken)
Larven – Rollen – Staffagen
Cagliostro

Davon, wer Cagliostro eigentlich gewesen sei, kann nicht mehr die Rede sein. Allein das, was man von ihm gesagt, erzählt, berichtet hat, ist von seiner historischen Person übriggeblieben. Cagliostro lebte vom Gerücht – und lebt als Gerücht fort. Seine Namen (und mit ihnen seine Existenzen) scheint er wie Kleider gewechselt zu haben. Er soll von Geburt Giuseppe Balsamo geheißen haben und ein Sizilianer niederer Herkunft gewesen sein (auf seiner *Italienischen Reise* besuchte Goethe Cagliostros Familie und zeichnete dessen Stammbaum ab, den ihm ein Anwalt aus Palermo gezeigt hatte[1]). Auf seinen Reisen, die ihn kreuz und quer durch Europa führen, tritt jedoch dieser Balsamo unter den verschiedensten Namen und stets mit dem Schmuck eines Adelstitels auf, am häufigsten läßt er sich den Grafen Cagliostro nennen: „[er] wechselte ... von je her mit Namen. Er hats doch ... selbst erzählt, daß er sich auf seinen Reisen bald Graf Harat, bald Graf Phönix, Marquis d′Anna genannt habe ... auch Marquis de Pellegrini ... Der *Courier de l'Europe* aber zeigt ... als zuverlässig an, daß unser Abenteurer sich auf seinen ersten Reisen Balsamo genannt habe ... nun nach Verlauf mancher Jahre [kommt er] unter dem Namen ... Cagliostro wieder nach Paris ...“[2]. Über seine Herkunft und sein Alter setzt er die unterschiedlichsten Geschichten in Umlauf: als man ihn 1785 in Paris verhaftet (auf Cagliostros Rolle in der sogenannten „Halsbandaffäire" kommen wir noch zurück), gibt er zu Protokoll, er kenne weder den Zeitpunkt noch den Ort seiner Geburt oder seine Eltern. Aufgewachsen sei er in Medina, man habe ihn dort Acharat gerufen. Von dort habe er weite Reisen durch die arabische, afrikanische und asiatische Welt unternommen, bevor er nach Europa gekommen sei.[3] Doch kann diese Geschichte kaum stimmen, denn Cagliostro spricht kein Wort Arabisch: „er redet schlecht Italienisch [Cagliostro sprach vermutlich das sizilianische Italienisch, S.R.], gebrochen Französisch; Arabisch konnte er mündlich mit Professor Norberg von Upsal, der aus Constantinopel kommt, nicht sprechen"[4]. Bei anderer Gelegenheit scheint Cagliostro andere Versionen seiner Abstammung gegeben zu haben: die von der Recke notiert, er habe „sich mannigmal ein Alter von 150 bis dreihundert Jahren beigeleget, daß er vorgegeben, vor vielen Jahrhunderten auf dem roten Meere geboren und schon auf der Hochzeit zu Cana in Galiläa gegenwärtig gewesen zu sein"[5]. So beginnen die <wahre> Herkunft, die <echte> Identität des Cagliostro hinter den vielen Erzählungen und Versionen zu verschwinden: „Stets verschwieg er seinen wahren Ursprung, seinen Stand, und sein Alter. Einigen gab er vor, er hätte schon vor der Sündflut gelebt, andere versicherte er wieder, er wäre bei der Hochzeit zu Canaa gegenwärtig gewesen. Bald gab er Malta zu seinem Geburtsorte an, und bald behauptete er wieder, daß der Großmeister eines Malteserordens, und die Fürstin von Trabisonde seine Eltern seien ..."[6].

Wie seine Namen, wie die Erzählungen seiner Herkunft hat Cagliostro sich immer neue Existenzen erfunden. Als Casanova ihm im Jahre 1769 in Aix-en-Provence begegnet, da tritt er noch unter dem Namen Balsamo auf, gibt sich für einen Pilger aus, der gerade aus Santiago di Compostela auf dem Weg nach Rom sei, und erweist sich als geschickter Fälscher von Schriftstücken jeder Art[7] – vermutlich reist er mit gefälschten Empfehlungsschreiben. Einige Jahre später (1776/77) taucht Cagliostro in London wieder auf, wo man ihn auf kurze Zeit wegen betrügerischen Lotteriespiels arrestiert. In London wird er auch in die Freimaurerloge <Espérance> aufgenommen. Seither führt er sich, wo er neu ankommt, als einen Großmeister der Freimaurerei nach dem sog. <ägyptischen Ritus> ein und nennt sich einen Schüler des Croßkophta. Cagliostros schwindelerregende Karriere in der „Schwärmerei, Theurgie, Geisterseherei und

Goldmacherkunst"[8], als „Wundermann, Geisterseher, Beschwörer, [der] menschenfreundliche unbezahlte Arzt und Held ..."[9] beginnt. Bei der Familie von der Recke in Mitau nennt er sich einen spanischen Grafen und betätigt er sich vom Februar bis Mai 1779 als Geisterbeschwörer und Gründer einer Freimaurerloge nach dem ägyptischen Ritus. Er hält Séancen mit einem kleinen Jungen als Medium ab; er verspricht der Frau von der Recke, ihr im Traum den verstorbenen Bruder erscheinen zu lassen; er gibt telepathische Anweisungen zur Hebung eines Schatzes in der Nähe von Mitau. In die Mitauer Freimaurerloge nimmt er auch Frauen auf. Die Lehre, die er verkündet, bleibt nur den Logenmitgliedern zugänglich, die ein Schweigegelübde ablegen. Doch scheint sie (soviel entnimmt man den *Bruchstücken aus Cagliostros magischer Philosophie*, wie sie von der Recke mitgeteilt hat) aus einer bunten Mischung von Magie, Mystik und Kabbala bestanden haben: „Die Freimaurerei ist die Schule, in welcher diejenigen erzogen werden, welche zur heiligen Mystik bestimmt sind ... Sowohl die Götterlehre der Griechen als der <Zentdavesta>, die <Edda>, und die <Bibel>, sind der Magie geheiligte Bücher. Der Zirkel und das Dreieck sind magische heilige Figuren. Drei und Neun, Zwei und Sieben, sind heilige Zahlen ... Drei Kapitel fehlen aus der Bibel, und sind nur in den Händen der Magiker. Der, welcher nur eins dieser Kapitel besitzt, dem schon stehen übernatürliche Kräfte zu Gebote ... [sie] enthalten die höchste Weisheit, durch welche die Welt beherrscht wird"[10]. In diese Lehren mischt Cagliostro verschwommene Anweisungen zur Herstellung von Gold, zur Schmelzung von Perlen und Diamanten oder andere magisch-chemische Rezepte hinein (etwa dasjenige, wie ein Mann jede beliebige Frau zur physischen Liebe bringen könne). Die Recke wendet sich befremdet von ihm ab und verdächtigt Cagliostro später als einen „Emissar der Jesuiten"[11]. Von Mitau aus reist Cagliostro nach Warschau, wo er zwischen April und Juni 1780 im Hause des Grafen Moszinsky eine Reihe von chemischen Experimenten anstellt mit dem Ziel, den Stein der Weisen herzustellen. Doch hat Cagliostro beim Grafen keinen rechten Erfolg, denn dieser ist in der Chemie bewandert und bemerkt sogleich, daß Cagliostro statt das Geheimnis der Diamanten- oder Goldmacherei zu enthüllen, beispielsweise die Rezeptur zur Herstellung von gewöhnlichem Schießpulver diktiert. Auch ertappt ihn Moszinsky dabei, daß er bei seinen chemischen Operationen mit präparierten und vertauschten Schmelztiegeln hantiert. Eines nachts verläßt dann Cagliostro Warschau Hals über Kopf: „Diese Nacht wird nicht für alle gleich ruhig sein. Sicher präpariert sich jetzt schon der Groß-Kophta zu seinen Zauberbeschwörungen, d.h. er packt sein Bündel ... Er ist fort! Mit gutem Willen seiner Jünger fort! Er hat zwar einem aufgetragen, das Werk der Lampe fortzusetzen, und versprochen, in Kurzem eine Portion Pulver, zum Beweise, daß er kein Betrüger sei, zu schicken. Seine andern Diszipel ... sahen ihn nur von Ferne in den Wagen steigen"[12]. Als Cagliostro drei Monate später in Straßburg ankommt, da beginnt er als Arzt zu praktizieren, und bald berichtet man wahre Wunderdinge von ihm: er vermöge Kranke zu heilen, die die Medizin schon längst aufgegeben habe, er behandele die Armen, die scharenweise zu ihm strömten, ohne Geld von ihnen zu verlangen. An die reichen Straßburger Damen verschenkt er Proben einer kostbaren Tinktur, von der er versichert, daß sie ihnen ewige Jugend schenken werde ...

Dabei scheint Cagliostro die vielen Identitäten, Existenzen, Auftritte, die Cagliostro auf seinen Reisen quer durch Europa annimmt und nach Belieben auswechselt, erfolgreichen (und ebenfalls vom öffentlichen Gerücht umwitterten) Vorbildern abgeguckt zu haben: als Wunderarzt gibt er sich den Habitus eines Franz Anton Mesmer, der seit 1778 mit seinen magnetischen Kuren Paris im Sturm erobert [→ Artikel Schmitz-Emans]. Als Alchymist und Magier zehrt er vom Nachruhm des Grafen Saint Germain – auf den er sich auch gelegentlich berufen haben soll: „ein andermal findet er für ratsam, sich für einen wahren Cing Germain (vermutlich will er sagen >Saint Germain<) auszugeben"[13], notiert spöttisch Bode. Wie vor ihm Saint Germain erklärt sich Cagliostro im Besitz des Steins der Weisen, des Lebenselixiers, will aus jedem Metall Gold zu machen wissen. Bis ins einzelne geht die verblüffende Ähnlichkeit der beiden Grafen: reisen doch beide unter vielen Namen („Auch St. Germain wandelte unter allerhand verschiedenen Namen in der Welt umher ..."[14]) , legen sich beide ein biblisches Alter zu (von Saint Germain heißt es, daß er „fünfhundert Jahre alt sei"[15]; Cagliostro gibt gelegentlich „denjenigen, welche er eines vorzüglichen Vertrauens würdigt, ... zu verstehen, daß sein wahrer

Name Frederic Gualdo hieße, und wenn man glaubt, daß er wenigstens schon fünfhundert Jahre gelebt habe, so nimmt er dies Kompliment eben nicht übel"[16]). Und wenn Casanova berichtet, der Graf Saint Germain habe bei Tisch nie etwas gegessen (und sich statt dessen darin gefallen, allerlei Cremes an die Damen auszuteilen)[17], so sagt man ähnliches von Cagliostro: „Er isset wenig – und beinahe nichts, als italienische Pasteten – ... legt sich niemals zu Bette und schläft nur ohngefähr zwei oder drei Stunden in einem Lehnstuhl ..."[18]. Als Geisterbeschwörer zehrt Cagliostro vom Ruhm der Swedenborg, Gaßner, Schröpfer ..."[19] So scheint sich Cagliostro in ganz Europa zu vervielfältigen, und wenn er in immer neuen Maskeraden, Posen, Gestalten auftritt, so beruht das Geheimnis seines Erfolges wohl darauf, daß er seinem Publikum das zu geben weiß, wonach es sich sehnt: „sobald er in irgend einem ansehnlichen Hause festen Fuß gefaßt, versichert er seinen Beschützer, daß er ihn würdig befunden, an seinen großen Geheimnissen Teil zu nehmen. Er richtet sich hierin nach den Umständen, den Leidenschaften und dem Geschmack seines Protektors. Bei Einem arbeitet er in der Alchemie und macht Gold und Silber; einem Andern lässet er Geister erscheinen usw. Bei einem Dritten ist er Arzt ..."[20]. Das transzendentale Vakuum, das ein gerade-erst-aufgeklärtes Publikum schmerzlich empfand, ist bekannt, und Cagliostro versprach es zu füllen.[21] – Schwärmerisch haben die einen Cagliostro verehrt, kalt die anderen ihn abgelehnt. Als man nach der Halsbandaffaire Cagliostro endgültig als einen Betrüger entlarvt glaubt, da macht die Meinung die Runde: dieser Mann sei ein Schwindler und ein Imitator des wahren Cagliostro.[22]

*

Im Jahre 1785 stolpert Cagliostro in die Halsbandaffaire hinein und wird in Paris zum ersten Mal verhaftet. Seit der Halsbandaffaire sinkt Cagliostros Stern. Aus der Bastille kommt er nach zehn Monaten noch einmal frei, doch wird er nur wenige Jahre später (1789) in Rom erneut verhaftet (nachdem Cagliostro dem Papst seine Statuten der Ägyptischen Freimaurerei präsentiert hatte) – und diesmal endgültig. Cagliostro starb im Jahre 1795 in Haft auf der Engelsburg.

Dabei war (soweit sich das sagen läßt) Cagliostro nur ein Komparse jenes Skandals gewesen, der die Pariser Hofgesellschaft tief erschüttert hatte und von dem Goethe in den *Tag- und Jahresheften* später schrieb, sie habe „einen unaussprechlichen Eindruck" auf ihn gemacht, denn „in dem unsittlichen Stadt-, Hof- und Staats-Abgrunde, der sich von hier eröffnete, erschienen mir die greulichsten Folgen gespensterhaft"[23]. Die Hauptakteure in der Halsbandaffaire, den Kardinal de Rohan und seine Mätresse, die Comtesse de la Motte, kannte Cagliostro noch von Straßburg her. Er hielt sich gerade in Lyon auf, wo er eine neue Loge nach dem Ägyptischen Ritus gegründet hatte, als sich der Kardinal wieder bei Cagliostro meldete und ihn zu sich nach Paris berief. Rohan wollte sich endlich der Gnade des Königspaares empfehlen – nachdem er einst als französischer Gesandter am Wiener Hof Maria Theresias in Ungnade gefallen war und man ihn, als die Kaisertochter Marie-Antoinette französische Königin wurde, im fernen Straßburg untergebracht hatte. In Paris befragte Cagliostro (in Anwesenheit der La Motte und indem er deren Nichte als Medium unterwies, genauer gesagt: ihr die Antworten auf seine Fragen einstudierte) die Geister, um zu erfahren, wie sich der Kardinal das Wohlwollen der Königin (in die er wohl verliebt war) verdienen könne. Einen prächtigen Anblick muß Cagliostro damals in Paris geboten haben: das Haar trug er zu vielen kleinen Zöpfchen geflochten, die ein glitzernder Beutel zusammenhielt, unter einem grauen Rock trug er eine feuerrote Weste und ebensolche Hosen, wobei sein gesamter Anzug über und über mit Gold und Edelsteinen besetzt war ... Man vermutet, daß Cagliostros Gemahlin Serafina dem Kardinal Rohan Avancen und die Comtesse La Motte eifersüchtig machte.[24] Jedenfalls begann diese, mit ihrer intimen Bekanntschaft der Königin Marie-Antoinette zu prahlen, und machte dem Kardinal weis, die Königin begehre auf der Welt nichts mehr als ein kostbares Diamantencollier, das für sie aber zu teuer sei. Rohan sah seine Chance, er wollte den Schmuck kaufen und der Königin zum Geschenk machen. Die La Motte bestärkte ihn in seinen Hoffnungen, indem sie ihm (gefälschte) Dankesbriefchen Marie-Antoinettes zusteckte. Es kam sogar zu einem nächtlichen Rendezvous mit der Königin in einem Park von Versailles (oder vielmehr: mit einer Schauspielerin, die die Königin für den verliebten Kardinal vorstellte) ... Kurz: der Kardinal erwarb das Collier, übergab es der La Motte – und es verschwand. Die Geschichte wurde bekannt, die Königin sah sich üblen Verdächtigungen ausgesetzt, man lachte über den König. Der Verdacht fiel auf Cagliostro – der rätselhaft, reich und undurchschaubar war. Obwohl keine Hausdurchsuchung und kein Verhör den Verdacht hatten erhärten können, und ohne ein Parlamentsurteil, wurde er in der Bastille gefangengesetzt. Öffentliche Anklageschriften (unter anderem der Comtesse La Motte) beschuldigten ihn der unglaublichsten Vergehen. Seither vollzog sich in immer neuen Enthüllungsschriften die öffentliche Demontage Cagliostros als „höchstlistiger und unverschämter Betrüger; ein Mensch zum Taschenspieler behend und intrigant genug; ein Gaukler, der sich aus Mystik, aus Loyalismus, aus Magie und Alchymie, aus Freimaurerei und Rosenkreuzerei, ein System zusammengestoppelt hat, das listig genug komponiert ist, um schwache Menschen zu fahen"[25].

Nach der Halsbandaffaire erscheint eine Flut von Schriften, die allesamt Cagliostro als Betrüger bloßstellen wollen: aus Warschau vermeldet der Graf Moszinsky, die alchymischen Geheimrezepte Cagliostros seien allenfalls geeignet, Schießpulver herzustellen, keineswegs aber Gold (*Cagliostro in Warschau* (1786)). Aus Mitau schreibt die angesehene Charlotta Elisabeth Konstantia von der Recke (*Nachricht von des berüchtigten Cagliostro Aufenthalte in Mitau, im Jahre 1779, und von dessen dortigen magischen Operationen* (1787)), wie Cagliostro ihre Anhänglichkeit an den früh verstorbenen Bruder ausgenutzt habe, um ihr weiszumachen, einen Kontakt mit ihm in der Geisterwelt herstellen zu können. In Wahrheit sei es ihm nur um freie Kost und Logis in ihrem Hause gegangen – die Geisterträume habe er nicht anders als mit verabreichten Arzneien hervorzubringen gewußt ... En detail entlarvt von der Recke Cagliostro als Trickbetrüger, beschreibt sie ausführlich die Séancen mit einem präparierten Medium – einem Kind, dem Cagliostro genaue Anweisungen gegeben hatte ... Auch meldet sich ein ehemaliger Kammerdiener des Cagliostro mit pikanten Enthüllungen zu Wort (*Mémoires authentiques pour servir à l'histoire du comte de Cagliostro* (1785)). Die russische Kaiserin Katharina die Große verfaßt Komödien, die Cagliostro verunglimpfen, zudem kursieren die Akten des Pariser Halsbandprozesses, Schmähschriften erscheinen ...[26] Hatte Cagliostro das Geheimnis, das Wunder, die Verheißung verkörpert, weil die Leute es so herumschwätzten – so macht ihn jetzt dieses Geschwätz zur unmöglichen Person. Hatte man an ihn als einen Wundermann geglaubt, so steht er nun im Ruf des Betrügers, des Scharlatans – und wohin er auch gehen mag, wird er ihn nicht los. Man glaubt Cagliostro nichts mehr. So bedeutet die Halsbandaffaire das eigentliche Ende von Cagliostros Karriere. In Paris verspottete ihn sogar das Volk, das vorschlug, man solle doch getrost Cagliostro zu 300 Jahren und einem Tag Galeerenstrafe verurteilen[27] – das könne doch einem, der verkünde, er sei unsterblich, sicher nichts ausmachen.

*

Nach der tatsächlichen hat dann Cagliostro noch eine literarische Karriere gemacht. Nicht nur wurde er Titelfigur bei Dumas [→ Artikel Angels Santa]; er stand auch Pate für Friedrich Schillers *Geisterseher* (erschienen in der Zeitschrift *Thalia*, 1787 – 89), und Goethe brachte ihn als *Groß-Cophta* auf die Bühne (Uraufführung am Weimarer Hoftheater am 17. Dezember 1791). Goethes Versuch, Cagliostro zum Helden eines Lustspiels zu machen, hat die germanistische Kritik beinahe einhellig als gescheitert betrachtet.[28] Dabei scheint Goethe den Sizilianer durchschaut zu haben, besser, als es sein Publikum (das auch zum Publikum Cagliostros gehört hatte) je tat: denn das Erfolgsrezept des Italieners hatte darin bestanden, daß er den Mitmenschen typisch sizilianische Stegreif-Komödien inszenierte, in denen geschwindelt, getrickst, gegaunert wurde, doch so geschickt, daß man mit der Aufführung eigentlich zufrieden sein konnte – und Cagliostro (als Hauptdarsteller – Autor – Regisseur der commedia dell'arte) eine Entlohnung sicherlich zustand, die er sich auch stets zu verschaffen wußte ... Goethe wird jene italienischen Tricks und Übertölpelungen auf seiner *Italienischen Reise* (die ihn bekanntlich bis nach Sizilien führte) sehr genau haben kennenlernen können; im restlichen Europa kannte man sie nicht und fiel regelmäßig auf sie herein (es ist kein Zufall, daß

Cagliostro mit seinen Vorführungen in ganz Europa Erfolg hatte – aber niemals in Italien, wo sie jeder durchschaute (und wo sie übrigens ein anderer Italiener: der Venezianer Giacomo Casanova, beschrieben hat[29] [→ Einleitung]).

Wie man sich die kleinen Schwindelkomödien des Cagliostro denken muß, davon hatte vor dem Goetheschen Lustspiel schon der Bericht des Grafen Moszinsky, erschienen im Jahre 1786, eine Vorstellung gegeben. Die „edlen und charakteristischen Gebräuche der Ägypischen Logen", bemerkte er, seien solche „als r-lps-n, f-rz-n, schnaufen, mit dem Fuße stampen" gewesen.[30] Als dann Cagliostro dem gespannten Warschauer Publikum den langverheißenen, geheimnisvollen Großkophta zu Gesicht bringen wollte, da endete die Aufführung in einem Desaster: „Den 11ten Jun. Da uns Cagliostro vermutlich mehr Zutrauen und Glauben an ihn einflößen zu müssen glaubt, so hat er uns gestern eine neue Szene gegeben, und einen neuen Proselyten den Ägyptischen <Groß-Kophta>, der einige tausend Jahre alt sein soll, sehen lassen. Er war sehr dick, weiß gekleidet, hatte weiße Haare, und einen großen Turban auf dem Kopfe. Der neue Lehrling aber, den der Groß-Kophta mit einer tiefen und rauhen Stimme fragte: was er sähe? antwortete zum Unglücke ganz naiv: er sehe wohl, daß er, Cagliostro selbst, sich so gekleidet, und eine weiße Maske mit einem Barte vor dem Gesicht habe. Diese Antwort mochte dem Ägyptischen Großmeister vermutlich nicht ganz angenehm sein, denn er löschte sogleich mit den Händen die beiden Lichter, zwischen welchen er saß, aus, und man hörte deutlich das Geräusch von dem Pudermantel und dem übrigen Anzuge, den er im Dunkeln abwarf, um leichter nach Ägypten zurückzureisen, und Herrn Cagliostro an seiner Stelle erscheinen zu lassen"[31]. Es hat Goethe diesen Auftritt des Cagliostro (der im Stück der Graf Rostro heißt) als Groß-Cophta, Großmeister der ägyptischen Loge, übernommen (dritter Aufzug, neunter Auftritt). In einem „Saal mit ägyptischen Bildern und Zieraten", wie sie dem Publikum vielleicht bereits aus Mozarts *Zauberflöte* (UA Prag 1788) bekannt waren, läßt er in „ein[em] tiefe[n] Sessel" eine „in Goldstoff gekleidete Person zurückgelehnt" sehen, „deren Haupt mit einem weißen Schleier bedeckt ist"[32]. Andächtig umknien die Logenmitglieder (unter ihnen der Domherr, der Ritter, die Marquise, der Marquis) die verschleierte Gestalt und bitten sie, sich ihnen nach so langer Vorbereitungszeit nun zu offenbaren („ALLE: Großer Cophta, wir bitten! ..." (915)) Als sich dann der Groß-Cophta als Cagliostro zu erkennen gibt („GRAF *der hervortritt:* Ja, der Graf! ... Ja, ihr seht den Mann vor euch, der, so alt als die ägyptischen Priester, so erhaben als die indischen Weisheit, ... der über allen Rang erhaben ist" (915f.)), da bedauert er die Blindheit seiner Schüler, habe er sie doch ein Jahr lang unterrichtet, ihnen auf das Geheimnis seiner Person hingedeutet, und doch hätten sie ihn bis zuletzt verkannt ... – und alle Anwesenden glauben nur noch inniger an sein tiefes Wissen und seine geheime Macht. Allein die Marquise erkennt des Grafen schurkische Gewitztheit (wir kommen auf sie noch zurück).

Nicht also dem Personal auf der Bühne (dem impliziten Publikum des Grafen) enthüllen sich dessen Tricks und Lächerlichkeit. Den grotesken Widerspruch zwischen Sein und Schein (der Inszenierung und der zutiefst banalen Existenz) des Rostro/Cagliostro zeigt Goethes Lustspiel nur fürs Weimarer Theaterpublikum – und zwar gleich im ersten Aufzug, dessen Handlung nachgerade darin aufgeht, daß der Graf (er bereitet sich vorgeblich durch ein mehrwöchiges Fasten auf die Erscheinung des Groß-Cophta vor und hat auch seinen Schülern strenges Fasten auferlegt), als er diese bei einem heimlichen Festmahl überrascht (erster Aufzug, erster Auftritt), eine kleine Intrige ausspinnt, die ihm die Reste des Mahls verschaffen soll: die Schüler schickt er hinaus in die kalte Nacht, damit sie ihren Fehltritt in der Betrachtung des Sternenhimmels wiedergutmachen (erster Aufzug, dritter Auftritt); er selbst aber macht sich ans Essen („DER GRAF: Glücklicherweise finde ich hier eine wohlbesetzte Tafel, ein feines Dessert, treffliche Weine ... Wohl, hier kann ich meinen Magen restaurieren, indes die Menschen glauben, ich halte meine vierzehntägigen Fasten ..." (874)). Das paßt gut zur Nachricht von Cagliostros entlaufenem Kammerdiener, der berichtete, wie seines Herrn berühmtes Elixier der Unsterblichkeit nichts anderes gewesen sei als guter Tokayer, nach Bedarf rot und grün gefärbt[33].

Goethes Lustspiel zeigt den Rostro/Cagliostro in doppelter Perspektive: als erfolgreichen Betrüger (sein Publikum auf der Bühne fällt auf ihn herein) und als entlarvten Betrüger (vor dem Weimarer Theaterpublikum werden seine Tricks offenbar). Letztlich liegt darin (meine ich) die zeitkritische Spitze und vermutlich auch der Grund für den Mißerfolg des *Groß-Cophta*. Sehen wir also etwas genauer zu.

Goethes *Groß-Cophta* nimmt die Pariser Halsbandaffaire zum Ausgangspunkt. Von ihr ist die Personenkonstellation übernommen: der Graf Rostro verkörpert Cagliostro – die Marquise die Comtesse La Motte – der Domherr steht für den Kardinal Rohan ... Selbst die Nichte der Marquise gab es wirklich: Cagliostro hatte (wie er selbst schreibt) mit der Demoiselle La Tour, die die Nichte der Comtesse La Motte war, (abgesprochene) Geisterbeschwörungen für den gutgläubigen Kardinal abgehalten.[34] Und wie in jene Affaire, so verwickeln sich im Stück zwei Handlungsfäden: der eine, der des Grafen Rostro trickreich-verführerisches Spiel mit den schwärmerischen Mitgliedern seiner Geheimloge zeigt; der andere, in dem die Marquise (die den Grafen durchschaut) eine Intrige inszeniert, die sie in den Besitz des kostbaren königlichen Colliers bringen soll. – Von jenen beiden Personen des Goetheschen Lustspiels, die an ihren je eigenen Intrigen spinnen, enthüllt sich auch ihr verborgenes Skandalon: beide nämlich, Graf und Marquise, arbeiten mit kühlem Verstand am persönlichen Vorteil – und zwar ohne Rücksicht auf ihre Mitmenschen, die sie benutzen, beeinflussen. Schlimmer als der Graf vielleicht noch die Marquise: ruiniert sie doch ohne zu zögern die Zukunft ihrer blutjunge Nichte, um selbst zu Reichtum zu gelangen.

Doch geht Goethe sogar noch weiter: denn er läßt den Grafen wie die Marquise ausdrücklich die Position einer libertinen Philosophie verkünden! Ganz baut ja Rostro die geheime Lehre seiner Loge auf das Credo einer egoistischen Vernunft, wie es auch Sade nicht radikaler entwickelte: „sehn Sie sich in der Welt, sehn Sie sich in Ihrem Herzen um. Bedauren Sie meinetwegen die Toren; aber ziehen Sie Vorteil aus der Torheit. Sehn Sie, wie jeder vom andern so viel als möglich zu nehmen sucht, um ihm so wenig als möglich zurückzugeben. Jeder mag lieber befehlen als dienen, lieber sich tragen lassen als tragen. Jeder fordert reichlich Achtung und Ehre und gibt sie so spärlich als möglich zurück. Alle Menschen sind Egoisten" (906). Das heißt: wer zu denken fähig ist, wird die Welt nach seinem Vorteil und Nutzen einzurichten suchen –

und dabei um diejenigen sich nicht bekümmern, deren Nachteil oder Untergang er bedeutet. Stellt der Graf Rostro aber einen männlichen Libertin vor – so ist die Marquise sein weibliches Pendant. Auch sie hat erkannt, daß der „Kluge" es dahin zu bringen weiß, „törichte, leichtgläubige Menschen sich zu unterwerfen" (894). Alles und jedes unterwirft die Marquise dem eigenen Vorteil: „wenn ich meine Absichten erreiche, so ist mir das übrige alles gleichgültig" (896). – Bekanntlich stieß sich das Weimarer Publikum des *Groß-Cophta* daran, daß keine einzige positive Figur darin vorkomme; Frau von Stein klagte darüber, wie Goethe selbst den empfindsamen Ritter am Ende in den Egoismus fallen lasse, von Graf, Marquise, Domherr, Nichte ganz zu schweigen: „nicht einmal den Ritter läßt er ganz rein, und das ohne Not ..."[35]. Das ist richtig, doch ging es Goethe eben darum. Denn indem alle Figuren des *Groß-Cophta* egoistisch handeln, zeigt sich die allgemeine Gültigkeit der libertinen Philosophie. Und Goethe wollte wohl eben darauf hinaus: wie sonst könnte es sich erklären, daß er das Personal, die Handlung des Stückes so genau wie die Moral der Libertinage jenem Roman von Laclos nachgebildet hat, der die moralischen Abgründe der adeligen Gesellschaft am Vorabend der Revolution aufgerissen hatte: den *Liaisons dangereuses* (1782)? Als Marquise und Graf läßt Goethe dem Weimarer Publikum die Marquise de Merteuil und den Comte de Valmont in anderer Gestalt aufspielen. Wie ihre französischen Vorbilder opfern sie die Unschuld, das Schicksal der anderen dem eigenen Vorteil – oder auch ihrem Vergnügen. Bei Laclos beschließen Valmont und die Merteuil (um sich die Zeit zu vertreiben) es dahin zu bringen, daß die keusche, zutiefst religiöse (und übrigens verheiratete) Madame de Tourvel die Geliebte des Valmont und ihr (indem Valmont sie verstößt) das Herz gebrochen wird. (Dabei pflegt pikanterweise Valmont seine vor Leidenschaft glühenden Briefe an die Tourvel im Bett, auf dem Rücken einer anderen Geliebten zu schreiben, der kleinen Cécile Volanges, die der Nichte im *Groß-Kophta* aufs Haar gleicht.) Im *Groß-Kophta* betreiben die Marquise und der Graf ihre Intrige unabhängig voneinander: dieser verspricht seinen Schülern große Geheimnisse, großen Reichtum, um erst einmal selbst Vorteil von ihnen zu ziehen; jene nutzt den moralischen Fehltritt der Nichte und die Verliebtheit des Domherrn rückhaltlos aus, um selbst zu Reichtum zu kommen. Dem Weimarer Publikum hat es nicht behagt das mitanzusehen.

So kann auch die scheinbar heitere Lösung des Stückes, die wohl nach dem Vorbild der heiteren Verwechslungs- und Gartenszenen der Mozartschen Opern im buffa-Stil gearbeitet ist und einiges auch vom Schluß des *Don Giovanni* (UA Wien 1791) hat, nicht über die Abgründe hinwegtäuschen, die sich in ihm auftun. In Weimar jedenfalls hat über Goethes Lustspiel offenbar niemand lachen können. Es ist wohl den Zuschauern das Lachen im Halse steckengeblieben – angesichts der schonungslosen Entlarvung der höfischen Existenz als durchtränkt von Heuchelei, die dem egoistischen Ehrgeiz dient, und auch angesichts des beißenden Spottes, der sich auf die eigene Neigung zum Schwärmertum ergießt.[36] Goethes Stück läßt seinem Publikum nur die eine Wahl: sich mit den Betrügern oder mit den Betrogenen zu identifizieren, das bedeutet aber: sich entweder auf die Seite der libertinen Philosophie oder derjenigen Dummheit zu stellen, die sich alles vormachen läßt und als zutiefst lächerlich vorgeführt wird.

Anders als Goethe hatte Schiller mit seinem *Geisterseher* geradezu sensationellen Erfolg. Das mag daran liegen, daß sich Schillers Text (im Gegensatz zu Goethes Stück) identifikatorisch lesen ließ, daß er sich an die populären Muster des Geheimbundromans anschloß und die geheimnisvoll-allwissende Figur des armenischen Magiers (nach dem Vorbild Cagliostros) niemals bloßstellte ... Doch fühlte sich Schiller mit dieser Erzählhaltung in eine Sackgasse geraten und brach den *Geisterseher* ab.

Wirft man einen letzten Blick auf den *Groß-Cophta*, so drängt sich der Eindruck auf, jener Goethe, der gerade von seiner Reise nach Italien zurückkehrt, habe damals über alles lachen können: über die Halsbandaffaire, die ihn einst zutiefst erschreckt hatte; über die Weimarer Hofexistenz, die doch seine eigene war und blieb; über Faust, dessen Karikatur er im Grafen Rostro auf die Bühne bringt ... Das Lachen, in das Goethe mit seinem *Groß-Cophta* ganz Weimar ausbrechen sehen wollte, wäre wohl das des römischen Karnevals gewesen. Man hat es dann doch nicht erlebt.

[1] Vgl. *Johann Wolfgang Goethe:* Palermo und Cagliostro. Auszug aus dem Aufsatze des Baron Bivona, eines Palermitanischen Rechtsgelehrten, Joseph Balsamo genannt Graf Cagliostro betreff. In: *Goethes poetische Werke.* Vollständige Ausgabe. Bd. 9. Stuttgart 1953. S. 863 – 872.
ders.: Italienische Reise • Palermo, den 13. und 14. April 1787. In: *Goethes poetische Werke.* Bd. 9. S. 478 – 491.

[2] *Cagliostro, einer der merkwürdigsten Abenteurer unseres Jahrhunderts.* Seine Geschichte nebst Raisonnement über ihn und den schwärmerischen Unfug unsrer Zeit überhaupt. Königsberg [2]1790. S. 358f.
Gleiches berichtet das *Compendio della vita, e delle gesta di Giuseppe Balsamo denominato il Conte Cagliostro.* Che si è estratto dal Processo contro di lui formato in Roma l'anno 1790. E che può servire di scorta per conoscere l'indole della setta de Liberi muratori. Roma 1791.

[3] *Memoire pour le Comte de Cagliostro, Accusé;* contre M. le Procureur-Général, Accusateur; en présence de M. le Cardinal de Rohan, de la Comtesse de la Motte, & autres co-Accusés. Paris 1786.

[4] *Charlotta Elisabeth Konstantia von der Recke:* Nachricht von des berüchtigten Cagliostro Aufenthalte in Mitau, im Jahre 1779, und von dessen dortigen magischen Operationen. In: *Klaus H. Kiefer (Hg.):* Cagliostro. Dokumente zu Aufklärung und Okkultismus. München 1991. S. 20 – 143. Hier: S. 48.

[5] *Cagliostro, einer der merkwürdigsten Abenteurer unseres Jahrhunderts.* S. 357.

[6] *Compendio della vita, e delle gesta di Giuseppe Balsamo denominato il Conte Cagliostro.* Deutsche Übersetzung in: *Kiefer (Hg.):* Cagliostro. S. 456 – 607. Hier: S. 486.

[7] *Giacomo Casanova:* Geschichte meines Lebens. Hg. und eingeleitet von Erich Loos. Berlin 1964. Bd. XI, S. 194 – 198.

[8] *Cagliostro, einer der merkwürdigsten Abenteurer unseres Jahrhunderts.* S. 398.

[9] *Cagliostro, einer der merkwürdigsten Abenteurer unseres Jahrhunderts.* S. 333.

[10] *Von der Recke:* Nachricht von des berüchtigten Cagliostro Aufenthalte in Mitau. S. 105 – 110.

[11] *Von der Recke:* Nachricht von des berüchtigten Cagliostro Aufenthalte in Mitau. S. 114.

[12] *[Augustus Moszińsky:]* Cagliostro in Warschau. Oder Nachricht und Tagebuch über desselben magische und alchymische Operationen in Warschau im Jahre 1780, geführt von einem Augenzeugen. Königsberg 1786. In: *Kiefer (Hg.):* Cagliostro. S. 149 – 174. Hier: S. 170f.

[13] *[Johann Joachim Christoph Bode:]* Ein paar Tröpflein aus dem Brunnen der Wahrheit. Ausgegossen vor dem neuen Thaumaturgen Caljostros, Am Vorgebürge. Frankfurt a.M. 1781. In: *Kiefer (Hg.):* Cagliostro. S. 177 – 198. Hier: S. 181.

[14] *Cagliostro, einer der merkwürdigsten Abenteurer unseres Jahrhunderts.* S. 363.

[15] *Cagliostro, einer der merkwürdigsten Abenteurer unseres Jahrhunderts.* S. 364.

[16] *Bode:* Ein paar Tröpflein aus dem Brunnen der Wahrheit. S. 181.

[17] *Casanova:* Histoire de ma vie. .... Bd. V, S. 144.

[18] *Cagliostro, einer der merkwürdigsten Abenteurer unseres Jahrhunderts.* S. 394.

[19] Vgl. dazu *Goethe:* Tag- und Jahreshefte • 1805. In: *Goethes poetische Werke.* Bd. 8. Stuttgart 1952. S. 963 – 1330. Hier: S. 1135.
Cagliostro, einer der merkwürdigsten Abenteurer unseres Jahrhunderts. S. 412f.

[20] *Cagliostro in Warschau.* S. 172.
Bode: Ein paar Tröpflein aus dem Brunnen der Wahrheit. S. 185.
[21] Vgl. *Klaus H. Kiefer:* Nachwort. In: *ders. (Hg.):* Cagliostro. Dokumente zu Aufklärung und Okkultismus. Leipzig, Weimar 1991. S. 609 – 635.
[22] *Heinrich Funk (Hg.):* Goethe und Lavater: Briefe. Weimar 1901. S 162.
[23] *Goethe:* Tag- und Jahreshefte ● 1789. S.971.
[24] *Claus Süßenberger:* Das große Rätsel seiner Zeit – Cagliostro. In: *ders.:* Abenteurer, Glücksritter und Mätressen. Virtuosen der Lebenskunst an europäischen Höfen. Frankfurt a.M., New York 1996. S. 191 – 252. Hier: S. 244.
[25] *Cagliostro, einer der merkwürdigsten Abenteurer unseres Jahrhunderts.* S. 424.
[26] Vgl. *Cagliostro, einer der merkwürdigsten Abenteurer unseres Jahrhunderts.* S. 336 – 338.
[27] *Cagliostro, einer der merkwürdigsten Abenteurer unseres Jahrhunderts.* S. 405.
[28] Die Literaturkritik nannte diesen Versuch bis zuletzt einhellig mißlungen (*Lieselotte Blumenthal:* Goethes „Großkophta". In: *Weimarer Beiträge* 7 (1961) 1 – 26. / *Leo Kreutzer:* Die kleineren Dramen zum Thema Französische Revolution: Der Groß-Cophta, Der Bürgergeneral, Die Aufgeregten, Das Mädchen von Oberkirch. In: *Walter Hinderer (Hg.):* Goethes Dramen. Neue Interpretationen. Stuttgart 1980. S. 197 – 209. / *Walter Müller-Seidel:* Cagliostro und die Vorgeschichte der deutschen Klassik. In: *Literaturwissenschaft und Geistesgeschichte.* Festschrift für Richard Brinkmann. Tübingen 1981. S. 136 – 163. / *Herbert Kraft:* »... alle Jahre einmal als ein Wahrzeichen«. Goethes Lustspiel >Der Groß-Cophta<. In: *Winfried Barner, Eberhard Lämmert, Norbert Oellers (Hg.):* Unser Commercium. Goethes und Schillers Literaturpolitik. Stuttgart 1984. S. 275 – 288. / *Winfried Schröder:* Goethes „Groß-Cophta" – Cagliostro und die Vorgeschichte der Französischen Revolution. In: *Goethe-Jahrbuch* 105 (1988)181 – 211. / *Lothar Ehrlich:* Goethes Revolutionskomödien. In: *Goethe-Jahrbuch* 107 (1990) 179 – 199.)
Erst zuletzt gab man vereinzelt anerkennende Beurteilungen des Stückes (*Uta Treder:* Wundermann oder Scharlatan? Die Figur Cagliostros bei Schiller und Goethe. In: *Monatshefte* 79 (1987) 30 – 43. / *R. Hillenbrand:* Cophtisches bei Goethe. In: *Neophilologus* 82 (1998) 259 – 278.)
[29] *Giacomo Casanova:* Soliloque d'un penseur. Prague 1786.
[30] *Cagliostro in Warschau.* S. 163.
[31] *Cagliostro in Warschau.* S. 160.
[32] *Johann Wolfgang Goethe:* Der Groß-Cophta. In: *Goethes poetische Werke.* Bd. 3. Stuttgart 1953. S. 859 – 975. Hier: S. 914.
[33] *Echte Nachrichten, von dem Grafen Cagliostro.* Aus der Handschrift seines entflohenen Kammerdieners. Berlin 1786.
[34] Vgl. *Memoire pour le Comte de Cagliostro, Accusé.*
[35] Zitiert nach: *Hillenbrand:* Cophtisches bei Goethe. S. 262.
[36] Vgl. dazu auch *Hillenbrand:* Cophtisches bei Goethe. / *Kiefer:* Nachwort.

Angels Santa (Lleida)
Partir, fuir, voyager
Cagliostro

Quand nous envisageons la figure de l'aventurier tout un monde romanesque parle à notre imaginaire. Sans doute, le comte de Cagliostro est-il l'une des figures type de l'aventurier. Il a été l'objet de plusieurs ouvrages littéraires qui se sont penchés sur sa vie et sur son œuvre. Il a su se créer un personnage mystérieux et fabuleux qui est allé au-delà des désirs et des prévenances des gens, il a su devenir celui dont on rêve, celui qu'on aimerait égaler. Il est parfois difficile de cerner les origines d'un tel personnage, d'arriver à percer les buts qu'il poursuivait... On est tenté de penser qu'il croyait ce qu'il disait de lui-même. Car Cagliostro était sans doute possédé par le démon de l'aventure, il avait à coup sur l'âme d'un aventurier...

L'aventure, c'est d'abord le dépaysement... Vladimir Yankélevitch a très bien étudié le problème... L'aventure c'est la fuite de l'univers ordinaire, du monde clos de notre existence routinière...L'aventure nous mène vers l'amour interdit, vers le risque de mort, c'est-à-dire, l'aventure nous oblige à dépasser nos peurs, nous oblige à aller au-delà... „Mot explosif, chargé de toute une dynamite d'imprévu, d'insolite, d'inquiétant, voire de périlleux qui fait agréablement frissonner. Mais aussi, certitude d'une nouveauté et peut-être d'un renouveau. Les hasards, surtout dangereux, remettant en cause notre état présent, transforme notre destin, nous offre l'occasion de faire notre mue. A nous de le saisir"[1]. Si nous analysons avec détail cette citation, nous nous rendons compte que dans le personnage de Joseph Balsamo, comte de Cagliostro il y a beaucoup de cela. La recherche de l'insolite, de l'inquiétant, du périlleux a été un leit-motive de sa vie, aussi bien que la recherche de la nouveauté, que la recherche du renouveau à partir du vieux, se dépouiller de la peau du vieil homme pour accéder à l'homme nouveau, désir que la révolution russe concrétisa et mit au centre de son idéarium.

Il est certain que quand l'homme vit une aventure, le quotidien disparaît et avec lui la monotonie de la vie. L'aventure est donc source de divertissement et d'amusement; elle pourra alimenter nos rêves quand nous reviendrons à la vie réelle et quotidienne. Il est aussi certain que l'aventure, en nous plaçant au centre d'une situation dangereuse ou qui comporte des défis, nous oblige à nous dépasser, à donner notre véritable mesure, à essayer de surmonter et les problèmes et les difficultés. Mais Balsamo, ou Cagliostro, ne vit pas, comme il arrive à la plupart des hommes, une seule aventure dans la vie, aventure qui deviendra source de rêves, source de souvenirs pour le reste de l'existence. Cagliostro est l'aventure même. Il correspond au type de l'aventurier. Sa vie n'est qu'une suite d'aventures. Comme le héros des cycles, quand une aventure se termine, il est déjà dans l'autre. Il a fait de sa vie une aventure perpétuelle. En cela il montre un tempérament plein d'anarchie, un tempérament qui fait de lui un homme incapable de se fixer, de se ranger... Il y a évidemment des périodes de sa vie -de sa vie réelle non de la vie fictive que lui donnent les romans- où il a une situation, une vie relativement tranquille, mais cela dure peu, ce sont les périodes de calme, les intermèdes entre les aventures. Immédiatement le personnage est sollicité par une nouvelle aventure, et il décide d'abandonner une situation confortable pour partir vers l'ailleurs...Partir, fuir, voyager...Car l'âme de l'aventurier- et Cagliostro n'est pas une exception- est une âme voyageuse...Il aime voyager, nous le retrouvons partout. Et même si sa biographie peut exagérer le goût du voyage, il est certain qu'il a beaucoup voyagé, qu'il a visité plusieurs pays, qu'il s'est fixé dans des villes très différentes et toujours pour peu de temps... Prendre la route, aller au large, devient pour lui une habitude, une manière de vivre.

Il est évident que celui qui vit des aventures est un aventurier. Et le terme a une côte positif et un côté négatif. Un côte positif qui suscite l'admiration, le désir d'imitation, et un côté négatif qui suscite le mépris, le mécontentement.

Si nous cherchons dans *Le petit Robert*, dictionnaire usuel de la langue française, la définition d'aventurier, nous constatons ces deux acceptions, ainsi qu'une signification à mi-chemin entre l'une et l'autre, qui a du positif et du négatif aussi: côté positif: „Personne qui cherche l'aventure, par curiosité et goût du risque"; côté négatif: „Personne qui vit d'intrigues, d'expédients, de malhonnêtetés = escroc, intrigant"; signification intermédiaire: „Soldat volontaire, mercenaire, corsaire, pirate".

Cependant il faut reconnaître que le dictionnaire privilégie le sens négatif, ou tout au moins le sens douteux. Dans ce sens, le dictionnaire du français contemporain va plus loin, penchant tout à fait pour la signification négative: "Personne sans scrupules, qui se procure l'argent, le pouvoir par des intrigues ou par des moyens violents ou illégaux". Plusieurs de ces définitions correspondent tout à fait au personnage historique de Joseph Blasant, comte de Cagliostro: il est sans aucun doute une personne qui cherche l'aventure, par curiosité et goût du risque et aussi on peut le considérer comme quelqu'un qui vit d'intrigues, d'expédients, de malhonnêtetés ou encore, selon l'opinion de quelques-uns, comme "une personne sans scrupules, qui se procure l'argent, le pouvoir par des intrigues ou par des moyens violents ou illégaux."

Nous nous sommes proposés d'analyser la vision que de ce personnage historique donne Alexandre Dumas, dans son cycle romanesque *Mémoires d'un médecin*. Le cycle est composé de plusieurs volumes et nous offre une immense fresque sur la Révolution Française. Le personnage de Balsamo évolue tout au long du cycle, nous savons que Dumas n'écrit pas obéissant à un plan préconçu mais que son œuvre se fait au fur et à mesure ; il n'est pas donc étonnant que Balsamo souffre les va-et-vient de la pensée dumasienne. Cependant, il faut constater que le lecteur, en fermant le roman de Dumas, considère dans l'ensemble le personnage de Joseph Balsamo, comme un personnage positif. Dur, froid, mais positif. Ce qui n'est pas le ton habituel de ceux qui présentent Cagliostro.

Certainement, d'un point de vue qui part de l'analyse de la fiction romanesque, l'affirmation de Claude Schopp concernant le traitement du personnage par Dumas est valable: „Balsamo est pleinement un héros romanesque ; les "références" au vrai Balsamo, les comparaisons que l'on ferait entre le Balsamo historique et le Balsamo fictif relèveraient de l'inessentiel"[2].

Mais nous nous plaçons dans une autre optique, c'est-à-dire, le personnage réel de Balsamo comme source d'inspiration de Dumas. Car, c'est parce que l'écrivain a été séduit par le personnage que nous pouvons le considérer comme héros d'un roman. Dumas n'est pas le seul à avoir été fasciné par le personnage de Cagliostro. Goethe aussi lui consacra une pièce de théâtre *Le Grand Cophte,* parmi d'autres.

Pour Dumas, Cagliostro, Balsamo, Zannone compte tout au long du cycle romanesque sur la Révolution Française d'une manière assez inégale, mais il est certain que nous le trouvons au commencement et à la fin des aventures des principaux personnages, si nous exceptons *Le Chevalier de Maison Rouge,* qui est un peu différent du reste du cycle. Avec Balsamo s'initie l'histoire et Balsamo accompagnera les derniers moments en France de Gilbert et de Billot. D'ailleurs c'est lui qui leur conseille de partir vers le nouveau monde... Toujours le voyage, le dépaysement, il faut fuir le vieux monde et aller vers le nouveau, il faut chercher l'aventure en abandonnant le foyer... Cagliostro reste fidèle à lui-même, comme Dumas reste fidèle à ses hantises.

Pour mieux cerner les nuances qui composent ce personnage, nous allons essayer de voir en lui trois aspects fondamentaux dont il nous semble intéressant de tenir compte, a savoir: 1. -Le héros. 2. -Le philosophe, le maître. 3.-La victime. Nous trouvons les deux premiers aspects reflétés dans l'oeuvre dumasienne mais l'écrivain n'a pas voulu se faire l'écho de la déchéance de son héros... Quand nous sommes saisis par l'admiration, nous préférons souvent passer sous silence le négatif...

*

Le premier volume du cycle *Mémoires d'un médecin* porte comme titre Joseph Balsamo. Et Balsamo en est sans doute le principal personnage, personnage qui émerge triomphant dans la foulée. Car Dumas multiplie les points de vue et son roman nous offre une vision particulière de la Révolution française envisagée, vécue ou rêvée par plusieurs actants.

Dès les premiers chapitres nous avons un portrait physique du personnage: „[Il] paraissait être un homme de trente à trente-deux ans, d'une taille au-dessous de la moyenne, mais si admirablement prise, qu'on sentait circuler tout à la fois la force et l'adresse dans ses membres souples et nerveux. Il était vêtu d'une espèce de redingote de voyage de velours noir à boutonnières d'or ; les deux bouts de cette redingote et une culotte de peau collante dessinait des jambes qui eussent pu servir de modèle à un statuaire, et dont l'on devinait la forme élégante à travers les bottes de cuir verni. Quant à son visage, qui avait toute la mobilité des types méridionaux, c'était un singulier mélange de force et de finesse: son regard, qui pouvait exprimer tous les sentiments, semblait, lorsqu'il s'arrêtait sur quelqu'un plonger dans celui sur lequel il s'arrêtait deux rayons de lumière destinés à éclairer jusqu'à son âme. Ses joues brunes avaient été, cela se voyait tout d'abord, hâlées par les rayons d'un soleil plus brûlant que le nôtre. Enfin une bouche grande, mais de belle forme, s'ouvrait pour laisser voir un double rang de dents magnifique, que la haleur du teint faisait paraître plus blanches encore. Le pied était long, mais fin ; la main était petite, mais nerveuse"[3]. Portrait avantageux du personnage. Dans lequel nous pouvons reconnaître certains traits du personnage historique. Mais les historiens ont été en général moins doux pour Cagliostro. „Au physique, le Grand Cophte n'est pas franchement aidé par la nature ni par tous ces esprits illustres qu'il peut ressusciter. Il a les traits grossiers, un petit nez de cochon, le menton lourd et le front large" – c'est la voix d'Eric de Haynin.[4] Le biographe du cardinal de Rohan en veut sans doute à Cagliostro de tout le mal qu'il a fait, volontaire ou involontairement. Une femme, la baronne d'Oberkirch, qui l'a connu, nous donne une version complémentaire: „Il n'était pas absolument beau, mais jamais physionomie plus remarquable ne s'était offerte à mon observation. Il avait surtout un regard d'une profondeur presque surnaturelle: c'était en même temps de la flamme et de la glace ; il attirait et il repoussait ; il faisait peur et il inspirait une curiosité insurmontable. Il portait à sa chemise, aux chaînes de ses montres, à ses doigts, des diamants d'une grosseur et d'une eau admirables. Il prétendait les fabriquer lui-même. Toute cette friperie sentait le charlatan d'une lieue"[5]. Si le jugement final est plutôt dur, nous ne pouvons pas nier que la baronne reconnaît à Cagliostro un certain charme et qu'elle se sent attirée en même temps que fascinée par cette personnalité même si elle ne veut pas se laisser tromper par tout ce côté bizarre qui l'entoure. Gérard Carreyrou met dans la bouche de Jeanne de la Motte un portrait qui résume et complète les aspects les plus représentatifs des précédents: „Le comte de Cagliostro était petit et trapu, avec des épaules carrées et une poitrine large et bombée. Sa tête puissante était couverte de cheveux noirs et ondulés flottant sur la nuque. Le visage était plein, le teint frais, le front élevé. La lèvre supérieure prédominait sur l'inférieure et la bouche, souvent entrouverte, découvrait des dents solides. Le menton s'arrondissait par une fossette médiane. Les yeux de Caglisotro étaient noirs et expressifs. Lorsqu'il parlait avec chaleur, ses pupilles se dilataient, la paupière supérieure s'élevait sous sa haute arcade sourcilière, sa voix augmentait de force et ses gestes s'accentuaient, il s'exprimait avec ses mains, ses bras et tout son corps. (...) On était ébloui par la richesse qu'il étalait: à ses souliers, des boucles de pierreries ; sur son gilet à fleurs, une chaîne de diamants énormes ; des rubis partout, sur les doigts comme sur la jabotière"[6].

Toutes les descriptions insistent sur le pouvoir du regard, sur son apparence mystérieuse mais sans beauté, et sur la richesse qu'il mettait en valeur quand il se présentait, richesse qu'on soupçonnait fausse. Il est vrai cependant que la manière de vivre de Cagliostro faisait rêver les gens: la source de son argent restait inconnue, ou tout au moins difficile à saisir.

Parmi les détracteurs du mage, nous pouvons aussi remarquer Thomas Carlyle qui parle de lui à plusieurs reprises, notamment dans *Le Collier de la Reine* et dans *Le Comte Cagliostro*.[7] Carlyle le considère un charlatan et le responsabilise en grande partie de l'affaire du collier. Normalement la victime est plutôt le cardinal de Rohan, victime des escrocs comme Jeanne et Cagliostro, victime de son ambition et de ses désirs.

208

L'optique de l'un des derniers biographes de Cagliostro, Philippe Brunet, est tout à fait différente. Sans abdiquer de l'objectivité que ce type de travaux exige, il semble pencher pour le côté positif de Cagliostro comme Dumas lui-même.[8]

Dumas fait de Cagliostro un personnage héroïque dans tout le sens du terme, car il a toutes les caractéristiques que nous trouvons dans cette figure. Il y a autour de lui un mystère qui entoure son passé, qui entoure sa naissance, il sait tout et il semble venir du fonds des âges, il sera éternel aussi, il a subi plusieurs épreuves initiatiques, et il doit accomplir une mission presque impossible, une mission à caractère social: il faut terminer avec cette monarchie corrompue qui domine l'Europe, avec cette boue qui souille tout et il faut commencer par la France. Dumas lui donne donc une mission politique importante: préparer la Révolution Française, la véritable révolution, celle qui doit nettoyer le vieux monde et faire naître de ses cendres un nouveau monde, beaucoup plus puissant. Aussi bien Brunet que Haynin se font écho de cette mission qui aurait constitué l'un des buts de Cagliostro, lié avec des loges maçonniques. Le premier y accorde plus de crédit. Cependant, rien n'est sûr concernant cela et c'est supposer à ce personnage historique une vision très claire de la société et une finalité tout à fait remarquable. Mais Dumas dans ce premier volet de son cycle fait de Joseph Balsamo le meneur d'un important complot politique qui aboutira à la déchéance de la monarchie et à l'avenement de la lumière, à travers le sang purificateur, versé par la Révolution.

Cependant la force du personnage réside, à notre avis, dans la vie privée de Balsamo. Il faut constater que, du point de vue de sa mission, cette vie privée est son point faible, ce qui le rend vulnérable et pour cela Dumas justifie l'entorse à l'histoire en faisant disparaître Lorenza Feliciani à la fin du premier volume.

Car Lorenza est l'élément le plus romanesque dans la vie de Balsamo, comte de Cagliostro. D'une beauté hors de doute, il en fait sa compagne, se marie avec elle mais il marchande ses charmes pour vivre sa vie fastueuse. Et Lorenza, dans la réalité historique, aide son mari, malgré des accrocs un peu difficiles d'expliquer. Mais elle reste à côté de lui tout au long de sa vie et partage prisons et incommodités. Amour ou intérêt ? Quels sont les véritables liens entre Lorenza et Joseph ? Nous ne pouvons pas trancher... D'une certaine manière

Dumas a traduit d'une forme magistrale ces rapports problématiques en donnant à sa Lorenza un amour fou pour Balsamo en état hypnotique et un refus total en état de veille.

Chez Dumas, Lorenza n'est pas la véritable épouse de Balsamo. Ils n'ont pas consommé le mariage, malgré l'amour qu'ils ressentent l'un pour l'autre. En réalité, Balsamo est l'homme déchiré entre le père Althotas et l'amoureuse Lorenza. Il se trouve dans la position de Ximène, trahir le père ou trahir la femme aimée. Son histoire reproduit le schéma de n'importe quel roman sentimental à la manière de Delly, les deux protagonistes s'aiment mais il faut conquérir la possession du bonheur après vaincre les obstacles, la conjonction amoureuse aura lieu après la rencontre et la disjonction. Quand Balsamo, après réussir à avoir Lorenza avec lui, pourra réaliser son rêver d'amour avec elle, elle s'évanouira dans la mort, car la méchanceté de Althotas ou son inconscience ou son ignorance ou son égoïsme de savant vont la prendre à Balsamo. En réalité, il s'agit d'un conflit d'influences. Si Althotas tue Lorenza, l'esprit de Balsamo est tout à fait à lui. Lorenza le lui prenait, car elle, elle était la femme, elle était l'amour, elle était le seul élément capable de détourner Balsamo de sa route. Lorenza était le côté humain de Balsamo, son point faible, la cible. Il était dominé, possédé par cette femme. Là se trouve sa véritable dimension héroïque. Joseph Balsamo, qui a tout, qui possède tout, est dominé, subjugué par l'amour d'une femme, belle à en mourir, mais femme enfin. Sa mort le plonge dans le désespoir, sa mort pétrit le cœur du mage, et elle prépare sa consécration à la cause. A partir de ce moment tout est mort chez Balsamo, il sera tout à fait donné à son œuvre, à cette œuvre qui le porte à vouloir la déchéance de la monarchie et le triomphe du changement révolutionnaire.

Lorenza a été la compagne fidèle de Balsamo, ou de Cagliostro. Elle est belle à ravir. En cela, tous les témoignages s'accordent. Elle est restée à côté de lui, on ne sait par quels prodigues d'amour ou d'intérêt. Il est certain que Joseph Balsamo a tout misé pour cette femme, qu'elle avait sur lui un pouvoir magique. Dumas a essayé de rendre cela à travers la fiction romanesque...Mais il a délivré très tôt Balsamo de Lorenza pour lui permettre d'être Cagliostro ou bien le grand Cophte. Cependant, il faut constater que là où le personnage atteint sa dimension la plus forte, la plus haute, c'est précisément dans cet affrontement avec la femme aimée, dans cet affrontement avec l'amour qui met en danger ses ambitions politiques, son haut destin de conducteur de l'humanité. De là la grandeur du personnage dumasien.

La mort de Lorenza, comme nous l'avons signalé en utilisant le même terme que Dumas, pétrit le cœur de Balsamo. Désormais il est prêt à tout. Il est tout à fait libre. Il peut se mettre au service de la révolution.

*

Quand Lorenza meurt, c'est pour faire naître la personnalité d'un Balsamo tout à fait libre de se consacrer à son œuvre. Mais comme si l'homme ne pouvait vivre coupé de sa branche de lumière, il y a une dégradation du personnage sous la plume de Dumas. Quand il était aux prises avec son amour avec Lorenza, Balsamo était en même temps celui qui était capable de manier le destin de France, celui qui était capable de voir l'avenir et de le diriger froidement.

Il n'a pas perdu ce désir ni ces capacités, mais parfois on est tenté de penser que dans les volumes qui se succèdent dans le cycle il a perdu sa force et sa capacité de captation. C'est comme si la mort de Lorenza l'avait amputé d'une partie de lui-même, la partie privée, et que cette amputation ait eu une influence dans le reste. Mais la grandeur de Balsamo diminue dans les romans suivants de Dumas, il n'a pas le protagonisme, il n'est point le point de mire de tous les personnages. Il reste le maître, pour Gilbert surtout qui se rapporte toujours à lui, mais la plupart du temps, il reste dans l'ombre dans le roman. Il a le prestige du maître, du philosophe, il est celui auquel il faut se rapporter pour comprendre ce qu'il arrive. Mais pour mener à bout ses finalités il se laisse porter par des mouvements assez confus et médiocres. C'est ainsi que Dumas nous le présente en tenant les fils de l'affaire du collier. Mais si l'auteur lui fait remporter un triomphe éclatant, il n'en reste pas moins l'impression que son personnage s'est dégradé, que Dumas lui fait tenir un piètre rôle, surtout par rapport au premier volume. Cagliostro se borne à des intrigues de boudoir. Et cela est loin des aspirations formulées lors de son apparition dans le premier volume. Cependant il continue à être celui qui dirige les destins des protagonistes, dans sa main se trouve la clé de salut pour Andrée, c'est lui qui aidera de ses conseils Gilbert et Billot, c'est lui qui laisse ouverte les portes pour le renouveau.

*

Dumas a choisi de nous peindre un Balsamo-Cagliostro-Zannone triomphant. Il peut être mis en cause, il peut être accusé, mais il a le beau rôle, le rôle de conducteur, de maître à penser.

Cependant, nous ne pouvons ignorer que la réalité du personnage de Cagliostro fut tout autre. Et d'une certaine manière l'affaire du collier (de laquelle il se tire brillamment chez Dumas) marque son arrêt de mort, ou simplement sa déchéance. Il est amené à la Bastille par son amitié avec le cardinal de Rohan et surtout parce que Jeanne la Motte tient à brouiller toutes les pistes et à égarer les juges, et elle pense pourvoir se libérer en mettant en cause le mage, ami du cardinal. Sournoisement la femme La Motte tisse autour de Cagliostro une toile d'ariagnée. Peut-être faut-il voir une preuve de sa fausseté et de son imposture, dans son incapacité à déceler dans cette intrigante la femme qui allait le perdre. Car Lorenza et lui vont être enfermés lors de l'affaire et il aura beaucoup de mal à se tirer des griffes de la justice, soulevé par la calomnie. Après, il partira, il ne lui reste que l'exil, moins glorieux que celui du cardinal de Rohan. Il finira ses jours tout à fait oublié en Italie. Lorenza, la belle Lorenza lui survivra quelque temps. Mais la fin des deux personnages, qui ont côtoyé les grands de ce monde, est une fin grise et triste. Ils se perdent dans la brume de la médiocrité, de manière que sauf les biographes sincères et fidèles, le reste préfère oublier cette période de la vie de Balsamo, comme le fait d'ailleurs Dumas, et rester sous l'influence et le sortilège du mage, de l'être capable de sortir de l'or du néant, de l'être capable de s'orner de diamants fabuleux...

*

Dumas privilégie un personnage qui est en train de se faire, un personnage qui est tout avenir dans le premier volume du cycle, personnage qui a possède une dimension historique, mais surtout une dimension privée qui le porte au premier plan du roman. Dans les volumes suivants, Balsamo-Cagliostro devient un personnage de deuxième plan, conducteur de l'avenir, mais dont la force et la puissance s'amenuisent en cédant la place à des gens plus jeunes et plus hardis. Le complot contre la royauté reste toujours en place, il œuvre pour lui, mais d'une façon moins grande et moins magnifique, de manière que nous arrivons à penser que son rôle dans le déclenchement de la Révolution n'est pas si important qu'on voulait nous le faire croire. Cela obéit sans doute à l'évolution même de Dumas, à sa manière d'envisager les révolutions et la politique. Le créateur reste attaché à la figure de Balsamo mais il ne lui donne le rôle prépondérant qui avait caractérise les premiers volumes. Balsamo-Cagliostro sont là, mais ils ne provoquent pas directement la révolution, ils restent en coulisses et la révolution suit son chemin, sans s'attarder à recueillir dans ses marches des hommes comme le mage.

Il trouve sa force et sa signification profonde dans le premier volume où il devient héros romanesque. Derrière le Balsamo de fiction, s'efface le Balsamo réel, et le lecteur de Dumas, et l'amateur d'histoire du XVIII siècle reste avec cette image d'un mage, puissant, noble et beau, déchiré par un chagrin d'amour qui tente de mener par le bout du nez la révolution et qui, face à l'échec, accepte de l'influencer un tout petit peu pour assurer la présence de la justice et de la raison parmi le déraisonnement de l'homme.

Dumas a fait de Cagliostro un héros. Un héros au même titre que D'Artagnan ou qu'Edmond Dantès. Il hante avec ses frères l'imaginaire romanesque du monde. Il est un enfant de la force et de la puissance imaginaire de Dumas. Il ressemble à son créateur, il fait pâlir la vérité... Et à nouveau nous préférons l'écriture à la vérité. Le Cagliostro de Dumas est beaucoup plus séduisant, beaucoup plus réel que le Cagliostro historique. Dumas lui a donné des cartes de noblesse, il l'a fait entrer définitivement dans la légende.

[1] *Roger Mathé:* L'Aventure. Paris 1972. S. 11.

[2] *Claude Schopp:* Préface à Les grands romans d'Alexandre Dumas. Joseph Balsamo. Paris 1990. S. 11.

[3] *Alexandre Dumas:* Joseph Balsamo. Paris 1990. S.42.

[4] *Eric de Haynin:* Louis de Rohan le cardinal "collier". Paris 1997. S. 116.

[5] *Baronne d'Oberkirch:* Mémoires. Paris 1979. S. 115.

[6] *Gérard Carreyrou:* Le Collier de Jeanne, Mémoires secrets de la Comtesse de la Motte-Valois. Paris 1988. S. 83..

[7] *Thomas Carlyle:* Le Collier de la Reine. Toulouse 1998.
Le Comte Cagliostro. Fribourg 1945.

[8] *Philippe Brunet:* Cagliostro. Paris 1992.

Volker Kapp (Kiel)
Vom kaiserlichen Librettisten zum New Yorker Buchhändler
Lorenzo Da Ponte

Es gibt sicherlich ganz verschiedene Gründe dafür, daß sich der hoch betagte
Lorenzo Da Ponte in New York zu Beginn des 19. Jahrhunderts an die
Niederschrift seiner *Memorie* gemacht hat. Er benötigt wohl wie immer dringend
Geld und verspricht sich von dieser Veröffentlichung zumindest eine
Verbesserung seiner ökonomischen Situation. Deshalb berichtet er voll
Selbstzufriedenheit, daß im Jahre 1825 fast alle 75 Schülerinnen seiner drei
Sprachklassen das Buch gelesen und übersetzt haben. Er setzt es somit als
Lehrbuch zum Studium des Italienischen ein und prahlt damit, daß seine
Schülerinnen durch die Beschäftigung mit seinen *Memorie* in zwei bis drei
Monaten ein korrektes, ja sogar elegantes Italienisch gelernt hätten.[1] Diese
didaktische Zielsetzung habe er bereits beim Verfassen des Buches vor Augen
gehabt, denn sie sei für ihn bei der sprachlichen Gestaltung des Textes vorrangig
gewesen: „scelsi studiosamente uno stile semplice, facile, naturale, senza
affettazione, senza fioretti, senza trasposizioni e periodi lunghi, col verbo in
punta, e preferendo assai sovente le parole usitate e non di crusca, alle antiquate
e poco in uso, quantunque passate pel gran frullone" (329). Man kann sich
darüber streiten, ob diese Charakterisierung des Stils tatsächlich zutrifft. Wenn
man die von Da Ponte an seinem 79. Geburtstag am 10. März 1828 gehaltene

Lobrede auf die italienische Literatur[2] mit dem restlichen Text der *Memorie* vergleicht, wird man jedoch seinem Urteil zustimmen können. In dieser Rede prunkt er nämlich mit seiner Fähigkeit, in gehobener Stillage mit viel rhetorischem Schmuck lange Satzperioden bilden zu können, denen gegenüber sich seine Ausdrucksweise in den *Memorie* einfach ausnimmt.[3]

Die Variation des Stils hängt ohne jeden Zweifel mit der eingangs angesprochenen Frage nach den Zielsetzungen des Autors zusammen. Die Rede von 1828 steht im letzten Teil, in dem Da Ponte sich als Pionier hinstellt, der sich trotz seines hohen Alters für die Verbreitung italienischer Literatur in Amerika aufopfert. Ganz nebenbei wird allerdings auch deutlich, daß dieses Engagement mit seinem damaligen zweiten Beruf zusammenhängt. Er betätigt nämlich auch Geschäfte als Buchhändler, um seine mageren Einkünfte als Sprachlehrer aufzubessern. Mit entwaffnender Ehrlichkeit bekennt er: „Le mie classi spero che fioriranno, e, concosciuto il mio bel desiderio, cresceran gli avventori al negozio mio" (394f.). Diese doppelte, wirtschaftliche Nutzung seines ideellen Einsatzes für die italienische Literatur besteht jedoch erst seit fünf Monaten. Sie bildet auch kein Ziel, an dem eine bewegte Existenz zu ihrem Ruhepunkt gelangt, sondern einen momentanen Zustand, ist also insofern mit den früheren Wechselfällen vergleichbar, die vom Autobiographen zuvor berichtet werden. Dieses Instabile und die hiermit zusammenhängende Notwendigkeit von Maßnahmen, damit zurechtzukommen, kennzeichnet die Gestalt des Abenteurers im 18. Jahrhundert.

Das damals verbreitete Verständnis des Abenteurers bringt, so Suzanne Roth in ihrer Studie über den Abenteurer im 18. Jahrhundert, der *Dictionnaire universel de commerce* von Savary de Bruslons zum Ausdruck, in dem diese Figur als „un homme peu ou point connu, qui n'a peut-être ni feu ni lieu, qui se mêle hardiment d'affaires"[4] bezeichnet wird. Diese Definition deckt sich mit der von Mallet im einschlägigen Artikel der *Encyclopédie*. Auch Rousseau benutzt den Begriff in diesem Sinne, wenn er im 6. Buch von *Les Confessions* eingesteht, daß er Ende November 1737, als er Montpellier verläßt, wieder in die Rolle des Abenteurers schlüpft. Er habe bekümmert überlegt, ob er dieses Mal wieder soviel Glück wie zuvor bei Madame de Larnage haben würde.[5] Die

Existenz des Abenteurers ist also mit Risiko verbunden, und dies nicht nur für die anderen, sondern auch für ihn selbst. Für Savary ist der Abenteurer eine suspekte Person, vor der er in der Ausgabe von 1750 die Kaufleute warnt, weil sie Gefahr liefen, in irgendeiner Form betrogen zu werden und Geld zu verlieren. Diese Risiken können vom Abenteurer thematisiert und gezielt dazu benutzt werden, Aufmerksamkeit auf sich zu ziehen. Casanova hat seine Flucht aus den Bleikammern, dem berüchtigten Gefängnis in Venedig, gern erzählt und damit bei den Zuhörern viel Erfolg gehabt. Er hat seine sonstigen Erlebnisse als Abenteurer zum Gegenstand seiner Autobiographie gemacht. Solche Geschichten können aber nur jenen gefallen, die wie die Aristokratie über die Ängste der Kaufleute erhaben sind und den Abenteurer unter die Kategorie der ausgefallenen, interessanten Persönlichkeiten rechnen.

Abenteurer stammen aus dem dritten Stand und entfalten ihren Einfallsreichtum nach dem Karrieremuster bürgerlicher Führungskräfte, die Mobilität brauchen, um ihre Kenntnisse den Erfordernissen staatlicher Verwaltung und privater Wirtschaft anzupassen. Ihre paradoxe Stellung zwischen Aristokratie und Bürgertum stellt sie vor die delikate Entscheidung, für wen und wie sie eigentlich ihre Erlebnisse berichten wollen.[6] Sollen sie auf ihre Ausnahmeexistenz abheben und ihre Leser mit ihren Geschichten bloß amüsieren? Casanova beschreitet diesen Weg und widersetzt sich damit dem damals vorherrschenden Trend zur Nützlichkeit in der bürgerlichen Literatur. Da Ponte schlägt die entgegengesetzte Richtung ein und distanziert sich ausdrücklich von den Prinzipien und dem Verhalten Casanovas.[7] Der Mitteilung, daß er Casanova gekannt hat, fügt er gleichsam entschuldigend hinzu „quantunque io non amassi né i suoi principi né la sua condotta" (173). Er weiß dennoch dessen Intelligenz zu schätzen, denn er legt ihm den Rat in den Mund, nach London zu gehen, dort aber nichts zu unterschreiben. Dies ist eine Art Prolepse, auf die er in London zurückkommt, als er seinen ersten Wechsel unterschreibt. Diese Episode dient zur Strukturierung des Geschehens, das zum einen eine Huldigung an Casanovas Weitsicht, zum andern ein weiterer Beleg für die Zwiespältigkeit des Abenteurers ist, dessen Vertrautheit mit zweifelhaften finanziellen Praktiken dem Autor und zugleich dem Leser zur Warnung dienen soll.

Die lange Reihe von Projekten, mit denen Da Ponte seine permanente Geldnot überwinden will, paßt vorzüglich ins Schema des Abenteurers. Die bunte Abfolge seiner fehlgeschlagenen Versuche, sich eine solide ökonomische Basis zu schaffen, veranschaulicht Savarys Definition dieser Figur. Doch weigert sich Da Ponte, seine Zugehörigkeit zu diesem Typus einzugestehen, weil er offenbar eine Leserschaft im Auge hat, die das negative Bild des Abenteurers bei Savary und in der *Encyclopédie* teilt. Daraus ergibt sich für ihn der Zwang, seine Zugehörigkeit zu den Abenteurern als eine irrige Form der Fremdthematisierung durch ständige Schuldzuweisungen an andere abzuwehren und diese Fehldeutung durch eine in seinen Augen korrektere Selbstthematisierung zu korrigieren. Diese Paradoxie gibt den *Memorie* ihr besonderes Gepräge.

Der Abenteurer ist sozusagen die ausgeklammerte Hauptsache, die durch Deutungskunst und Erfindungsreichtum eliminiert wird. Seine Kennzeichen kann man deswegen mit einem Begriff des Soziologen Alois Hahn als „Biographiegeneratoren"[8] bezeichnen, die bei Casanova als positive, bei Da Ponte als negative Schemata für die Selbstthematisierung benutzt werden. Die Forschung hat dieser bemerkenswerten Eigentümlichkeit der *Memorie* wenig abzugewinnen gewußt, weil sie in Casanovas *Histoire de ma vie* zu Recht das literarische Meisterwerk der Autobiographie von Abenteurern sieht. Doch können die *Memorie* gerade deshalb nicht mit denselben Kriterien wie die *Histoire de ma vie* gedeutet werden, weil sie einer umgekehrten Logik folgen. Während Casanova sein Talent als Erzähler dazu nutzt, seine Heldentaten und Rückschläge als Abenteuer in der Sphäre des Außergewöhnlichen zu verklären, bietet Da Ponte alle ihm zu Gebote stehenden literarischen Register auf, um die Wahrheit über sein Leben als Abenteurer durch das Heranziehen anderer Deutungsmuster zu verschleiern.[9]

Diese Verschleierungstaktik ist dort am besten zu fassen, wo eine Diskrepanz zwischen Selbstverständnis und Wirklichkeit auftritt. Als im Herbst 1784 der Mißerfolg der Oper *Il ricco di un giorno*[10] eine Flut von Pamphleten auslöste, gibt Da Ponte zwar zu, daß man ihn des Plagiats beschuldigte, geht aber diskret über diesen Aspekt der Polemik hinweg. Hingegen zitiert er zum Beweis dafür, was er sich als Librettist gefallen lassen mußte, den Vers „Asino tu nascesti ed asino morrai" (97). Er legt sich sodann die Pose desjenigen zu, der über solche Angriffe erhaben ist, beendet diese Episode jedoch mit dem erstaunlichen Geständnis: „È vero che scrissi anch'io qualche poesia, in quella occasione, alquanto pungente e satirica; ma l'ho fatto piuttosto per diporto e per bizarria che per sentimento di collera e di dispetto" (97). Diese Bemerkung fällt insofern aus seinem üblichen Argumentationsmuster heraus, als Da Ponte sonst keine Gelegenheit ausläßt, um seine literarische Befähigung womöglich noch durch Kostproben herauszukehren. Hier hingegen spielt er seine Mitwirkung am Schlagabtausch herunter. Dafür gibt es eine plausible Erklärung: Die Pamphletliteratur ist ein bevorzugtes Betätigungsfeld der Abenteurer. Deshalb möchte er nur in Ausnahmefällen Satiriker sein, so z.B. gegen Giuseppe de Coletti (1744-1815). Coletti, so behauptet er, habe ihn aus Konkurrenzneid durch eine fingierte Einladung nach Dresden aus Triest weggelockt. Bei seinem zweiten Aufenthalt in Triest rächt er sich mit einer Satire gegen Colettis Dichtungen und gibt dies auch gern zu, weil das Gelächter der Triestiner seine eigene dichterische Überlegenheit bestätigt.

Analog liegen die Verhältnisse bei einem anderen Fall. Da Ponte rühmt sich, in Speyer durch ein Sonett, das er für einen amusischen Liebhaber schreibt, „accidentalmente un rinforzo assai fortunato" (175) seiner Kasse erhalten zu haben. Derartige Gelegenheitsdichtung wird von den Abenteurern gegen harte Münze bereitwillig produziert. Da Ponte weiß dies, denn er spielt mit den beiden Begriffen „accidentalmente" und „fortunato" ganz eindeutig auf zwei Merkmale der Figur des Abenteurers an. Er gesteht hier also ein, selbst ein Abenteurer gewesen zu sein, doch glaubt er dies tun zu können, weil in diesem Fall die Aktivität des Abenteurers mit den Qualitäten des „facitore di versi" (334) zur Deckung kommt, als den sich Da Ponte selbst mit affektierter Bescheidenheit betitelt. Seinem Selbstverständnis nach war er allerdings kein bloßer Gelegenheitsdichter, sondern ein literarisches Genie, dessen Entdeckung und Entfaltung eines der zentralen Themen der *Memorie* ausmacht. Die Inszenierung seiner literarischen Karriere bietet ihm eine vorzügliche Möglichkeit zur Umdeutung seiner Existenz als Abenteurer.

Schauen wir uns die hierfür zentrale Episode in Wien an. Da Ponte kommt mit einem Empfehlungsschreiben an den Komponisten Salieri in die Stadt und will Metastasio kurz vor dessen Tod aufgesucht haben. Metastasio habe aus Da Pontes „poemetto" (87) *Filemone e Bauci* ein Stück vorgelesen und sich dann lobend über seine Verse geäußert. Nachdem er so durch den Nestor der Librettisten eingeführt worden ist, wagt er es nach dessen Tod, bei Kaiser Joseph II. um eine Audienz zu bitten und sich als Librettist anzubieten. Das Gespräch sei gut verlaufen, und endet folgendermaßen: „Mi domandò per ultimo quanti drammi aveva composti, al che soggiunsi francamente: «Sire, nessuno.» «Bene, bene!» replicò sorridendo, «avrem una musa vergine.»" (90). Mit einer für einen Abenteurer typischen Unverfrorenheit präsentiert Da Ponte seinen Plan, für das Wiener Hoftheater Libretti zu verfertigen, und erntet damit ein ironisches Lob des Kaisers, das er für sich als positives Vorzeichen deutet. Er erweckt anschließend beim Leser den Eindruck, der Kaiser habe ihn als vielversprechendes Talent entdeckt, und erfindet eine Erzählsequenz, deren Gegenstand die Darstellung seiner Bemühungen bildet, die in ihn gesetzten Hoffnungen zu erfüllen. Er dramatisiert die Episode durch die Intrigen der anderen, die von seinen Fähigkeiten nichts halten, von denen er aber glauben machen möchte, daß sie seine Begabung fürchten. Als er dann nach einem ersten Mißerfolg mit *Il ricco d'un giorno* mit der Goldoni-Adaptation *Il burbero di buon core* mehr Glück hat, spinnt er ein Ränkespiel, in das der Kaiser höchst persönlich involviert ist. Am Schluß der für ihn triumphal verlaufenden Vorstellung sei der Kaiser auf ihn zugegangen und habe gesagt: „Abbiamo vinto" (101). Da Pontes Kommentar: „Queste due parole valevano per me cento volumi d'elogi" (101) offenbart, weshalb die ganze Sequenz erzählt wurde.[11] Er holt sich vom Kaiser selbst die Bestätigung, daß sein Leben letztlich auf die Entdeckung seines literarischen Talents hin ausgerichtet ist.

Das Gegenstück zu diesem Erzählabschnitt steht im fünften Teil der *Memorie*. Dort erzählt er eine Episode, in der Casanova bei Joseph II. eines seiner Projekte vorträgt, aber vom Kaiser brüskiert wird. Der Zufall, den Da Ponte immer für seine Anekdoten beschwört, will es, daß Da Ponte Zeuge dieser Szene wird. Er möchte sich zusammen mit Casanova zurückziehen, wird aber vom Kaiser daran gehindert, der Casanovas Namen – wohl aus Empörung – dann dreimal wiederholt und sich anschließend erneut seinem Theaterdichter zuwendet.[12] Es bleibe dahingestellt, ob diese Anekdote einen Wahrheitskern besitzt. Wichtiger ist nämlich die Funktion, die sie in den *Memorie* besitzt. Da Ponte braucht einen Gewährsmann dafür, daß er kein Abenteurer, sondern ein Dichter ist, und er macht den Kaiser selbst zum Garanten der Wahrhaftigkeit seiner Selbstdeutung. Da Ponte sucht immer wieder nach Bestätigungen für seine dichterische Begabung. Dieses Verlangen wird im fünften Teil, wo er sich in Amerika als Händler durchschlägt, durch seine bereits erwähnte Rede auf die italienische Dichtung nochmals unterstrichen. Es ist sicher affektierte Bescheidenheit, wenn er dort von sich behauptet, er wolle nicht den Titel eines Dichters, sondern nur den eines Menschen mit gutem Geschmack beanspruchen,[13] denn er schwingt sich gleichzeitig zum Vorreiter italienischer Kultur in Amerika auf und läßt sich seine Verdienste um die italienische Literatur durch einen Brief bestätigen.[14] Vor allem aber sind die *Memorie* das Ergebnis seines literarischen Ehrgeizes in Amerika. Dies wird offenkundig, wo er darüber Rechenschaft ablegt, daß die beiden Amerika betreffenden Teile lediglich „di fatti domestici e di vicende e di cure cittadinesche" (346) berichten, während die ersten drei Teile des Werkes Fakten von allgemeinem Interesse behandelt hätten. Um sein Unterfangen zu rechtfertigen, dreht er kurzerhand die Verhältnisse um und behauptet – u.a. unter Berufung auf „lo spiritoso Baretti" (346), daß „più s'impari dalla lettura di qualche *Vita* privata, che da quella di molte storie di popoli e di nazioni" (346). Mit dieser Selbstdeutung verschafft er sich die Legitimation, die vielen Geschehnisse seines Lebens als Abenteurer dadurch in seine Biographie als Literat zu integrieren, daß er ihnen exemplarische Bedeutung zuspricht. Dieser Anspruch kennzeichnet sein Konzept von Autobiogrpahie.

Bereits im Exordium führt Da Ponte seine Autobiographie auf die traditionelle Zielsetzung des prodesse et delectare zurück. Deshalb behauptet er, seine *Memorie* könnten „in qualche modo instruire o almeno intrattener senza noia" (3). Diese Selbstdeutung will Giuseppe Montani 1828 in seiner

Besprechung des Werkes in der Zeitschrift *Antologia* aus den *Mémoires* Goldonis ableiten. Montani fühlt sich nämlich bei den Memoiren des Librettisten an die des berühmteren Dramatikers erinnert. Da Ponte bestreitet natürlich diese Abhängigkeit,[15] doch sollte Montanis Hinweis auf eventuelle Gemeinsamkeiten von den Interpreten beachtet werden.

Von Goldoni könnte Da Ponte die Idee übernommen haben, seinem unsteten Leben eine teleologische Sinnrichtung zu verleihen, die es so nie besessen hat. Denn wie Goldoni sucht auch Da Ponte sein literarisches Schaffen ins Zentrum seiner bewegten Biographie zu stellen. Von ihm hat er sicher auch Anregungen für seine Art der Selbstinterpretation bekommen. Goldoni räumt in seinen *Mémoires* ein, sein Leben sei vielleicht nicht „interessant"[16], doch stehe gewöhnlich zu Beginn von Werkausgaben die Biographie des Autors. Wer aber, so fügt er hinzu, könne besser als dieser selbst „tracer une idée sûre et complète de son caractère, de ses anecdotes et de ses écrits"[17]. Dieses heute naiv anmutende Vertrauen in die Wahrhaftigkeit der Selbstdeutung leitet Da Ponte, wenn er seine *Memorie* mit dem Satz enden läßt: „Omnia nunc dicam, sed quae dicam, omnia vera" (395). Dieser Wahrheitsanspruch bringt jedoch Probleme mit sich, die Da Ponte in seiner Replik auf Montanis Rezension thematisiert.

Montani wirft ihm vor, es sei ihm nicht gelungen, das Disparate seiner Existenz wirklich auf einen Nenner zu bringen. Dieses Unvermögen, seine Erlebnisse in eine innere Beziehung zueinander zu bringen, hält der Kritiker für eine Schwäche, auf Grund derer die *Memorie* den Vergleich mit der *Histoire de ma vie* von Casanova nicht aushalten könnten. Dieser Vorwurf ärgert Da Ponte so sehr, daß er zum Gegenangriff übergeht und den literarischen Entwurf einer in sich kohärenten Selbstthematisierung problematisiert, indem er auf die Diskontinuität des Wirklichen abhebt. Wenn seine *Memorie* „una certa mancanza di connessione ne' fatti" (329f.) aufwiesen, so rühre dies daher, daß er auf der einen Seite alles höchst wahrheitsgetreu berichte, es aber auf der andern Seite für schicklich gehalten habe, einiges mit Schweigen zu übergehen.[18] Hierdurch würden sich seine *Memorie* gegenüber Casanovas *Histoire de ma vie* auszeichnen, der zwar vorgebe, das Pathos der Ehrlichkeit über die Regel des

Decorums zu setzen, in Grunde genommen aber vieles übergehe und die so entstandenen Lücken durch freie Erfindung kaschiere.

Diese Behauptung hat die Interpreten so erbost, daß sie sich bis heute auf die Verteidigung Casanovas konzentrieren und dabei nicht wahrnehmen, daß Da Ponte mit seinem Angriff auf Casanova nicht nur sich selbst verteidigt, sondern überdies ein Strukturmerkmal seiner *Memorie* preisgibt. Während Casanova das Pathos der Ehrlichkeit benutzt, um seiner Existenz als Abenteurer das Prestige eines geradezu literarischen Heldenlebens zu verleihen, will sich Da Ponte von seinem Leben als Abenteurer mit demselben Pathos der Ehrlichkeit distanzieren. Hierfür schiebt er die Regel des Decorums vor, um die Diskontinuität seiner Selbstdarstellung mit seinem Streben nach Wahrhaftigkeit und seinem totalen Verzicht auf literarische Erfindung verbinden zu können. Diese Selbstdeutung wird zwar durch den Textbefund Lügen gestraft, doch hilft sie gleichwohl bei der Klärung von Da Pontes Handhabung der autobiographischen Schreibweise.

Da Ponte geht von den traditionellen Erfordernissen des literarischen Genres der Memoiren aus, wenn er im Proemium Überlegungen zur Dignität des Berichteten anstellt. Er sei kein „uomo illustre" (3), weder in bezug auf Herkunft oder Begabung noch im Hinblick auf die Bedeutung des von ihm Berichteten.[19] Er erzähle lediglich Dinge „singolari per la lor bizzaria" (3). Die Kategorie des Bizarren kehrt mehrfach wieder und verweist nach Andrea Battistini auf die Poetik des Abenteuerromans.[20] Da Ponte verwendet dieses literarische Muster gleich am Anfang des ersten Teils der *Memorie*, wenn er von einem Abenteurer erzählt, dem er nach seinem totalen Ruin im Glücksspiel begegnet sein will. Dieser habe in Venedig als Bettler ein großes Vermögen aufgehäuft und es ihm angeboten, sofern er seine einzige, selbstverständlich bildhübsche Tochter heirate. Der Autobiograph bekennt: „La sorpresa di questa avventura mi aveva quasi del tutto tolta la facoltà di parlare" (32). In der Tat träumt der Abenteurer davon, daß er mit einem Schlag alle finanziellen Sorgen los wird. Da Ponte bedauert überdies psychologisch überzeugend „[...] il gran fallo, che aveva fatto nel rifiutare l'offerta fattami" (33). Gleichwohl lehnt er dieses Angebot mit „una confessione sincera" (33) ab,[21] die jedoch zumindest doppelzüngig ist. Die Behauptung „non esser in caso di maritarmi" (33) trifft zwar zu, doch verhehlt er den wahren Grund dafür. Er will die gute Partie aus Treue zu seiner leichtlebigen Geliebten ausgeschlagen haben, darf aber gar keine Ehe eingehen, weil er als katholischer Priester zur Ehelosigkeit verpflichtet ist. Dieses juristische Hindernis verschweigt er auch, als er 1792 Nancy „dopo le sociali cerimonie e formalità" (167) zur Frau bekommt.

Wozu erzählt er dann die märchenhafte Züge tragende Episode mit dem Eheangebot des anonym bleibenden Abenteurers? Eine mögliche Erklärung liefert die Stelle des zweiten Teils, in der er von sich schreibt: „Il mio cuore non era e non è forse fatto per esistere senza amore [...] io non mi ricordo d'aver passato sei mesi in tutto il corso di quella [mia vita], senza amarne alcuna" (156). Liebschaften begleiten sein ganzes Leben. Er möchte ein vorbildlicher Liebhaber gewesen sein, obwohl er unter „inganni e tradimenti" (156) der Frauen zu leiden hatte.[22]

Da Pontes offenkundige Anleihen an die literarische Form des Abenteuerromans weisen einen Hang zum Theatralischen auf und haben ihr Gegenstück in der gleichermaßen ausgeprägten Verwendung literarischer und ideologischer Muster des Theaters. Wir nennen hier aus den vielen diesbezüglichen Beispielen nur die von Ludovico Zorzi hervorgehobene Selbststilisierung „come un uomo la cui honnêteté procede dalla nobiltà del cuore e dall'elevatezza dello spirito, che, nei limiti del decoro e della decenza, cerca di rendere la vita piacevole attraverso gli onori, l'amore, l'avventura, il talento e la pratica delle virtù"[23]. Die hônneté versteht Da Ponte im Sinne Goldonis als Wohlanständigkeit, die das Leben des Abenteurers mit den Vorstellungen bürgerlicher Moral in Einklang bringt. Dadurch kann er sich selbst pathetisch zu einem einmaligen Exempel für bürgerliche Tugendhaftigkeit stilisieren. Dementsprechend schreibt er: „Imparino almeno gli altri dal mio esempio quel ch'io non ebbi occasione d'imparar da quello degli altri" (347). Aus dieser Zielsetzung ergibt sich zwangsläufig die viel kritisierte Tendenz zum Moralisieren, die den heutigen Leser der *Memorie* entnervt. Da Ponte versteht seine Lebensgeschichte als Anschauungsmaterial für die Bewältigung schwieriger Situationen des Lebens. Deshalb kann er seine *Memorie* getrost seinen Schülerinnen verkaufen.

Die *Memorie* kreisen fortwährend um das Spektakel seiner hônneté, das nach Da Pontes Meinung seinen dornenvollen Weg als Literat ständig begleitet. Wie aber seine literarische Begabung und sein Engagement für die italienische Kultur, so hat auch seine gute Veranlagung mit den Widrigkeiten zu kämpfen, die ihr von einer feindlichen Umwelt entgegensetzt werden. Der Autor verteufelt immer die andern, weil er ihnen letztlich die Schuld dafür zuweisen will, daß sein Leben dem eines Abenteurers zum Verwechseln ähnlich sieht. Der als moralische Zielsetzung verbrämten Verschleierungstaktik des Autobiographen kommt dieser Umstand jedoch sehr zupaß, denn er sorgt für Abwechslung und steigert den didaktischen Wert seiner Exempelgeschichten.

---

[1] „Di settanta cinque damigelle che lessero que' volumetti l'anno 1825, nella mia triplice classe, pochissime quelle furono che non le traducessero egregiamente in un mese, e non poche furono quelle che per la lettura di quelle *Memorie* soltanto, non giungessero a scrivere corettamente e con qualche grazia, in tre e fino in due soli mesi" (*Memorie. I libretti mozartiani*. Introduzione di Giuseppe Armani. Milano 1981. S. 329.) Ich zitiere die *Memorie* nach dieser Ausgabe und gebe im folgenden lediglich die Seitenzahl an.

[2] *Memorie.* S. 365-380.

[3] Dieser Unterschied hängt allerdings mit dem der jeweils gewählten literarischen Form zusammen, so daß man den Stil der *Memorie* eher mit dem anderer Memoiren vergleichen müßte, um zu einer angemessenen Bewertung seiner Beschaffenheit zu gelangen. Vgl. *Marziano Guglielminetti,* Memoria e scrittura. L'autobiografia da Dante a Cellini. Torino 1977.

[4] Zitiert nach *Aventure et aventurier au dix-huitième siècle. Essai de sociologie littéraire.* Lille 1980. Bd. I, S. XI. Vgl. auch *Susanne Roth:* Les Aventuriers au XVIIIᵉ siècle. Paris 1980. S. 13.

[5] *Rousseau:* Oeuvres complètes. Éd. publiée sous la direction de Bernard Gagnebin, Marcel Raymond. Paris 1959. Bd. 1, S. 259.

[6] Vgl. dazu *Volker Kapp:* Der Abenteurer als Demonstrationsobjekt und Skandalon der französischen Aufklärung. Zum Funktionswandel der Bekenntnisse von erlebten Abenteuern. In: *Euphorion* 79 (1985) 232-250.

[7] Die *Memorie* unterscheiden sich hierin von den Briefen an Casanova, in denen eine hohe Wertschätzung für diesen Abenteurer sich mit einer entwaffnenden Offenheit im Eingestehen finanzieller Sorgen und strategischer Überlegungen zu den unzähligen Projekten paart, mit denen sich Da Ponte wie alle Abenteurer über Wasser zu halten sucht.

[8] *Identität und Selbstthematisierung.* In: *Selbstthematisierung und Selbstzeugnis: Bekenntnis und Geständnis.* Hg. von Alois Hahn, Volker Kapp. Frankfurt / Main 1987. S. 12.

[9] Die daraus resultierende Unwahrheit wurde zu Beginn des 20. Jahrhunderts durch die Konfrontation der Erfindungen des Autobiographen mit den historischen Tatsachen

offengelegt. Die verdienstvollen Archivstudien von Giovanni Gamberin und Fausto Nicolini im Kommentar der Ausgabe der *Memorie* in der Serie *Scrittori d'Italia* (Bari 1918) erhellen die Biographie Da Pontes, tragen jedoch wenig zum Verständnis der literarischen Form seiner Autobiographie bei.

[10] Das Libretto ist jetzt leicht zugänglich in der Ausgabe *Lorenzo Da Ponte*: Libretti viennesi. A cura di Lorenzo della Chà. Fondazione Pietro Bembo 1999. Bd. I, S. 3-85. In Bd. II, S. 1561-1583, werden wichtige Informationen zum Libretto geliefert.

[11] Lorenzo della Chà bemerkt, daß sich zwar Zeugnisse finden, die Da Pontes Sicht der Dinge bestätigen, daß jedoch „[l'] enthusiasmo [...] si affievolì abbastanza presto" (*Da Ponte*: Libretti viennesi. Bd. II, S. 1595).

[12] „[...] Giuseppe volle sapere qual era il suo nome. „Giacomo Casanova," soggiunse egli, „è l'umila persona che supplica della grazia la Maestà Vostra". Giuseppe tacque per pochi istanti [...] gli volse la schiena, e si mise a scrivere. Il supplicante [...] tutto avilito partì. Io voleva seguirlo, ma Giuseppe mi richiamò, e dopo aver esclamato per ben tre volte: „Giacomo Casanova!" tornò a parlare con me del teatro" (331).

[13] „[...] io non pretendeva già d'esser poeta io medesimo, ma [...] credeva sol di conoscere quelli che non l'erano" (352f).

[14] Der Briefschreiber bestätigt die Richtigkeit von Da Pontes Selbstdeutung, wenn er seine Leistungen lobt: „Mi pare che siate un po' troppo ansioso rispetto alla memoria che lasciar bramate di voi. Per quello che avete già fatto per l'amor del linguaggio e dell'italiana letteratura, finché durerà in questo paese alcun gusto per l'elegante letteratura, il nome di Da Ponte, *clarum et venerabile nomen*, sarà in grata venerazione" (393).

[15] Vgl. dazu *Anna Dolfi*: Da Ponte e la tipologia delle "Memorie". In: *Miscellanea di studi in onore di Vittore Branca*. Firenze 1983. Bd. IV, S. 157-183.

[16] „Ma vie n'est pas interéssante" - *Carlo Goldoni*: Opere. A cura di Filippo Zampieri. Milano, Napoli 1964. S. 7.

[17] *Goldoni:* Opere. S. 7.

[18] „Devo osservare però, che sebben tutte le cose che scrissi in queste *Memorie* sieno purissime verità, credetti nulladimeno esser saggia ed onesta cosa alcune tacerne" (330).

[19] Vgl. dazu *Volker Kapp*: Von der Autobiographie zum Tagbuch (Rousseau - Constant). In: *Selbstthematisierung und Selbstzeugnis*. S. 297-310.

[20] Le „*Memorie"* di Lorenzo Da Ponte tra romanzo e melodramma. In: *Miscellanea di studi in onore di Vittore* Branca. Bd. IV, S. 146.

[21] Der Grundgedanke der venezianischen Episode mit der Tochter des Abenteurers kehrt im zweiten Teil der *Memorie* abgewandelt wieder, wo ein junger Juwelier die Ehe mit einer reichen, alten Witwe eingeht, um deren Vermögen den legitimen Erben zukommen zu lassen (vgl. *Memorie*, 108-110). In beiden Fällen dient das mit Zügen des Wunderbaren ausgestattete Abenteuer zur Verherrlichung von Da Pontes Edelmut.

[22] Die Behauptung, er habe ein stürmisches Liebesleben gehabt, münzt Da Ponte vielleicht auf den diesbezüglich berühmteren Casanova, dessen Erfolge er womöglich beneidet, von dem er sich gleichwohl grundlegend unterscheiden will. Er schätzt aufrichtige Liebe höher als leicht erworbenes Geld, während sich ein echter Abenteurer wie Casanova umgekehrt verhält.

[23] *Teatralità di Lorenzo Da Ponte tra Memorie e libretti d'opera. In: Venezia e il melodramma nel settecento. A cura di Maria Teresa Muraro. Firenze 1981. S. 318.*

Monika Schmitz-Emans (Bochum)
Der Abenteurer als Magnetiseur
Franz Anton Mesmer

Die Literarisierung des Mesmerismus ist die Geschichte abenteuerlicher Metamorphosen einer historischen Person und ihrer Lehre.[1] Allerdings ist das Interesse am Mesmerismus nicht ganz deckungsgleich mit dem an Mesmers Person. Denn zum einen ist mit dem Stichwort Mesmerismus mehr und anderes aufgerufen als nur die Lehre eines einzelnen Mannes. Steht diese doch im größeren Kontext verwandter Theorien wie der vorromantischen und romantischen Naturlehre als ganzer, im Schnittfeld zeitgenössischer Diskurse der Wissenschaft, Religion und Philosophie. Aber die Person Mesmers ist auch nicht gänzlich auf dessen Eigenschaft als Begründer einer Lehre und eines heilpraktischen Verfahrens zu reduzieren. Er ist auch durch anderes aufgefallen: durch eine offenbar charismatische Persönlichkeit, die ihn in den Augen der zeitgenössischen Öffentlichkeit an die Seite Cagliostros oder des Grafen von Saint-Germain rücken ließ, durch Kunstsinn (insbesondere durch eine Art mäzenatischer Haltung gegenüber dem jungen Mozart), durch Geschäftssinn, durch gesellschaftliche Erfolge, durch Kampfgeist. Unternimmt man allerdings rückblickend den Versuch, über seine Person etwas auszusagen, so fallen viele Ambivalenzen und Widersprüche auf. Einem besonnenen und bis zum tiefen Selbstzweifel kritischen Wissenschaftler steht im Bildersortiment der Nachwelt ein in seine abstruse Theorie heillos verbohrter Querdenker gegenüber – einem philanthropisch gesonnenen Helfer der Armen ein Geschäftsmann, der sich bestens zu vermarkten wußte und seine Schäfchen immer wieder ins Trockene brachte – einem Modearzt des Ancien Régime ein republikanisch gesinnter Jakobinerfreund – einem uneigennützig der Heilkunst ergebenen Arzt ein Verführer des gutgläubigen Publikums, der sich vor allem auf die Bedürfnisse weiblicher Patienten verstand – einem altersmilde-resignierten Eremiten ein bis ins hohe Alter streitbarer Geist, der bis zuletzt unbelehrbar seine Thesen verfocht – einem anachronistischen Scharlatan ein Kolumbus der Medizin und Psychologie. Mesmers viele Gesichter erinnern an Pirandellos Roman *Uno, nessuno e centomila*, in dem der Protagonist Moscarda endeckt, daß es weder ihn selbst noch irgendwen anders nur *einmal* gibt, sondern daß vielmehr ein jeder in den Augen eines jeden anderen (ihn selbst eingeschlossen) ein besonderes Gesicht hat, so daß etwa, wenn vier Personen in einem Raum sind, jeder gleich viermal da ist.

Mesmer, der „Magier vom Bodensee" genannt, führte ein wechselvolles Leben. Doch nicht primär äußere Abenteuer sind es, die mit seiner Person assoziiert werden. Sondern er erschloß seiner Zeit und seinen Erben eine subtilere Dimension des Abenteuerlichem, indem er es unternahm, das rätselhafte Innere des Menschen zu erkunden und – zu manipulieren. In einer Epoche, in der viele – jeder Aufklärung zum Trotz – an Gespenster, Dämonen und Exorzisten noch glaubten, operierte er im Grenzland zwischen einer spekulativen Naturlehre, die ihre magisch-mystischen Wurzeln nicht verleugnen kann, und einer modernen, vor allem an psychosomatischen Phänomenen interessierten Medizin. Seine Lehre, vor allem aber deren Aufnahme durch die Öffentlichkeit, deutet auf eine Zeit des radikalen Umbruchs, der Umwertung, der ersehnten Neuorientierung. Noch glaubte man auf die Möglichkeit holistischer Weltbeschreibungen. Nicht weniger 'abenteuerlich' als Mesmers Fluidaltheorie waren im übrigen auch die konkurrierenden zeitgenössischen Theorien und Therapien. In den 70er Jahren des 18. Jahrhunderts kämpfen auf dem Feld der Behandlung psychischer Erkrankungen zwei grundlegend differente Strömungen um den Vorrang: Die Praxis des Exorzismus und die Anfänge der sogenannten dynamischen Psychiatrie. Mesmer gehörte der letzteren Bewegung an; sein großer Gegenspieler in dieser Zeit war der Pater Joseph Gaßner, ein populärer Exorzist.

*

In dem Dorf Iznang am Bodensee wird Mesmer 1734 als drittes der neun Kinder eines Wildhüters geboren. Wir wissen nichts über die Kinderzeit. Für 1752 ist die Einschreibung an der theologischen Hochschule der Jesuiten in Dillingen belegt, 1754 geht er an die Universität Ingolstadt. Mutmaßlich folgte ein Studium der Philosophie, ab 1759 eines der Rechte in Wien, ab 1760 das der Medizin. Im Alter von 33 Jahren wird Mesmer mit einer Arbeit über den Einfluß der Planeten auf Krankheiten promoviert. 1767 heiratet er eine reiche Witwe und verschafft sich dadurch finanzielle Mittel, die ihm einen gehobenen Lebensstandard ermöglichen. Sein Haus steht Künstlern und anderen Berühmtheiten offen, in seiner Praxis verkehrt eine vornehme Klientel. Das Abenteuer Mesmerismus beginnt in den Jahren 1773/74 mit der Behandlung des 27jährigen Fräulein Österlin, die in periodischen Abständen von verschiedenen schweren Krankheitssymptomen heimgesucht wird. Mesmer, der sich natürliche Erscheinungen vorzugsweise als Fluidalphänomene erklärt und zudem gehört hat, daß man in England manche Krankheiten mit Magneten zu behandeln beginnt, verfällt auf die Idee, im Körper der Kranken einen Zustand hervorzurufen, den er 'künstliches Hochwasser' nennt. Er verabreicht ihr ein eisenhaltiges Mittel, dann befestigt er auf ihrem Bauch und an ihren Beinen je einen selbst konstruierten Magneten. Dies führt, wie die Patientin bekundet, zum Strömen eines Fluidums in ihrem Körper, welches ihre Leiden zeitweise wegschwemmt. Mesmer interpretiert diesen Erfolg durch eine Theorie über jenes mysteriöse Fluidum, das er als „thierischen Magnetismus" bezeichnet und von dem er annimmt, es habe sich in seinem eigenen Körper akkumuliert, verstärkt durch die drei Magnete, und von dort aus auf die Kranke gewirkt. Schon 1775 wird Kritik an Mesmers Auffassungen laut; man verdächtigt ihn der Scharlatanerie. Gleichwohl verzeichnet er eine Serie spektakulärer Erfolge, indem er öffentlich bei Patienten Krankheitssymptome zum Verschwinden bringt oder auch erzeugt. Unter seinem Einfluß verlieren Personen ihre Stimme; er heilt einen Gehörlosen, erzeugt durch Annäherung Fieberanfälle. Magnetische Wirkungen scheinen von seiner Person auszugehen, die er zu verstärken sucht, indem er Magnete auf dem Leib trägt und mit ins Bett nimmt (um sich aufzuladen wie eine Batterie). Die Widerstände gegen seine Praktiken wachsen. Unglücklich verläuft die Behandlung der 18jährigen blinden Musikerin Maria-Theresia Paradis. Diese bekundet zwar nach einer Zeit, ihr im Alter von drei Jahren verlorenes Sehvermögen kehre wieder, doch man zweifelt an der Wahrheit dieser Behauptung, da ihre Heilung an die Gegenwart Mesmers gebunden zu sein scheint. Es kommt zum Streit mit der Familie, und die von Mesmer getrennte Patientin erblindet endgültig. Daß sie im Fall ihrer Genesung vielleicht die Protektion der Kaiserin verloren hätte, die sie als blinde Künstlerin genießt, erschwert die Interpretation ihres Falles. Man beschuldigt Mesmer des Betrugs und einer sexuellen Beziehung zu der Musikerin. Mesmer verläßt die Stadt. Der tiefere Grund neben den Gerüchten ist wohl der allgemeine Vertrauensentzug, vor allem die massive kollegiale Kritik. Mesmers Gestalt rückt ins Zwielicht der selbstsüchtigen Scharlatanerie mit dem Ziel erotischer Verführung. Dabei ist der Fall Paradis mit den Mitteln der modernen Psychologie nachträglich durchaus medizinisch erklärbar. Ab 1778 lebt Mesmer in Paris. Autobiographischen Dokumenten zufolge liegt dazwischen eine depressive Phase, in der er unter anderem mit Bäumen zu reden und ohne Worte zu denken versucht, in der er dann jedoch vor allem zur Überzeugung von der Bedeutsamkeit seiner Lehre gelangt.

Grob skizziert, besagt Mesmers Lehre, daß ein feines physikalisches Fluidum das Universum durchströmt und eine Verbindung der Menschen untereinander sowie mit den Planeten stiftet. Durch eine ungleiche Verteilung dieses Fluidums im Körper werden Krankheiten hervorgerufen, die entsprechend durch Wiederherstellung des Gleichgewichts zu heilen sind. Der Weg zur Heilung verläuft gelegentlich über die Erzeugung von Krisen, in denen es den Patienten physisch schlechter geht. Jeder Mensch besitzt laut Mesmer ein gewisses Maß an tierischem Magnetismus, allerdings in unterschiedlich starker Ausprägung. Jenes Fluidum ist durch geeignete Praktiken kanalisierbar und lenkbar. Mesmers Lehre versteht sich als physikalische Theorie, welche anderen zeitgenössischen Theorien korrespondiert, insbesondere den aktuellen Erkenntnissen über die Elektrizität.

Mesmer, der an seine eigenen magnetischen Kräfte glaubt, hat offenbar eine starke persönliche Ausstrahlung auf seine Patienten. Auch diesen erklärt er selbst sich physikalisch, durch das Fluidum, das er später „allgemeines Agens" nennt und das er in der Elektrizität, im physikalischen und im „tierischen" Magnetismus wirken sieht. In Paris eröffnet Mesmer eine Praxis, die ihm wiederum ein Publikum aus gehobenen sozialen Schichten beschert und zu einflußreichen Anhängern verhilft. Da er beansprucht, mittels seiner magnetischen Kuren alle Krankheiten heilen zu können, wird er zum Lieblingsfeind für den gesamten Berufsstand der traditionell ausgebildeten Mediziner. Mißtrauisch betrachtet man seine Praktiken, insbesondere die Behandlung durch Berühren und Bestreichen des Patientenkörpers – letzteres nicht nur aus theoretischen, sondern auch aus anderen, naheliegenden Gründen. Die Antipathie der Kollegen und der wissenschaftlichen Gesellschaften steigt proportional zu Mesmers Honoraren. Seine Patienten werden so zahlreich (zeitgenössischen Berichten zufolge waren in den Haupterfolgsjahren stets etwa 200 Patienten in Mesmers Haus), daß er sie ab 1780/81 nicht mehr einzeln behandelt, sondern eine Kollektivkur erfindet, bei der das berühmte 'baquet' zum Einsatz kommt, ein Becken mit 'magnetisiertem' Wasser. Ergänzt wird dieses Becken durch effektverstärkende Spiegel und von 'magnetisierten' Instrumenten erzeugte Klänge; Mesmer selbst musiziert auf der Glasharmonika. Viele der Patienten bekunden eigentümliche Empfindungen und reagieren heftig, manche stecken sich wechselseitig mit ihrer Entrückung oder Verzückung an. Eine Gruppe von Anhängern schließt sich zusammen, um Mesmers Entdeckung, finanziert durch eine Subskription, zu kaufen; ab jetzt bildet er Schüler aus. Die zum Zweck der Verbreitung des Mesmerismus gegründete Société de l'Harmonie etabliert die Methode des Meisters in Frankreich und in anderen Ländern. Doch 1784 tritt auf königlichen Befehl eine Kommission von Naturwissenschaftlern und Medizinern zusammen, die über die Wahrheit der Lehre vom neuentdeckten Fluidum befinden soll. Man hält dieses nicht für nachgewiesen und schreibt Mesmers Behandlungserfolge der „Einbildung" zu; allein die angeheizte Imagination der Beteiligten führe zu den bekannten spektakulären Effekten. Das Urteil der Kommission klingt vernichtend. Daß Mesmer das Praktizieren nicht verboten wird, liegt nur an einem juristisch anfechtbaren Verfahrensfehler. Eine Welle von promesmeristischen Streitschriften folgte. Spektakuläre Vorfälle um angeblich magnetisierte Personen nähren das Interesse an Mesmer, der sogar in den Ruch eines Hexers gerät. Anfeindungen, Spott und Mißerfolge verleiden ihm seine anhaltende Popularität. Einige seiner Schüler widersetzen sich seinen Lehren, ein berühmter Patient stirbt in seinem Haus, eine öffentliche Demonstration seiner Methode vor erlauchtem Publikum schlägt fehl. Mesmer verfällt in Depressionen und verschwindet aus Paris. Angeblich lebt er unter falschem Namen in England. Für zwanzig Jahre werden die Informationen über sein Leben dünn. Man weiß nur, daß er durch die Schweiz, Frankreich, Österreich und Deutschland gewandert ist, bei seiner Rückkehr nach Wien 1793 als politisch Verdächtiger ausgewiesen wurde und 1794 offenbar in einen politischen Anschlag verwickelt war. In Frauenfeld in der Schweiz läßt er sich nieder und lebt von seinem noch immer hinlänglichen Vermögen, von der Öffentlichkeit lange vergessen und, wie es scheint, verbittert über die ausgebliebene Anerkennung seiner Lehren sowie über die Abtrünnigkeit vieler seiner Schüler. In diversen Schriften expliziert er nochmals seine Lehren; vieles davon geht verloren. Und noch immer verblüfft er die, die unmittelbar mit ihm zu tun haben, durch merkwürdige Fähigkeiten und Heilerfolge. Im Auftrag einer Regierungskommission zu Berlin, die eingesetzt ist „zur Untersuchung des Magnetismus" sucht der Arzt und Magnetiseur Dr. Karl-Christian Wolfart, Herausgeber der Zeitschrift Askläpieion, 1812 Mesmer in Frauenfeld auf; die neue Ärztegeneration sucht Anschluß an die wiederentdeckte Lehre Mesmers, fasziniert von der Idee unsichtbarer Kräfte in der Natur. Wolfart wird später diverse Schriften Mesmers herausgeben, wenngleich der Vorname des Autors dabei falsch angegeben wird. Am 5. März 1815 stirbt Mesmer in Meersburg am Bodensee, wohin er kurz zuvor gezogen ist.

Mesmer ist zeitlebens eine charismatische Persönlichkeit, unbeschadet der Indizien für Verfolgungswahn und Selbstüberschätzung, für starke Stimmungsschwankungen und Ruhelosigkeit. Wenn ihn die Sorge überkommt, seine magnetischen Fähigkeiten verloren zu haben, wird Mesmer zutiefst mutlos; andererseits erzählt er 1804 voller Selbstbewußtsein einem Arzt, alles fließende Wasser sei magnetisiert, da er Jahrzehnte zuvor die Sonne magnetisiert habe. Über das private Leben Mesmers weiß man insgesamt wenig an Einzelheiten, und oft bleiben ganze Abschnitte rätselhaft. Es war Justinus Kerner, der sich als erster für Mesmers Person hinreichend interessierte, daß er selbst nach Meersburg reiste, um sich anhand von Dokumenten und Berichten ein Bild zu machen. Aus den verschiedenen und verschieden motivierten Berichten der Zeitgenossen sowie der späteren Biographen ein homogenes Bild Mesmers abzulesen, ist wegen der Widersprüche unmöglich. Sofern aber überhaupt Rückschlüsse möglich sind, seien die folgenden gewagt: Mesmer war kein Scharlatan, da er selbst an seine Behandlungspraktiken glaubte und keineswegs mit falschen Vorspiegelungen arbeitete. Er verstand sich als Arzt, der die Wissenschaft vorantrieb, wobei sich philanthropisches Engagement durchaus mit eigennützigen Interessen (dem Wunsch nach Ruhm und dem Streben nach Gewinn) vertrug. In späteren Jahren zurückgezogen lebend, hat er an seiner Lehre stets festgehalten.

Hinsichtlich seiner politischen Haltung zum Ancien Régime und zu den revolutionären Kräften ergibt sich für die Pariser Zeit kein klares Bild. Man darf davon ausgehen, daß es ihm im Umgang mit Adligen und Mitgliedern des akademischen Establishments ebensowie mit revolutionären Kräften in erster Linie stets um seine Lehre ging. Mesmer wurde zum Modearzt des Adels, dem er seinen Ruhm verdankte, war aber offenbar gleichwohl erheblich vom Gedankengut der französischen Revolution geprägt, wie seine späten Schriften zeigen. Er empfiehlt hier den animalischen Magnetismus nicht nur als Stützung der Harmonie in der Natur, sondern auch als Mittel zur Herstellung gesellschaftlicher Harmonie; hierunter versteht er einen Zustand, in dem die natürliche Freiheit und Gleichheit unter den Menschen zu ihrem Recht kämen. Seine gesellschaftspolitischen Schriften können als Bekundungen eines radikalen

Demokraten gelesen werden. Mesmers Liebe zur Republik mag insgesamt glaubhaft sein; seine dezidierte Parteigängerschaft für die Revolution darf dagegen in Zweifel gezogen werden.

*

Der Mesmerismus und mit ihm Mesmer wurden in Frankreich gleich zweimal zum Politikum, nämlich sowohl in den prärevolutionären 80er Jahren des 18. Jahrhunderts als auch in der Mitte des 19. Jahrhunderts; er lieferte auch in den 1840er Jahren noch einmal Material für revolutionäre Propaganda, welche sich gegen die Akademie und die Regierung als zwei als tyrannisch kritisierte Instanzen richtete und vor allem im *Journal du magnétisme* ihr Organ fand. Zum Politikum wurde der Mesmerismus zu Lebzeiten seines Begründers eher wider dessen Willen, nicht zuletzt weil um die Anerkennung dieser Lehre ein Machtkampf unter den Gelehrten und medizinischen Standesvertretern ausbrach, bei dem es auch um materielle Interessen und politischen Einfluß ging. Einzelne Anhänger Mesmers verknüpften den Mesmerismus zudem auf eine den höheren Ständen verdächtige Weise mit rousseauistischen Ideen, und es kam zur Herausbildung radikaler Nebenströmungen. Insofern Mesmer auch die Behandlung der armen Leute ins Programm aufnahm, hatte seine Lehre einen Zug, der künftige Revolutionäre ansprach; zu ihnen gehörten Jacques-Pierre Brissot und Jean-Louis Carra. Eine analoge Enttäuschung verband Mesmer mit Marat, denn gleichzeitig mit Mesmer versuchte letzterer vergeblich, die Anerkennung des Pariser wissenschaftlichen Establishments zu erringen (mit einer Abhandlung über das Feuer, die Elektrizität und das Licht). Marat glaubte an eine Konspiration der Akademie gegen ihn, welche den Erfolg seiner Theorie verhindere, und Anhänger Mesmers griffen diese Verschwörungstheorie auf, um sie auf den Begründer des Magnetismus zu übertragen. Der ebenfalls umstrittene Brissot war Anhänger Mesmers und zugleich Rousseauist, wobei er in Rousseaus Werken eine neue sozial-politische Botschaft entdeckte. Andere Anhänger des Mesmerismus waren zugleich Adepten mystischer Lehren und Mitglieder in Logen und Geheimbünden wie dem der Rosenkreuzer; viele von ihnen schätzten okkulte Praktiken, Rituale und Séancen. Mesmer selbst stand dem fern, aber seine Ideen führten ein Eigenleben. Ob er ganz abschätzen konnte, was seine Anhänger mit seiner Lehre anstellten, mag selbst für die Pariser Jahre bezweifelt werden; sein Französisch scheint nicht so auf der Höhe gewesen zu sein, daß er seine eloquenten Schüler hätte dominieren können.

Gegen den Mesmerismus vorgebracht wurden vor allem immer wieder moralische Vorbehalte, welche die Sittlichkeit der Beziehung zwischen dem Arzt und seiner zu erheblichen Teilen weiblichen Klientel in Zweifel zogen. Den Magnetiseuren nach Mesmer wird stereotyp immer wieder unterstellt, es gehe ihnen um das „Erschleichen gesellschaftlich unzulässiger körperlicher Nähe zwischen Verliebten mit Hilfe eines vorgeblich therapeutischen Verfahrens, an dessen Wirksamkeit, ja Existenz keiner der Beteiligten glaubt."[2] Typisch zeigt sich dies in Ifflands Lustspiel *Der Magnetismus*, im Ansatz aber auch bei Mozart und Da Ponte in *Così fan tutte*, wo sich Despina als Dr. Mesmer verkleidet. In solcher Auslegung des Mesmerismus als verkapptes erotisches Abenteuer wird subkutan die Angst vor der Sexualität wirksam, von der man fürchtete, sie werde durch bestimmte körperbezogene Therapiepraktiken zum gewaltsamen Ausbruch kommen. Die Angst vor der Lust ist jedoch nur die oberflächliche Erscheinungsform einer tiefersitzenden Angst, welche die Ablehnung des Mesmerismus durch viele Zeitgenossen motivierte: der vor dem insgesamt Unberechenbaren in der Menschennatur, vor der Macht des Unbewußten über das Bewußtsein, des Leiblichen über den Intellekt. Kontrolle hieß das Leitprogramm des Rationalismus, Kontrolle vor allem über den Körper. Im Grundsätzlichen stand Mesmer dem nicht fern; die Praxis des Mesmerismus stand zumindest in den Augen kritischer Beobachter jedoch im Zeichen des Kontrollverlusts.

*

Schon zu Mesmers Lebzeiten setzen die literarischen Reaktionen auf ihn ein – vereinzelt übrigens auch musikalische. Mozart, dessen frühes Singspiel *Bastien et Bastienne* auf Mesmers kleinem Wiener Gartentheater zur Uraufführung gekommen war, ist auch in späteren Jahren gern Mesmers Gast gewesen. In *Così fan tutte* finden sich die Verse, die Stefan Zweig wohl nicht zu Unrecht als „humoristisches Denkmal" Mozarts für Mesmer deutet: „Questo è quel pezzo / Di calamita: / Pietra mesmerica, / Ch'ebbe l'origine / Nell' Alemagna, / Che poi sì celebre / Là in Francia fu"[3].

Mesmers Spuren zeigen sich in den verschiedensten literarischen Gattungen: in Schauspielen, Novellen, Romanen, Biographien, Liedern und lyrischen Gedichten, deren Spektrum wiederum vom spöttischen Knittelvers bis zum Huldigungsgedicht reicht. Es wäre zu bedenken, ob das Kapitel *Mesmer und die dramatische Gattung* nicht schon im vor-literarischen Bereich seinen Anfang nimmt, nämlich bei den Versuchen der Königlichen Kommission in Paris, den Mesmerismus einer empirischen Prüfung zu unterziehen: Dies gestaltete sich ja als eine Inszenierung, die dem Szenario mesmeristischer Praktiken folgte, um öffentlich etwas zur Darstellung zu bringen. Vielleicht sollte man das Kapitel sogar noch früher ansetzen lassen: Ist doch die mesmeristische oder magnetistische Praxis selbst dramatisch: eine Inszenierung mit Hauptakteuren und einem Publikum, das in die Handlung mithineingezogen werden kann. Die Rolle des Regisseurs fällt dabei dem Magnetiseur zu, der zugleich mitspielt; er verfügt dabei oft über symbolhafte Requisiten. Die Idee der heilsamen Krise ist der dramenpoetischen Konzeption einer heilsamen Katharsis affin. Fließend erscheinen insgesamt die Übergänge zwischen mesmeristischer Praxis, öffentlichem Spektakel und mit Hypnose operierender Inszenierung.Die Literarisierung Mesmers beginnt bereits bei den Augenzeugenberichten, bei den historischen, ihrem Selbstverständnis nach nicht-fiktionalen Texten, da auch das erzählte Geschehen am Leitfaden von Modellen entziffert, interpretiert, also kurz: literarisiert wird. Christoph Wilhelm Hufeland, zunächst kritisch gestimmt, später ein Verfechter des tierischen Magnetismus, berichtet im Teutschen Merkur von 1784 über die Pariser Praxis Mesmers: „Man sah die gewaltsamsten unwillkührlichsten Verdrehungen der Glieder, halbe Erstickungen, Auftreibung des Leibes, verwirrte Blicke; hier stößt einer das durchdringendste Geschrey aus; dort will einer für Lachen bersten; da zerfließt ein andrer in Thränen. Unter manchen entstehen geheime Sympathien; sie suchen sich auf, werfen sich einander in die Arme, bezeigen sich die lebhafteste Zuneigung, und suchen sich gegenseitig ihren Zustand zu versüßen. [...] Nichts kann diese Bezauberung (!) aufheben als der Befehl des Magnetisten: und die Kranken mögen sich nun in der heftigsten Raserey (!) oder in der tiefsten Betäubung befinden, so ist ein Wort, ein Blick, ein Wink des Meisters hinreichend sie zu sich zu bringen. [...]"[4]. Der Meister und seine Bezauberung, die Rasenden und ihre Verzückung: Hufelands Darstellung steht deutlich im Zeichen des Lesemusters „erotische Verführung" bzw. „Verhexung" und ist schon darum weitaus mehr als ein neutral-unparteiischer Bericht. Auch die Pariser Öffentlichkeit schätzte das Lese-Muster „Verführung", „lustvolle Geistesverwirrung" und „Delirium": „Vieilles, jeunes, laides, belles, / Toutes aiment le docteur, / Et toutes lui sont fidèles"[5].

Antimesmeristische Kampagnen verlagerten sich in der Mitte der 80er Jahre nicht zuletzt auf die Bühne. 1784 fand die Premiere des Stücks *Les Docteurs Modernes* in der Comédie Italienne statt. Die Hauptfiguren sind für das Publikum wiedererkennbar, nämlich der Mesmer-Anhänger Deslon (der zu dieser Zeit umstrittene Vorlesungen über den Magnetismus hielt) als „le docteur" und Mesmer selbst als „Cassandre"; er ist im Stück ein „schamloser Schwindler" (so Darnton), der u.a. sagt: „Peu m'importe que l'on m'affiche / Partout pour pauvre médecin, / Si je deviens médecin riche"[6]. Ferner sieht man auf der Bühne einen Chor aus Anhängern der beiden Repräsentanten des Mesmerismus, der das Finale zu singen hat und dabei eine Menschenkette um ein Baquet bildet. Es kommt zu 21 Vorstellungen der *Docteurs Modernes*. Das Stück löst Klatsch und viele Kommentare aus, auch einige Essays von La Harpe; Mesmers Anhänger rüsten zum Gegenangriff. Diesen leitet Jean-Jacques d'Eprémesnil, der im politisch bewegten Leben dieser Zeit eine herausragende Rolle als Kritiker der Regierung spielt. Eprémesnil läßt eine Flugschrift drucken, die während einer der frühen Vorstellungen der *Docteurs* ins Publikum geworfen wird und das Stück als verleumderisch bezeichnet. Die Komödienschreiber, die den Arzt und seine Klientel mit Spott überschütten, simplifizieren und trivialisieren das Objekt ihrer Kritik so, daß die antimesmeristische Satire in der Regel nicht das Diskussionsniveau der wissenschaftlichen und journalistischen

Auseinandersetzung um diese Lehre erreicht. Es geht auch weniger um Überzeugung als um Amüsement. Ein erfolgreiches Unterhaltungsstück ist Ifflands bereits erwähnter Einakter *Der Magnetismus* mit dem Untertitel *Nachspiel in einem Aufzuge*, uraufgeführt 1787, gedruckt zu Beginn er 90er Jahre.[7] Der Magnetismus ist hier zwar eine betrügerische Inszenierung, aber immerhin eine, die Positives bewirkt. Bis ins 20. Jahrhundert hinein bietet der Mesmerismus Anlaß zu komödiantischen Aktionen: In verschiedenen Unterhaltungsdramen wird ein vorgeblicher magnetischer Rapport zum Strategiebestandteil eines liebenden Paares, dem sich zunächst Hindernisse entgegenstellen und das sich unter einem Vorwand näherkommen möchte. Doch die Lustspiele über Mesmer und den Mesmerismus bilden nur einen Strang der literarischen Reaktionen, und wohl nicht den wichtigsten; die erzählenden Gattungen entfalten ein reicheres und eindrucksvolleres Spektrum. Kaum einer der großen Repräsentanten der klassisch-romantischen Literatur in Deutschland, der das Thema nicht aufgegriffen hätte. Auch die französische Literatur des 19. Jahrhunderts zeigt eine breite Mesmer-Spur. Die Erinnerung an den historischen Mesmer ist dabei in unterschiedlich starkem Maße mit im Spiel.

*

Der Typus des Magnetiseurs gerät in der romantischen Literatur oft ins Zwielicht. Damit kontrastieren Mesmer-Texte mit hagiographischen Zügen. Für diverse Autoren hat Mesmer den Weg gewiesen, um eine grundlegende „Krankheit" der Moderne zu kurieren: die Entfremdung zwischen körperlicher und seelischer Natur. Justinus Kerner, der selbst durch dem Mesmer-Schüler Gmelin in jungen Jahren behandelt und kuriert wurde, besaß viele Affinitäten zu dieser Lehre. Kerners Mesmer-Buch ist ein Zwitter aus Dokumentensammlung und literarischer Gestaltung. Der Verfasser interessiert sich bei seinem Weg durch Mesmers Leben mehr für die inneren Stürme als für äußere Wechselfälle. Er sieht Mesmer als den „Märtyrer einer von ihm zuerst erkannten Naturweißheit"[8] an. Neben dem weltabgewandten Weisen ist der Utopist und politische Visionär eine Identifikationsfigur. Während die kritischen

Zeitgenossen Mesmer in die Nähe geheimniskrämerischer Scharlatane gerückt hatten, betont Kerner im Gegenzug die Transparenz der Mesmerschen Lehre und die Klarheit ihrer Formulierung durch den Meister.[9] Vereinzelt gar finden sich in Kerners Mesmer-Porträt Reminiszenzen an Amphion, Orpheus, San Francesco – wenn er auf der Basis von späten Augenzeugenberichten Mesmers Rapport mit einem zahmen Vogel schildert, der mit ihm gelebt habe und mit ihm gestorben sei. Kerners Gedicht auf Mesmers Grab trägt hagiographische Züge.[10]

Stefan Zweig setzt Mesmer ein ähnlich hohes Denkmal. Auf einem gemeinsamen Sockel stehen hier gleich drei Personen: *Die Heilung durch den Geist. Mesmer, Mary Baker-Eddy, Freud* – für Freud eine nicht ganz unverfängliche Gesellschaft.[11] Die Popularität, die Mesmer vor allem in seinen Pariser Jahren genoß, bringt Zweig (plausiblerweise) mit dem kosmopolitischen Geist dieser Zeit in Verbindung, der grenzüberschreitendem Wirken und grenzüberschreitender Wirkung förderlich gewesen sei; Unverständnis sei ihm jedoch von Anhängern wie von Feinden entgegengeschlagen, von Irrationalisten und Rationalisten, Spiritisten und Materialisten. „[...] nicht anders als Kolumbus vor seiner Ausfahrt mit seinem Plan des Seeweges nach Indien von Hof zu Hof irrt, so wendet sich Mesmer von einer Akademie an die andere [...]" (S. 35ff.). Das Interesse der Generation Mesmers und insbesondere der Romantiker am Unbewußten sei verantwortlich für den ungeheuren Eindruck, den die von Mesmer angestoßene, von Puységur in seinen hypnotischen Experimenten systematischer betriebene „plötzliche Erweiterung des inneren Weltraumes" gemacht habe, so Zweigs zutreffende Diagnose (S. 117f.). Verglichen wird diese Erschließung des inneren Weltraums mit der Erringung der „Herrschaft über die Ätherwelt" durch Montgolfier und der Entdeckung der Ordnung der Elemente durch Lavoisier, doch der „Einbruch ins Übersinnliche" erscheint letztlich als noch gravierender. Hier sieht Zweig auch das entscheidende Motiv der Faszination literarischer Autoren durch den Mesmerismus. Im Abenteuer dichterischer Imagination findet nach seiner Überzeugung das Abenteuer der Vertiefung ins „Urgeheimnis Seele" seine direkte Fortsetzung. „[...] Dichter und Philosophen, die ewigen Geometer der geistigen Reiche, sind die ersten, die, kaum daß die unbekannten Ufer erkundet sind, vordringen in die neuen

Kontinente: eine dunkle Ahnung sagt ihnen, wieviel unerschlossene Schätze aus dieser Tiefe zu heben sind. Nicht mehr in Druidenhainen, in Femehöhlen und Hexenküchen sucht die Romantik das Romantische und Außerordentliche, sondern in diesen neuen sublunaren Sphären zwischen Traum und Wachheit, zwischen Willen und Willenszwang" (S. 119).

Im 20. Jahrhundert erfüllt Mesmer als historisches Vorbild literarischer Gestalten zwei verschiedene Bedürfnisse: Das Interesse am Typus des diabolischen oder doch zumindest zwielichtigen Manipulators unschuldig-wehrloser und unterlegener Menschen – und das Interesse am Typus des heilenden Wohltäters, das im größeren Kontext einer generellen Sehnsucht nach dem Heilen und Heilenden steht. Zugespitzt ließe sich sagen, der historische Mesmer bedient das Bedürfnis kollektiver Phantasie über das schlechthin Gute wie über das schlechthin Böse, über einen angeborenen, nicht weiter begründbaren Altruismus und eine ebensowenig begründbare moralische Schlechtigkeit. Verschiedenste „böse" Magnetiseure in der Literatur des 19. und 20. Jahrhunderts tragen gleichsam heimlich den Familiennamen Mesmer, oft in Verbindung mit dem Cagliostros, eines anderen historischen Ahnen. Plausibel bleibt die Dämonisierung des Mesmeristen und Hypnotikers, solange das Interesse am Magnetismus aktuell bleibt oder in weitläufigeren okkultistischen Strömungen aufgeht. Doch mit dem Abklingen dieser Strömungen wird der Typ des *dämonischen Magnetiseurs* unmodern; an seine Stelle treten die „bösen" Technologen der Medizin, wie sie dem Leser etwa bei Adolfo Bioy Casares und Aldous Huxley begegnen.

Die Deutung Mesmers als Prophet und Repräsentant einer spirituellen Welt ist jedoch keine deutsche Spezialität. Eines der markantesten Beispiele für szientifisch verbrämten Irrationalismus auf der Grundlage sogenannten esoterischen Wissens bietet der französisch verfaßte Mesmer-Roman von Jean Josipovici, *Franz Anton Mesmer, Magnétiseur, Médecin et Franc-Maçon*. Josepovici betont die Beziehung zwischen dem Mesmerismus und der Geschichte des Okkultismus und der Freimaurerei. Er deutet die therapeutische Praxis Mesmers als Bindeglied zwischen moderner Psychologie und okkultistisch-irrationalistischer 'Wissens'-Kultur – affirmativ, versteht sich.

Josipovici stellt Mesmer in eine Reihe mit den Propheten und Lehrern des Alten und Neuen Testaments sowie Mystikern verschiedener Zeitalter und Kulturen. Er verzeichnet Mesmer dabei zum Repräsentanten einer irrationalistischen und mystizistischen Religiosität, welche dem historischen Mesmer wohl fern gelegen hat.[12] Mesmer wird hier zum Sprachrohr einer spirituellen Welt, zum Himmelsboten – und das, obwohl der historische Mesmer ebensowenig besonders religiös war, wie er ein 'Deutscher' gewesen wäre.

*

Daß das Thema Imagination in den literarischen Rekursen auf den Mesmerismus eine Schlüsselrolle spielt, war durch die zeitgenössische Kontroverse um Mesmer vorbereitet worden. Denn der Fall Mesmer war bereits für die Kollegen der ärztlichen Zunft seiner Zeit Anlaß zur medizinischen Kommentierung der Macht der Imagination. Mit dem Streit um den Mesmerismus geht es nicht allein um die Problematik imaginativer Überspanntheiten Einzelner, sondern um die Sorge, durch das subversive Potential einer kollektiven Imagination würden die bestehenden Ordnungen destabilisiert: die sittliche, die politische und die wissenschaftliche. Mesmer selbst, dem es stets in erster Linie um seine Lehre ging, war, wenn überhaupt, eher ein Abenteurer wider Willen. Mit seiner Lehre und seiner therapeutischen Praxis suchte er keineswegs das Abenteuer, sondern einen Erfolg, welcher sich nicht auf taschenspielerische Inszenierungen, sondern auf solide, experimentell überprüfbare psychophysische Grundlagen stützen sollte. Wo man sich für seine Lehre und seine Praxis interessierte, geschah dies vielfach aus einem Mißverständnis dieser Voraussetzung heraus: aus dem Interesse am Spektakulären, Exzeptionellen, Nicht-ganz-Geheuren, ja Abgründigen. Daß es den Begründer des Mesmerismus an verschiedene Schauplätze verschlug und sein Leben sich insgesamt wechselhaft gestaltete, entsprang ebenfalls nicht dem Hang zum Abenteuer, sondern war eine von Mesmer in Kauf genommene Folge äußerer Umstände: einerseits der Widerstände, auf die seine Lehre stieß, andererseits der politisch unruhigen Situation in Europa.

In der Geschichte der literarischen Mesmer-Porträts lassen sich zusammenfassend verschiedene Tendenzen unterscheiden. Eine erste Sorte von literarischer Metamorphose Mesmers besteht – wie die angeführten Beipiele zeigen – in der Konzeption von dämonischen oder betrügerischen Magnetiseursgestalten, die aus dubiosen oder verwerflichen Motiven mesmeristische Praktiken anwenden, um sich einen Vorteil erotischer oder anderer Art zu verschaffen. Eine andere, komplementäre Sorte Metamorphose besteht in der Verwandlung Mesmers in eine Leitfigur, einen Heros, ja einen Märtyrer der Wissenschaft, der sich wegen seiner prophetischen Weitsicht und seines Tiefsinns vor ignoranten Zeitgenossen zeitlebens wehren mußte. Einer dritten, besonders tiefgreifenden Metamorphose unterliegt im literarischen Medium der Mesmerismus selbst. Mesmer selbst war mit seiner Theorie universaler Korrespondenzen zwischen Psyche und Universum, körperlicher und seelischer Sphäre bestrebt, ein monistisches Weltmodell gegen den im wissenschaftlichen Diskurs noch weitgehend prägenden materialistisch-mechanistischer Dualismus cartesianischer Prägung zu setzen. Wider diese implizite, aber unmißverständliche Grundintention der mesmeristischen Lehre wird sie jedoch seit der Romantik schon in literarischen Kontexten funktionalisiert, um einem neuen Dualismus, neuen Spaltungsbefunden zur Darstellung zu verhelfen. Die Opfer der literarischen Magnetiseure leben in verschiedenen Welten, die einander nicht kongruent sind: in einer der Innenwelt korrespondierenden Sphäre der Imaginationen und der Sehnsüchte sowie in einer Außenwelt, der sie sich heillos entfremden. Ein Riß verläuft durch sie selbst – als Folge der Tatsache, daß der literarische Magnetiseur partielle Gewalt über sein Medium gewinnt, ein Riß verläuft zwischen dem Universum ihrer Phantasien und der schöden Außen- und Alltagswelt. Mesmer, der Diagnostiker von Spaltungstendenzen innerhalb des Ichs sowie zwischen Innenwelt und Außenwelt, wird, weil er auf diese Spaltungen hingewiesen hat, zur Symbolfigur, anläßlich derer die Unaufhebbarkeit solcher Dissoziation zum Ausdruck kommt. Während er angetreten war, um zu zeigen, daß aufgrund des universalen, auch die Einzelseele durchströmenden magnetischen Fluidums die Seele selbst eine Pforte zu den endlosen Räumen des Universums ist, schicken seine literarischen Nachlaßverwalter ihre Figuren auf Reisen in den Welt-Raum der Phantasie, bei denen genau das zuhause zurück- (und in letzter Konsequenz buchstäblich auf der Strecke) bleiben muß, woran man sich in bürgerlich-aufklärerischen Zeiten zu halten pflegte: das seiner selbst mächtige, sich selbst transparente, in sich homogene Ich.

Zu unterscheiden ist anläßlich literarischer Mesmeriaden – zusammenfassend gesagt – grundsätzlich zwischen divergierenden Interessen. Das an der Person und am Leben Mesmers stimuliert schon früh literarische Reaktionen, klingt mit dessen Rückzug aus der Öffentlichkeit aber zunächst ab. Das Interesse am Mesmerismus bleibt hingegen, bedingt durch die Entwicklung der romantischen Naturphilosophie, lange über Mesmers Lebenszeit hinaus lebendig. Auch hier freilich gilt es zu differenzieren: zwischen dem Interesse am äußerlich Spektakulären einerseits, dem an monistischen oder dualistischen Weltentwürfen andererseits. Hinzu kommt das Interesse am Gleichnispotential des Mesmerismus als einer Spielform der „natürlichen Magie", welche Macht und Abgründe der Einbildungskraft zu modellieren half, sowie, keineswegs deckungsgleich damit, das aus dem Leiden an der eigenen Zeit und ihren Zerrossenheiten resultierende Bedürfnis nach charismatischen Gestalten, welche die Möglichkeit einer Herrschaft des Geistes über die körperliche Welt zu garantieren schienen, und zwar, wie in Mesmers Fall, durch ihre eigene Person sowie theoretisch durch ihre Lehre.

Kein Zufall, daß der Raum des Abenteuers sich nach innen verlagert. Die Tatsache, daß mit fortschreitender Eroberung und Segmentierung des Globus die äußere Welt jenen Charakter der beunruhigenden und faszinierenden Fremde sukzessive verliert, der die Voraussetzung dafür war, daß man in ihr noch echte Abenteuer erleben konnte, ist nur ein Grund dafür. Ein anderer, wichtigerer vielleicht, liegt darin, daß als Folge des erkenntnistheoretischen Idealismus und seiner spezifisch romantischen Überformung die Außenwelt insgesamt als Projektionsfläche innerer Prozesse verstanden wird und vorrangig als solche interessiert. Der Mesmerismus gab Anlaß zu eben den Entgrenzungsphantasien, welche die romantische Generation in ihren literarischen Werken so gerne gestaltete. Und nicht zufällig sind es in der romantischen Literatur oft

Weltraumbilder und Flugmetaphern, welche das Abenteuer Magnetismus ausdrücken. Mesmer entdeckt, bildlich gesprochen, die Seele als Raumschiff Enterprise. Zum zweifelhaften Dank dafür ist er gelegentlich als Mr. Spock in die Literatur eingegangen.

---

1 Vgl. insbes. *Jürgen Barkhoff:* Magnetische Fiktionen. Literarisierung des Mesmerismus in der Romantik. Stuttgart/Weimar 1995.

2 *Barkhoff:* Magnetische Fiktionen. S. 168.

3 *Lorenzo da Ponte:* „Così fan tutte o sia La scuola degli amanti". Zweisprachiges Textbuch. In: *Attila Csampai, Dietmar Holland (Hgg.):* Wolfgang Amadeus Mozart: Così fan tutte. Texte, Materialien, Kommentare. Reinbek bei Hamburg 1984. S. 53-181. Hier: S. 112f.

4 Zitiert nach *Barkhoff:* Magnetische Fiktionen. S. 4f.

5 Zitiert nach *Robert Darnton:* Der Mesmerismus und das Ende der Aufklärung in Frankreich. Frankfurt /Main 1986. S. 57.

6 *Darnton:* Der Mesmerismus. S. 58.

7 *Wilhelm Iffland:* Der Magnetismus. Nachspiel in einem Aufzug. Berlin, Leipzig 1788.

8 *Kerner:* Franz Anton Mesmer. S. 9.

9 „Das ist es [so heißt es anschließend an die Mitteilung einer Mesmer-Passage], was Mesmer klar und tief über den Somnambulismus schrieb. Klar wie die Wasser seiner Heimath, zu denen es ihn in seiner Jugend immer hinzog, und tief, wie der See seiner Heimath waren immer seine Reden und Gedanken, und es findet sich auch in dieser seiner Abhandlung über den Somnambulismus nicht das Mindeste von Unklarheit und Ueberspannung." (*Kerner:* Franz Anton Mesmer. S. 94) .

10 *Justinus Kerner:* Winterblüten. In: *Kerners Werke.* Hg. v. Raimund Pissin. Berlin u.a. 1914. S. 346f.

11 *Stefan Zweig:* Die Heilung durch den Geist. Mesmer, Mary Baker-Eddy, Freud. Leipzig 1931.

12 „La Bible nous dit que *le Seigneur a crée toutes choses en même temps.* De nos jours la raison scientifique éprouve le besoin de s'appuyer sur un ordre de succession des espèces qui légitime 'le Transformisme'. Cependant, au-delà de l'évolution biologique, rien n'interdit de percevoir une vision de l'éternité qui englobe, les éliminant avec le temps et l'espace, les catégories inventées par le cerveau infirme. Non seulement les vivants existent, mais ils existent *ensemble.* Ce lien que l'esprit de géométrie rejette, Mesmer l'a nommé Magnétisme animal, lequel exploite la situation générale d'interdépendance joignant la partie au tout, comme à l'intérieur d'un corps immense. L'on retrouve ici la notion ésotérique de 'microcosme', évidente à qui, par sa propre nature, est sensible aux harmonies de la Nature. Chez certains mystiques, elle aboutit à un pleine communion" (*Jean Josipovici:* Franz Anton Mesmer, Magnétiseur, Médecin et Franc-Maçon. Monaco 1982. S. 200).

Claude Foucart (Lyon)
Les „Isles de Bonheur"
François-René de Chateaubriand

Le voyage est habituellement présenté comme une „confrontation avec l'étranger" qui exige l'apprentissage de contacts avec un environnement inconnu.[1] Cette définition générale sera peu utile à notre propos. Car le projet échafaudé par Chateaubriand est d'une tout autre envergure et d'une complexité extrême. Avec raison, Pierre Barberis souligne qu'en ce qui concerne les textes sur le voyage en Amérique il s'agit de „matériaux bruts [....], mais aussi relus et arrangés, restitués dans un ensemble plus vaste"[2]. Il serait de plus inéxact de parler d'une simple fuite vers un pays inconnu ou même d'un de ces voyages qui permettent, au dix-neuvième siècle, de faire une „description physique du monde" pour reprendre ici l'expression employée par Alexander von Humboldt (*Entwurf einer physischen Weltbeschreibung*).[3]

Chateaubriand entreprend ce voyage dans des circonstances bien particulières et avec des intentions qui vont varier suivant la conception que se fera l'écrivain de ses propres récits de voyage. Entre *Le Voyage en Amérique* et le Livre V des *Mémoires d'outre-tombe*, les critiques auront eu tout le loisir de souligner les diverses interprétations sur le but de ce voyage que l'auteur se charge lui-même de fournir à ses lecteurs et il serait bien candide de s'en tenir à une seule de ces explications. Avec raison, Marc Fumaroli parle du „poète des *Mémoires*" comme de celui qui „fait l'inventaire des illusions, des erreurs, des crimes ... " et il ajoute que „le réel n'est pas une addition de faits, mais une forêt de symboles" chez un écrivain qui est aussi un „homme d'Etat et d'action".[4] C' est donc à travers cette forêt de symboles qu' il va falloir nous frayer un chemin pour donner un sens à l'entreprise américaine de Chateaubriand. Mais l'aventure sera une expérience capitale dans la vie de Chateaubriand. La préface au *Voyage en Amérique* donne le ton et l'allusion à Christoph Colomb est aussi le résumé d'une aventure nouvelle à la fin du dix-huitième siècle: „Colomb dut éprouver quelque chose de ce sentiment que / l'Ecriture au Créateur, quand, après avoir tiré la terre du néant, il vit / que son ouvrage était bon".

Qu'une allusion soit faite aux textes sacrés et surtout que l'aventure permette à l'homme d'échapper au „néant", de créer „un monde" sont autant d'indications qui vont permettre de tracer les grandes lignes de ce qui est alors un projet. Chateaubriand „hasarde sa vie et ses biens".[5] En effet, ne l'oublions pas, il a vu sa carrière militaire détruite par la Révolution. Il est un „demi-solde" avec peu d'espoir de connaitre un quelconque avancement.[6] Mais son ambition dépasse le simple intérêt personnel. L ' aventure va devenir universelle.

Il est évident que l'aventurier fait surface à partir du moment où il „vend des illusions" et part „à la recherche du pays où il pourra réaliser ses projets utopiques"[7].

Découvrir l'Amérique, c'est à la fois rêver de vivre „sur la terre de liberté"[8] dans les „solitudes natives"[9], et se heurter à des réalités plus difficiles à admettre. L'indienne incarne ce peuple des Onodagas chez qui „le droit de la force enlevait l'indépendance au Sauvage"[10]: curieux mélange d'images au sein desquelles l'aventurier devient „l'intermédiaire entre les pays, les cultures"[11].

De toute évidence, Chateaubriand est bien „encore imprégné de Rousseau"[12] et, en fait, il incarne un genre d'aventuriers partagés entre les rêves de l'innocence dans les sociétés primitives et la réalité sociale découverte sur les terres nouvelles. Avec raison, Alexandre Stroev insiste sur le fait que l'aventurier „préfère l'espace de transtion"[13]. Mais n'oublions pas que l'écrivain se trouve à la charnière des siècles et que le départ pour l' Amérique est aussi le heurt de deux principes: la volonté de rompre avec un continent qui ne respecte plus la liberté incarnée par la „rigidité des premières moeurs romaines"[14], le mythe de

Brutus, et la découverte d'une autre liberté, celle de la république représentative de l'Amérique. L'aventurier devient l'homme qui circule aux frontières de deux siècles, de deux modes de vie. Et c'est justement ce difficile équilibre entre l'universalité des idéaux et la singularité des expériences[15] qui caractérise l'attitude de l'aventurier marginalisé dans le monde révolutionnaire et parti comme médiateur mythologique,[16] vers un pays dont il se fait une idée pour le moins inexacte.

Un solitaire est à la croisée des chemins et le voyage américain est au début d'une expérience qui va influencer sur la suite de son existence. Dans l'*Essai sur les révolutions*[17] apparait l'image de la Providence qui permet à l'écrivain de rappeler l'existence d'un ordre, la possibilité de „percevoir chaque individu avec en arrière-plan une totalité"[18]: elle „m'a mis, dit Chateaubriand, tour à tour à la main le bâton de voyageur, l'épée du soldat, la plume de l'écrivain et le portefeuille du ministre". L'aventure s'intégre alors à la légende.[19] Et les voix de la Providence ne peuvent empêcher l'écrivain de connaitre les risques du voyage.[20] La Providence n'est qu'un des aspects de cette vaste entreprise que Chateaubriand échafaude à l'aide d'une oeuvre qui n'est point exempte de contradictions voulues.

Il ne s'agit point de s'en tenir à la description d'une carrière dont l'évolution serait aux mains de la Providence. Chateaubriand évoque bien tous les dangers auxquels s'exposent tous ceux qui vont voyager chez les sauvages. L'aventurier se lance dans une entreprise qui contient des inconnues. Cette constante tension entre les dangers d'une entreprise qui rappelle, dans chacune de ses étapes l'immense et périlleux voyage que d'autres ont accompli avant l'écrivain, et une carrière qui échappe aux aléas du présent et se trouve placée sous la protection de cette Providence toute puissante est la caractéristique mythique de l'aventure telle que le concoit Chateaubriand. Cette mise en perspective de l'aventure va lui conférer une réalité qui devient légendaire. Car elle inscrit l'expérience du voyage américain dans l'*Histoire de l'Humanité*. Le hasard est supplanté par la logique de la gloire. Et la question qui est dans tous les esprits ne se laisse pas escamoter. Etre aventurier c'est imposer aux lecteurs de ce voyage hors de l'ordinaire une réflexion sans fin sur la vérité de l'entreprise humaine par-dela les incohérences apparentes de deux sorts parallèles, celui de Chateaubriand et de Napoléon. „Qui donc, du poète ou de César, a été au centre de résonance du monde et des temps?"[21] Il existe bien un „besoin d'unité dans lequel les aspects disparates de l'expérience fusionnent"[22].

Donc tout se complique dès que l'on se rend compte que l'aventurier, Protée moderne, n' a pas un seul but, mais qu'il „veut tout à la fois, vivre mille vies"[23]. Chateaubriand se présente comme le jeune homme qui rêve de „familiariser le lecteur" français avec „l'outre mer"[24] et, en même temps, il s'attribue le droit et la capacité de tracer „le tableau général de la science géographique"[25]. Partagé entre le rôle scientifique qu'il s'attribue et la volonté de servir de porte-parole à une civilisation lointaine, Chateaubriand n'est pas seulement l'homme d'une légende modelée par la Providence, mais aussi le héros qui se voit embarqué dans une histoire réalisant un rêve de jeunesse. „Monsieur de Malesherbes me montait la tête sur ce voyage"[26]. Nous sommes dans l'été 1790.[27] Il s'agit en fait de fuir, d'échapper au spectacle de la Révolution, celui de „tant de crimes, de lâchetés et de folies". L'aventurier appartient à un monde qui est celui de la Nature, de la pureté et, en même temps, de la primitivité. Prêt à devenir un héros, le jeune écrivain s'efforce de passer à travers les dangers qui l'entourent de toutes parts. Pour échapper aux horreurs révolutionnaires et se lancer dans une entreprise où l'attendent „les assauts des bêtes", il va falloir qu'il se forge une destinée![28] Ce terme est essentiel.

Mais Chateaubriand prend aussi soin de brouiller les pistes. Il se „range dans la foule des voyageurs obscurs"[29], ce qui n'est pas en opposition avec l'idée que les aventuriers sont „à la fois ceux qui dominent l'opinion publique et ceux qui e deviennent les premières victimes"[30], même si le poète se contente de concevoir son rôle comme s'inscrivant dans une évolution de l'histoire, ce mouvement universel qui laisse supposer que „l'espèce humaine comme une grande famille […] s'avance vers le même but"[31]. Une chose est certaine, l'aventurier „s'efforce de transformer sa biographie en oeuvre d'art"[32]. Mais qui plus est, l'écrivain se charge de multiplier les points de vue adoptés et de montrer la richesse de ses intentions, tout en prenant bien soin de ne point se contenter d'enfermer le récit de ses expériences dans une seule oeuvre. D'où la difficulté de tracer un portrait unique de l'aventurier au moment des grandes crises de la Révolution française.

Nous sommes en mars 1790 quand Chateaubriand se décide à partir pour les Etats-Unis.[33] Mais l'interprétation qu'il fournit de cette décision est tout aussi complexe que celle de son premier enthousiasme pour le voyage en Amérique : elle fait apparaitre le portrait du jeune homme voulant réaliser des „courses fantastiques avec l'évocation de la sylphide de ses rêves"[34]. Entre le récit de l'abbé Guillaume de Raynal, dans *L'Histoire philosophique des deux Indes* (1770), sur la rébellion des Natchez, l'histoire d'„une Indienne amoureuse d'un Français"[35], et l'évocation des nombreuses rencontres avec M. de Malesherbes, „un expert sur l'Amérique"[36], il est facile de retrouver l'épisode galant auquel va s'ajouter une histoire de soulèvement que l'on peut qualifier de „romantique".[37]

Mais le romanesque n'est qu'apparent. En effet, Chateaubriand ne veut pas et ne peut pas éviter l'évocation politique, bien au contraire! Le chapitre 15 du Livre cinquième des *Mémoires d'Outre-Tombe* est curieux, ne serait-ce que dans le montage de cette aventure aux multiples aspects. Chateaubriand fait tout d'abord allusion à Bonaparte et établit un rapprochement entre la carrière du „mince sous-lieutenant tout à fait inconnu" et son propre personnage dont „personne ne s'occupait".[38] De toute évidence, le poète des *Mémoires* est „témoin plus qu'acteur de son siècle".[39] Il tente de construire une histoire et de faire le récit de deux réussites: la „renommée dans la solitude « pour le poète et la gloire parmi les hommes"[40]. L'aventure devient ainsi très exactement une biographie légendaire[41], le procédé des vies parallèles[42] étant le meilleur moyen de mettre en valeur la notion même de *Fortuna*. L'aventurier sort de l'obscurité et le voyage en Amérique est l'illustration de cette entreprise qui trouve sa source dans la „nature poétique"[43] de l'écrivain. Cependant il ne suffit pas dáffirmer la maîtrise de l'homme sur le destin capricieux pour donner un sens à l'aventure. Chateaubriand prend soin, dans *Le Voyage en Amérique*[44] de rappeler que la renommée du poète est le reflet des „solitudes par moi, dit-il, découvertes". Il affirme alors sa capacité à triompher du hasard même si „le monde aurait changé, dit-il, moi absent". Il fallait faire le détour par les Amériques pour, en rétrospective („j'approche de la fin de ma carrière") se rendre compte que l'expérience américaine est ce moment où le poète joue sa vie.

L'aventurier Chateaubriand, c'est avant tout le demi-solde qui intériorise la destinée humaine. Le départ pour l'Amérique n'est pas simplement la décision d'un jeune noble attiré par le danger, mais c'est l'expression d'un choix qui va engager toute sa carrière et surtout lui donner l' occasion de se faire, petit à petit, au gré de son récit, une place dans le Panthéon des grands hommes. L'attrait de sites extraordinaires, le goût des amours exotiques passent au second plan. Et, comme le souligne Marc Fumaroli[45] „un poète introverti" est „en train d'écrire un chef-d'oeuvre immortel". Cette entreprise suppose la mise en scène d'une évolution du monde à partir de la Révolution française qui va prendre la forme d'un récit curieusement mythique.

En effet, au début de l'aventure, il y a le chaos. Chateaubriand ne se lasse point de rappeler que le drame de la Révolution française l'a forcé à fuir devant un monde qui s'effondre et qui éveille toutes les craintes que l'homme peut ressentir aux moments où le danger de la mort plane au-dessus de toutes les têtes. M. de Malesherbes, Chateaubriand le souligne,[46] affirmait, avant le départ de l'écrivain pour l'Amérique, qu'à son âge „il faut mourir où l'on est,,. L'aventure, c'est d'abord échapper à cette fin malheureuse, Chateaubriand résume la situation: „Enfin, au mois de janvier 1791, je pris sérieusement mon / parti. Le chaos augmentait, il suffisait de porter un nom / aristocrate pour être exposé aux persécutions". Et, dans la préface au *Voyage en Amérique* dont Pierre Barberis souligne l'importance,[47] Chateaubriand résume ses sentiments à ce moment de l'histoire de France „la révolution marchait à grands pas et les principes sur lesquels elle se fpondait étaient, dit-il, les miens, mais je détestais les violences qui l'avaient déjà déshonorée"[48]. Le départ en Amérique est en même temps l'époque où s'affirme la présence du chaos. Or l'importance du point de vue adopté ne doit pas être négligée. En effet, l'idée même de mettre le chaos au centre de toute l'aventure américaine, d'en faire la cause première d'une histoire qui sera longue, nous ramène à une définition complexe de ce chaos invoquée par Chateaubriand. Pour Ovide[49], le Chaos est „l'amas en un même tout de germes disparates des éléments des choses" (semina rerum) et il est clair que le

250

Chaos n'est pas seulement „absence de toute destinée", impossibilité de découvrir dans ce monde hostile, dans les „troubles passés de la patrie", une vision d'avenir et mais aussi „l'origine et la source de toutes choses"[50]. Il s'agit en fait de deux aspects de ce mythe qui est à la fois „ germe" dans lequel sont déjà indiqués les stades de l'évolution, les contours d'une organisation et une „multiplicité désordonnée" qui „contient le potentiel des forces vivantes"[51]. Chateaubriand met ainsi en place une construction mythique qui lui permet de s'inserrer dans un cadre historique bien précis. L' introduction au *Voyage en Amérique* souligne ce qui paraît être, aux yeux de Chateaubriand, privé de toute réalité, „sans nom" pour reprendre ici un des aspects de l'analyse du Chaos par Hans Blumenberg.[52] Au moment où le poète se voit confronté à une situation politique dont la réalité efface toute vision de l'avenir, il ne peut que constater une situation d'horreur dans laquelle le Chaos est roi. Dans la préface au *Voyage en Amérique*, Chateaubriand évoque à propos des pirates normands, cette situation fondamentale: „Nous avons déja dit un mot des entreprises hardies de ces pirates / Du Nord, qui, selon l'expression d'un panégyriste, semblaient / Avoir vu le fond de l'abîme à découvert"[53]. Et il prolonge, sur le plan politique, cette réflexion qui va à l'essentiel lorsqu'il s'agit, chez Chateaubriand, de définir l'aventure dans sa réalité existentielle: „On a pu voir dans l'*Essai historique* qu'à cette époque de / ma vie j'admirais beaucoup les républiques : seulement je ne / les croyais pas possibles à l' âge du monde où nous étions / parvenus"[54].

Ce que Chateaubriand appelle son „désappointement politique" dépend de cette incapacité première à repenser les mythes du monde. Il lui fallait effacer de sa pensée l'image d'une république, celle des anciens[55], où l'on était obligé de „labourer soi-même son petit champ, de repousser les arts et les sciences, d'avoir les ongles crochus et la barbe sale pour être libre". S'en est fini de cette idée de la liberté qui avait échappé à toute dénomination au moment des soulèvements révolutionnaires. L'aventure consiste tout d'abord à découvrir que „toute confiance dans le monde commence avec les noms grâce auxquels des histoires se laissent raconter"[56]. Après avoir affronté le chaos, il est donc capital de donner une nouvelle vie au mot liberté, de sortir de l'ignorance. Chateaubriand ne manque pas de souligner cette expérience première qui va lui permettre de surmonter la peur du chaos: „j'ignorais, dit-il, qu'il y eût une autre liberté fille des lunières et d'une vieille civilisation"[57]. Se lancer dans l'aventure, c'est, comme le remarque Hans Blumenberg, non pas d'éprouver la peur de ce qui nous est encore inconnu, mais bien de ressentir cette peur pour „bien avant ce qui est inconnu". Chateaubriand s'est lancé dans une aventure qui n'est point la peur de l'avenir, mais justement la peur avant que cet avenir soit présent dans son esprit. Resté attaché à une vision de la république proche de celle de Caton, il va découvrir en Amérique le sens d'une liberté qui était impensable avant son départ.

D'où l'importance parfois négligée de sa traversée de l'Atlantique. En effet il faut d'abord éprouver le sentiment de l'innommé, ressentir au plus profond de soi-même ce qu'est la découverte d'un vide, d'une absence que, bien avant d'atteindre le rivage américain. Chateaubriand va connaitre de la manière la plus intensive. Il prend d'ailleurs soin d'indiquer que l'„idèe des sentiments qu'on éprouve lorsque du bord d'un vaisseau on n'apercoit plus que le ciel et la mer" est un grand moment dans l'aventure américaine. Après avoir fui le chaos, il traverse „le désert de l'Océan"[58]. Mais, loin de s'en tenir à la vision de ce qu'il avait appelé, dans le *Génie du Chistianisme*, la représentation des „voyages des dieux homériques"[59], à l'image d'un Chaos incarnant „le Hasard, le Tumulte, la Confusion, la Discorde aux mille bouches" et, somme toute, à l'idée d'une „matière sans forme existant depuis l'éternité"[60], il découvre „l'idée d'étendue, « cet espace qui s'ouvrait, dit-il, subitement devant nous"[61]. L'aventurier, ce simple solitaire, se trouve plongé dans un univers où règne le dieu „prétant, à travers l'immensité, une oreille à la voix de sa créature"[62]. Chateaubriand met ainsi fin au chaos, il réintroduit un onde mythique au sein duquel doivent recréer des rapports intelligibles.[63] L'idée d'étendue et celle d'immensité, deux attributs affectés à la mer par le poète mettent en valeur l'idée des destinées[64] et, en effacant le temps du chaos, il est permis d'assimiler l'aventure, le premier voyage, à un retour au berceau, au monde de la nourrice. Ce n'est pas par hasard que Chateaubriand fait, dans cette introduction au *Voyage en Amérique*[65], allusion au chapitre du *Génie du Christianisme* intitulé: *Deux perspectives de la nature* (1.er partie, livre V, chapitre Xii). En effet, la perspective marine[66] offre l'image d'un aventurier se retrouvant „devant Dieu et croyant en la présence d'une Providence qui, dit Chateaubriand, nous dirige lorsqu'elle nous destine à jouer un rôle sur la scène du monde"[67].

L'aventure est donc, en un premier temps, l'expression de cette nouvelle mythologie qui tient compte, comme le souligne Paul Geyer,[68] de l'infirmité d'un siècle mis en scène dans les *Mémoires d'outre-tombe*. Il s'agit, par cette fuite en Amérique, de tenter de guérir une âme rongée par la mélancolie.[69] Et „la recherche d'une nouvelle conscience historique"[70] est au coeur de l'aventure décrite par Chateaubriand. Dans sa préface au *Voyage en Amérique*, l'écrivain parle en fait des particularités de sa propre vie[71] et si, comme l'affirme Hans Blumenberg,[72] „des histoires sont racontées pour chasser quelque chose", il faut bien constater qu'il est alors question de replacer un homme au centre d'un univers échappant au chaos. Là réside toute la hardiesse de cette entreprise pour un homme qui est un „acteur souffrant, Français malheureux" dont la fortune est disparue dans „le gouffre de la révolution".[73]

L'aventurier est bien devenu un être politique.[74.] Or l'évènement essentiel dans cette aventure, c'est bien la traversée de l'Atlantique qui donne une ampleur nouvelle à ce qui n'aurait pu être qu'une fuite devant le chaos. Chateaubriand, en découvrant la présence de l'étendue et de l'immensité des mers, redonne sa place à la destinée humaine et de ce fait, à ce qui est la gloire telle que la concoit l'aventurier: la capacité, qui se révèle dans l'adversité, de concevoir l'évolution d'une vie humaine.

Chateaubriand, amené à interpréter dans les *Mémoires d'outre-tombe* son parcours américain, effacve les traces du chaos pour procéder à l'écriture de « Vies parallèles « et ainsi échapper au sort du demi-solde: „j' étais alors, ainsi que Bonaparte, un mince sous / lieutenant, tout à fait inconnu. Nous partions l'un et / l'autre, de l'obscurité à la même époque, moi pour / chercher ma renommée dans la solitude, lui sa / gloire parmi les hommes"[75].

La destinée du poète[76] ne relève pas, comme le remarque Marc Fumaroli[77], d'une explication positive des faits. Bien au contraire, il suffit de relire le début du livre XIX de la troisième partie des *Mémoires* pour s'apercevoir que c'est en fait le récit de l'aventure qui va permettre de comprendre ce qu'est le destin des grands hommes à la fin du dix-huitième siècle. Tout commence par la jeunesse, le temps des conquêtes lointaines. L'état de voyageur et de soldat est le premier dans la vie du poète. Mais il ne se laisse pas isoler par rapport aux faits généraux dont Chateaubriand nous précise immédiatement qu'ils „sont de la facon de Napoléon"[78]. La question que l'écrivain ne veut pas esquiver est celle de l'„immense fortune de Bonaparte"[79]. La fascination ressentie par le poète face à la destinée napoléonienne, la volonté d'établir un parallèle entre leurs deux vies, tout cela contribue à décrire le monde d'après le Chaos, ce monde dans lequel le destin peut à nouveau jouer son rôle. Nietzsche, dans *Jenseits von Gut und Böse*[80], réfléchit sur les rapports entre Goethe et Napoléon et en arrive à la conclusion que „l'évènement qui l'a amené à repenser son Faust et même tout le problème de l'homme, était l'apparition de Napoléon". Une chose est certaine, dans le cas de Chateaubriand comme de Goethe, la présence continue de Napoléon dans leur vie les obligent à défendre leur propre identité qui est toujours l'identité d'une conception de la vie, d'un projet.[81]

Il suffit de rappeler l'épisode 11 mars 1791, date à laquelle Chateaubriand recoit la lettre de recommandation écrite par le marquis de la Rouérie et destinée au président Washington.[82] Le marquis présumait, nous doit George Painter citant cette lettre,[83] que Chateaubriand désirait „enrichir son esprit par l'active contemplation d'un pays si heureux et si capable d'émouvoir". Il faut, à première vue, aller à la rencontre d'un paradis et donc poursuivre une éducation qui suppose un enrichissement culturel. Georg Painter parle, avec raison, du portrait par le marquis d'un „dilettante libre de son temps"[84]. Mais il nous signale aussi que cette lettre visait aussi à mettre en valeur le dessein de M. le chevalier de Combourg qui était de voir un homme extraordinaire. Dès le début de ce voyage se pose une question qui est curieusement présente dans tout essai pour fournir une définition de l'aventure dans le monde moderne. Michel Nerlich cite, dans son étude sur ce sujet,[85] les réflexions de Johann Georg Sulzer dans l'*Allgemeinen Theorie der schönen Künste* (1771-1774) qui réclame une „histoire philosophique de l'aventure" et pose immédiatement une question qui lui parait essentielle à propos de cette activité humaine „quelles inclinations et quelles rêveries peuvent y avoir contribué à certaines époques? " La rencontre de

Goethe et de Napoléon, celle recherchée par Chateaubriand auprès de Washington sont deux réponses à cette question. En ce qui concerne l'écrivain français, la lettre de recommandation connût un sort étrange. En effet, elle ne fut remise à l'une des servantes de Washington que le 18 juillet 1791, la veille du départ de Chateaubriand.[86] Or cette rencontre n'eut pas lieu à cette date. Il faudra attendre un nouveau séjour à Philadelphie pour que Chateaubriand puisse voir Washington, selon George G. Painter, en décembre 1791. Un fait certain, „il n'y avait rien en Amérique que Francois- René souhaitât plus que de rencontrer le président Washington"[87]. Et ce qui compte, c'est la description d'un ordre du monde dans lequel Washington était dans tout son éclat et Chateaubriand dans toute son obscurité.[88] Le jeu des vies parallèles permet de réaliser l'impensable. L'aventurier peut inventer ou tricher sur cette rencontre. Mais elle demeure le couronnement d'une aventure exemplaire: le poète sort de l'obscurité, du Chaos et inscrit son destin au sein d'un univers où règne un ordre qui est celui de l'éternité. La curieuse comparaison entre le destin de Napoléon et celui de Washington s'accompagne d'une mise en scène néo-classique, telle que la pratique alors Chateaubriand. L'intention est pourtant claire. La fin de l'aventure est la révélation des „proportions justes"[89]. Cette harmonie architecturale n'est que le reflet d'une confusion plus profonde entre l'existence de Washington et celle de son pays. Le poète solitaire voue son admiration non pas aux „grands tombeaux" qui s'élèvent comme l'éternité dans la solitude, à Bonaparte, mais bien à la gloire de Washington, qui est „le patrimoine de la civilisation".

L'image qui s'impose à Chateaubriand, c'est alors celle d'„un de ces sanctuaires publics où coule une source féconde et intarissable". L'aventure prend ainsi sa fin. Elle se fige dans l'architecture de l'éternité et, derrière ce jeu des images, se dessine l'allégorie de la source, de cette richesse qui sera toujours à la disposition de la civilisation nouvelle. Au désordre succède le respect comme l'illustre un propos d'Alain. „Au reste, dans un temple, et par le génie de l'architecture, on se sent / aussi comme vêtu de respect, et littéralement saisi au corps, par / l'empire que prend aussitôt l'édifice sur les mouvements de l'homme"[90]. A la fin de son parcours à travers le monde, l'aventurier se trouve devant le grand homme. Il est plongé dans l'obscurité et les regards de

Washington sont tombés sur lui : „je m'en suis senti échauffé le reste de ma vie, il y a une / vertu dans les regards d'un grand homme"[91].

La tentation du chaos est surmontée. Les débris d'un monde dans lequel André Chénier voyait l'oeuvre des Titans s'effacent.[92] L'ordre divin du monde est rétabli à la suite des „enfantements monstrueux". En fin de compte, le poète délivre son message dans une attitude qui fait inévitablement penser au *Jupiter* d'Ingres „Tout voir, aller partout, tout savoir et tout dire"[93]. L'oeuvre inachevée d'André Chenier s'appelait *l'Amérique*. Elle s'inscrivait tout naturellement dans cette vaste entreprise décrite dans *Impressions de voyage*: „Venez, accourez tous: nous vendons de la gloire / C'est par nous que les noms vivent dans la mémoire"[94]. Le poète, entraîné dans ses voyages, découvre et révèle à tous le tableau de l'éternité. Il affirme en même temps la grandeur et l'humilité de son rôle. A la fin du dix-huitième siècle, Chateaubriand effectue ainsi la traversée la plus dangereuse, même s'il ramène de cette aventure le tableau de l'ordre politique.

Anm. der Herausgeber: Infolge eines irreparablen Diskettenfehlers konnten die Zitatnachweise und andere Anmerkungen nicht gedruckt werden.

Loïc Pierre Guyon (Paris)
Un aventurier picaresque au XIXᵉ siècle
Eugène-François Vidocq

Eugène-François Vidocq est né en 1775 à Arras, dans l'extrême nord-est de la France. Si la profession de son père, un bourgeois de la cité, boulanger et négociant en grain de son état, lui garantit une enfance à l'abri du besoin, Vidocq témoigne très tôt d'une nature impulsive, violente et rebelle qui lui vaut de nombreux déboires au cours de son adolescence dont un court séjour en prison et une fugue de plus de deux mois à travers les Flandres. A 16 ans, il s'engage volontairement dans un corps d'armée en garnison à Arras et fait ses premières armes sur les champs de bataille de Jemmapes et de Valmy. Renvoyé pour avoir provoqué une dizaine de duels, puis réintégré dans l'armée, il est arrêté en 1795, à Paris, à la suite d'une rixe avec un officier. Il est alors condamné à trois mois de prison au cours desquels il se retrouve impliqué dans la confection d'un faux ordre de sortie ayant permis l'évasion d'un autre prisonnier. A la suite de cet événement, Vidocq s'évade à son tour, sera emprisonné et s'évadera à nouveau à trois reprises, avant d'être jugé et finalement condamné à huit ans de travaux forcés le 27 décembre 1796. Commence alors pour François Vidocq une longue période d'errance au cours de laquelle il sera arrêté et s'évadera encore à plus de cinq reprises (notamment des terribles bagnes de Brest et de Toulon), et exercera, sous diverses identités, une foule de métiers. Lassé de vivre dans l'illégalité, il parvient, en 1809, à se faire engager comme informateur au service de la police et, après trois ans dans ces fonctions d'agent secret, obtient, en reconnaissance de sa formidable efficacité, le poste de chef de la Sûreté (une brigade de police qu'il a lui-même créée). Officiellement gracié par Louis XVIII en 1818, il défraye la chronique de par ses talents policiers jusqu'en 1827, date à laquelle il démissionne de son poste de chef de la Sûreté et décide de se lancer dans l'industrie. De 1831 à 1832, Vidocq reprend du service à la demande expresse du gouvernement, mais se voit à nouveau contraint de démissionner suite à un complot tramé contre lui par toute une cohorte d'ennemis, parmi lesquels de nombreux membres de la police jaloux de son succès. Attaqué de toute part, accablé de procès en tous genres, il se défend avec brio et décide d'user de sa mystérieuse fortune pour fonder une police privée dont les résultats ne tardent pas à surpasser ceux de la police officielle. Toujours poursuivi par ses ennemis, il est arrêté et relaxé deux fois en 1837 et 1849, ce qui le contraint, officiellement du moins, à renoncer à ses activités policières. En contrepartie, il s'adonne à l'écriture de quelques ouvrages de réflexion sur le milieu du crime, publie également quelques œuvres littéraires, et fait un certain nombre de voyages d'affaires en Grande-Bretagne et en Belgique. Il meurt de mort naturelle, à Paris, le 11 mai 1857. Soldat, forçat évadé, corsaire, industriel, agent secret, chef de la Sûreté, mécène, écrivain, criminologue, pour ne citer que quelques-unes des activités plus ou moins licites que cet homme extraordinaire a menées au cours de son existence, on ne saurait mieux dire, à l'instar de Michel Le Bris, que François Vidocq „écrase son siècle" grâce à une personnalité et une puissance hors du commun.[1]

La vie de François Vidocq nous est connue grâce, en particulier, à Jean Savant, dont les remarquables travaux ont permis de vérifier la majeure partie des faits relatés par l'"aventurier dans ses *Mémoires*, publiés en 1828.[2] Dès 1828, la vie de Vidocq fit l'"objet de multiples représentations littéraires dont une nouvelle version des *Mémoires*, intitulée *Histoire de Vidocq d'"après lui-même*, publiée en 1829 sous le nom de Froment (ex-chef de brigade du cabinet du préfet), mais en réalité écrite par Vidocq lui-même. L'*Histoire de Vidocq* constituait la réponse de l'aventurier aux insultantes exploitations de son œuvre orchestrées par des écrivains tels que L'Héritier ou Raban, l'auteur des calomnieux *Mémoires d'un forçat ou Vidocq dévoilé*, publiés en 1828. En 1829, Hugo s'inspire de certains éléments décrits dans les *Mémoires* de Vidocq pour son *Dernier jour d'un condamné* et, plus tard, en 1834, pour *Claude Gueux*. Le chef de file des romantiques prit également l'ancien forçat pour modèle de son personnage de Jean Valjean, dans *Les Misérables* (1862). Balzac, si fasciné par Vidocq qu'il le comparait tour à tour à Richelieu, Machiavel, Fouché, Talleyrand et même à Napoléon, reprit l'aventurier à son compte sous les traits de son personnage de Vautrin, tout au long de *La comédie humaine*. De Rocambole à certains personnages d'Edgar Allan Poe ou de Charles Dickens, la liste établie par Jean Savant, des œuvres et des personnages que Vidocq inspira donne le vertige: nous avons choisi ici de nous intéresser exclusivement aux récits autobiographiques de Viodcq, à savoir à ses *Mémoires* et à l'*Histoire de Vidocq*. En quoi Vidocq, tel que décrit par lui-même, peut-il être considéré comme appartenant au type littéraire de l'aventurier? A quelle tradition littéraire ses œuvres se rattachent-elles? Enfin, en quoi les textes autobiographiques de Vidocq nous permettent-ils de mieux saisir la portée psychologique et sociologique de la notion d'aventure? Telles sont les questions auxquelles cet article se propose de répondre.

Comme le montre la carte des pérégrinations du Vidocq des *Mémoires* et de l'*Histoire de Vidocq*[3], les déplacements du héros sont plus remarquables par leur fréquence que par leur étendue géographique: plus de 75% de l'action des *Mémoires* et de l'*Histoire de Vidocq* se déroule à Arras-même ou dans un rayon d'un maximum de 200 km autour d'Arras. En retour, Vidocq change plus de 85 fois de lieu (villes ou villages) au cours des deux récits. Notre personnage a donc la bougeotte, mais n'a rien d'un grand voyageur ou d'un explorateur. Il en va de même pour Vautrin, le double balzacien de Vidocq: mis à part un séjour d'environ deux ans en Espagne (de 1820 à 1822), Vautrin passe la quasi-totalité de sa vie à Paris. On assiste donc ici, en un sens, à une sédentarisation de l'aventurier. Au XIXe siècle, la notion de voyage ou d'exploration géographique ne semble plus être un critère essentiel de la définition de l'aventurier et si Vautrin comme Vidocq ont tous deux l'ambition de partir à la découverte de l'Amérique, ce voyage demeure un rêve inaccessible pour l'un comme pour l'autre. La raison principale de cet effacement du voyage géographique réside dans l'essor de ce que l'on pourrait appeler le voyage social. La société et ses classes sont, au XIX° siècle, le terrain d'exploration favori des aventuriers et de l'aventure romanesque en général. Comme le souligne Stroev, „les romans du XIX° siècle, de Stendhal et Balzac à Maupassant retien[nent] ce schéma narratif où la vie se présente comme une série de conquêtes qui équivaut à l'ascension sociale"[4]. Le XIX° siècle est le siècle du voyage social par excellence, une forme d'aventure rendue possible grâce à la disparition de la barrière des ordres de l'Ancien Régime, à l'émergence de ce que René Rémond appelle la „philosophie libérale"[5] et, de manière plus générale, à la grande crise identitaire frappant tous les milieux sociaux et née des conséquences de la Révolution (Vidocq, dans ses *Mémoires*, se réfère à plusieurs reprises aux „désordres" causés par la Révolution et à la „désorganisation sociale qui en était le résultat"[6]). D'où la nette prédilection des aventuriers pour les grandes capitales européennes comme Paris, dans lesquelles se superposent, comme autant de mondes parallèles, toutes les couches de la population. Vidocq passera ainsi toute la deuxième partie de sa vie à Paris et, tel un explorateur parti à la rencontre de quelque peuplade inconnue, rapportera de ses voyages au cœur du „monde des coquins"[7] une foule de détails sur la vie, la langue et les mœurs de ce qu'il désignait lui-même comme des „classes de la société qui se dérobent encore à la civilisation, ou plutôt qui sont sorties de son sein pour vivre à côté d'elle"[8].

A l'exotisme du voyage géographique succède donc ici l'exotisme du voyage social, un exotisme original, très prisé des récits d'aventures du XIX° siècle comme des romans picaresques des XVI°, XVII° et XVIII° siècles. Le récit d'aventures ainsi conçu n'est-il d'ailleurs pas l'héritier direct de la tradition picaresque?

La définition du roman picaresque que donne Alexander Parker dans son étude intitulée *Literature and the Delinquent* pourrait se résumer ainsi: le roman picaresque est un récit réaliste, de forme épisodique et généralement autobiographique, de la vie et, le plus souvent, de l'ascension sociale, d'un individu d'origine modeste en infraction avec les lois civiles et morales de la société.[9] Toujours selon Alexander Parker, ce qui caractérise le mieux le genre picaresque est „the atmosphere of delinquency" (l'atmosphère de délinquance) qui y règne.

Les *Mémoires* de Vidocq ne mériteraient-ils pas d'être envisagés comme une des dernières œuvres du genre? Au regard des thèmes et des caractéristiques du roman picaresque tels qu'énoncés par Didier Souiller dans *Le roman picaresque*, et malgré le postulat du critique selon lequel le genre serait mort vers le milieu de la seconde moitié du XVIIIe siècle, la nature picaresque des *Mémoires* ne fait aucun doute. Tout comme le *picaro*, Vidocq est issu d'un milieu sinon pauvre, du moins modeste, et se placera dès sa plus tendre enfance dans la marginalité. Comme le *picaro*, Vidocq raconte sa vie sous la forme d'épisodes et d'anecdotes, souvent sur un ton comique et dans un style riche en argot et en jargon populaire. Toujours à l'instar du *picaro*, Vidocq se voit contraint de vivre dans l'illégalité et trouve généralement en la femme son pire adversaire et la source directe ou indirecte de la plupart de ses mésaventures. Enfin, de même que le *picaro*, Vidocq évolue dans un monde d'escrocs mais reste plus spectateur qu'acteur des exploits des hors-la-loi, ne „trichant" que par nécessité: „bien qu'ayant hanté les escrocs et vécu d'industrie, j'éprouvais une répugnance invincible à entrer dans cette carrière de crimes dont une expérience précoce commençait à me révéler les périls"[10]. Le goût de la métamorphose, du déguisement, le rapport problématique à l'argent, le refus du déterminisme social, le volontarisme, l'errance (généralement motivée par la nécessité de fuir), autant de thèmes et de *topoï* caractérisant, les romans picaresques selon Souiller et que l'on retrouve dans les *Mémoires* et l'*Histoire de Vidocq*. La structure même de l'œuvre correspond point par point à celle des romans picaresques telle que définie par Souiller.[11] Selon le critique, le *picaro* est invariablement le fruit d'une éducation négligée et de mauvais traitements au cours de sa jeunesse. Or, Vidocq se décrit justement comme un enfant excessivement turbulent, passant la plupart de son temps dans la rue à se bagarrer avec ses camarades: „Chez nous, on n'entendait parler que d'oreilles arrachées, d'yeux pochés, de vêtements déchirés; à huit ans, j'étais la terreur des chiens, des chats et des enfants du voisinage; à treize, je maniais assez bien le fleuret pour n'être pas déplacé dans un assaut"[12]. Pendant toute son enfance Vidocq fréquente ce qu'il décrit lui-même comme „une déplorable société de garnison [qui] eût corrompu le plus heureux naturel"[13] et l'enfant Vidocq ne tarde pas à devenir un authentique délinquant. A la suite du vol de l'argenterie de ses parents, il sera ainsi „arrêté par deux sergents de villes et conduit aux *Baudets*, maison de dépôt où l'on renfermait les fous, les prévenus et les mauvais sujets du pays"[14].

La phase d'apprentissage constitue ensuite, toujours selon Souiller, un lieu commun des romans picaresques. Or, la fugue de deux mois à travers les Flandres est bien, pour Vidocq, une sorte de parcours initiatique. Il apprendra notamment à se défier de sa naïveté suite à sa rencontre, sur le port d'Ostende, avec un pseudo-courtier qui, après lui avoir offert son aide pour trouver un bateau susceptible de l'emmener en Amérique, profitera de son sommeil pour le dépouiller de tous ses biens. Il développera ensuite, sous les coups de cravache d'un patron de cirque ambulant, cette incroyable agilité physique qui lui permettra tant de fois par la suite d'échapper à la police, et connaîtra également ses premiers déboires amoureux avec la jeune femme d'un bateleur.

L'itinéraire géographique et le passage par différents emplois sont deux autres éléments typiques du genre picaresque. Nous l'avons vu, Vidocq est en perpétuel mouvement et il exercera tour à tour, lors de ses années d'errance, les emplois et les fonctions de palefrenier dans une ménagerie ambulante, de sauteur-acrobate, d'assistant dans un théâtre de marionnettes, de *pitre* d'un colporteur, de soldat, d'officier, d'assistant d'un médecin ambulant, de contrebandier, de corsaire, de marchand de tissus, de bouvier et même de nonne, pour les besoins d'une évasion!

Un roman ne serait pas un roman picaresque sans l'insertion de multiples récits digressifs, et Vidocq, dans ses *Mémoires*, aime justement à s'étendre sur les sinistres exploits des criminels qu'il côtoie, ainsi que sur leurs mœurs et leur organisation, quitte à interrompre momentanément le fil du récit de sa vie.

Comme le *picaro*, le futur chef de la police rencontre d'autre part tout une série d'obstacles et d'épreuves riches d'enseignements, avec, notamment, le séjour à Bicêtre et l'expédition de la „chaîne" des bagnards. Vidocq partage également avec les héros picaresques son inconstance dans la relation aux femmes: d'Elisa à Rosine, de la baronne d'I... à Francine ou de Rosie à Annette, la fidélité n'est pas une des vertus principales de l'aventurier. A l'instar du *picaro*, il est toutefois bien plus souvent la dupe des femmes qu'il rencontre que l'inverse.

Enfin, le caractère inachevé des œuvres (les *Mémoires* s'arrêtent en 1827, au moment où une autre vie commence pour Vidocq) et le ton particulier de ses autobiographies (ton en tout point comparable au ton picaresque, c'est-à-dire empreint d'une certaine ironie et laissant transparaître par endroit un regard très critique sur la société bourgeoise) rappellent trop les caractéristiques du genre pour que l'on puisse encore douter de la nature picaresque des *Mémoires* et de l'*Histoire de Vidocq*.

Mis à part le voyage, que nous avons plus haut déterminé comme essentiellement social dans le cas de Vidocq, un autre point commun des définitions de Roth et de Stroev réside dans l'incapacité de l'aventurier à atteindre son but: la réussite sociale. Il ne vivra jamais que „d'expédients", nous dit Roth, et „ne parviendra jamais à devenir un favori tout-puissant", nous dit Stroev.

Le cas Vidocq s'accorde encore, sur ce point précis, à la définition que les deux critiques donnent de l'aventurier: à l'instar de Jean Valjean, dans *Les Misérables*, Vidocq semble toujours rattrapé par son passé. Nous l'avons déjà mentionné, à l'âge de 74 ans, et en dépit de tous les services rendus à l'état, Vidocq sera à nouveau jeté en prison sans aucune raison valable: on ne tolère pas qu'un ancien forçat réussisse là où d'honnêtes gens ont échoué. Dans les *Mémoires* et dans l'*Histoire de Vidocq* à chaque fois que l'homme paraît avoir enfin réussi à se „caser" socialement, un événement vient ruiner ses efforts d'intégration, l'aventure vient à nouveau frapper à sa porte. Il y a toujours „un malheureux incident" qui vient le „replonger dans l'abîme"[15]. Cette orientation réactualise constamment une des questions que Souiller place à l'origine du roman picaresque: „l'homme est-il libre?", révélant ainsi la valeur philosophique et sociale des *Mémoires* et de l'*Histoire de Vidocq*: „l'ascension possible du [héros] ou sa condamnation signifie l'optimisme de l'acceptation de la société ou le refus de celle-ci, au nom du dépassement vers un au-delà"[16]. Cette question est également au centre des *Misérables* de Victor Hugo et plane au-dessus du destin de Jean Valjean.

La fatalité qui semble peser sur Vidocq naît en fait d'un paradoxe inhérent à la nature du personnage: l'aventurier aspire à la réussite sociale mais est, par nature, antisocial, car il perçoit les lois qui régissent la société comme une entrave à sa liberté. „C'est un marginal qui ne veut, ni ne peut faire carrière selon les lois prescrites [...]", nous dit Stroev à propos du type littéraire de l'aventurier (page 13). Pour lui, la réussite sociale, parvenir socialement, ne signifie donc pas s'intégrer dans la société, mais se placer au-dessus de ses lois, afin de ne plus avoir à les subir. Le cas de Vidocq est à ce titre édifiant: en devenant chef de la Sûreté, puis en créant sa propre police, Vidocq a trouvé non seulement le moyen de se mettre au-dessus des lois, mais aussi celui de faire sa loi. Il en va de même pour le personnage de Vautrin qui ne voit dans sa promotion au poste de chef de la police que le moyen de se venger de ses ennemis et notamment de ceux qui ont conduit Lucien de Rubempré à se suicider. Ce qui compte pour le double balzacien de Vidocq n'est pas le titre, ni même l'argent, mais le pouvoir d'être libre: c'est pourquoi Vautrin, encore prisonnier, refuse l'offre de Corentin de venir travailler à ses côtés, malgré l'assurance de se voir ainsi gracié par le roi.[17]

Pour parvenir à son but, l'aventurier est prêt à tout: „il aime le risque, il hasarde sa vie et ses biens"[18]. Le risque est un des éléments de base de l'aventure. Or, Vidocq se montre toujours très enclin à s'engager dans des projets qui „souri[ent] à [s]on audace" et se déclare même „presque satisfait de rencontrer des obstacles" dans ses diverses entreprises.[19] Par curiosité, il aime „pousser jusqu'au bout l'aventure"[20] et s'il prend parfois conscience de son „inconcevable insouciance" ou de sa puérilité, il préfère ironiquement en reporter la responsabilité sur le destin: „il était écrit que je ne serais pas lancé de sitôt sur la bonne voix"[21]. Ce goût du risque, le plaisir qu'éprouve l'aventurier à constamment risquer sa vie, ne doit cependant pas être perçu comme un manque d'attachement à la vie, bien au contraire. L'aventurier aime la vie et cet amour transparaît sans cesse dans la générosité avec laquelle il profite des choses de la vie: il est „bon vivant, hédoniste, bon mangeur et coureur de jupons", nous dit Stroev. Dans les *Mémoires* et l'*Histoire de Vidocq*, les banquets sont nombreux et il n'est pas rare d'y voir un déjeuner se prolonger jusqu'au souper! Ces festins sont toujours bien arrosés, les „après avoir vidé plusieurs bouteilles", „en vidant force bouteilles", ou les allusions à du vin „coulant à grands flots"[22] sont légions dans l'*Histoire de Vidocq*. Les marginaux, qu'ils soient corsaires ou forçats évadés, affichent dans les deux récits de Vidocq un goût certain pour ces banquets dans lesquels semble se poursuivre, sur un plan symbolique, la terrible lutte de l'individu contre le monde, contre la société, mais, une fois n'est pas coutume, à la faveur du héros marginal. C'est ce que Bakhtine, dans un commentaire sur la valeur symbolique des scènes de banquet chez Rabelais, décrit comme le triomphe de la vie sur la mort, de l'homme sur le monde, l'homme l'avalant au lieu d'être avalé par lui.[23] L'aventurier aime donc la vie et c'est justement cette passion de vivre qui pousse le héros à rejeter la vie étriquée, disciplinée, routinière que lui offre la société. S'il choisit de risquer constamment sa vie, c'est pour lui donner un sens.

Le voyage, l'infortune, le goût du risque, le picarisme qui se dégage des récits autobiographiques de Vidocq et qui les rattache à une tradition littéraire dont à l'évidence le genre du récit d'aventures est issu, ne suffisent pas encore à caractériser notre homme comme le type même de l'aventurier tel que défini par Roth et Stroev. Manque la dimension culturelle du personnage qui se doit, toujours selon nos deux critiques, d'avoir reçu „une éducation collégiale" et d'être „un homme de lettres". La valeur littéraire des *Mémoires* ne peut malheureusement nous servir de preuve des qualités artistiques de Vidocq, l'œuvre ayant été préalablement, et à l'insu de l'auteur, corrigée par un „teinturier" avant d'être éditée. Mais si le style de l'*Histoire de Vidocq*, œuvre que l'on doit à l'auteur seul cette fois, n'est sans doute pas aussi bon que celui des *Mémoires*, il conserve cependant suffisamment d'aisance et surtout d'originalité pour nous permettre de considérer Vidocq comme un bon écrivain. Le style de l'*Histoire de Vidocq* est clair, concis, incisif, en un mot moderne, ce qui s'accommodait bien avec le désir de l'auteur de réduire la longueur de son livre afin de le rendre accessible aussi bien intellectuellement que financièrement à un plus large public. Son originalité réside essentiellement dans l'usage fréquent de mots empruntés soit au jargon des criminels, soit à la langue populaire, à l'argot, soit à des langues étrangères (principalement à l'anglais). Ce savant mélange de registres et de langues se double d'une grande variété de tons dont l'association rappelle ce que nous avons défini plus haut comme le ton picaresque.

Bien qu'il ne soit jamais fait mention d'une quelconque „éducation collégiale" dans les *Mémoires* ou dans l'*Histoire de Vidocq*, les qualités d'écrivain du personnage, sa connaissance de plusieurs langues étrangères (outre l'anglais, Vidocq affirme également parler l'allemand et le hollandais[24]), son minimum de culture artistique révélé par de brèves mais pertinentes allusions aux œuvres de grands peintres hollandais comme Rembrandt ou encore à certains succès du théâtre parisien comme *Robert Macaire*, par exemple, nous autorisent à penser que Vidocq a reçu sinon une éducation collégiale, du moins une bonne éducation humaniste. La preuve de ce niveau relativement élevé d'éducation nous est donnée lorsque l'on découvre que, parmi les nombreux métiers qu'il pratiqua, Vidocq exerça un temps celui de maître d'école: „ses leçons furent fort goûtées dans le principe: il fit même des élèves qui eussent été l'orgueil des Rossignol et autres calligraphes non moins célèbres', peut-on lire page 131 de l'*Histoire de Vidocq*. A la page 555 de ses *Mémoires*, il s'impose même comme l'inventeur de nouvelles méthodes pédagogiques: „Mes succès dans l'enseignement firent même quelque bruit dans le canton, attendu que j'avais pris un excellent moyen d'avancer le progrès de mes élèves: je commençais par tracer au crayon des lettres qu'ils recouvraient avec la plume; la gomme élastique faisait le reste'. La dimension culturelle de Vidocq nous est enfin révélée par le compte-rendu officiel de son procès de 1843 au cours duquel vinrent témoigner en sa faveur toute une foule d'artistes et d'intellectuels de Delacroix à Philarète Chasles.[25] On sait qu'il fréquentait Balzac, bien sûr, mais aussi Hugo et Lamartine, à qui il sauve même la vie lors des journées révolutionnaires de 1848.

Oui, Vidocq remplit bien la dernière condition, posée par Roth et Stroev, pour pouvoir être considéré comme appartenant au type littéraire de l'aventurier. Il est bien un homme de lettres, un „député de la République des Lettres" pour reprendre le titre qu'aimait à se donner Casanova.

266

Vidocq, son œuvre, sa légende, illustrent donc parfaitement la notion d'aventurier et en révèle la portée psychologique et sociale au XIXe siècle. Moins que le voyage, c'est le mouvement qui caractérise en premier lieu l'aventurier et qui explique la crainte que le personnage inspire à une société bourgeoise fondée sur l'appartenance à ces nouveaux ordres que sont les „classes'. L'aventurier est le fer de lance des „classes dangereuses'[26], sa mobilité permanente, qu'elle soit d'ordre géographique ou social, reflète une inextinguible soif de liberté. Pas de vie sans mouvement, pas de mouvement sans liberté. Sa déconcertante faculté de métamorphose, l'aisance avec laquelle il se fond dans tous les milieux et toutes les classes sociales semblent nier l'existence même de ces classes et témoignent d'une idéologie égalitaire et anti-prédéterministe, aux accents „dangereusement" révolutionnaires, trouvant son meilleur argument dans la nature éminemment paradoxale de l'aventurier: officier-déserteur, voleur-commerçant, bandit-policier ou prolétaire-industriel.

[1] *Assassins, hors-la-loi, brigands de grands chemins: mémoires et histoires de Lacenaire, Robert Macaire, Vidocq et Mandrin.* Hg. Von Michel Le Bris. Brussels 1996. S. 14.

[2] *Jean Savant:* Vidocq après 1827. Paris 1967. *Ders.:* La vie fabuleuse et authentique de Vidocq. Paris o.J.

[3] Pour les *Mémoires* de Vidocq, nous nous référons à l'édition présentée par Michel Le Bris dans *Assassins, hors-la-loi, bandits de grands chemins: mémoires et histoires de Lacenaire, Robert Macaire, Vidocq et Mandrin.* Pour l'*Histoire de Vidocq, d'après lui-même* nous nous référons à l'édition fac-similé publiée en deux volumes par Les Bibliophiles de l'Originale (Paris 1967) et reproduisant fidèlement le texte de l'édition Lerosey de 1829, considéré par Jean Savant comme „le texte original et le plus authentique".

[4] *Alexandre Stroev:* Les aventuriers des Lumières. Paris 1997. S. 24.

[5] *René Rémond*: Introduction à l'histoire de notre temps. 3 Bd.e. Paris 1974. Bd. II, S. 23ff.

[6] *Assassins, hors-la-loi, brigands de grands chemins.* S. 571.

[7] Pour reprendre le titre d'un ouvrage contemporain écrit par un ancien inspecteur des prisons du nom de L.M. Moreau-Christophe (Paris 1863).

[8] *Assassins, hors-la-loi, brigands de grands chemins.* S. 808.

[9] *Alexander Parker:* Literature and the Delinquent. The Picaresque Novel in Spain and Europe, 1599-1753. Edinburgh 1967. S. 4ff.

[10] *Assassins, hors-la-loi, brigands de grands chemins.* S. 540.

[11] *Didier Souiller:* Le roman picaresque. Paris 1980. S. 58f.

[12] *Assassins, hors-la-loi, brigands de grands chemins.* S. 413.

[13] Ebd., S. 444.

[14] Ebd., S. 414.

[15] *Assassins, hors-la-loi, brigands de grands chemins.* S. 493.

[16] *Souiller:* Le roman picaresque. S. 59.

[17] *Honoré de Balzac:* La dernière incarnation de Vautrin. In: *ders.:* Œuvres complètes. Paris 1865. S. 150.

[18] *Stroev:* Les aventuriers des Lumières. S. 17.

[19] *Assassins, hors-la-loi, brigands de grands chemins.* S. 415f.

[20] Ebd., S. 460.

[21] Ebd., S. 418.

[22] *Histoire de Vidocq.* S. 191.

[23] *Mikhaïl Bakhtine:* L'œuvre de François Rabelais et la culture populaire au Moyen Age et sous la Renaissance. Paris 1970. S. 280.

[24] *Assassins, hors-la-loi, brigands de grands chemins.* S. 612 u. 562.

[25] *Vidocq à ses juges.* Paris 1843.

[26] Vgl. *L.Chevalier:* Classes laborieuses et classes dangereuses à Paris, pendant la première moitié du XIXème siècle. Paris 1958.

268

Alan Corkhill (Brisbane, Australien)
Reiseabenteuer in Australien
Friedrich Gerstäcker

Friedrich Gerstäcker (1816-72), Sohn eines Hamburger Operntenors, war als Bestseller-Autor von Reisebüchern und Abenteuergeschichten, die sich in jedem Winkel der Welt abspielen und in zahlreiche Sprachen übersetzt sind, bekannt. Gleich nach seinem Tod fängt der Verleger Costenoble mit der Veröffentlichung seiner *Gesammelten Schriften* in 44 Bänden (1872-79) an. Schon mit jungen Jahren bezieht er ein Leitbild bürgerlicher Tüchtigkeit und praktischer Daseinsbewältigung aus der Lektüre von Defoes *Robinson Crusoe* (1719), die in ihm die Sehsucht erweckt, exotische Gefilde auszukundschaften. Um diesen Traum zu verwirklichen, bricht er gleich nach Abschluß eines landwirtschaftlichen Studiums allein nach dem transatlantischen Land der unbegrenzten Möglichkeiten auf, wo er seinen Lebensunterhalt als Jäger, Matrose, Heizer, Silberschmied, Hotelmanager und sogar als Fabrikant von Pillenschachteln bestreitet. Nach seiner Heimkehr verarbeitet Gerstäcker Selbsterlebtes zu der Tagebucherzählung *Streif- und Jagdzüge durch die Vereinigten Staaten von Nordamerika* (1844), doch erst sein Debütroman *Die Regulatoren in Arkansas* (1845) verschafft ihm literarische Berühmtheit. Ein weiterer Abenteuer- und Kriminalroman *Die Flußpiraten des Mississippi* erscheint im Revolutionsjahr 1848. Während dieser Zeit läßt sich Gerstäcker regelmäßige Englischstunden geben und verdient sein Brot als literarischer

Übersetzer.

1849 überredet er die Cottasche Buchhandlung und das kaiserliche Handelsministerium, eine ausgedehnte Forschungsexpedition zu finanzieren,[1] die den bereits in Nordamerika Vielgereisten und nunmehr abgehärteten Dreiunddreißigjährigen zuerst in die deutschen Enklaven Südamerikas führt, dann über Umwege zu den kalifornischen Goldfeldern und von dort aus nach Tahiti und Australien. Der „reisende Literat",[2] wie er sich einmal nannte, dokumentiert seine antipodischen Beobachtungen, Erfahrungen und Impressionen in Band 4 der fünfbändigen *Reisen* (1852-54), ähnlich wie er die chaotische Gesetzwidrigkeit der Sacramento-Goldwäscher in der Broschüre *Kaliforniens Gold- und Quecksilberdistrikt* (1849) beschrieb. Eine gekürzte englische Übersetzung von *Reisen* in drei Teilen, auf britische und nordamerikanische Leserkreise zugeschnitten, erscheint 1853 in London und New York unter dem Titel *Narrative of a Journey Round the World*. Er hat sich mit dem fünften Kontinent vor seiner Ankunft im Jahre 1851 vertraut zu machen versucht, indem er ein australisches Emigrantenhandbuch (1849) sowie Charles Rowcrofts *Tales of the Colonies* (1843) und *The Bushranger of Van Diemen's Land* (1846) ins Deutsche übertragen ließ.

Festgehalten sind die Etappen seiner faszinierenden Reiseroute in *Reisen: Australien*, in sechs Briefen an seine Mutter zwischen 31. März 1851 und 19. September 1851 sowie in einem kurzen Beitrag in der deutschsprachigen *Südaustralischen Zeitung*. Bei seiner Landung Ende März in Sydney erfährt er zu seiner Bestürzung, daß er infolge politischer Ereignisse in der Heimat nicht mehr auf die finanzielle Hilfe des aufgelösten Frankfurter Handelsministeriums rechnen kann. Nach einer Stippvisite der Newcastler Weinberge nördlich von Sydney, wo er Wein von einer Vorzüglichkeit gekostet zu haben behauptet, die die Hochheimer Weine der deutschen Heimat bei weitem übertreffe, verläßt Gerstäcker gegen Ende April das geschäftige Treiben der südpazifischen Hafenstadt mit wenig Geld in der Tasche und läßt sich mit der Royal Mail nach Albury an der Grenze zur Kolonie Victoria befördern. Dann faßt er den waghalsigen Entschluß, unerforschte Strecken des Murray-Flusses in einem wackligen selbstgebauten Kanu („Bunyip") zu befahren, bis es schließlich kentert und sinkt. Ähnliche Kanuexpeditionen auf dem Red River in Kalifornien und dem Fourche la Fave in Arkansas hatten sich als ebenso verheerend für den Abenteurer erwiesen.

Nach einem etwa 700 Meilen langen Fußmarsch durch dichten, trostlosen Malleybusch, kaum erkennbaren Ochsenkarrenspuren folgend und bei Viehhütern oder unter den Sternen übernachtend, erreicht der nunmehr völlig verwahrlost aussehende Wanderer endlich im Juni die in der Kolonie Südaustralien gelegene deutsche Niederlassung Angas Park. Wegen des Ausbleibens seines Gepäcks in Port Adelaide besucht er die deutschen Farmen und Dörfer des Barossatals wieder, was ihm reichlich Rohmaterial für sein Erzählwerk an die Hand gibt. Bei seiner Rückkehr nach Sydney wird er Zeuge der Euphorie, die Hargraves *lucky goldstrike* in allen Gesellschaftsschichten ausgelöst hatte, doch als die Besatzung des Seglers, der ihn durch die Torres-Straße bringen soll, fast bis zum letzten Mann in die Goldfelder entweicht, nutzt Gerstäcker die Gelegenheit, selber westwärts über die Blue Mountains zu pilgern, um einen flüchtigen Blick ins bunte Leben der neuen Goldminen am Turon-Fluß bei Bathurst zu werfen. Sobald die unbotmäßigen Matrosen wieder unter Kontrolle und ein paar zusätzliche Schiffsreparaturen vollendet sind, nimmt das Schiff, beladen mit Harpunen, Speeren, Äxten, Trinkfässern und sonstiger einheimischer Handelsware, Kurs auf Java.

Das Werk *Reisen: Australien* hat bei Geographen, Sozialhistorikern, Anthropologen und Sprachwissenschaftlern gebührende Beachtung gefunden.[3] Literaturhistorisch läßt sich der Band insofern als ,kreative Reportage' rubrizieren, als er die Fülle von autobiographischem, anekdotischem und episodischem Rohmaterial vermuten läßt, das zu verschiedenen Zeitpunkten in Skizzen, Erzählungen und Romanen verarbeitet wurde. (Lediglich in Versen huldigte Gerstäcker dem ,menschenscheuen Kontinent' nicht).[4]

Der Weltenbummler hatte es sich von vornherein gewünscht, seine Leser-Fans in die seltsame, verkehrte Welt der antipodischen Fauna und Flora einzuweihen. So vermerkt er aus der Retrospektive: „Australien – alles, was verkehrt und sonderbar ist, gewöhnt man sich den vielen Beschreibungen nach, die uns darüber von Kindheit an vorgekommen, gerade unter dem Namen

Australien zu denken [...]. Kirschen mit den Kernen auswärts, Bäume, die die Rinde abwerfen, für den gerade von Europa kommenden auch noch die verkehrten Jahreszeiten, das Alles sind Sachen, an die man gerade nicht bestimmt denkt in dem Augenblick, deren Bild uns aber doch in einer verworrenen Masse – Köpfe nach unten natürlich – vorschwebt, und die Farben, wie in einem Kaleidoskop rasch wechseln und in einander fließen läßt".[5] Diese romantische Aura verflüchtigt sich kurz danach in eine Reihe von Enttäuschungen, als Gerstäcker den kruden Manieren der kolonialen Randbevölkerung Sydneys gegenübersteht, wohin das britische Mutterland erst am Vorabend des australischen Goldrausches (1851-65) die Deportierung von Sträflingen einstellte, die seit der Ankunft der Ersten Flotte im Jahre 1788 stattgefunden hatte. Gerstäcker fühlt sich bemüßigt, die Polynesier, deren ‚edle‘ und vermeintlich glückselige Natur- und Kulturzustände er auf Tahiti selbst bewundert hatte[6], mit dem „schwarze[n], schmutzige[n], heimtückische[n], mordlustigen Volk"[7] der australischen Wildnis zu kontrastieren, auch wenn er sonst bei der Erforschung und Bestandsaufnahme eingeborener Sitten und Riten meist mit unvoreingenommener Faktizität und ethnographischer Wissenschaftlichkeit verfährt. Besonders als sozialer Chronist bemüht sich Gerstäcker um den Abbau entstellender, eurozentrischer Vorurteile jeglicher Art, ohne im Gewand eines belehrenden Moralisten oder schlimmer: als bigotter Sittenprediger aufzutreten.

In der Tat greift Gerstäcker nicht selten zu witzigen Vergleichen, um mit antipodischer Fremdheit und Andersartigkeit fertig zu werden. Wo sonst in der ‚zivilisierten‘ Welt, fragt er sich beispielsweise, dürfe ein schlecht gefederter offener Karren als Postkutsche fungieren? Ein solcher „Marterkasten",[8] wie er ihn anschaulich definiert, hatte nach eigenem Augenzeugenbericht die Bibel eines fahrenden Pastors in den Dreck geschleudert, als die Räder gegen eine Rinne der ungemachten Buschstraße prallten. Andernorts besinnt sich Gerstäcker mit gleichem Humor, wie inmitten des einsamen Malley-Scrubs ein Boomerang, der einem Wallaby galt, ihm gerade vor den Augen eines äußerst belustigten „Schwarzen" einen schmerzvollen Seitenhieb versetzte. Mit der legendären

Jadgflinte, die er immer „schußbereit in der Hand hielt",[9] revanchiert er sich aber nicht.

In den zwei wiederholt aufgelegten Australien-Romanen *Die beiden Sträflinge* (1856) und *Im Busch* (1862/63), die einen unentbehrlichen, doch bisher kaum anerkannten Beitrag zur australischen Literatur- und Kulturgeschichte ausmachen,[10] fiktionalisiert Gerstäcker eigene Wahrnehmungen und Abenteuer wohl am spannendsten. Gerstäcker verfaßte *Die beiden Sträflinge* in ziemlicher Eile, hielt sie aber für seine gelungenste belletristische Leistung. Ein Großteil des Erzählstoffs aus *Reisen: Australien*, insbesondere Gerstäckers Begegnungen mit rauhbeinigen, wenngleich gastfreundlichen Hinterwäldlern (darunter Hüttenwächter, Landstreicher und Schankwirte), sowie mit den deutschen Neusiedlern des südaustralischen Barossatals, wird in den aktionsstarken melodramatischen Plot eingefädelt.

Die erste Hälfte von *Die beiden Sträflinge* beinhaltet einige typische Handlungskomponenten des angloaustralischen Grenzer- und Siedlerromans in der Art Alexander Harris' oder Henry Kingsleys[11], darunter der harte Kampf ums Dasein auf dem unwirtlichen Grundbesitz eines Squatters, lebensbedrohliche Waldbrände, Geplänkel mit Eingeborenen-Stämmen sowie programmatische Känguruhjagden. Diese waren nach Gerstäckers Auffassung genau die spannenden und außergewöhnlichen Zutaten, welche die günstige Aufnahme von Rowcrofts *Tales of the Colonies* ermöglicht hatten. Hinzu kommt, wie der Romantitel nahelegt, das Motiv des entsprungenen, von der Polizei verfolgten Häftlings, der alsdann im Busch untertaucht, oder der Topos des eingereisten Einzelgängers mit einem dunklen Geheimnis, der im entferntesten Weltteil eine neue Persona anzunehmen sucht.[12] Man denke hier – wenn die Parallele nicht überzogen ist – an den exemplarischen Roman *Great Expectations* (1860/61) von Charles Dickens.

Soweit man konstatieren kann, hat Gerstäcker als erster die täglichen Geschicke der deutschen Freisiedler belletristisch verarbeitet. Dennoch ist seine Porträtierung alles andere als idealisiert, berücksichtigt man folgende, wiederkehrende Vorbehalte Gerstäckers gegen seine Landsleute: „Ganz zufrieden ist der Deutsche wohl grundsätzlich nie, und Streitigkeiten mit den

Nachbarn [...] kommen alle Augenblicke vor".[13] Werner Friederich zum Beispiel weist mit Recht auf die vielen Karikaturen der deutschen Emigranten im besagten Roman hin.[14] Zu diesen gehören u.a. haltlose Trunkenbolde, ehrgeizige Handwerkerfrauen, die in dieser klassenlos-egalitären Gesellschaft ambitiöse Heiratspläne für ihre Töchter schmieden, oder unpraktische, weltfremde Gelehrtentypen, die eine allzu ätherische Vorstellung vom fernen Land hegen. Sogar ein Element der Selbstkarikatur projiziert Gerstäcker auf die Figur des Dorfarztes mit dem parodistischen Namen Dr. Spiegel, der in seiner Freizeit einen kitschigen Schmöker verfaßt hat. Da Gerstäckers Deutsche religiös verfolgten Auswanderern (Alt-Lutheranern) aus der Provinz Brandenburg nachgebildet sind, die sich schon seit 1838 in Südaustralien niedergelassen hatten, schildert er im *Sträflings*-Roman eine Gemeinde, die strenggenommen nicht aus Abenteurern besteht. Gerade ihre rigide Pflege eigener verpflanzter Sitten und Lebensgewohnheiten bis ins Einzelne, wie dem folgenden Passus aus der australischen Novelle *Eine Mesalliance* (1865) zu entnehmen ist, zeugt von tiefstem Heimweh bzw. von mangelnder Verarbeitung und Aneignung des Fremden: „Merkwürdig ist überhaupt die Zähigkeit, mit welcher der deutsche Bauer an dem Alten hängt, und wie schwer er zu Neuerungen zu bringen ist. Selbst die Auswanderer, also doch solche, von denen man vermuten sollte, daß sie gerade mit dem Alten gebrochen hätten und jetzt bereit wären, in einer neuen Welt ein neues Leben zu beginnen, verraten das in der sinnlosen Last, die sie in ein fremdes, weit entferntes Land hinausschleppen [...]. Aber *nichts* lassen sie daheim, was niet- und nagellos ist [...]. Kaum ist dann ein halbes Jahr vergangen, so steht dort drüben unter Eukalypten und Banksien ein Bauernhaus, das sich in nichts von dem daheim verlassenen unterscheidet, mit denselben niedrigen Zimmern und Fenstern, denselben Tischen und Bänken, denselben alten verstaubten Bildern an den Wänden und bemalten [...] Schüsseln über dem Herde".[15] Trotz des satirischen Erzähltons in *Die beiden Sträflinge* vermeidet Gerstäcker pauschale Vergleiche zwischen den angloaustralischen und deutschaustralischen Gemeinschaften, denn alle Zugewanderten sehen sich, so der Erzähler, mit der ‚verkehrten Welt' australischer Sozialstrukturen – dem Phänomen der *antipodean inversion* konfrontiert, das sich in der oft willkürlichen Umkehrung gesellschaftlicher Rangvorstellungen äußert. Ein belehrendes Beispiel für das bizarre Wirken des antipodischen Glücksrads besteht in der Demütigung des Freiherrn von Pick, eines aristokratischen Gecken und Schwindlers, dessen pekuniäre Umstände ihn zwingen, bei einem sich emporarbeitenden Schreiner als Mieter zu logieren.

Goldfieber ist das A und O der romanlangen Erzählung *Im Busch*, die in weniger als drei Monaten beendet, zunächst in den *Hamburger Nachrichten* als Fortsetzungsroman herausgebracht und dann 1864 in Buchform veröffentlicht wurde. Wie im Falle des *Sträflings*-Romans haben wir es hier mit mehr als einer Handlungsebene zu tun. Ins Zentrum des Plots rückt Gerstäcker das wechselnde Schicksal des jungen Dandys Charles Pitt, der, beraubt und schwer verletzt infolge eines Angriffs auf die Royal Mail, von der schönen Hausangestellten eines mitleidigen Farmers gesund gepflegt wird, in die er sich natürlich verliebt. Ein anfängliches Zögern, Pitts Heiratsangebot anzunehmen, besteht in der Furcht, ihr vermeintlich ertrunkener Gatte könne jederzeit zurückkehren, was eine inhaltliche Ähnlichkeit zum Romanwerk Thomas Hardys aufweist. Das abgedroschene Motiv der ‚verheimlichten Identität‘ aus dem viktorianischen Roman wird sodann bis zum Extrem getrieben, als der vermißte Gatte vor einer verblüfften Hochzeitsgesellschaft wie aus dem Nichts auftaucht und in einer sensationellen Wendung als einer der notorischen Buschranger enthüllt wird. Gerechtigkeit siegt, als dieser von einem Eingeborenen als Vergeltung für eine nie gerächte Greueltat ermordet wird. Eine damit verknüpfte Nebenhandlung beschreibt die Planung und fehlschlagende Ausraubung eines Goldkonvois durch Pitts skrupellose Angreifer, während ein dritter Erzählstrang die Abenteuer eines deutschen Seekapitäns auf den Turon-Goldfeldern, seine zufällige Konfrontation mit den Banditen sowie deren Festnahme an Bord seines Schiffes nachzeichnet.

In seiner komparatistischen Pionierstudie britischer und kontinental-europäischer Australien-Belletristik tut Werner Friedrich *Im Busch* qualitätsmäßig als ein drittrangiges Erzählstück ab.[16] Gewiß, in mehreren Kapiteln herrscht eine ziemlich monotone, halbdokumentarische Schreibweise vor. Gleichwohl ist nicht zu leugnen, daß ein Kapitel wie „Der Weg zum Gold" als eine phantasievolle Glanzleistung herausragt. Anknüpfend an Gerstäckers

eigene in *Reisen* geäußerte Behauptung, Gold sei „[...] der Zauber, der jetzt wie
ein böser Fiebertraum über den Weltball"[17] zucke, wird in diesem Kapitel mit
außerordentlicher Akribie geschildert, wie ein geistesgestörter Goldwäscher sich
von Harfenklängen und sirenenhaften Stimmen an einen imaginären
Bestimmungsort voll scheinbarer Reichtümer verführen läßt und infolge seiner
habsüchtigen Jagd nach einer Fata Morgana tödlich verunglückt. Als Vorbilder
vergegenwärtige man sich Ludwig Tiecks psychogrammartige Märchennovelle
Der Runenberg (1802) oder E.T.A. Hoffmanns motivähnliche Erzählung *Die
Bergwerke zu Falun* (1818). Hier wendet sich Gerstäcker von der Häufung
bloßer Tatsachen ab. Dafür lenkt er das Augenmerk seiner Leser auf die
seelischen Risiken und Konsequenzen der um sich greifenden Goldmanie.

Es wäre ganz verfehlt, den Roman wegen mangelnder literarisch-ästhetischer
Substanz zu verurteilen,[18] zieht man in Betracht, daß im Abenteuer *ipso facto* der
Sinn fürs Ästhetische wenig zählt. Vielmehr geht es den fiktiven Abenteurern
um die oft unkonventionelle Meisterung von zufälligen und unvorhersehbaren
Gefahrensituationen, ja um das Bestehen einer Bewährungsprobe auf Leben und
Tod. Jedenfalls ist *Im Busch* gattungstheoretisch nicht von der Hand zu weisen,
da das Buch eine Fülle von sorgfältig ausdifferenzierten Abenteurer-Typen
vorführt, insbesondere wieder den zusammengewürfelten Haufen von
Goldgräbern, der schon Gerstäckers kalifornischem Roman *Gold!* (1858)
bevölkert. Trotz der kapitalistischen Intentionen derer, die schnell zu Reichtum
gelangen wollen (und Kalifornien und Australien gelten in der Verfolgung dieses
Traumes als austauschbare Reiseziele), spekulieren Digger aus unterschiedlichen
Gesellschaftsgruppen Schulter an Schulter mit kameradschaftlichem Elan auf ihr
Glück, als habe das jüngst entstandene antipodische Eldorado eine Nivellierung
von Rangordnungen bewirkt. Somit unterstreicht Gerstäcker, wie etwa
Morgenroth ausführt, „[...] den Abbau von Standesprivilegien und die Verteilung
gleicher Rechte und Chancen",[19] macht doch der Wegfall der anfänglichen
Euphorie einem harten Kampf ums Dasein und dem Gesetz des Dschungels
allmählich Platz. Auffällig ist, daß diese Goldmanie sich nicht mit fanatisch-
religiösem Sendungsbewußtsein verbindet, wie es für die abenteuernden
Konquistadoren des 16. Jahrhunderts kennzeichnend war.

Ein bestimmendes Merkmal des Gerstäckersschen Stils und Schreibduktus ist ohne Zweifel die geschickte Wiedergabe der antipodischen Landessprache, nicht zuletzt weil die englischen Ausdrücke das Lokalkolorit der beiden hier untersuchten Abenteuerromane stärkt. *Im Busch* enthält eine Auswahl englischer Idiome, z.B. Seemannsjargon wie „easy your oars, Pat" und „ay, ay Sir", von australischen Standardbezeichnungen wie „a rum cove" und „mate" ganz zu schweigen. Gelegentlich aber hört sich die englische Ausdrucksweise (z.B. „take it cooly") ziemlich gestelzt an. Hinzu kommt, daß die phonetische Übersetzung der Ureinwohner-Sprache wie im Falle des rituellen Rufes „kuih" dem Ganzen einen exotischen Reiz verleiht.

Im breiteren Kontext literarischer Strömungen in Deutschland ist Gerstäckers Beitrag zur Entwicklung der Unterhaltungsbelletristik im 19. Jahrhundert nicht zu übersehen, wenn auch die Literaturwissenschaft, wie Anton Zangerl mit gutem Recht moniert, ihn in seiner Eigenschaft als Abenteuerromancier bislang eher stiefmütterlich behandelt hat. Die hier berührte Australien-Belletristik (und Gerstäckers fiktionales Schaffen schließt sieben weitere Versuche mit australischen Schauplätzen ein) zeugt von einer intensiven Auseinandersetzung mit der außereuropäischen Reise- und Abenteuerliteratur an der Schwelle der Massenemigrationen des kolonial-imperialistischen Zeitalters, wie sie von Gerstäckers Zeitgenossen Sealsfield (Karl Postl), Ruppius, Strubberg und Möllhausen verfaßt wurde. Einer der ersten Kommentatoren versieht sowohl Möllhausens und als auch Gerstäckers „Frontierliteratur" mit dem Etikett „gesunder Realismus".[20] Insofern ist bemerkenswert, daß Gerstäckers zuweilen sonderbare Auffassung von der physischen und sozialen Geographie des Fünften Kontinents sich nicht mit der utopischen Vision von Amerika als Gelobtem Land messen kann, wie sie sich etwa in Ernst Willkomms Darstellung der Neuen Welt als einem Refugium vor dem Joch politisch-wirtschaftlicher Unterdrückung (*Die Europamüden*, 1838) findet .

Da Gerstäcker zeitlebens kein *armchair traveller* war wie etwa Amalie Schoppe (1791-1858) oder Sophie Wörishöffer (1838-1890), die in ihrer Reise- und Abenteuerprosa die exotischen und nicht so exotischen Kuriosa des Fünften Kontinents mittels Darstellungen anderer und/oder als Wunschlandschaften ihrer schöpferischen Einbildungskraft festhalten, kann er seine Phantasien und Tagträume auf der Grundlage realer Erfahrungen in der Fremde entwickeln. Somit bietet sich die Gelegenheit, vorgefasste Meinungen zu berichtigen, wie beispielsweise die eurozentrische Auffassung von Australien als einer aus „[...] üppigen Weiden [...] und parkähnlichen Riesenflächen" gebildeten Naturlandschaft.[21]

Zu Hause rekonstruiert er wiederum die Authentizität seiner Übersee-Abenteuer, indem er – wie wohl mancher Tourist seither – zunächst in Plagwitz und nach dem Umzug ins „Schweizer Häuschen" auf Schloß Rosenau (bei Coburg) sein Arbeitszimmer mit den angesammelten Andenken und Nippsachen aus seinen Reisen ausschmückt. Eins steht außer Zweifel: Gerstäcker ist keineswegs den sensationslüsternen und angeberischen Lügner-Raconteuren nach Art des Baron Münchhausen oder des Louis Rouegement zurechnen.[22] Eher spiegeln Gerstäckers authentische Erkundungsberichte die Vitalität und Energie von Selbsterlebtem wider und harmonieren mit dem Credo des Verfassers: „Soviel ich auch gereist bin, und wohin mich immer meine Bahn geführt hat, ich habe mir dazu immer solche Länder ausgesucht, in denen die Wildnis mit der Menschenkultur ringt und dort stets den interessantesten und ergiebigsten Stoff für meine Skizzen gefunden".[23] Gleichwohl mag sich das damalige, noch nicht total erschlossene Australien ziemlich schlecht zur Erläuterung dieser seit Rousseau klischeehaft gewordenen binären Opposition Natur/Kultur geeignet haben, denn es ist ja fraglich, ob der Gegensatz Wildnis/Stadt auf die frühkoloniale Entwicklungsgeschichte des dünn besiedelten Südkontinents überhaupt zutrifft, vergleicht man etwa damit die schon zu Mitte des 19. Jahrhunderts topographisch deutlich abgrenzbare Eigenidentität von Natur und Stadtlandschaft in den USA. Zugleich spiegelt das „Ringen" zwischen Primitivismus und Zivilisation auf rein privat-existentieller Ebene die Dialektik der ,zwei Seelen' in Gerstäckers ,Brust' wider, eine Zerrissenheit, welche die eigentliche Dynamik seiner Abenteuerlust kreiert.

Nach einer Reise nach Nordamerika, Mexiko und Venezuela 1867/68 fällt der Vorhang vor Gerstäckers Globetrotter-Wagnissen, und er verlebt seinen

Lebensabend mit einer über 25 Jahre jüngeren zweiten Gattin und zwei Töchtern in Leipzig und Braunschweig.

Seine Reiselust könnte man starkem Nützlichkeitsdenken sowie romantisch-eskapistischen Regungen zuschreiben, denn obwohl seine Reisen mentalitätsgeschichtlich als Reisen der Fremdbeherrschung bzw. der Selbsterkenntnis auf geographischer und seelisch-existentieller *terra incognita*, ja sogar als Erfahrungen eigener Körperlichkeit im psychosexuellen Sinne aufgefaßt werden könnten, widmen sich dennoch einige Erkundungstouren primär dem pragmatischeren Desiderat ökonomischer Emigrationsförderung, wie der Weltreisende in einer Selbstbiographie zugibt: „[Ich] durchzog vorzugsweise die Länder, denen sich unsere deutsche Auswanderung zugewandt [hat]".[24] Als ein leidenschaftlicher Verfechter des Liberalismus und des Republikanismus hatte er sich einmal mit einem grandiosen Vorhaben für das Aussiedeln verarmter Klöppelspitzenarbeiter aus dem Erzgebirge an den sächsischen Staatsminister gewandt: ein Plan, der allerdings kein Gehör fand.

Was für ein Abenteurer war Gerstäcker eigentlich, soweit man überhaupt von typisierenden Verhaltensmustern reden kann? Ihm hat es selten an den klassischen Abenteurertugenden wie Kühnheit, Unternehmungsgeist, Risikofreudigkeit und Ausdauer gemangelt. Zum Beispiel wollte er sich schon bei seiner Ankunft in Sydney ohne weiteres der Suchexpedition nach dem im ‚toten Herzen' des Kontinents verschollenen Forschungsreisenden Ludwig Leichhardt anschließen, nur reichte die Zeit dafür einfach nicht aus.[25] Obgleich er sich in einer Selbstdarstellung als „Herumtreiber" und „Abenteurer"[26] bezeichnet, geht er auf diese Termini nicht näher ein. Jedenfalls ist er dem Typus des ziellos umherziehenden Glücksritters schwerlich zuzuordnen, denn jedes Abenteuer ist ihm Selbstzweck, oder, im Falle der im öffentlichen Interesse angetretenen ‚Dienstreisen', ein Mittel zum Zweck. Überdies: bloßes Herumtreiben setzt Ziellosigkeit, Vorliebnehmen mit dem Unbekannten und Ungewissen sowie eine Akzeptanz des Zufälligen voraus, wohingegen Gerstäcker die Hand der Vorsehung in der Bestimmung seines Lebensweges zu erkennen meint. Daher legt er als gottesfürchtiger Abenteurer großen Wert auf das fromme Motto „Wem Gott will rechte Gunst erweisen/Den schickt er in die weite Welt",[27] das ihm gleichsam zur persönlichen Faustregel wird. Doch in Wirklichkeit ist die psychologische Reisemotivation weit komplexer: sie nimmt die Konturen einer Sucht an, insofern es Gerstäcker drängt, die Welt zu sehen. Schließlich will er dem Einerlei einer bürgerlichen Alltagsroutine entweichen. So ist er seinem Wahlspruch „Rast ich, so rost ich" bis in den Tod treugeblieben.[28] Im Unterschied aber zu Abenteuerschriftstellern wie Sealsfield, Bibra, Wörishöffer und dem nachfolgenden Kolporteur Robert Kraft, die, wie Bernd Steinbrink meint, ganz „isoliert lebten",[29] gehören Gerstäcker und Möllhausen in die Reihe derer, die es unwiderstehlich von neuem in die Fremde hinaustreibt. Selbst wenn Gerstäcker gegenüber der Schwester seine „Liebe zu dem Vagabundenleben"[30] bekennt, lockt ihn Heimweh bald wieder nach Deutschland. Bei diesem ruhelosen, abwechslungsbedürftigen Suchenden ist es eben so, daß das „einsame Wandern", wie etwa die oben erwähnte Fußexpedition in Australien, „[...] einen unbeschreiblichen Reiz"[31] auf ihn ausübt, ohne daß die Diskrepanz zwischen Daheim und Fremde ihn bei der Heimreise zu einem Paria werden läßt. Die Gönnerschaft und Freundschaft des regierenden Herzogs von Coburg-Gotha ab 1855 erleichtert dem kontaktfreudigen Bürger ohne aristokratische Prätentionen jedesmal die Resozialisierung.

Ob und inwieweit die Abenteuerwelt seiner fiktionalen Gestalten in Relation zu Gerstäckers eigener Draufgängerexistenz steht, hängt vom Modus des jeweiligen Abenteuers ab. Zwar setzt er sich auf all seinen Expeditionsreisen, beginnend mit seinen Jagdabenteuern in Amerika, Gefahr und Risiko aus, distanziert sich aber im Privatbereich – soweit dies aus den biographischen und autobiographischen Belegen feststellbar ist[32] – von den kriminellen und amourösen Ausschweifungen, auf die sich seine fiktiven Desperados, Abenteurer und Gauner einlassen.[33] Von ständiger Geldnot geplagt (und der Australienaufenthalt stellt sich nicht als Ausnahme heraus) hält er in allen Dingen Maß, stürzt sich weder in Schulden, wie das seine belletristischen Unterweltfiguren in den Spelunken und Spielsaloons Sydneys und San Franciscos tun, noch gerät er – vereinzelte Schlägereien ausgenommen – in Schwierigkeiten mit der Polizei. Für gemeine Gesetzesbrecher zeigt er wenig Verständnis, weshalb er eine scharfe Trennungslinie zieht zwischen den

280

skrupellosen Wegelagerern des australischen Busches und dem im 18. Jahrhundert glorifizierten Abenteurer-Typ des Highwayman, ja dem mythisierten Helden der Armen und Unterdrückten à la Dick Turpin.

Trotz seines relativ kurzen Aufenthalts in Australien (ein zweiter Besuch findet nicht statt) scheint in Gerstäckers fiktionalem und nichtfiktionalem Schreiben ein wirkliches Gespür für die soziale Eigenart der weißen Kolonisten durch, insbesondere der Siedler-Typen des Outbacks, in deren Abenteuerlichkeit und hartnäckigen Individualismus er sich problemlos einfühlt. Ähnliches gilt für die Goldgräber-Figuren, deren Kampf gegen ein feindlicheres Land, als es Kalifornien war, dem Verfasser eine neue Skala von (gefahrvollen) Abenteuern als Erzählstoff zur Verfügung stellt. Auf der anderen Seite scheut sich Gerstäcker als programmatischer Abenteuerromancier nicht vor zeitweilig übertriebenen Fiktionalisierungen von Zusammenstößen mit ‚blutrünstigen' Eingeborenen-Stämmen.

---

[1] Der Cotta Verlag zahlte ihm einen Vorschuß von 400 Talern. Dafür sollte er im Auftrag der *Augsburger Zeitung* Feuilletons schreiben. Zusätzlich gewährte ihm das kaiserliche Handelsminsterium einen Zuschuß von ca. 500 Talern.

[2] Thomas Ostwald: *Friedrich Gerstäcker. Leben und Werk.* Braunschweig 1976. S. 77.

[3] Vgl. hierzu die Bestandsaufnahme von Gisela Heathcote: *Friedrich Gerstäcker zum 100. Todestage. Australienreise 1851: Das Australienbild seiner Zeit und sein Werk als Dokument nach 120 Jahren.* In: *Braunschweigisches Jahrbuch* 53 (1972) 214-229, insbes. 225.

[4] Vgl. meine Ausführungen über Gerstäckers Australienbilder in: *Alan Corkhill: Das unbekannte Südland – Australien im deutschen Überseeroman des 19. Jahrhunderts.* In: *Anselm Maler (Hg.):* Exotische Welt in populären Lektüren. Tübingen 1990. S. 35-48. Hier: S. 41-44. / *Ders.:* Antipodean Encounters. Australia and the German Literary Imagination 1754-1918. Bern u.a. 1990. S. 73-102.

[5] *Friedrich Gerstäcker: Reisen. Bd. 4: Australien.* Stuttgart, Tübingen 1854. S. 2.

[6] Gerstäcker verarbeitete seine Reiseeindrücke des Südseeparadieses im 1853 erschienenen Roman *Tahiti*.

[7] *Gerstäcker: Reisen.* S. 88.

[8] Ebd. S. 83.

[9] *Ostwald:* Gerstäcker. S. 66

[10] Vgl. die richtungweisende Eintragung über Gerstäcker in *William H. Wilde u.a. (Hgg.):* The Oxford Companion to Australian Literature. Melbourne 1985. S. 291.

[11] Zu diesem Romantypus zählen vor allem Alexander Harris' *The Emigrant Family* (1849) und Henry Kingsleys *The Recollections of Geoffry Hamlyn* (1859).

[12] Der Erzähler kommentiert das Inkognito-Motiv wie folgt: „Es ist in Australien eine mißliche Sache, jemand nach seiner Vergangenheit zu fragen; denn da der größte Teil der arbeitenden Menschen – wenigstens damals – aus teils begnadigten, teils auf ‚Urlaub' befindlichen Sträflingen bestand, steht man stets in Gefahr, ein unglückseliges und dort eigentlich verpöntes Thema zu berühren" (*Friedrich Gerstäcker:* Die beiden Sträflinge. Australischer Roman. In: *ders.:* Gesammelte Schriften. Volks- und Familien-Ausgabe. Jena 1872-79. Bd.1.9. S. 94f.)

[13] *Gerstäcker:* Reisen. S. 252.

[14] *Werner P. Friedrich:* Australia in Western Imaginative Prose Writings, 1600-1960. Chapel Hill 1967. S. 145 u. 156.

[15] *Friedrich Gerstäcker:* Eine Mesalliance. In: *ders.:* Unter Palmen und Buchen. Hg. v. Carl Döring. Berlin o.J. S. 386.

[16] *Friedrich:* Australia in Western Imaginative Prose. S. 143f.

[17] *Gerstäcker:* Reisen. S. 399.

[18] Schon in einem Nekrolog (1872) wird davon ausgegangen, daß Gerstäckers ganzes Erzählwerk "nicht mit dem Maßstabe des Aesthetisch=Schönen, sondern nur mit demjenigen eines stofflichen Interesses" zu messen sei (Nachruf auf Friedrich Gerstäcker in: *Unsere Zeit.* Monatsschrift 8/2 (1872) 135).

[19] *Matthias Morgenroth:* Der australische Goldrausch in der deutschen Literatur. In: *Gerhard Stilz (Hg.):* Gold – Geld – Geltung. Ressourcen und Ziele der australischen Gesellschaft. Tübingen 1997. S. 173-192. Hier: S. 180.

[20] *R. v. Gottschall:* Die deutsche Nationalliteratur in der ersten Hälfte des neunzehnten Jahrhunderts. Breslau 1855. Bd. 2, S. 626.

[21] *Gerstäcker:* Reisen. S. 94.

[22] Vgl. hierzu McClain/Kurth-Voigt, die behaupten, „daß Gerstäcker es liebte, hie und da zu fabulieren, ohne jedoch im geringsten dabei die Absicht zu haben, dem Leser Münchhauseniaden oder dergleichen aufzutischen" (*W.H. McClain/L.E. Kurth-Voigt:* Friedrich Gerstäckers Briefe an Hermann Costenoble. In: *Archiv für Geschichte des Buchwesens.* Frankfurt a.M. 1994. Bd. 14, Sp. 1053-1210. Hier: Sp. 1082).

[23] *Friedrich Gerstäcker:* Achtzehn Monate in Südamerika. Zit. nach: *Fritz Lenz:* Friedrich Gerstäcker. Ein Bild des Menschen und seines Werkes. Ungedrucktes Manuskript. Stadtarch. Braunschweig. S. 77.

[24] *Friedrich Gerstäcker:* Geschichte eines Ruhelosen. In: *Die Gartenlaube* 18 (1870) 244-247. Hier: S. 246.

[25] Er kompensiert diese Enttäuschung, dadurch daß er in der an der Küste Nordqueenslands spielenden Abenteuererzählung *Aus dem Matrosenleben* (1858) eine schiffbrüchige Besatzung eine Reise ins Landinnere in den Fußstapfen Leichhardts antreten läßt. Hierzu erklärt einer der Seemänner: „Wir können uns ein Beispiel an dem Deutschen, an Doktor Leichhardt nehmen, der diesen Landstrich [...] Gott weiß auch mit welchen Mühseligkeiten und Gefahren durchzogen [...] hat" (*Friedrich Gerstäcker:* Aus dem Matrosenleben. In: *ders.:* Gesammelte Schriften. Bd. 1, 2. S. 386).

[26] *Friedrich Gerstäcker:* Selbstbiographie. In: *ders.:* Kleine Schriften. Jena 1879. S. 1f.

[27] *Friedrich Gerstäcker:* Geschichte eines Ruhelosen. In: *Die Gartenlaube* 18 (1870) 247.

[28] *August Gerstäcker:* Friedrich Gerstäckers Biographie von seinem Bruder [August Gerstacker]. Bregenz 1885. Maschinenschriftliche Abschrift von 1946.

[29] *Bernd Steinbrink:* Abenteuerliteratur des 19. Jahrhunderts in Deutschland. Studien zu einer vernachlässigten Gattung. Tübingen 1983. S. 80.

[30] Friedrich Gerstäcker an seine Schwester Molly. Brief vom 29.5.1860. Stadtarch. Braunschweig. Zit. nach: *Steinbrink,* S. 138.

[31] *Friedrich Gerstäcker:* Streif- und Jagdzüge durch die Vereinigten Staaten Nordamerikas. Jena o.J. S. 146.

[32] Steinbrink macht auf den Mangel an wissenschaftlichen Gerstäcker-Bibliographien aufmerksam (S. 133). Die Lage hat sich bis zum heutigen Tag nicht geändert.

[33] Nach Ansicht des Bruders August [Anm. 28] habe ihm „[...] alles Niedrige und Gemeine ferngelegen", was in seinem Erzählwerk zur „gänzliche[n] Vermeidung lüstern kitzelnder Situationsmalerei" geführt habe.

Nina Ohligschläger (Essen)
Als Taliban durch die Wüste
Isabelle Eberhardt

Isabelle Eberhardt reiste nicht wie andere mit großem Gepäck, Dienern und offiziellen Empfehlungsschreiben, schon allein aus Geldmangel. Der einzige Luxus auf Reisen, den sie sich erlaubte, bestand darin, sich ein eigenes Pferd zu kaufen. Um wenig aufzufallen und ungestört beobachten zu können, kleidete sie sich wie die Einheimischen: „J'ai toujours aimé errer, sous le costume égalitaire des bédouins"[1]. Die Tracht der Beduinen sicherte ihr eine gewisse Anonymität, die es ihr ermöglichte, sich frei im Volk zu bewegen, ohne als Ausländerin – und vor allem als Frau – Mißtrauen zu erregen: „Sous un costume correcte de jeune fille européenne, je n'aurais jamais rien vu, le monde eût été fermé pour moi, car la vie extérieure semble avoir été faite pour l'homme et non pour la femme. Cependant j'aime à me plonger dans le bain de la vie populaire, à sentir les ondes de la foule couler sur moi, à m'imprégner des fluides du peuple. Ainsi seulement je possède une ville et j'en sais ce que le touriste ne comprendra jamais, malgré toutes les explications de ses guides"[2]. In der Kleidung einer jungen Europäerin wäre Eberhardt das wahre Leben der Bevölkerung verschlossen geblieben, da das Leben außerhalb des Hauses den Männern vorbehalten war bzw. Frauen in der islamischen Welt gewissen Restriktionen unterlagen. Eberhardt dagegen hat andere Vorstellungen, wie man ein Land kennenlernen sollte: Sie will sich unter das Volk mischen: In europäischer

Kleidung wäre das unmöglich. Also scheint die Verkleidung als Mann und als Einheimischer zunächst einmal eine rein pragmatische Entscheidung zu sein, wenn Eberhardt nicht wie ein Tourist reisen will. Dies lehnt sie ab; ein Tourist bleibt zwangsläufig immer ein Außenstehender, der auf die Erklärungen seines Reiseführers angewiesen ist und beschränkt bleibt, weil es ihm nicht möglich ist, eigene Erfahrungen zu machen. Eberhardt will eine Stadt nicht nur kennenlernen, sondern sie in Besitz nehmen, sich zu eigen machen. So reiste sie unter einer angenommenen Identität: als Mahmoud Saâdi, Koranstudent aus Istanbul, bekam sie Zugang zu Menschen und Orten, die ihr als Frau verschlossen geblieben wären. Und es war das Leben in dieser Rolle, die die Biographen und Literaturwissenschaftler an Eberhardt wohl mehr angezogen hat als ihr journalistisches und schriftstellerisches Werk.

*

Eberhardt wurde am 17. Februar 1877 in Meyin bei Genf geboren, als fünftes und jüngstes Kind Nathalies (inzwischen verwitwete) de Moërder; sie selbst konnte nur vermuten, daß Alexander Trophimowski, ein ehemaliger russisch-orthodoxer Priester, Anarchist und Hauslehrer der de Moërder-Kinder, ihr Vater war.

Isabelle Eberhardt erweist sich als besonders sprachbegabt; bereits mit zwölf Jahren spricht sie Französisch, Russisch, Deutsch, Italienisch, liest Latein und Griechisch, beginnt mit dem Studium des Arabischen, wobei sie sich rasch von Religion und Kultur des Islam fasziniert zeigt: Mit vierzehn Jahren faßt sie den Entschluß, zum Islam überzutreten. Mit achtzehn Jahren beginnt sie einen Briefwechsel mit dem türkischen Schriftgelehrten Abou Naddara in Istanbul über religiöse Fragen des Islam und läßt ihn zu Anfang der Korrespondenz in dem Glauben, es handele sich bei diesem Koranstudenten um einem jungen Mann. Erst nach einer Weile setzt sie ihn über ihre wahre Identität in Kenntnis, was aber nichts an dem Briefwechsel ändert, denn beiden geht es um theologische Fragen und Abou Naddara hat keinen Grund, an der Ernsthaftigkeit von Eberhardts religiösen Überzeugungen zu zweifeln. Im Mai 1897 siedelt

Eberhardt mit der Mutter nach Nordafrika über. Sie lassen sich in Annaba nieder, wo sie häufig zu Gast im Europäerviertel und bei höheren Militärs sind. Die Mutter tritt offiziell zum Islam über, was sich für die Tochter erübrigt, da sie sich selbst schon lange als Muslimin versteht. Ende November stirbt die Mutter überraschend und nach einer Zeit der Trauer beginnt Eberhardt mit einer Lebensweise, die bis heute die Biographen zu Spekulationen anregt.

Schon früh in der Kindheit hatte Eberhardt es abgelehnt, Frauenkleider zu tragen; nun beginnt sie, als Mann verkleidet zu reisen. Dabei besteht das Skandalon ihrer Verkleidung weniger darin, daß sie sich als Mann kleidet, als darin, daß es sich als einheimischer Mann kleidet. Dies und der Kontakt mit den niederen Schichten der Bevölkerung machen sie in den Augen der kolonialen Gesellschaft und der Kolonialbehörden schnell verdächtig: Im Zuge der Dreyfus-Affäre war eine allgemeine Agentenhysterie weit verbreitet, und die Unruhen, mit denen die Franzosen im Maghreb immer wieder zu kämpfen hatten und die häufig von religiösen Führern ausging, zu denen Eberhardt Kontakt hatte, ließen sie rasch zur persona non grata werden.

Doch Eberhardt ist entschlossen, jenseits der französischen Oberhoheit unerforschte Gebiete im Innern der Wüste zu bereisen, die von rebellischen Nomadenstämmen beherrscht werden. Sie besucht Bars und Bordelle in den Städten ebenso wie die Gräber von islamischen Heiligen im Landesinneren, sie ist zu Gast bei Beduinen, übernachtet in Absteigen und gibt sich regelmäßig Exzessen mit Alkohol oder Haschisch hin. Auch ihr Sexualleben scheint recht bewegt gewesen zu sein. Die Aufenthalte in Europa sind kurz und unerfreulich: so reist sie 1899 zurück nach Genf, um den schwerkranken Trophimowski zu pflegen, der am 15. Mai stirbt. Sie kehrt nach Tunis zurück und reitet sodann durch die Wüste nach Algerien, und anschließend tiefer in die Sahara. Die Wüste wird nun ihre zweite und eigentliche Heimat.

Im Herbst 1899 hält sie sich in Paris auf, wo sie nach Verlegern für ihre Texte sucht und dabei in den literarischen Salons herumgereicht wird: Sie lehnt es jedoch ab, die Orientbegeisterung in Künstlerkreisen zu bedienen, indem sie sich dort in der Tracht algerischer Beduinen zeigt. Für die Salons hat sie letztlich nur Verachtung übrig, da man mehr an ihrer pittoresken Erscheinung interessiert ist als an ihren Texten oder an der Bevölkerung in den Kolonien – abgesehen von den französischen „colons". Wichtig ist für Eberhardt die Begegnung mit der Marquise de Morès, deren Ehemann einige Jahre zuvor bei einer Nordafrika-Reise von aufständischen Nomaden ermordet worden war und die ihr den Auftrag erteilt, nach den Mördern des Verblichenen zu suchen. Zurück in Algerien im Sommer 1900, in der Oase El-Oued, sucht sie anfangs tatsächlich nach den Mördern von Morès, wodurch sie erneut den Spionageverdacht der Kolonialbehörden auf sich zieht, die die Angelegenheit lieber ruhen lassen wollen. Der Verdacht gegen sie verstärkt sich noch, als sie eine Liebschaft mit Slimène Ehnni beginnt, der dort als algerischer Leutnant der Hilfstruppen stationiert ist.

In El-Oued wird sie auch in die Muslimbruderschaft der Qadiriyya aufgenommen. Diese Bruderschaften wurden sowohl von den englischen wie von den französischen Kolonialbehörden – nicht zu Unrecht – als mögliche Keimzellen für Aufstände mißtrauisch beobachtet. Ein Mordanschlag, der durch eine feindliche Bruderschaft, die Tidjaniyya, auf Eberhardt verübt wird, und die anschließende Gerichtsverhandlung geben der französischen Kolonialverwaltung endlich den gewünschten Grund, um Eberhardt als unerwünschte Ausländerin (sie ist nach wie vor Russin) aus Algerien abzuschieben. Infolge ihrer Heirat mit Slimène Ehnni erhält sie jedoch die französische Staatsbürgerschaft und kehrt nach Algier zurück. Dort schließt Eberhardt Bekanntschaft mit dem Journalisten Victor Barrucand, der gerade dabei ist, eine französisch-arabische Zeitung in Algerien zu gründen. Barrucand druckt in Al Akhbar Eberhardts Reportagen und Kurzgeschichten aus der Sahara, sie reist und schreibt fortan im Auftrag der Zeitschrift, und wird in Algerien und Frankreich bekannt. Trotz der sich nun mit den regelmäßigen Veröffentlichungen einstellenden Erfolge als Schriftstellerin kommt Eberhardt nicht zur Ruhe, zumal die Strapazen des Nomadenlebens und wohl auch ein übermäßiger Genuß von Drogen ihren Tribut fordern: immer öfter hat sie mit Fieberkrämpfen und Depressionen zu kämpfen.

Zu Anfang des Jahres 1904 tritt sie ihre letzte Reise an: im Auftrag des französischen Generals Lyautey soll sie Kontakte zu aufständischen Nomaden in der Nähe von Kenadsa knüpfen. Im Verlauf dieser Reise besucht sie den heiligen

Bezirk von Kenadsa, wo sie von den dortigen religiösen Führern als erste Europäer/in aufgenommen wird und mehrere Wochen in Klausur und Andacht verbringt. Auf der Rückreise erkrankt sie schwer an Malaria; zurück in Aïn-Sefra bezieht sie eine Lehmhütte im Slumviertel am Ufer eines ausgetrockneten Flußbettes. In der Nacht vom 20. zum 21. Oktober verwandelt ein Gewitter überraschend schnell den ausgetrockneten Fluß in einen reißenden Strom, der ihre Lehmhütte wegspült. Erst nach Tagen wird Eberhardts Leichnam gefunden. In den Trümmern der Hütte findet man noch einige Manuskripte, die der Journalist Barrucand später herausgeben wird (*Dans l'ombre chaude de l'Islam* (1906), *Trimardeur* (1922)). Hierbei wurde Eberhardts Text stark verändert.

*

An Leben und Werk der Eberhardt läßt sich nachvollziehen, was Torgovnick in ihrer Charakterisierung des Primitivismus und dessen Reiz für die Europäer festgehalten hatte: Das <Going Native> steht für die Sehnsucht nach einer neuen Heimat, die Wiederentdeckung des Körpers und die Erschließung einer anderen Form von Spiritualität.[3] Für Eberhardt heißt das, ihren eigenen Kulturkreis zu verlassen (in dem sie sich ohnehin seit ihrer Kindheit als Exilierte und Gefangene gefühlt hatte) und in die islamische Welt überzusiedeln, die ihr schon früh eine geistige Heimat geboten hatte, in der sie sich akzeptiert fühlte. Die auf ihren Reisen als pragmatisch gerechtfertigte Verkleidung als Mann ermöglichte Eberhardt Bewegungsfreiheit, die noch gesteigert wurde durch ihren Hang zum Nomadenleben, das durch seine Verheißung von Freiheit und Melancholie eine besondere Attraktivität für sie hatte. Diese neugewonnene Freiheit galt auch für soziale Kontakte: Sie interessierte sich besonders für die arme Bevölkerung und bewegte sich in der Gesellschaft von Matrosen, Hafenarbeitern, Angehörigen der einheimischen Hilfstruppen und Nomaden. Ihre Exzesse, sei es mit Alkohol oder Haschisch, vor allem aber die offen ausgelebten sexuellen Abenteuer mit Einheimischen stießen die repressive Gesellschaft der französischen „colons" vor den Kopf, die sich streng von der Bevölkerung absonderten und die Überschreitung dieser Grenze mit Mißtrauen verfolgten.

Inwiefern aber hat Eberhardt mit ihrer Verkleidung und der dadurch angenommenen Identität als Mahmoud Saâdi sich tatsächlich als Mann im biologischen Sinne verstanden? Oder ist für Eberhardt der Transvestismus allein als die Möglichkeit von Bedeutung, Ideen, Werte und Freiheiten anzunehmen, die eigentlich dem anderen Geschlecht vorbehalten sind?

Es gehörte wohl einiges dazu, zu den verschlossenen und empfindlichen Beduinen Zugang zu finden, da sie Fremden gegenüber besonders mißtrauisch sind: „Pour vivre avec ses hommes renfermés et susceptibles, il faut avoir pénétré leurs idées, les avoir faites siennes, les avoir purifiées en les faisant remonter à leur source antique... Alors la vie est facile et très doucement berceuse dans ce monde des burnous et des turbans, fermé à jamais à l'observation du touriste, quelque attentive et intelligente qu'elle soit. Peu parler, écouter beaucoup, ne pas se livrer: telles sont les règles à suivre pour plaire dans les milieux arabes du Sud, et pour y être à son aise..."[4]. Zu den physischen Anstrengungen, die das Klima und das Reisen mit sich bringen, kommen intellektuelle Herausforderungen. Es reicht nicht, die Vorstellungen der Einheimischen zu kennen, man muß sie ganz verinnerlicht haben. Dann erst kann man sich in ihrer Welt bewegen und Vorgänge beobachten und kennenlernen, die einem Touristen verschlossen bleiben müssen. Eberhardt hat diesen Schritt vollzogen, indem sie ihre Identität auf die Probe gestellt und der Welt angepaßt hat, in der sie sich bewegt und die sie zur Wahlheimat („cette côte barbaresque qui est ma patrie d'election et que j'aime avec toutes ses tristesses et sous tous ses aspects"[5]) erkoren hat. Zu ihrem Programm, sich der Lebensweise der Einheimischen anzupassen, um sie zu verstehen, gehört auch die Assimilation der äußeren Erscheinung. Die Erzählung *Amara, le forçat*, in der es um das Schicksal eines Sträflings geht, beginnt folgendermaßen: „Humble passager du pont, vêtu de toile bleue et coiffé d'une casquette, je n'attirais l'attention de personne. Mes compagnons de voyage, sans méfiance, ne changeaient rien à leur manière d'être ordinaire. C'est une grave erreur, en effet, que de croire que l'on peut faire des études de mœurs populaires sans se mêler aux milieux que l'on étudie, sans vivre de leur vie"[6]. Durch ihre unauffällige Kleidung erregt Eberhardt kein Aufsehen, so daß ihre Mitreisenden sich weiterhin ganz natürlich verhalten – was sie nicht täten, wenn sie sich der Anwesenheit einer Frau oder gar einer Europäerin bewußt wären. Um die Sitten eines Volkes zu studieren, so der/ die Erzähler/in, sei es unabdingbar, sich unter das Volk zu mischen und mit den Menschen zu leben, die man kennenlernen will.

In Eberhardts Œuvre finden sich verschiedene Erzählungen, die die Entwicklung von Figuren nachzeichnen, die in den Maghreb übersiedeln. Am vollkommensten vollzieht sich die Transformation eines Europäers in *M'Tourni*. In dieser Erzählung zeigt Eberhardt die verschiedenen Stationen der Verwandlung eines Europäers in einen algerischen Muslim. Beginnend mit dem Leben unter den Einheimischen, vertieft das Erlernen der Sprache den Kontakt, da es nun möglich wird, im Gespräch die Sitten und den Glauben der anderen kennenzulernen. Die Übernahme der Kleidung ist ein weiterer Schritt bei der Integration, die mit dem Übertritt zu der anderen Religion und der damit verbundenen tieferen sozialen Akzeptanz vollständig wird. Als äußeres Zeichen wird auch ein Namenswechsel vollzogen: Der Italiener Roberto Fraugi gibt sich am Ende den muslimisch-arabischen Namen Mohammed Kasdallah – damit ist seine Transformation vollzogen. Die Protagonisten anderer Erzählungen Eberhardts sind häufig nicht dazu fähig, sich vollständig in die andere Welt zu integrieren. So können z.B. – wie in *L'arrivée du colon* – politische Verwicklungen unter den Kolonisten dazu führen, daß die Erwartungen des Neuankömmlings schnell enttäuscht werden und er nicht recht heimisch wird in der <geschlossenen Gesellschaft> der Siedler. Eine besondere integrative Kraft kann von der Liebe ausgehen: Wenn sie glückt, glückt dem Protagonisten alles (wie in *L'Anarchiste*), mit dem Scheitern der Liebesbeziehung allerdings verstärkt sich das Gefühl, ein Außenstehender oder gar Verbannter zu sein (*Le Major*, *Légionnaire*).

Die Übernahme der einheimischen Kleidung ermöglicht es Eberhardt, sich in der Fremde zu bewegen, ohne sofort Aufsehen zu erregen. Sie wählt nicht nur die Kleidung ihrer Wahlheimat, sondern geht noch einen Schritt weiter: Sie wechselt auch ihre geschlechtliche Zugehörigkeit – im Sinne der sozialen Geschlechtsrolle. Kleidung erweist sich als ein komplexes Phänomen, das auf verschiedenen Ebenen Bedeutung tragen kann: Durch die Wahl der Kleidung wählt man einen Kontext für sich selbst, man ordnet sich selbst zeitlich und räumlich ein, man signalisiert Zugehörigkeit zu einer bestimmten Gruppe. Daneben findet gleichzeitig eine Abgrenzung des Individuums stat, nach außen hin und auch innerhalb der Gruppe. Der Begriff Kleidung umfaßt dabei mehr als nur die tatsächlichen Kleidungsstücke: „we define dress as an assemblage of body modifications and/or supplements displayed by a person in communicating with other human beings"[7]. Dabei beeinflußt die visuelle Wahrnehmung der äußeren Erscheinung des Anderen das Verhalten noch vor der eigentlichen verbalen Kontaktaufnahme. Somit trägt die Wahl der Kleidung zur Geschlechtsidentität in nicht unerheblichem Maße bei, da einerseits das Subjekt selbst dadurch seine Zugehörigkeit signalisiert und andererseits beim Gegenüber damit verbundene Erwartungen an das Verhalten hervorruft. Lehnert beschäftigt sich mit der Kategorie „Geschlecht" in der Literatur und Geschichte. Das Zustandekommen einer Geschlechtsidentität rekonstruiert sie wie folgt: „Das Erkennen von Geschlechtsidentität ist [...] ein komplizierter Attributionsprozeß, in dem sowohl das kulturelle Vorwissen der Personen, die sehen, als auch die Selbstinszenierung derjenigen, die gesehen werden, eine entscheidende Rolle spielen. [...] Diese Zuordnung erfolgt mit Hilfe kulturell erzeugter Geschlechtszeichen, denn die biologischen Geschlechtsmerkmale eines anderen Menschen sehen wir ja in der Regel nicht, sondern nur deren Substitute, also etwa Kleidungsstücke, Gesichter, Gestik und Mimik"[8]. Hier handelt es sich um eine doppelte Bewegung: sowohl das Sehen durch den Anderen als auch das Gesehen-Werden und die Reaktion auf den Blick des Anderen wirken bei der Genese der Geschlechtsidentität mit. Da bei der Zuordnung zu einem Geschlecht Zeichen benutzt werden, zeigt sich von vornherein der fiktionale Charakter des (sichtbaren) Geschlechts, wie Lehnert betont: „Mode trägt dazu bei, die Geschlechterdifferenz(en) zu schaffen, indem sie deutlich sichtbare und eindeutige Zeichen für die jeweilige Geschlechts-zugehörigkeit produziert und bereitstellt"[9]. In Bezug auf Frauen, die sich als Männer kleideten, hält sie fest, „daß [diese] selten davon ausgingen, sie könnten ihre Identität (und damit die Wahrheit) willentlich konstruieren (das ist eine sehr moderne Einstellung), sondern davon, daß es eine natürlich gegebene biologische und soziale Wahrheit gäbe, also eine Identität, die sie vorsätzlich zu verstecken und durch eine andere Wahrheit zu ersetzen suchen. Das heißt, sie gehen von der Zweiheit der Geschlechter und von einer klar erkennbaren Identität aus, sie unterscheiden genau zwischen Schein und Sein"[10]. Für Eberhardt, die von Trophimowski nach den Erziehungsidealen Bakunins erzogen wurde, war die strikte Trennung der Geschlechter keineswegs selbstverständlich. Mithin ist es wahrscheinlich, daß sie die Grenze zwischen Schein und Sein als nicht so klar abgesteckt empfand, wie dies für ihre Zeitgenossen der Fall war. Eberhardts Biographen betonen übereinstimmend, daß sie es schon als Kind ablehnte, Mädchenkleider zu tragen. Seit ihrer Jugend liebte sie es, sich zu verkleiden und ihre Umgebung im Unklaren über ihr Geschlecht zu lassen. Dazu kam, daß Trophimowski ihr zwar gestattete, allein nach Genf zu gehen, aber nur unter der Bedingung, dies in Männerkleidung zu tun, weil das in der Stadt bequemer sei. Das Ehepaar David, die Freunde der Familie waren und zeitweise in Genf ein Fotostudio betrieben, machten 1895 Aufnahmen von Eberhardt in der Verkleidung eines jungen Arabers – Versatzstücke eines Kostüms aus dem Fundus des Ateliers. Was zunächst nur als Spielerei scheint, wird in Verbindung mit der islamischen Welt nach und nach zu einer alternativen Lebensform. So erstaunt es nicht, daß sie die bereits in ihrer Korrespondenz entworfene Identität als Mahmoud Saâdi nach ihrer Übersiedlung nach Nordafrika dauerhaft annimmt.

---

[1] *Isabelle Eberhardt:* Ecrits sur le sable. Paris 1988-90. S. 32.

[2] Ebd., S. 73.

[3] *Marianna Torgovnick:* Gone primitive. Savage intellects, modern lives. Chicago 1990.

[4] *Eberhardt:* Ecrits sur le sable. S. 121.

[5] Ebd., S. 55.

[6] Ebd., S. 232.

[7] *Joanne B. Eicher, Mary Ellen Roach-Higgins:* Definition and Classification of Dress. In: *Ruth Barnes, Joanne B. Eicher (Hgg.): DressandGender. Making and Meaning.* New York, Oxford 1992. S. 8 – 28. Hier: S. 15.

[8] *Gertrud Lehnert:* Wenn Frauen Männerkleidung tragen. München 1997. S. 25.

[9] Ebd., S. 26.

[10] Ebd., S. 39.

Michael Asher (Nairobi)
An uncrowned King of Arabia?
T.E. Lawrence

Let me begin my illustrated lecture this evening by providing some insights into the life, character and exploits of the (in)famous Lawrence of Arabia [...] as verified by historical fact and documentation. In the second part I will go on to examine Lawrence the writer and how indeed his own writing in the book *Seven Pillars of Wisdom* actually reflects his actual achievements. Well, the story of T. Lawrence of Arabia is one of the most remarkable stories in the history of heroism, certainly in twentieth century heroism. Contrary to popular imagination Lawrence was a small man; he was five feet three inches tall, not particularly physically impressive, not particularly strong; he did not belong to the traditional warrior class of the British Empire, he had virtually no professional military training, he was very much the intellectual, the don, the boffin and the amateur, and yet at the opening of the First World War in 1914 Lawrence was an unknown mark clerk in British Intelligence. He emerged from that war four years later as one of the most celebrated military heroes of all time, and indeed in October 1918, shortly after Lawrence returned from the front, he was already being hailed by the British press as the most interesting Briton alive, and this was before he met the American publicist Lowell Thomas who lifted him to mega-star status. Almost single-handedly Lawrence formulated the concepts of modern guerrilla warfare. He played a major role in leading the Arabs to freedom after more than four hundred years of domination by the Ottoman Turks, but apart from making history Lawrence also wrote history and as the sole historian of the Arab Revolt his veracity as a writer has often been called into question. Now, as the forty-third biographer of Lawrence I set out both metaphorically and physically in Lawrence's footsteps to try to ascertain the truth once and for all.

The first anomaly of Lawrence's life is that he was not T.E. Lawrence but the product of the two extremes of Victorian society: his father Thomas Chapman was an aristocrat, the heir to vast estates in Southern Ireland, the heir to a title; his mother Sara Lawrence was a servant in the great man's house and yet, ironically perhaps, it was the personality of the servant girl which proved the more dominant and Sara actually persuaded Thomas Chapman to leave his privileged life, to leave his wife and four daughters and to elope with her to Britain where in a modest house in the suburbs of Oxford they settled down as Mr. and Mrs. Lawrence; and this is where T.E. Lawrence enjoyed a fairly middle class upbringing, comfortable but never very affluent, and he never knew, it seems, until 1919, when his father died, that in fact his parents had never been married and that his name was not T.E. Lawrence at all.

Before I go on with this next slide I should add that Lawrence's relationship with his mother Sara was probably the most crucial factor in his life, Sara was an orphan, almost certainly the daughter of a Norwegian shipwright and a mother who died of alcoholism when Sara was nine, and Sara had an extremely dominating personality. This probably was a mask for her profound sense of insecurity and this insecurity manifested itself in violence and aggression. She thrashed her sons (T.E. Lawrence was one of five sons, the second of five sons) quite regularly, but the evidence is that it was T.E. Lawrence, the second son, who received the main share of the beating. Lawrence's elder brother Bob was totally absorbed by his mother. He never really developed a life of his own, he adopted her extremist religious views, he never married and he remained a companion to his mother for the rest of his life frightened to old age; and I think T.E. Lawrence was very much afraid of the same thing happening to him, of losing his individuality in relation to his mother. He kept his mother at arm's length throughout his life and he wrote several times that he was terrified of her penetrating his inner defences, as he put it, and these words are quite significant, as we will see later on in the talk.

There is no evidence that Lawrence ever had a physical relationship with a man or a woman; we know from his own writings that he certainly preferred men physically to women and he was quite content with women's companionship as long, as he put it, as they treated him like a man or they behaved like a man. If it went any further than that it turned Lawrence off, he ran a mile. Now, when he worked in the Middle East before the war he became very devoted to a young Arab boy nicknamed "Dahoum" and it is generally thought now that this Dahoum is the mysterious "S.A." to whom Lawrence's book *Seven Pillars of Wisdom* is dedicated; however, there is no evidence whatsoever that his relationship with Dahoum was anything but platonic. Now, for six years before the war Lawrence worked as an archeologist in the Middle East and during this time he learned to speak fluent Arabic, he became very familiar with the Arabs and their ways and several times he dressed up as a local tribesman and he seems to have got away with it. I say local tribesman, Lawrence never actually claimed to be able to pass as an Arab, that is as a Beduin Arab, but in Northern Syria, where he worked on his digs there were a number of races, Kurds, Armenians and Circassians and he could get by, as he felt like one of these fair-skinned races. In the early part of that period Lawrence's main interest was in crusader castles, like this one, Ash-Shawbak in modern Jordan. This is a castle that Lawrence actually inspected in 1913 on Therous Island, which is off the coast of Sinai, and Lawrence actually swam out to this island to inspect the castle against the express orders of the local Ottoman commander. The castle has by the way been restored since Lawrence's time.

These six years in the Middle East before the war obviously qualified Lawrence very well for his posting to British Military Intelligence. When the war broke out, he was sent to the Intelligence headquarters in Cairo and was put in charge of the map section. This was not his only duty, he did other things, but basically he worked away quietly behind the scenes in the office for the next two years and it was not until 1916 that Lawrence received the call to adventure.

Now, in July of that year the Hashemites, one of the most powerful families in Islam and stewards of the holy cities of Mecca and Medina declared a revolt in the name of all the Arabs against their Ottoman overlords; the revolt enjoyed some initial successes but very quickly began to fizzle out, and the reason it began to fizzle out was this: the railway, the Hejaz railway completed in 1908, which linked the Turks main garrison in Medina to the outside world. The Arabs might hold the small towns, the mountains, the deserts of the Hejaz, but the Turks held the railway and while they did so they could move enormous amounts of material, enormous numbers of troops to reinforce that garrison at Medina. By September 1916 they built up a very large garrison in Medina with artillery, and machine-guns and even a few airplanes and it was almost certain that they were poised for a massive counter-attack against the Arabs, and it was at this point that Lawrence arrived in the Hejaz. He was sent there by British Intelligence to assess what could be done to save the revolt. And it was here, at this village, the village of Hamra in the Hejaz's Wadi Safra that Lawrence had his historic meeting with the Sharif Feisal and it was not, as those of you saw the film yesterday, that they did meet in a tent in the desert, they actually met in one of these mud-houses which are still standing but are now ruined. Lawrence felt that the Sharif Feisal looked the part, I mean, he looked like what Lawrence called "the noble Arab" and Lawrence decided that he was the man who would act as the figure-head in the Arab Revolt, but he also revealed later, after the war, that Feisal had a wicked personality and Lawrence also felt, I think, that he was able to manipulate this man, and actually imbued him with Lawrence's own strategies.

It was in Hamra that Lawrence first encountered the Beduin, the nomadic warriors who formed the bulk of the Hashemite army. Now Lawrence was very impressed with the Beduin personally, but almost from the beginning he knew that the Beduin could not hope to face a modern well-disciplined, well-trained, well-equipped army like the Turk's. He realized that the Beduin, who were untrained irregulars, were tough fighters in their own way, but he realized that they could never stand up to a disciplined army like the Turk's. They were actually quite well-equipped, some of their units were German and Austrian-led, so it was quite a formidable army in its own way and Lawrence actually said that he believed a single company of Turks, if well entrenched, could hold back the entire Arab army. So what was to be done to save the revolt? Well, a few weeks later, in another Hashemite camp, while Lawrence was lying sick with malaria, he had his great epiphany; he realized that though the railway was the Turks' great strength it was also their weakness because the railway lay along eight hundred miles of trackless desert and in the desert the Beduin ruled supreme; and Lawrence realized that organized into small parties, mounted on their fast camels, the Beduin could sweep out of the desert, hit the railway at its most vulnerable points, locomotives, watering-places, stations and bridges and disappear back into the desert before the Turks had realized what had happened, and indeed the Turks could not follow them. Lawrence had discovered desert power.

I was going to show you a slide of the site of Lawrence's very first operation against the Turks; it was a place called Aba-an-Na'am, a station in the Hejaz which is still standing. When Lawrence attacked this station in April 1917, he had with him two mounting guns. He managed to destroy the entire upper part of the station and he also set fire to some rolling stock which lay in the station yard. Unfortunately we don't have the slide but you can actually see the remains of these wagons that he destroyed still standing, still lying there in the sun of eighty years.

It was on this first operation in Aba-an-Na'am that Lawrence tried undermining a locomotive and he managed to derail the front wheels of the locomotive. He posted a machine-gun crew to attack the locomotive's crew as soon as they jumped out, but unfortunately the Arab machine-gunners had packed up and gone home; they had got bored waiting for the train to come, so, in fact the crew managed to get the locomotive back on the rails within half an hour and it steamed off into the distance. So Lawrence considered this first operation only a limited success although he had proved once and for all that the Arabs could deliver a short, sharp shock against the railway and disappear back into the desert without losing a single casualty. Over the next few years this policy actually worked and Lawrence and his colleagues managed to reduce traffic along the Hejaz's railway to a trickle. This was deliberate policy; they did not want to cut off the railway completely because they knew in that case the Turks could redeploy the men they had along the railway. The Turks had a station every eleven miles and each station had a fort guarding it, so this was a considerable deployment of men; if they cut the railway these men could be used somewhere else in the war and so the policy was to keep the railway barely operational, so the enemy would have to exert energy and resources in order to keep it going. Lawrence's greatest achievement, however, was not directly connected with the railway.

I am sorry just to harp back to this but this is actually Aba-an-Na'am station today. As I said, Lawrence and his forces actually destroyed the whole upper storey, though it was later rebuilt by the Turks who had reconstruction battalions permanently assigned to rebuild the railway, and this is the remains of the railway wagon that Lawrence describes setting on fire in his book. And this is one of the locomotive you could still see in the deserts of Arabia today as a result of Lawrence's handiwork; and there they are still lying in the sun after eighty years; this is another one at Hediyya station, and again this is another site of one of Lawrence's major raids against the railway in Jordan, and the results of that battle can still be seen today.

As I was saying, Lawrence's major achievement throughout the entire war was, in my opinion, not directly connected with the railway; this was the capture of Aqaba which was the Turks' last port on the Red Sea and this was probably one of the most brilliantly conceived and executed operations in the history of guerrilla warfare. Lawrence actually started off from the port of Al Wejh in the Hejaz and he started with only seventeen men. They had no heavy armaments, no machine-guns, only their own personal weapons, and they crossed some of the harshest deserts in the whole of Arabia; they made a great circling movement through the desert in order partly to give the Turks the impression that their target was not Aqaba. Once in Southern Syria Lawrence recruited five hundred warriors from a ferocious tribe under their war leader Auda Abu Tayyi and with these men behind him Lawrence began to fold up all the Turkish garrisons behind Aqaba.

Contrary to the David Lean film which some of you saw yesterday, there was no actual fighting for the town of Aqaba itself; in fact the major battle was fought in a place called Aba-l-Lissan a war-trimmed point which guarded a pass through the mountains from which they had to descend to reach Aqaba; and it was here that Lawrence and his forces encountered an entire Turkish battalion. They encircled them and at sunset launched a ferocious charge of cavalry and camelry and completely wiped out the Turkish battalion, and this left the pass of Aba-l-Lissan open for them to descend, and in fact they rode into the town of Aqaba a few days later without a single shot being fired.

In the last year of the war, 1918, Lawrence moved his operations to Northern Syria, to the deserts of Northern Syria (which you can see here), and for much of this time his base was here in Azraq castle, a castle dating back to Roman times which still stands in an oasis in Jordan, and incidentally this is the actual room that Lawrence used as his headquarters in Azraq castle, the room above the gate tower, and where he planned much of the later operation. Now, the object of this last operation was to encircle the town of Dara'a which was the major junction on the Hejaz railway in Syria. The idea was to encircle the town, cut the railway in every direction and make way for the British forces who where then encroaching from the direction of Palestine, and the idea was that the Arabs and the British together would take Damascus which is not very much further from the town of Dara'a. The operation went very succesfully: Lawrence with a force of Arab irregulars and some British officers from a native unit managed to encircle the town, cut the railway in every direction and finally the town was taken by a combination of British and Arab forces; and this set the stage then for the final triumphant march into Damascus on the 1st of October 1918, thus bringing to an end not only the Arab Campaign but that phase of the First World War.

So these were Lawrence's achievements, and I am sure you will agree with me that they were no mean ones. All of these things can be more or less verified by the existing documents; but now I would like to turn to Lawrence as a writer and how he himself describes the Arab Revolt and his part in it. Now, Lawrence began to work on his book *Seven Pillars of Wisdom* shortly after the end of the

War in 1919. He wrote the first few chapters from memory but the rest of it was actually based on his wartime dispatches and journals and we know that he made a special journey to Cairo by air in 1920 to collect all the Arab Bureau files which had accumulated during the war. He actually wrote the book in only three months and this seems on the surface anyway an astounding achievement considering the first version of *Seven Pillars* was three hundred thousand words long. However, looked at closely, it was not quite so astounding because much of it was lifted word for word from Lawrence's wartime dispatches and journals. Lawrence had this profound sense of self -mystification and it was, I think, an aspect of this which led him never to publish the final version of *Seven Pillars of Wisdom* during his own lifetime. It was not in fact published finally, that is published to the public, until 1935 after his own death in a motorcycle accident. However, in 1926 he published a subscribers' version of *Seven Pillars of Wisdom*. He never actually revealed how many copies were printed but it is certain that this version, the 1926 version, normally referred to as the "Oxford version", probably reached several thousand readers in fact. At the same time he published for the general public an abridged version called *Revolt in the Desert*, but from this most of the juicy bits had been actually expurgated. The final version in 1935 published after his death was considerably different from the earlier Oxford version and it had been much changed and much edited.

I should say at this point that Lawrence had an obsession with detail, a characteristic which is traceable back to his other lessons, and we can see in letters sent to his mother from cycling trips in Europe and in Britain that he evinced almost a mania for description; and even the most trifling subjects are dealt with in the greatest of detail; this trait is noticeable in *Seven Pillars of Wisdom* itself but also in the dispatches on which it was based, and here we have an absolute obsession with distances, times, textures, sights, smells – everything is recounted in loving detail by Lawrence in his dispatches. It seems curious then that the major part of *Seven Pillars*, that is, the book itself is given form and dramatic edge by certain personal and heroic incidences which are lifted from what would be a very well-written but fairly mundane military memoir into an epic story of the status of Homer; and Lawrence was very interested in Homer, as many of you will know, he actually translated the *Odyssey* later in his life. So we find throughout *Seven Pillars of Wisdon* these personal and dramatic incidents which lifted it above the realm of the ordinary military memoir; and of course it was these incidents that David Lean used mainly in his film *Lawrence of Arabia*. Now the curious thing here is that none of these dramatic personal incidents actually appear in Lawrence's dispatches and wartime journals, so here we have a man absolutely obsessed with details describing the colour and texture of the rocks and the colour of the sky and the kinds of grasses he finds, but none of these incidents, these very dramatic incidents that he claims happened to him can actually be supported by evidence from his dispatches or his diaries. A perfect example of this is the incident in which Lawrence claims to have shot in cold blood one of his own retinue – and those of you who have seen the film will remember this incident very well. Lawrence claims to have done this in order to avert a bloodfeud between the tribes, and he describes in his book how he actually placed his pistol under the man's neck, looked at him straight in the eye and pulled the trigger. Now I am sure you will agree that this must have been a very traumatic experience at this point, although the order was changed throughout in the film, at this point Lawrence had never been in a battle, he had never heard shots; so this must have been a very traumatic thing to do, to shoot a man in cold blood, looking at him in the eyes; and yet, strangely enough, we can not trace this incident to any of his dispatches and to his journals; we do have the dispatch concerning the day in question, Lawrence has his usual descriptions of the colour of the rocks, the colour of the sun, the things he saw… and yet no mention of shooting a man dead in cold blood. The incident does not appear in any of Lawrence's letters, as far as I know, after the war it is never referred to in any recorded conversations with his friends. He did not mention it to anybody, he never refers to it again for the rest of his life; it appears only once and that is in his book *Seven Pillars of Wisdom*. Moreover, Lawrence's obsession with detail actually works against him here because he lists the number and tribes of the men who actually rode with him on that particular journey and the evidence is the man he claims to have shot was actually alive and kicking the day after Lawrence claims to have shot him; so it seems to me that this incident did not actually take place at all: it was a figment of Lawrence's imagination, something invented to raise the status of his book. There are also occasions I discovered when Lawrence actually lied in order, I think, to enhance his reputation and to make the story something more than what it was and a perfect example of this is his relating the recrossing of the Sinai peninsula after the capture of Aqaba. Lawrence's army captured Aqaba on the 6th of July 1917 and because of course they had no telephones or motor vehicles, they had to take the news of the capture to the British in Suez by camel; that was the only way to do it and Lawrence claims to have ridden across Sinai in a record-breaking camel ride of forty-nine hours. Now this might not seem much to you on the surface, but anyone who has ridden a camel will realize that for two days, two full days and two full nights in the saddle virtually without a break, certainly without sleep is something pretty difficult and it was given acclaim in Lawrence's own lifetime as one of the great camel dashes of all time.

Two years ago my wife and I both as experienced camel riders set out to try and reconstruct this journey and see if we could do it in forty-nine hours and we set off following Lawrence's route as closely as possible. We had the map that Lawrence actually used – a photocopy from the Royal Geographical Society – and we failed to do it. We had to give up the track after a very, very exhausting ride at the wells of Themed which is somewhat less than half way and we realized that at that point we were eighteen hours behind Lawrence's stated time and that we could never possibly make it in forty-nine hours. So this was something of a blur, but it was only later that I discovered in the manuscripts section of the British Library Lawrence's pocket diaries or what he called "his skeleton-diaries" – very small lects. pocket diary – in which he normally entered the place that he spent each night and sometimes the occasional other comment, and it was very clear from these diaries, or from this diary, that Lawrence had lied. In *Seven Pillars of Wisdom* he claims to have left Aqaba on the 7th of July; the diary makes it clear he left twenty-four hours earlier on the 6th of July, so not only did he not do it in forty-nine hours, he did it in roughly seventy-two hours and this was, according to the guidebooks of the day, somewhat more than it took tourists of the time to cross Sinai by camel; so here we have again

Lawrence raising something of a fairly mundane order into the realm of gods and heroes.

This is incidental really to what I have just been saying: this is the Suez Canal which was the object of Lawrence's ride across Sinai, this is again another shot of Sinai and this is myself on a camel reconstructing Lawrence's journey.

Now the final incident, really the most important incident, which is the climax of Lawrence's book *Seven Pillars of Wisdom* and perhaps the most controversial incident in Lawrence's life is the so called "Dara'a incident". Now this is when Lawrence claims to have gone to reconnoitre the town of Dara'a which we mentioned earlier. He was dressed as an Arab peasant and he claims to have been captured by the Turks, to have been savagely beaten, tortured and homosexually raped by the Turks. He was put in hospital and he managed to escape the following day. This is, as I said, the emotional climax of the book *Seven Pillars of Wisdom*; it is also a very important incident in the David Lean film and it has seemed to sort of justify Lawrence for these bloodthirsty actions in Tafas towards the end of the war. The question is: did the Dara'a incident happen at all? I turned to Lawrence's skeleton diary, it had helped me over the Sinai problem and I thought it might help me with the Dara'a problem, and I discovered to my astonishment that the page covering the Dara'a incident had been torn out of the diary and not only that: the diary pages had been numbered in what appeared to be Lawrence's own handwriting evidently after the page had been torn out because the numbers run consecutively as if no page was missing. So it suggested strongly to me that Lawrence had actually torn a page out of his own diary, and I should add this was the only page missing of his two diaries for 1917 and 1918, it was the only page missing. So this posed the problem: why did somebody tear a page out of his own diary? And two solutions occurred to me: either Lawrence was so ashamed and embarassed at what had happened in Dara'a that he could not bear to read or be reminded of it by looking at his diary; secondly, that he was covering up for something. Now let us take the first possibility: Lawrence never mentiones the "Dara'a incident" to anybody. His colleagues who were interviewed after the War said that he never talked about it at all and as an Intelligence Officer it was Lawrence's duty to report his capture to his superiors which he never did. There was no rumour either amongst the Turkish troops in Dara'a who were mostly actually Arabs in Turkish pay. There was no rumour of the capture of anyone at this time and Lawrence never mentioned it to his Arab colleagues either. So if he did not want people to know about this incident, if he felt so embarassed and so ashamed of it, why did he reveal it to the outside world? If he had kept it quiet nobody would ever have known about it. The incident only emerges after the War in a letter to one of his former friends and here it has a clear political motive, and of course then the incident is examined in great detail in *Seven Pillars of Wisdom*; so my question here is: if Lawrence felt ashamed of it why did he reveal it to the world? It did not need necessarily to have been done and we would know nothing about it today; so the other alternative to me is that he was trying to cover up for something and indeed there is evidence from letters to his parents that during the time he was supposed to be in Dara'a being beaten and raped by the Turks he was actually at Azraq; he writes a letter to his parents shortly afterwards saying: "I have just spent ten days at Azraq", not mentioning at all this very traumatic incident.

Again: there was a testimony by one of Lawrence's colleagues, Richard Meinertzhagen, another Intelligence Officer, after the War, that he had seen Lawrence bathing and that he had seen the scars on his body from the beating that he had received: his testimony has now been proved to be false, indeed it has been proved conclusively by an American scholar that he actually forged these entries into his diaries so there is no evidence whatsoever. In fact, I think that this American scholar, John Lotman, has proved conclusively that Lawrence did not have scars on his body from the supposed "Dara'a incident". So here again for me the bulk of the evidence suggests that the Dara'a incident did not take place at all, again it was another figment of Lawrence's imagination; so why did he put it in at all? Well, for a start Lawrence never claimed that *Seven Pillars of Wisdom* was a straight war memoir, in fact he wrote that it was a work of the creative imagination. He also wrote that *Seven Pillars* was an attempt to display his own personality to the world, and I think for the origin of the "Dara'a incident" we have to look back to his childhood, to his relationship with his mother, to a strain of masochism that we find in Lawrence and we can trace right back to his earlier states. We know that as a child Lawrence set himself strange tests of endurance; he would fast when everyone else was feasting on Christmas Day, he would do curious things like riding his bicycle up hill and pushing it down; at dinners in college while he was an undergraduate at Oxford he would sit silently eating nothing while everyone else was tucking in, and there is also evidence that he used to dive through the ice into the frozen river on bitter winter nights. So there is a strain of masochism in Lawrence right from his early life and I feel that there are incidents which I believe invented as actually an expression of this. Finally Lawrence found the chance to say to posterity: "this is the real T.E. Lawrence, this is me". So what have we to make of this? Most biographers before me have either tried to eulogize Lawrence or tried to debunk him completely, to dehumanize him; my view is very different – I feel that Lawrence was a great man, his achievements were considerable, he had, like most of us, strengths and weaknesses and I believe it was his weaknesses, the bizarre aspects of his personality, as much as his strengths, that led to his great achievement; Lawrence once wrote to his own commander, Edmund Allenby, that he was not able to decide how much of him was charlatan and how much genuine performer. My conclusion is that Lawrence was neither one nor the other – he was both charlatan and genuine performer.

Printed in Great Britain
by Amazon

27737599R00175